Daolu Lüke Yunshu Jiashiyuan
Congye Zige Zhiyehua Peixun Jiaocai

道路旅客运输驾驶员
从业资格职业化培训教材

交通运输部职业资格中心
人民交通出版社股份有限公司 组织编写

全国交通运输职业教育教学指导委员会交通运输管理类专业指导委员会 审定

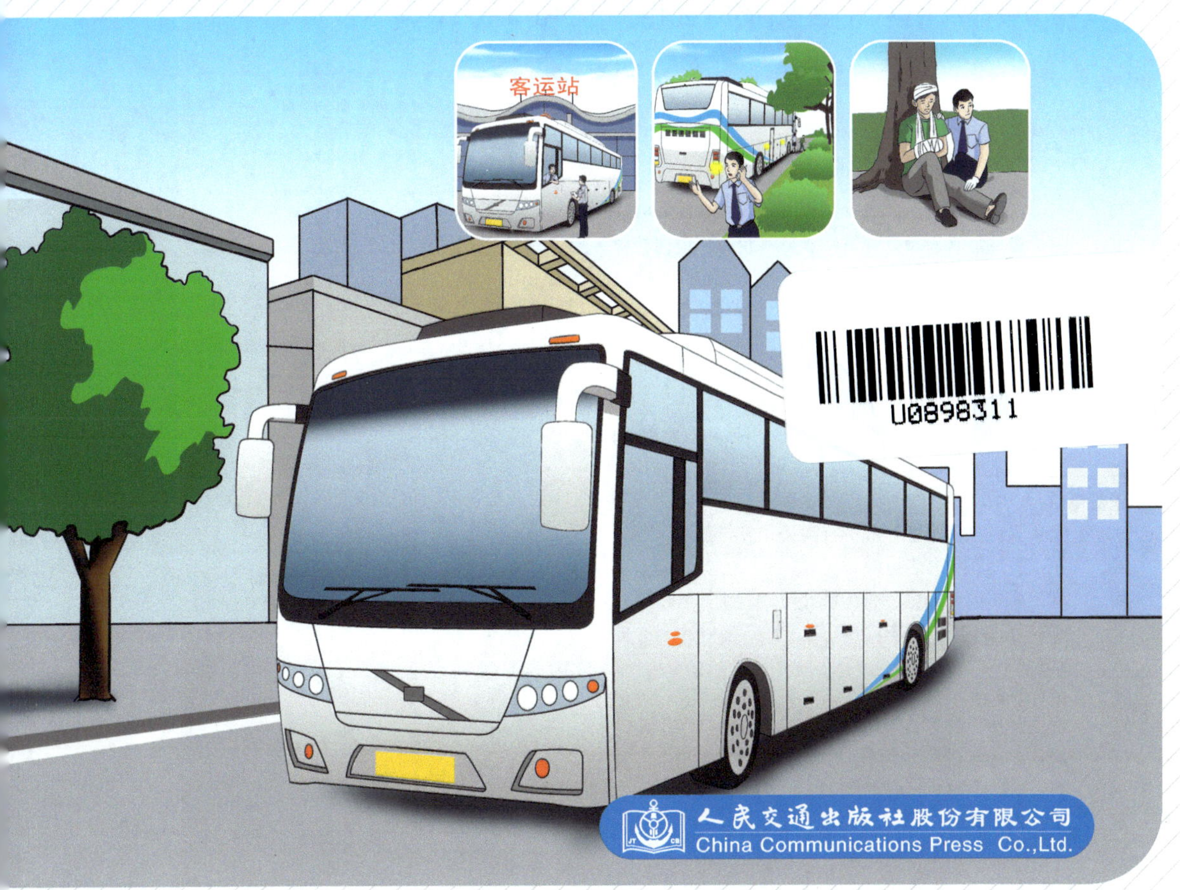

人民交通出版社股份有限公司
China Communications Press Co.,Ltd.

内 容 提 要

本教材依据《关于开展道路运输重点领域驾驶员职业化培训考试试点工作的通知》（交办运〔2019〕69号）、《道路旅客运输驾驶员从业资格职业化培训教学大纲（试行）》和《道路旅客运输驾驶员从业资格职业化考试大纲（试行）》及相关法律法规标准要求编写而成。内容分为基础知识篇和应用能力篇，具体包含道路旅客运输基础知识、驾驶员应用能力专项训练知识。

本教材适合道路旅客运输驾驶员从业资格职业化培训教学使用。

图书在版编目（CIP）数据

道路旅客运输驾驶员从业资格职业化培训教材 / 交通运输部职业资格中心，人民交通出版社股份有限公司组织编写. — 北京：人民交通出版社股份有限公司，2019.11

ISBN 978-7-114-16041-7

Ⅰ. ①道… Ⅱ. ①交… ②人… Ⅲ. ①旅客运输—汽车驾驶员—职业培训—教材 Ⅳ. ① U471.3

中国版本图书馆 CIP 数据核字（2019）第 261040 号

Daolu Lüke Yunshu Jiashiyuan Congye Zige Zhiyehua Peixun Jiaocai

书　　名：道路旅客运输驾驶员从业资格职业化培训教材
著 作 者：交通运输部职业资格中心　人民交通出版社股份有限公司
责任编辑：林宇峰　姚　旭
责任校对：张　贺　宋佳时
责任印制：张　凯
出版发行：人民交通出版社股份有限公司
地　　址：（100011）北京市朝阳区安定门外外馆斜街3号
网　　址：http://www.ccpress.com.cn
销售电话：（010）59757973
总 经 销：人民交通出版社股份有限公司发行部
经　　销：各地新华书店
印　　刷：北京虎彩文化传播有限公司
开　　本：787×1092　1/16
印　　张：23.25
字　　数：482千
版　　次：2019年11月　第1版
印　　次：2019年12月　第2次印刷
书　　号：ISBN 978-7-114-16041-7
定　　价：115.00元
（有印刷、装订质量问题的图书由本公司负责调换）

组　长：阎子刚

成　员：（按姓氏笔画排序）

田孟义　乔士俊　余绍桥　宋吉宗　陈鸿兴
姚　新　盛　颖　彭建华　董　刚　楼伯良

主　编：吴晓斌　祁晓峰

副主编：（按姓氏笔画排序）

王长友　尹　力　李　卓　何　亮　张文玉
孟　磊　徐志敏

成　员：（按姓氏笔画排序）

王卫平　王　璟　宁振华　李　婷　李　勤
张立新　陈　静

2019年7月，交通运输部、教育部、财政部、人力资源社会保障部、中华全国总工会办公厅联合印发了《关于开展道路运输重点领域驾驶员职业化培训考试试点工作的通知》（交办运〔2019〕69号）。开展道路运输重点领域驾驶员职业化培训考试试点，推进道路旅客运输、道路危险货物运输驾驶员培训考试，由驾驶培训机构承担的社会化培训考试向职业院校（含技工院校）承担的职业化培训考试转变，是解决当前道路运输驾驶员整体素质不高、结构性数量不足问题的重要举措，是确保道路运输行业健康稳定和安全发展的治本之策，是促进道路运输行业提质增效、转型升级的有效途径，对新形势下推进运输服务高质量发展具有十分重要的意义。

在交通运输部运输服务司的指导下，交通运输部职业资格中心与人民交通出版社股份有限公司组织编写了《道路旅客运输驾驶员从业资格职业化培训教材》，全国交通运输职业教育教学指导委员会交通运输管理类专业指导委员会组织专家对教材进行了审定。本教材编写坚持如下理念：

（1）必需、够用、通俗；

（2）落实新型学徒制，以企业需求为导向、职业能力为核心，以理论教学为基础、应用能力教学为重点，注重理实一体化；

（3）注重知识的前沿性和专业性、内容的实用性和实践性、能力形成的渐进性和系统性。

相信本教材能为道路旅客运输驾驶员从业资格职业化培训提供帮助。希望广大驾驶员积极参加职业化教育培训，学好用好这本教材。

编　者

2019年10月

第一篇　基础知识篇

第一篇

基础知识篇

第一章

职业道德和职业素养

学习目标

(1) 了解道路客运行业的职业特点与发展趋势。
(2) 熟悉道路客运从业人员的社会责任。
(3) 了解职业道德内涵以及与人的事业、企业发展的关系。
(4) 熟悉道路旅客运输驾驶员职业道德行为规范。
(5) 了解道路客运行业先进事迹。

第一节 道路旅客运输驾驶员的社会责任

道路旅客运输驾驶员（以下简称客运驾驶员）长期工作在四通八达的道路上，是道路运输交通安全的第一责任人，也是我国道路运输发展的主力军。其责任心和职业道德直接影响着道路交通安全，关系着社会的安定和谐。具有良好的社会责任感、使命感和职业道德，是客运驾驶员做好运输服务工作的基础。

一 道路旅客运输驾驶员的职业特点

由于环境、服务对象、任务与劳动强度等不同，任何一种社会职业都有各自的特点。客运驾驶员的职业特点如下：

1 流动分散独立作业，劳动强度大

道路客运具有点多、面广、线长和流动分散作业等特点。在运输过程中，驾驶员分散单独作业，必须保持良好的状态才能完成任务：要时刻观察道路条件、环境与车辆运行状况的变化，及时识别潜在的风险，并作出恰当应对；且长时间连续驾驶车辆，劳动强度较大。换言之，驾驶员必须在没有人监督的情况下，保持高度的自觉性和责任感，以保证行车安全和道路畅通。

2 环境复杂多变，安全风险大

车辆行驶途中，车流、人流、道路和天气条件等都在不断发生变化，驾驶员每时每刻都会遇到不同的交通状况，比如，前方有行人突然横穿道路、前方车辆突然减速、后侧车辆不断切换远近光灯、前方道路突然变窄、前方突然出现团雾等，每一种异常情况的出现，都预示着随时会有交通事故发生的潜在危险，这就需要驾驶员必须保持较高的警觉性，提高安全意识，及时妥当处理各种信息。

3 瞬间的不规范操作，对社会危害大

如果驾驶员不遵守职业要求，哪怕是瞬间疏忽，都有可能引发交通事故，给社会带来巨大的危害。交通事故不仅会给驾驶员自身造成生命危险，还会造成乘客伤亡和财产损失，或者造成货物损毁和丢失，给自己和他人带来痛苦。驾驶员通常是家庭生活的重要支柱，如果他们因安全事故致残、致死或面临牢狱之灾，不仅会严重影响家庭的正常生活，还将给整个家庭带来灾难，给亲人留下永远的伤痛。而交通安全事故产生的高额赔偿费用，会给道路运输企业带来赔偿纠纷，使企业蒙受重大损失。此外，安全事故还可能会导致环境污染，引发纠纷和社会恐慌，妨碍社会和谐和经济发展。因此，驾驶员必须严格遵守交通安全法律和各项安全管理规定，不断提高驾驶技能，做到谨慎驾驶，保证行车安全。

4 服务对象多样，行业形象影响大

驾驶员在开展道路客运任务时，除了将旅客安全、准时送达目的地外，还肩负着为旅客提供陪伴服务的职责。随着人们出行需求的不断增长，旅客运输行业的开放性决定了驾驶员每天都要与众多来自不同地域、不同行业的旅客接触。在向旅客提供运输服务时，会产生语言、感情、思想等方面的联系，所以驾驶员不只是一名“技术好的开车人”，更应是一名具有良好责任意识和安全意识的综合性服务人员，其言谈举止不仅反映出个人素质高低，还关系着道路运输行业形象优劣，是行业文明的“窗口”。

5 工作环境较差，损害生理和心理健康

驾驶员工作环境恶劣、多变，车辆运行中往往会受到颠簸、振动和环境噪声等影响，容易引发生理疾病；而长时间处于高度紧张状态，以及还可能遭遇其他道路交通参与者挑衅、不理解乘客的无端指责等各种外界因素影响，可能会产生消极情绪，严重时甚至会产生抑郁心理。故驾驶员必须具备过硬的心理素质，在遭遇外界突发事件时，克服惊慌和恐惧心理，沉着应对。

二 道路旅客运输驾驶员的社会责任

道路运输连接着各行各业、千家万户、城市乡村、东南西北，职业活动的接触面和流动性大，是国家的“窗口”行业。客运驾驶员作为道路运输行业中的关键一员，除须对所在企业履行必要的职责外，还须对社会担负起一定的责任。

1 确保乘客生命财产安全

将乘客安全地送达目的地，是道路旅客运输的第一要求。客运驾驶员的工作不仅仅

是驾车，还包含更多的社会责任。作为一名合格的客运驾驶员，必须肩负起保障乘客生命财产安全的责任，保证行车安全。因此，驾驶员应尽可能排除存在的安全隐患，禁止易燃易爆和其他明令禁止的危险品上车，不得超载和超速，要安全驾驶，将乘客的人身财产安全放在首位。

2 避免其他交通参与者生命财产损失

道路作为一个特殊的公共场所，需要所有人遵守道路交通安全法律法规，维护道路运输公共秩序。道路客运汽车在道路交通环境中处于“强势”地位，行人、骑车人、小型机动车等其他交通参与者相对而言处于“弱势”。如果大型客车与其他交通参与者发生交通事故，势必会威胁其他交通参与者的生命财产安全。因此，客运驾驶员要严格遵守法律法规，履行社会义务，在保障乘客、承运人和托运人利益的同时，也要保障其他交通参与者的人身财产安全。

3 为顾客提供优质服务

在道路客运服务中，驾驶员不仅仅是一名驾好车的驾驶员，还是一名服务人员，为顾客提供安全、优质、高效的服务是驾驶员肩负的重要责任。一方面，可通过优质服务来提高顾客满意度，使自身获得尊重和自信，增强工作及生活的动力，实现自身价值；另一方面，驾驶员做到文明规范驾驶、礼貌待客、微笑服务，有利于与乘客形成良性互动，促进社会和谐与文明发展。

4 促进运输行业经济发展

交通运输业在经济发展和社会进步中的作用举足轻重，是国民经济发展的命脉。客运驾驶员肩负着运输行业和社会经济发展的重任，需要以身作则，不断提高驾驶技能、安全行车意识和服务水平，有效提高运输效率，减少交通事故，保障乘客人身财产安全，树立行业良好形象，从而促进道路运输行业和社会经济健康、可持续发展。

5 节能减排、保护环境

道路运输车辆排放的尾气会对空气造成一定污染，对环境造成极大的破坏。在低碳交通运输体系建设中，客运驾驶员作为道路运输行业的一员，应承担起节能减排、环境保护的重任，努力学习节能驾驶知识，控制燃油使用，注意安排好车次，有效控制运输成本，减少空载次数等。

第二节 道路旅客运输驾驶员的职业道德

“没有规矩，不成方圆”，在社会生活中，如果没有规矩、没有秩序，社会就会陷入混乱，遵守规则是人类社会生活正常进行的前提和保证，而职业道德就是调整人与人之间关系的重要行为规范。

最美驾驶员——吴斌

吴斌是杭州长途客运二公司的驾驶员。2012年5月29日中午，他驾驶着浙A19115大型客车从无锡返回杭州，车上有24名乘客。11时40分左右，车行驶至锡宜高速公路宜兴方向阳山路段时，一块大铁片突然从天而降，在击碎风窗玻璃后，砸向吴斌的腹部和手臂。监控录像记录下短暂而令人震撼的画面：被击中时的一瞬间，吴斌看上去很痛苦，本能地用右手捂了一下腹部。但他为了保护全车乘客安全，没有使用紧急制动或猛转转向盘靠路边停车，而是强忍着剧痛缓缓减速，拉起驻车制动器操纵杆，开启危险报警闪光灯，停车后打开车门。

接到报警，无锡交巡警支队高速三大队交警赶到现场，将乘客疏散到安全地带。三大队副大队长曹建平见到吴斌时，发现他已经意识陷入模糊。吴斌的主管医生方征介绍说，吴斌的肝脏因为巨大的撞击，碎裂得非常严重，“就像被一个微型炸弹击中一样，整个人被掏空了”。

给乘客做笔录时，曾处理过无数次交通事故的曹建平忍不住流泪：“客车紧急制动拖印是笔直的，一个肝脏被突然刺破的驾驶员，要用怎样的意志力才能做到这一点啊！这是一个超人。”

吴斌的同事们说，吴斌的完美表现，是因为在平时他就视手中的转向盘为生命线。“他到公司工作的10年，已经安全行驶超100万km，相当于绕地球近30圈，却从未发生过一起交通事故和旅客投诉。”

吴斌的这些举动之所以能带给大家如此大的震撼，不仅因为他牺牲自己救了24位乘客，更多的是因为这样的敬业精神，很多时候已经成为“稀缺品”。

只有当敬业成了习惯，深入骨髓，才有可能在生命的最后瞬间爆发出超出想象的能量。因为在他心中，职责就是生命。

启示

驾驶员吴斌之所以被称为“平民英雄”，正是因为他用生命的最后6min诠释了人生的价值，成就了一个平凡人的伟大瞬间。在千钧一发的紧要关头，在生命最后一刻，用超人的冷静和勇气，保障全体乘客生命安全，恪守了乘客至上、忠于职守的职业道德，闪耀着普通劳动者身上人性光辉，给我们这个时代留下了宝贵精神财富，值得我们永远怀念。

一 道路旅客运输驾驶员职业道德

① 道路旅客运输驾驶员职业道德的概念

职业道德是指从事一定职业的人们，在特定的职业生活中所应遵守的行为规范和准则的总和。客运驾驶员职业道德是社会主义职业道德的有机组成部分，是社会道德规范在职业生活中的具体表现，也是职业生活的具体反映。职业生活不能脱离社会生活，职业道德也不能脱离社会道德。客运驾驶员职业道德从属于社会道德，并受社会道德制约。

客运驾驶员的职业道德是指道路客运汽车驾驶职业者在工作或劳动中应该遵守的行为规范的总和，它是调整客运汽车驾驶员与他人、社会之间关系的行为准则。

从事不同职业的人，所形成的职业心理、职业习惯、职业技能、职业纪律、职业作风和职业理想在职业道德行为和意识上是不同的。客运驾驶员的行为规范和准则与社会关系甚为密切，他们肩负着安全运输和保障道路畅通的重任，良好的职业道德必然带来行车安全和较高经济效益。因此，客运驾驶员职业道德教育是客车驾驶行业发展的客观要求。

② 道路旅客运输驾驶员的职业道德规范

由于客运驾驶员的岗位特殊，其应该遵守的职业道德也有着独特性。驾驶员能否自觉运用职业道德束缚自己的从业行为，保证行车安全，就显得至关重要。在当前构建和谐稳定的社会大环境下，客运驾驶员应从遵章守法、安全行车；爱岗敬业、优质服务；文明经营、公平竞争；钻研技术、规范操作等方面来加强职业道德建设。

1 遵章守法、安全行车

在道路客运活动中，遵章守法、安全行车是客运驾驶员职业道德最主要和最重要的内容之一，是由客运驾驶员的职业特点所决定的，也是道路运输职业活动能够正常进行的基本保证。遵章守法就是要求客运驾驶员严格遵守道路运输的相关法律法规。安全行车主要是指保障旅客乘车时的人身财产安全，并确保自身和车辆安全。客运驾驶员应将遵章守法放在首位，加强法纪观念，确保行车安全，避免各类事故发生。

遵章守法、安全行车的要求是：

（1）认真学习国家有关道路运输的法律法规和政策，做到学法、知法、守法和用法，充分认识违法违章的危害性，切不可我行我素。在严格守法的同时，懂得用法律法规来保障自己的合法权益。

（2）树立“安全就是效益”的思想，努力提高安全驾驶操作技能，探索安全行车规律，始终把人民群众的生命财产安全放在首位。

（3）培养良好的驾驶作风和职业习惯。能否实现安全运输，不仅与客运驾驶员的技术素质相关，而且还与其个性、涵养和习惯有关。因此，客运驾驶员要加强自身修养，培养良好的个性心理，不开快车，不开“英雄车”，不开“斗气车”，经常保持冷静的心态，做到得理也让人，尽量避免引起争端，主动积极地维护公共秩序和交通秩序。

2 爱岗敬业、优质服务

职业道德要求客运驾驶员必须热爱本职岗位，树立敬业精神，以“干一行，爱一行，专一行”的姿态，落实到实际工作中去。一方面，爱岗敬业的表现是为乘客提供优质服务，只有本着全心全意为人民服务的宗旨，才能真正做到优质服务，展现“窗口行业”的风采；另一方面，优质服务的前提是爱岗敬业，不热爱自己专业的人谈不上敬业，更谈不上优质服务。因此，客运驾驶员要根据乘客的实际需要，提供规范、科学、安全、优质、高效的服务。

爱岗敬业、优质服务的要求是：

（1）树立良好的职业观，克服世俗偏见，做到爱本职、钻业务、干事业。

（2）具备优质服务的本领，努力提高专业技术和服务品质，要时刻为乘客着想，做到诚实守信、真诚待人。

（3）树立信誉第一、质量至上的意识，建立稳固的客源关系，进行长期友好合作，取得良好的社会效益和经济效益。

（4）要树立敬业、爱业的思想，具有“我为人人”的意识和行动。

（5）要学会自律，保持良好的心态。客运驾驶员在驾驶车辆过程中会遇到各种复杂情况，因此要学会自我心理调节，保持良好的心态，做到沉着冷静，不急不躁，从容应对，确保安全。

3 文明经营、公平竞争

随着社会主义市场经济体制的建立，创造一个文明、有序、健康的运输市场是市场经济的必然要求。文明经营是一切服务业树立信誉的第一要求，即通过服务的方式，以平等、友好、热情的态度来对待客户，做到公开、公平、公正地参与竞争，确保运输市场的规范，提高文明服务水平。

文明经营、公平竞争的要求是：

（1）树立“讲文明、树新风”的思想。客运驾驶员要使用规范语言，礼貌待客。

（2）要按照社会公德和从事道路汽车客运的相关要求，规范服务标准。保持车容整洁、车况良好，服务设施要齐全、有效。

（3）要在合法合理的前提下增强竞争意识，在实践中要敢为人先，在运输效率和服务品质上创优争先。

（4）树立社会责任感，不欺行霸市，不刁难、不垄断、不封锁，不搞地方保护主义。

4 钻研技术、规范操作

客运驾驶员要提高运输效率，确保行车安全，必须掌握过硬的技术，严格遵守操作规程。钻研技术，必须“勤业”，干一行，钻一行，善于从一般了解到熟练掌握，根据行业特点把勤奋的钻劲儿主要花在技术上；善于从理论到实践，不断探索新情况、新问题，用兢兢业业、精雕细琢的工作态度，创造平凡岗位的不凡业绩，彰显精益求精的“工匠精神”。规范操作是钻研技术的具体表现，即在操作过程中按照技术要求，遵章守法，逐步形成规范的技能技巧。

钻研技术、规范操作的要求是：

（1）要重视科学文化知识的学习，同时还要学习和掌握各种与服务有关的技能，注意研究乘客的心理活动规律，以便更好地为乘客服务。

（2）树立技术过硬、服务规范的品质意识。因为业务技术、技能和文化素质体现一个人的整体形象和职业素养，这不仅是职业的需要，也是时代的要求。

（3）重视实践，善于总结提高，掌握过硬的驾驶本领。

二 道路旅客运输驾驶员职业道德的培养

随着时代的进步、社会的发展，人们对客运驾驶员的服务内容、服务品质提出了更新、更高的要求。因此，客运驾驶员必须加强自身职业道德的培养，提高思想觉悟和职业道德水平，以适应社会发展的需要。

1 在日常生活中培养

“勿以恶小而为之，勿以善小而不为”。职业道德最大的行为特点是自觉性和习惯性，而培养人的良好习惯的载体是日常生活。因此，要紧紧抓住这个载体，有意识地培养自己的良好习惯，久而久之，习惯就会成为一种自然，即自觉的行为。

在日常生活中培养职业道德行为应做到：

（1）从小事做起，严格遵守行为规范。行为规范是指在行为方面约定俗成的或明文规定的标准、准则，它告诉人们该怎样做、不该怎样做。

（2）从自我做起，自觉养成良好的习惯。良好的习惯是每一个人终身受益的资本，不好的习惯则是一生的羁绊。每一位客运驾驶员都要从自我做起，从行为规范要求入手，从行为习惯训练抓起，持之以恒，只有这样才能养成良好的习惯。

2 在专业学习中完善

专业理论知识与专业技能是形成职业信念和职业道德行为的前提和基础。职业道德行为的养成，离不开知识的学习和技能的提高。

在专业学习中完善职业道德行为的要求是：

（1）增强职业意识，遵守职业规范。客运驾驶员要在专业学习和实习中增强职业意识，遵守职业规范，这是未来干好本职工作、实现人生价值的重要前提。

（2）重视技能训练，提高职业素养。客运驾驶员要重视技能训练，向劳动模范、先进人物学习，刻苦钻研，培养过硬的专业技能，提高自己的职业素养。

3 在社会实践中体验

人的正确思想，只能从社会实践中来。丰富的社会实践是指导人们发展、成才的基础，是实现知行合一的主要场所。职业道德行为的养成离不开社会实践，社会实践是职业道德行为养成的根本途径。

在社会实践中体验职业道德行为的方法有：

（1）参加社会实践，培养职业情感。在社会实践中，有意识地进行体验，进而了解社会、了解职业、了解自我、熟悉职业、体验职业、陶冶职业情感，培养对职业的正义感、热爱感、义务感、主人感、荣誉感和幸福感等情感。

（2）学做结合，知行合一。在社会实践中，把学和做结合起来，把学到的职业道德知识、职业道德规范运用到实践中，落实到职业道德行为中，以正确的道德观念指导自己的实践，理论联系实际，言行一致，知行合一。

4 在自我修养中提高

自我修养是指一个人按照社会或一定阶级的要求，经过学习、磨炼、涵养和陶冶后，提高自己的素质和能力。在各方面进行自我教育和自我塑造，是实现自我完善的必由之路。

提高自我修养应注意：

（1）体验生活，经常进行“内省”。“内省”一要严于剖析自己，善于认识自己，客观地看待自己，勇于正视自己的缺点；二要敢于自我批评、自我检讨；三要有决心改进自己的缺点，扬长避短，在实践中不断完善自己的职业道德品质。

（2）学习榜样，努力做到“慎独”。“慎独”是指独自一个人在没有外界监督的情况下，也能自觉遵守道德规范，不做对国家、对社会、对他人不道德的事情。客运驾驶员要经常激励和鞭策自己，加强道德修养，自觉做到“慎独”，努力提高职业道德修养。

5 在职业活动中强化

职业活动是检验一个人职业道德品质高低的试金石。

在职业活动中强化职业道德行为要做到：

（1）将职业道德知识内化为信念。内化是指把学到的职业道德知识变成个人内心坚定的职业道德信念、职业道德理想与职业道德原则，以及对自己履行的职业责任和义务的真诚信奉。它是知识、情感和意志的结晶，也是人们职业道德行为的精神支柱。只有这样的职业道德行为，才能坚定而永久。

（2）将职业道德信念外化为相应的行为变化。外化是把内心形成的职业道德信念变成个人自觉的职业道德行为，指导自己的职业活动实践。客运驾驶员要履行自己的责任和义务，做一个言行一致、表里如一、有职业道德的人。

第三节 道路旅客运输驾驶员的职业素养

客运驾驶是一种为社会提供运输服务的职业岗位，劳动强度大。驾驶员从业行为规范与否，直接关系到旅客的生命财产安全与否。因此，客运驾驶员承担着更大的社会责任，而对其专业知识、驾驶技能和服务能力等也有着更高要求。

一 道路旅客运输驾驶员应具备的基本素质

“素质高、形象好、技术精”是对优秀客运驾驶员的要求，其中个人素质放在了首位，其基本素质的重要性不言而喻。客运驾驶员应具备的基本素质包括政治素质、心理素质、体能素质、技能素质和较强的纪律观念、集体观念。

1 政治素质

客运驾驶员应具有爱国爱党、敬业爱岗、忠诚于企业的政治素质。驾驶员单独作业、接触面广、流动性大特点决定了其工作性质和环境，面对不同地区、不同层次、不同类型的乘客，驾驶员的一举一动、一言一行在某种程度上代表了企业的形象。因此，要求驾驶员通过各种途径不断提高政治素质，包括：

（1）热爱祖国，拥护共产党的领导，拥护社会主义制度。

（2）熟悉国家的法律、法规以及当地政府的有关管理规定和政策。

（3）热爱本职工作，热爱集体，维护企业的信誉、形象。

（4）爱憎分明，言行一致，敢于向不良倾向和行为做斗争。

2 心理素质

根据客运驾驶员的工作性质和特点，要求客运驾驶员必须要有健康的、良好的心理素质。

（1）要有较强的自信心和自制力。做到遇事不乱，临危不惊，能独立、果断地处理突发事件，能抑制自己的情绪，不随意要态度；不将生活、工作中不愉快的情绪带到为旅客服务中，影响行车安全和服务工作。

（2）有宽阔的胸怀。为人处事能宽厚大度，体谅与忍让，遇事不慌，语言文明，能倾听不同的意见，正确对待和处理委屈与误解。

3 体能素质

良好的体能素质是驾驶员的基础。驾驶员工作兼具体力劳动和脑力劳动，艰苦而繁重。需要脑、眼、耳、鼻、手、脚、腰等身体全方位的协调、配合，所以要求：

（1）身体健壮，能吃苦耐劳。

（2）反应灵活，思维敏捷。

4 技能素质

技能素质是驾驶员素质的核心，它包括：

（1）熟悉汽车的性能和特征。

（2）熟练汽车的驾驶和操作技术。

（3）熟悉道路情况。

（4）熟悉各地的风土人情，能满足不同乘客提出的各种服务要求。

史上最牛“零事故”驾驶员——罗纳德·苏德尔

行驶里程：480万km。

职业：联合包裹速递服务公司（UPS）快递员。

行车业绩：45年零事故。

罗纳德·苏德尔是UPS公司全球10.2万名驾驶员中的一员。45年来，他总共驾车行驶了约480万km，这个距离相当于赤道周长的120倍或是从地球到月球往返6次还要多，在这漫长的旅程当中，苏德尔从没发生过事故以及接过罚单，这在其所在的快递公司也几乎无人能超过他，甚至在公司100年的历史中也没有几人能做到这一点。苏德尔从海军退役后就在俄亥俄州小城代顿的UPS公司谋得一份快递员的工作，每天他都会开着UPS标志性的棕色货柜车往返于城市之间。

苏德尔很庆幸公司会定期进行驾驶培训，“所有的驾驶员从进入公司第一天起就要接受培训，比如锻炼空间感和预防性驾驶课程”，这样的训练一直贯穿苏德尔的职业生涯。在空闲时间，他也会抽时间练习自己的车技，“无论我用的是什么车，我都会按照所学的东西进行训练，这样安全行驶就会变成一种习惯。”

保持警觉，以好的心态上路以及经常练习车技是罗纳德·苏德尔成为最牛驾驶员至关重要的三点因素，除此之外，还必须在驾驶途中小心谨慎，要随时做好准备应对可预见的和不可预见的突发情况。

5 纪律观念

由于驾驶员是单车、单独作业多，流动性强，接触面广，缺乏领导和集体的监督。因此，要求驾驶员要具有很强的法制意识和纪律观念，无论何时何地都要自觉遵纪守法。

（1）熟悉、遵守国家的有关法律、法规和当地政府以及企业的有关管理规定。

（2）服从调度，服从稽查。

（3）发生意外应主动、及时、如实地报告。

6 集体观念

驾驶员应具备关心集体、顾全大局的团队精神。应该牢固树立集体观念，正确处理个人与集体的关系。

（1）有强烈的集体荣誉感和责任感。要时刻想到自己的行为表现就代表了企业的形象，甚至会直接影响企业和全体员工的利益。

（2）关心集体、关心企业、关心社会、关心人民群众，特别是那些遇到危险、困难有求于你的群众。

（3）顾全大局，个人利益、局部利益要自觉服从集体和全局利益，自觉抵制损害集体和国家利益，破坏安定团结的行为。

（4）爱护车辆设备，爱护公共设施、公共财物，保护环境，维护公共秩序，做文明驾驶员。

二 道路旅客运输驾驶员的职业行为要求

客运驾驶员要树立职业责任感，要做到安全运输、优质服务、诚实守信、恪尽职守、依法营运、公平竞争。热爱本职工作，维护职业尊严，通过不懈的努力，构建个人良好的职业信誉，抵御社会上片面追求经济效益等不良思想的诱惑。

1 安全运输

安全是旅客最基本的需求。客运驾驶员要保证运输安全，保护旅客的合法权益，首先必须遵章守法、规范操作。也就是说，驾驶员要遵守国家的相关法律、法规、规章和操作规程，任何行为不得超出法律、法规和规章允许的范围。与道路运输安全相关的各项法律法规，都是在总结大量的安全事故经验和血的教训的基础上制定的。当驾驶员超越法律、法规开展工作时，极易引发安全事故，造成人员伤亡、财产损失，还会产生很坏的社会影响和其他负面效应。遵章守法、规范操作，是道路运输活动能够正常进行的基本保证，要求驾驶员做到以下几个方面：

（1）认真学习国家和行业的有关法律、法规和政策，熟知道路交通安全和道路运输方面的法律法规、规章制度，学习安全操作规程，增强法制观念，做到学法、知法、守法、用法。

（2）树立“安全就是效益”的思想，始终把人民群众的生命、财产安全放在首位，行车中牢记谨慎驾驶的三条黄金原则，即集中注意力、仔细观察和提前预防。

（3）培养良好的驾驶习惯和职业心理，加强自身修养，不开违章车、英雄车和斗气车；对他人的不良驾驶行为做到宽容、大度、忍让，文明行车，做到“礼让三先”“有理也让”。

（4）牢固树立法律意识，在严格守法的同时能够正确运用法律、法规来保障自己的合法权益，解决纠纷。

2 优质服务

道路运输是通过完成客货流动来实现效益，属于服务性行业。优质服务就是根据乘客的实际需求，最大限度地提供安全、及时和规范的运输服务，保护乘客的合法权益。优质服务要求驾驶员做到以下几个方面：

（1）按照不同类型道路客货运输业务的特点，建立服务规范，明确服务内容和要求。比如，要求班车客运驾驶员应当提前报班，准点发车；要求包车客运驾驶员应当准时到达约定地点，等候乘客上车。

（2）保持良好的服务意识、热情的服务态度以及朴实的服务作风。从服务的细节入手，努力提高服务品质，为乘客的利益着想，尊客爱货，真诚待人。

（3）树立“讲文明、树新风”思想。驾驶员要使用文明礼貌用语，礼貌待客，微笑服务。

（4）虚心向先进人物学习，把优质服务落实在行动上，出色完成运输任务。

那些引诱驾驶员分神的“小事情”

根据最新事故研究表明，许多驾驶员都喜欢在驾车时处理日常琐事。然而，在这一瞬间的分神中，事故往往不期而至。数据显示，每十次事故就有一次与驾驶员分神有关。其中包括，使用手机、吃、喝、吸烟、整理仪表以及将注意力分散在其他信息设备上，这些行为都是安全隐患。虽然汽车技术不断发展，使多功能转向盘等便利的装置方便驾驶员操作，但仍然会存在一定的安全隐患，因此驾驶员应尽量避免在驾驶中分神。

3 诚实守信

诚实守信就是要求驾驶员对乘客始终保持诚实、恪守信用，反对任何欺诈行为，这是经济交往中最可贵的理念。驾驶员只有诚实守信，才能赢得客户的信任和社会的认可，为个人和企业赢得信誉，树立良好的形象和口碑。

诚实守信，要求驾驶员做到以下几个方面：

（1）树立“信誉第一”的经营理念，努力提高服务品质，时刻为满足乘客合理需求着想，按承诺开展道路运输活动。

（2）运输过程中，履行岗位职责，信守合同约定，确保将乘客和货物安全、及时和完好地送达目的地。

（3）不投机取巧、弄虚作假、欺骗客户和变相索贿，不侵害客户的正当权益，做到自重、自省和自励。

4 恪尽职守

恪尽职守是驾驶员忠诚于职业的一种态度，是驾驶员职业道德的基础与核心，具体表现为爱岗敬业。驾驶员只有热爱自己的工作岗位，热爱自己从事的、为社会公众提供服务的事业。有高度的职业责任感和端正的从业态度，切实履行岗位职责，脚踏实地地做好本职工作，才能出色地完成各项运输任务，实现自己的人生价值，并感受到工作的快乐。

恪尽职守，要求驾驶员做到以下几个方面：

（1）热爱自己的工作岗位，热爱本职工作，具有强烈的责任感和事业心，扎扎实实做好本职工作，履行好岗位职责。

（2）讲求奉献，全身心地投入到工作当中，能够把自己的理想、信念、青春和才智毫无保留地奉献给这个岗位。

（3）努力钻研业务，使自己的知识和技能适应自己所从事的工作岗位。

5 依法运营

道路运输经营活动直接关系到乘客、货物的安全，涉及公共利益。驾驶员只有依法营运，才能真正成为道路运输市场的主体，才能建立规范、有序的道路运输市场秩序。

依法营运，要求驾驶员做到以下几个方面：

（1）应依法取得道路运输经营资格，即依法取得相应的道路客运驾驶员从业资格证件，确保经营资格合法。

（2）应严格按照法律、法规、规章和规范，在从业资格证件许可的范围内从事道路运输经营活动，确保经营行为合法。

（3）在自觉遵守法律法规的同时，还要主动接受和配合交通安全管理、道路运输管理等有关部门的监督和检查。

6 公平竞争

公平竞争是要按照统一规则从事道路运输活动，通过提升自己的服务技能和水平，采取正当手段参与竞争，不使用暴力、强制手段和其他不符合法律法规规定的手段限制、干扰和影响其他经营者，不利用自己的优势地位和不正当手段排挤其他经营者。

公平竞争，要求驾驶员做到以下几个方面：

（1）不断革新经营理念，充分运用信息化技术提高运营效率，通过改善服务方式提高服务水平，文明、公开和公平地参与市场竞争，确保运输市场的规范和健康发展。

（2）要在合法、合理的前提下增强竞争意识，在运输活动中敢为人先，努力提高运输能力，优化服务品质，增强核心竞争力。

（3）要有正确的价值观，主动适应市场、占有市场，做到“童叟无欺、一视同仁、文明经营和优质服务”。

（4）遵照市场规律，严格执行价格规定；不唯利是图，不欺行霸市，不刁难乘客，不垄断、不封锁道路运输市场，不搞地方保护主义。

第二章
职业卫生防护与身心健康

学习目标

（1）了解道路旅客运输驾驶员身心健康概念。
（2）了解道路旅客运输驾驶员生理健康与交通安全的关系。
（3）掌握道路旅客运输驾驶员身心健康的调节方法。
（4）熟悉道路旅客运输驾驶员常见职业病。
（5）掌握常见职业病的防护措施。

近年来，职业卫生防护问题引起了社会广泛的重视，并成为职业安全健康监管的重点。随着经济高速发展，技术日新月异，传统职业危害因素及所致的职业病已退居次要地位，现代职业病主要集中在肌肉骨骼劳损、工作压力、精神疾病、呼吸性疾病、心血管疾病以及职业性癌症等方面。客运驾驶员作为长期从事高风险作业的特殊职业人群，他们的身心健康，直接关系到人们的生命财产安全，因此客运驾驶员的卫生防护与身心健康不容忽视。

第一节 道路旅客运输驾驶员生理健康与调节

交通安全是一个世界性的社会问题。近几年，我国道路旅客运输以其快捷、方便的特点发展很快，但道路旅客运输的交通安全问题日益凸显。通过对一系列交通事故的调查研究发现，在影响交通安全的人、车、路三大因素中，人的因素影响最大，因驾驶员自身因素引起的交通事故占事故总量三分之二以上。交通事故与驾驶员生理素质、身心健康等有着密切关系。

驾驶员通过视觉、听觉、触觉等器官从周边交通环境中获得信息，经过大脑进行处理，作出判断，再支配手、脚的运动操纵汽车，使汽车按照自己的意志在道路上行驶。如果在信息搜集、处理判断和操作的某一环节上发生差错，就可能引发交通事故。因此，客运驾驶员既需要健康的心理，还需要有健康的身体、充沛的精力和体力，以及人体各个器官功能的协调和配合。

一 道路旅客运输驾驶员生理健康对行车安全的影响

驾驶员的生理健康包括视觉、听觉、知觉等感官机能正常，反应特征正常等。

1 视觉

驾驶员通过眼睛所获的信息占全部信息的80%以上，行车过程中，驾驶员的视觉能力直接关系到驾驶员行为，对行车安全起着决定性作用。

（1）视力。

驾驶员的视力可分为静止视力、动视力和夜视力。

静止视力是人在静止状态时的视力，动视力是人在运动状下的视力。影响驾驶员动视力的因素有车辆相对运动速度、年龄、目标的颜色和照度、道路及其环境等。其中，车速对动视力的影响最大。车速越高，动视力下降越明显，并且随着年龄的增加，动视力下降的幅度也越大。

夜视力是在黑暗环境中的视力，黄昏时刻驾驶员的视线最不好。另外，夜视力与驾驶员的年龄有关。年龄越大，夜视力越差。20~30岁的驾驶员夜视力最好。夜视力还与车速有关，速度增加，夜视力下降。因此，夜间行车的客运驾驶员一定要控制好车速，注意观察环境。

（2）视野。

眼睛观看正前方所能看见的空间范围称为视野。视野一般分为静视野和动视野。当头部和眼球固定不动时，眼睛观看正前方所能看见的空间范围叫静视野。头部固定不动，眼球自由转动所能看见的空间范围叫动视野。

驾驶员的视野与行车速度有密切关系，随着车速增加，注视点前移，视野变窄，对交通环境的分辨率变低，容易引起交通事故。

（3）明适应、暗适应。

从亮处到暗处的适应叫作暗适应，从暗处到亮处的适应为明适应。例如，当车辆进入隧道时，光线由明亮转为黑暗，这就是暗适应；当车辆从隧道出来时，光线由黑暗转为明亮，这就是明适应。

暗适应时间比明适应时间所需要时间长，一般需要4~6min，完全适应则需要30min左右。客运驾驶员在明暗适应的过程中要提前做好相应准备，降低车速，注意观察周边交通状况，以减少事故发生的可能性。

（4）炫目。

人的眼睛突然受到强光照射会出现暂时性的视觉障碍，称为炫目，炫目发生时驾驶员会看不清周围的物体，极容易发生交通事故。

2 听觉

听觉在驾驶过程中很重要。当超车或会车、在高速公路上高速行车、遇到前方有行人、在雾天视觉受到影响时，可常用按喇叭的方式来引起对方驾驶员和行人的注意。驾驶员听觉不正常，就无法接收有声信息，易导致交通事故。

3 知觉

知觉是对整个物体的认识。对于驾驶员来说，空间知觉和运动知觉很重要。行车中驾驶员要随时了解道路几何形状及其他交通工具的大小、离本车的距离和行驶方向等，这离不开较好的空间知觉；分辨物体的静止和运动及运动速度的大小，这离不开运动知觉。

4 反应特征

反应特征是对某种刺激所产生的应激动作，即从接收信息（感知）到反应（决策）产生效果的过程。整个过程所需的时间，可以划分为感知时间和反应时间。

感知时间是指在正常条件下，从眼睛观察到聚焦目标再到大脑识别出危险类型和性质的时间。反应较快的驾驶员一般需要1.75s的感知时间。车辆时速为88km时，这相当于43m的距离。反应时间是指正常条件下，从大脑识别出危险类型和性质到脚踩下制动踏板这段时间。驾驶员一般需要0.75s的反应时间。车辆时速为88km时，这相当于18m的距离。特殊的生理状况会很大程度上影响驾驶员的感知和反应时间。

驾驶员反应越快，处理情况越及时，安全行车也就越有保障。研究表明，驾驶员的反应能力除了与年龄、技术、经验有关外，还受到疲劳程度、车速、药物和酒精等因素的影响，在行车中要尽量排除这些因素的负面干扰。

二 影响道路旅客运输驾驶员生理的主要因素

影响驾驶员生理健康的因素很多，主要包括驾驶员疲劳、酒精、药物和生活方式等。

1 驾驶疲劳

驾驶疲劳是指驾驶员在长时间连续驾车后，产生心理机能和生理机能失调，在客观上出现驾驶技能下降的现象。客运驾驶工作是一项消耗体力、脑力的工作。一方面，驾驶车辆，尤其是在恶劣气候条件或恶劣道路条件下驾驶，驾驶员必须高度集中注意力，感觉器官及中枢神经系统始终处于紧张状态，极易引起疲劳驾驶；另一方面，客运驾驶员长时间在单调的环境中连续驾车行驶，尤其是在高温季节的中午、深夜时分驾驶，很难抵挡住强烈的睡意，很容易产生疲劳驾驶，这时感知觉、判断、意志决定、运动等都会受到影响。

驾驶疲劳的症状一般表现为：驾驶员视力下降，动作准确性下降，注意力无法集中，对环境、距离判断失误，动作失误率增加。这些都会直接影响行车安全，危害不容忽视。疲劳驾驶不仅仅是客运驾驶员个人的事，它是一种影响公众安全的道路交通违法行为，具有严重的社会危害性。因此，客运驾驶员一定要认识到疲劳驾驶的危害，需要从心理上、生理上认真分析研究消除疲劳驾驶的方法，可采取以下措施预防疲劳驾驶的发生。

（1）保证足够的睡眠。客运驾驶员要养成按时就寝和保持良好睡眠姿势的习惯，每天保持7～8h的睡眠。

（2）科学安排行车时间，劳逸结合。注意行车途中的休息，连续驾驶时间不得超过4h，连续驾车4h，必须停车休息20min以上；夜间长时间行车，应由2人轮流驾驶、交替休息，每人驾驶时间应为2～4h。

（3）保持良好的工作环境。行车中，保持驾驶室空气畅通、温度和湿度适宜，减少噪声干扰；当开始感到困倦时，切忌继续驾驶车辆，应迅速停车，采取有效措施，适时地减轻和改善疲劳程度，恢复清醒，如用清凉空气或冷水刺激面部，喝一杯热茶，做弯腰动作，进行深呼吸。

2 酒精与酒驾

在我国，每年由于酒后驾车引发的交通事故达数万起；造成死亡的事故中50%以上都与酒后驾车有关，酒后驾车的危害触目惊心，已经成为交通事故的第一大"杀手"。

《车辆驾驶员血液、呼气酒精含量阈值与检验》（GB 19522—2010）中指出，饮酒驾车是指车辆驾驶员血液中的酒精含量大于或者等于20mg/100mL，小于80mg/100mL的驾驶行为。醉酒驾车是指车辆驾驶员血液中的酒精含量大于或者等于80mg/100mL的驾驶行为。

驾驶员饮酒后，酒精溶解于血液，通过血液循环流遍全身，影响中枢神经系统。当大脑及其他神经组织内的酒精浓度增高时，中枢神经的活动逐渐迟钝，视觉和知觉判断能力下降，驾驶动作不协调，导致事故率大幅提升。客运驾驶员应认识到酒驾的严重危害性，坚决抵制酒驾，以保护自身与他人的生命安全。

3 疾病

各种类型的不适、疼痛、疾病或残疾会分散驾驶员对交通状况的注意力，从而降低车辆行驶的安全性。在患有疾病的情况下驾驶车辆，判断能力、观察能力、控制能力都会大大降低，增加发生交通事故的可能性。

因此，驾驶员需注意以下事项：

（1）有强烈的疼痛感，有包扎或绷带会影响行动能力，不宜驾驶。

（2）定期到医院做身体检查，及时发现身体存在的不良状况。

（3）注意劳逸结合，保持心情愉快。

（4）严重心脑血管疾病患者不宜从事驾驶职业。

4 药物

除了感冒药，一些安眠、镇定及止痛药物也会分散或降低驾驶员注意力与反应能力，从而降低驾驶员对车辆的控制能力。世界卫生组织已列出了7大类在服用后可能影响安全驾驶的药品，并提出在服用这些药品后应禁止驾车。这7大类药品具体包括：抗组胺药物（感冒药）、抗抑郁药物、镇静催眠药、解热镇痛药、抗高血压药和抗心绞痛类药、降糖药。

因此，客运驾驶员生病服药期间最好不要驾车。如果生病了必须服药，请注意以下几点：

（1）看病时，主动表明身份。"我是驾驶员"或"我驾车上班"。请医生尽量避免使用会对驾驶员产生不良影响的药物。

（2）仔细阅读药品的说明书或是商品标签，特别是用量、禁忌症和副作用等。

（3）不可超剂量用药。药品不良反应的原因主要有3个：用药剂量不当、重复用药和药物相互作用。因此，若自己买药吃，种类要越少越好。

（4）对已知有不良反应，但不得不吃的药，一定要等药效消除后再驾车上路。

案例

3月22日晚，柳州市的郑先生驾车从市区出发，沿着城市中心大道开往自己家的路途中，一时犯困的他，没有看到前车减速，一下追尾撞了上去，虽然他已经采取了制动措施，但还是没能避免相撞。车头碰撞后，发生变形，好在人没什么大碍。

"应该是吃了感冒药的关系，所以才这么困。"郑先生说，当晚他在市区一朋友家吃完饭，离开之前吃了感冒药。在驾车途中，他眼皮很重，感觉非常想睡，正打算过了隧道找个地方打个盹儿，没想到已经扛不住了。郑先生回家后查询了感冒药的成分，发现里面含有"氯苯那敏"，医生告诉他，这种成分会让人嗜睡、困倦。

三 道路旅客运输驾驶员身心健康的维护及自我调节

健康不仅仅是没有疾病或虚弱，而是身体、心理和社会适应的完好状态。驾驶员的健康生活方式是其健康的基础，主要表现为：生活有规律，没有不良嗜好，讲求个人卫生、环境卫生、饮食卫生，平时注意保健、生病及时就医、积极参加健康有益的文体活动和社会活动等。可以概况为以下几个方面：

1 合理膳食

合理膳食指能够获取全面、均衡营养的膳食。食物多样，才能满足人体各种营养需求，达到合理营养，促进健康的目的。驾驶员由于其职业的特殊性，容易造成神经、内分泌和消化系统功能紊乱，引起神经衰弱症和心血管疾病，应经常补充蛋白质，如蛋类、豆类、鱼类，以及新鲜蔬菜和水果等。必要时驾驶员还应补充含糖的甜食，以维持血糖浓度，确保安全行车。

2 适宜运动

都知道运动对健康有益，但运动要科学，不盲从，要选择适合自己的运动方式、强度和运动量。驾驶员长期驾车，更需要加强体育锻炼。

3 戒烟戒酒

酒精和烟草对健康的危害极大。烟草烟雾至少含有69种致癌物。很多驾驶员能够意识到酒精的"威力"，但是却误以为吸烟后，能够使头脑清醒、注意力增强。而事实恰恰相反，多项研究显示，吸烟和喝酒一样，也会显著降低驾驶员的驾驶能力，吸烟驾驶员发生车祸的可能性比不吸烟的驾驶员高出1.5倍。因此，驾驶员要想维持良好的身心健康，保持安全行车，必须做到戒烟戒酒。

4 心理平衡

心理平衡是指一种良好的心理状态，即能够恰当地评价自己，应对日常生活中的压力，有效率地工作和学习。驾驶汽车要求沉着冷静，反应迅速，动作敏捷，操作准确，反常心理活动必然导致不良的行为后果。驾驶员在行车中无论遇到什么情况，当发现自己情绪不稳定时，要进行自我心理调解和疏导，尽量减少对行车安全的影响，提高在各种复杂情况下的反应能力和承受精神压力的自我心理调节能力，形成安全驾驶所要求的良好心理素质，保持心理平衡，能用正确敏捷的思路在极短的时间内迅速、果断、安全有效地处理瞬息万变的交通状况。

第二节　道路旅客运输驾驶员常见疾病预防

一　道路旅客运输驾驶员常见疾病

客运驾驶员在长期驾驶过程中，工作压力大，劳动强度高，会受到噪声、振动、汽油、高温、有毒气体以及长期不良体位等有害因素的影响，会产生多种职业病或职业伤害。客运驾驶员的职业病主要可以分为以下几种：

1 噪声性耳聋

机动车发动机运转、轮胎噪声等噪声对客运驾驶员的危害是多方面的。噪声作用于人的中枢神经系统，使大脑皮层的兴奋与抑制平衡失调，导致条件反射异常，使脑血管张力遭到损害。这些生理上的变化，在早期能够恢复原状，但时间一久，就会导致身体上的变化，使人产生头痛、脑涨、耳鸣、失眠、记忆力衰退和全身疲乏无力等症状。客运驾驶员长期在噪声的“轰炸”下，听力会明显受到损害，导致不可逆性耳聋。

2 泌尿系统疾病

泌尿系统疾病也是驾驶员常见的职业病，这有其复杂的形成原因。首先，长时间驾驶，精力高度集中，无法进行放松活动，这一姿势除了引起颈、腰部肌肉酸痛之外，对尿路也会造成长时间压迫，影响血液循环；其次出车在外受环境因素影响较大，发生感冒及胃肠道疾病的机会增多，会导致泌尿系统感染并反复发作；同时，饮水少、经常憋尿，也会使男性前列腺疾病症状加重；最后，驾驶员工作随意性大，不能按时饮食、作息及吸烟等，也能诱发男性前列腺疾病。

3 腰椎病

客运驾驶员长时间的久坐驾车，容易导致血液循环变慢，使得腰部肌肉和腰椎长时间处于高度紧张状态，加剧腰部受损的程度。而且现在很多驾驶员坐姿随意，使腰骶部腾空，腰椎失去支撑，腰背部肌肉长期处于拉伸状态，时间久了就会感觉到腰部酸痛，长时间如此，腰椎问题会逐渐显现并加重。另外，汽车振动对椎间盘应力的增加，会加速椎间盘的病变，如果汽车老旧、减振性能差，驾驶员就更加容易患上腰椎间盘突出症。

4 颈椎痛、急性颈扭伤

客运驾驶员每天几个小时甚至十几个小时都坐在驾驶室里驾车，姿势相对固定，长此以往就会引起颈部肌肉僵硬、供血不畅，发展为颈椎变形增生，从而引起颈椎病，最常见的就是颈肩不适、疼痛、颈部僵硬、头晕乏力、上肢酸软麻木、心慌多汗。而急性颈扭伤在汽车驾驶员中较常见，其发生的主要原因有：在驾驶车辆或倒车时，突然过度地扭头向后看，致使颈部肌肉、筋膜强行过度屈伸而产生痉挛、撕裂伤；高速行驶中突然紧急制动，或低速行驶中突然猛踩加速踏板，在惯性力的作用下，颈部肌肉会产生急剧痉挛。

5 肠胃疾病

由于工作的特殊性，导致饮食不规律、吃饭赶时间等种种因素，胃病也成了客运驾驶员常见的职业病之一。由于驾驶工作的危险性，客运驾驶员的精神常处于紧张状态，这样会造成胃黏液细胞分泌减少，削弱了对胃黏膜的保护作用。长时间驾驶后身体疲劳，饮食不规律，胃液分泌异常，刺激胃黏膜，易产生厌食、腹痛及溃疡病、胃炎等症状。

6 其他疾病

驾驶员在道路状况不好，特别是堵车时情绪容易波动、烦躁，若遇上事故就更难控制自己的情绪，这些都容易加重失眠、焦虑等方面的疾病，也易引起高血压等疾病。另外，如男性驾驶员长期久坐，空间密闭，温度高，会影响生殖能力。

二 道路旅客运输驾驶员职业病的预防

客运驾驶员是一特殊的职业人群，驾驶工作应激程度较高，工作时间不规律，班次更迭，轮换频繁。工作过程中，需要长时间维持注意力高度集中；而且工作活动空间小，会接触多种职业危害因素。政府和客运企业要下大力气加强对驾驶员身心健康和工作权益的保障，应该在定期体检、休假制度、上班时间、职业病防治等方面作出明确的强制性规定并监督实施。同时，建议客运企业建立驾驶员健康档案，设立专门机构对客运驾驶员身心健康进行管理，定期对驾驶员进行身体及心理检查。客运驾驶员自身要了解一些常见的职业病类型，并积极、有针对性地采取措施，预防疾病的发生。

1 保持正确驾驶姿势

正确的驾驶坐姿对预防驾驶员腰痛、颈椎病极为重要。一般来讲，正确的驾驶姿势是：驾车时双眼平视，座椅靠背向后微倾，坐垫略向上翘起。臀部置于坐垫和靠背的夹角中，以在操作时不向前移为宜。

2 适当运动

在停车休息时，可以做健康操，活动活动关节、腰部、颈椎和四肢，这样可以帮助肌肉消除疲劳并起到复原作用。在连续驾车1h左右，要有意识地多活动头部，向左、向右各旋转十余次，可预防颈椎病。

3 定时休息

注意合理地安排自己的休息方式，驾驶车辆避免长时间保持一个固定姿势，可时常调整局部疲劳部位的坐姿和深呼吸，以促进血液循环；另外，一次驾车时间一般不宜过长，控制连续驾驶时间，否则身心疲惫，既影响行车安全，又危害健康。

4 注意车辆维护

驾驶员腰病产生的重要原因在于汽车产生的振动，所以应避免车辆“超期服役”，及时更换陈旧、磨损的零部件，对汽车定期进行维修。

5 定时、合理饮食、少吸烟

应做到合理安排车辆行程，做到间隔4~5h用餐一次，定时定量，避免暴饮暴食或食用不健康食物。长途运输时少吸烟，保持稳定的情绪，减轻生理、心理负担。

6 及时体检医治

客运驾驶员每年应进行一次职业性体检，以便早期发现与职业有关的疾病，及时治疗处理。倘若发现不适宜驾车的情况，如听觉器官、颈椎、腰椎过度劳损，需要及时医治，不宜继续从事客运驾驶工作。

第三章

交通安全心理学

学习目标

(1) 了解驾驶员心理情绪及其表现形式。
(2) 了解各种环境因素对驾驶员心理的影响。
(3) 了解驾驶员心理情绪对行车安全的影响。
(4) 掌握预防驾驶员各种不良心理的对策。
(5) 掌握转化不良心理情绪的方法。

第一节 心理情绪及其表现形式

情绪是驾驶员重要的心理活动之一，对安全行驶具有很大的影响。驾驶员在行驶过程中保持积极、恰当的情绪对工作的顺利进行能够起到促进作用，也能够保证车辆的安全行驶；相反，若是驾驶员被消极不良的情绪影响，则会对安全形成产生很大的阻碍作用，降低工作效率，使工作失误增多，影响行车安全。近年来，情绪驾车引发交通事故的例子在交通事故中逐渐增多。驾驶员在愤怒、悲哀、忧愁、恐惧时，感受性、理智性降低，在这种情感支配下驾车，很容易发生交通事故。据统计，80%以上的交通事故与驾驶员有直接或间接的关系，其中驾驶员的情绪状态对行车安全影响极大。为确保行车安全和乘客安全，驾驶员需要了解情绪与驾驶活动之间的关联性，及时有效调节和控制情绪的变化，掌握调节不良情绪的基本方法。

一 情绪

1 情绪的概念

情绪是人类对各种认知对象的一种内心感受或态度。它是人们对自己所处的环境和条件，对自己的工作、学习和生活，对他人的一种情感体验。因此，情绪总是和情感这一概念相对应。情感是情绪过程的主观体验，是情绪的感受方面。情绪不是自发产生的，它总是为某种刺激所引起，例如环境中的刺激、周围人与事的刺激等，这些刺激都是与人的认知相联系的，而这些认知对象都会引发人的需要，进而使人们对不同的对象产生不同的感受或态度。

最普遍、通俗的情绪有喜、怒、哀、惊、恐、爱等，也有一些细腻微妙的情绪如嫉妒、惭愧、羞耻、自豪等。情绪常和心情、性格、脾气、目的等因素互相作用，也受到荷尔蒙和神经递质影响。无论正面还是负面的情绪，都会引发人们行动的动机。

2 情绪的特点

引发情绪的刺激是和人的认知相关联的。认知过程总是伴随着认知体验，情绪影响着认知过程的质量和效率。每个人都会有各种各样的情绪，这些情绪一旦产生就会影响人的整个认知过程。情绪积极时，认知过程也是积极的；情绪消极时，认知过程也是消极的。因此，人的情绪具有两极性，即积极的体验和消极的体验。积极的情绪起增力作用，消极的情绪起减力作用。

情绪对认知的影响主要表现在情绪具有动机性、信号性和感染性三方面功能。

（1）情绪的动机性主要是指情绪能够激发人的认知和行动的动机，情绪能够帮助人增强工作的内动力，使人处于唤醒和激活的状态，以便更好地投入工作。

（2）情绪的信号性功能是指情绪是人的思想意识的自然流露，这些表情能够增进彼此之间的了解。

（3）情绪的感染性指的是人们之间感情的沟通需要情绪的感染，而人们接受客观事物所带来的刺激而引发的情绪体验也是具有感染性的。这种感染性能够充分说明，人们在认知的过程中会以情动情，引发人们对认知过程的集中注意或分散注意，从而影响认知的效率。

正是由于情绪对于人的认知具有如此之大的影响，所以客运驾驶员在驾驶的过程中更应该保持一种肯定的情绪，使自己的认知保持在一个清醒、正常的状态，从而确保行车安全。

3 情绪引起的外部表现形式

（1）情绪能引起生理器官的变化，主要表现在血液循环系统的变化，恐惧时面色苍白，羞愧时面红耳赤，激动时热泪盈眶，悲伤时痛哭流涕。

（2）情绪能引起面部表情和姿势的变化。如眉开眼笑、暗送秋波、喜、怒、轻视、讥讽等，同时嘴部肌肉伴随着明显的反应。

（3）不同的情绪下，语气和音调会发生变化。

二 情绪的分类

人类有几百种情绪， 其中，有8种最强烈的基本情绪：悲痛、恐惧、惊奇、接受、狂喜、狂怒、警惕、憎恨。每一类情绪中都有一些性质相似、强度依次递减的情绪，如厌恶、厌烦、哀伤、忧郁。

三 影响交通安全的常见情绪

不同的情绪表现会对交通安全产生不同的影响。研究者发现，不同的驾驶情绪，与不同的交通事件有关。如责备可以引发焦虑、抑郁和愤怒等不同的情绪体验，所触发的交通事件并不相同。根据研究，焦虑往往与分心驾驶有关，愤怒与攻击性驾驶有关，在模拟驾驶中，抑郁的被测试者转动转向盘的操作更缓慢，事故率也更高。

1 影响交通安全的常见情绪

1 愤怒

愤怒是指当愿望不能实现或为达到目的行动得到不满意的结果时，引起的一种紧张而不愉快的情绪。

有研究表明，驾驶员的愤怒情绪和攻击性行为，与精神病学有关。攻击性强的驾驶员比其他驾驶员更有可能存在各种心理问题。比如狂躁症、药物依赖，反社会和边缘性人格障碍等。另外，路怒症的驾驶员也有罹患心理问题的风险。

2 抑郁

抑郁是一种情绪状态，表现为长时间的情绪低落， 意志力和行动力减弱，有时伴随着自我伤害及自杀行为。

研究表明，抑郁情绪对交通安全有消极影响。抑郁因子是道路交通事故发生的一个危险因子。

3 焦虑

在人们的正常生活中，危险无论是真实的还是想象的，都会以各种形式表现出来，如果自我没有获得处理危险的办法， 就会陷入长期的无助和惊恐之中，对危险的本能反应，就是焦虑。

焦虑通常情况下与精神打击以及即将来临的、可能造成威胁或危险相联系，主要表现出感觉到紧张、不愉快，甚至痛苦以至于难以自制，严重时会伴有植物性神经系统功能的变化和失调。

驾驶过程中的焦虑情绪会对驾驶员识别道路信息产生消极影响，例如使其注意视野变窄，反应力受限，改变对其他驾驶员行为的理解，最终增加驾驶的潜在危险性。焦虑对驾驶操作有消极影响，主要是由于焦虑会引起驾驶员的分心和注意缺陷。

4 压力

压力是指人的内心冲突，与冲突相伴随的是强烈情绪体验。

驾驶员的压力对驾驶操作的影响，受到驾驶员压力反应的性质、交通环境和驾驶任务需要的制约。驾驶员内心的压力对驾驶任务完成和驾驶安全有关联性影响。

2 常见的消极情绪

1 思想麻痹

思想麻痹是造成行车事故的主要原因之一。很多驾驶员因思想麻痹、一时疏忽，而遗恨终生。

思想麻痹的主要表现有：驾驶员放松警惕，注意力不集中，全身懒散放松。思想麻痹一般易出现在以下情形：

（1）道路和通行条件较好，路上没有复杂的交通情况。

（2）长途行车已安全驶近车场或目的地。

（3）在车场掉头、试车、倒车。

（4）由复杂道路进入平坦道路。

（5）由城市驾驶转入郊外等级公路驾驶。

（6）夜间行车，车稀人少，路面宽敞。

（7）车况良好，操纵得心应手。

2 骄傲自满

骄傲自满是安全驾驶的大敌。驾驶员一旦产生骄傲自满情绪，便会忘乎所以，过高估计自己，因而不能正确认识和判断客观事物，无视各种规章制度，作出一些越轨的驾驶动作和行为，导致事故的发生。

3 生气赌气

驾驶员在行车中，碰到不顺心或违背自己意愿的事而生气赌气，把车辆当成发泄自己怨气、向对方施行报复的工具，是造成重大交通事故的原因之一。

动辄生气赌气，虽与驾驶员的性格特征有关，但究其根本，还是驾驶员思想修养方面的问题。驾驶员要防止生气赌气现象的发生，不能只从性格脾气上找原因，还要从思想上挖根源。

4 情绪波动

驾驶员情绪波动，大多数是由思想问题引起的。情绪波动一般表现为两种倾向：高兴与沮丧。驾驶员情绪过于高兴或沮丧，都会严重影响安全操作。因为人在高兴或沮丧时，中枢神经系统便处于兴奋或压抑的状态。当中枢神经处于兴奋状态时，驾驶员行为便会表现得轻率、好动、异想天开、忘乎所以，操作动作和判断情况就不准确。当中枢神经处于压抑状态时，驾驶员反应迟钝，动作呆板，两眼滞木，对危险情况就会视而不见，有时甚至会眼睁睁地看着事故发生而不采取任何措施。

第二节　各种环境对驾驶员心理的影响

一　交通环境

交通环境是作用于道路交通参与者的所有外界影响与力量的总和，是远端和宏观（如法律和规范），以及近端和微观（如天气和交通堵塞）水平上的物理（如温度）、社会（如文化）、和时间（如紧迫性）因素的结合。主要包括道路状况、交通设施、地物地貌、气象条件以及其他交通参与者的交通活动等。

二 交通环境对驾驶安全的意义

交通事故并不单是驾驶员因素所致，而是人为因素（如道路使用者）、环境因素以及人为因素和环境因素交互作用共同造成的。

驾驶员会受到外部交通环境的影响。环境因素对驾驶员的思想、情感和行为的影响复杂而持续，不仅直接导致交通事故的发生，而且还会促使和加剧人为等其他因素对交通安全的影响。统计资料表明：在高速公路上，环境因素在事故原因中的权重位居第二。西安公路研究所对陕西境内干线公路100个事故多发点的调查表明，几乎所有事故都与道路环境因素有关。气候条件与交通安全有着密切的关系，恶劣的天气条件容易造成交通事故，是导致高速公路交通事故、道路阻塞、路产损失的主要原因之一。环境因素对交通安全确实有着显著的影响，因此，加强对环境因素的研究、减少环境因素的消极影响，对保障驾驶员行车安全、减少事故率具有十分积极的作用。

三 交通环境的分类

交通环境是一个复杂笼统的概念。从现实生活中来看，交通环境主要可以分为以下几类：第一是道路环境因素。包括交叉路口、高速公路、道路设计与标志、公路照明、交通拥堵、天气、温度、噪声等。第二是汽车环境因素。包括驾驶座椅、转向盘、汽车踏板、变速器操纵杆、仪表盘、闪光灯等。第三是行人因素。第四是交通文化因素。包括交通文化、交通安全氛围、传媒、信仰等。本节所探讨研究的主要是第一类道路环境。

1 交叉路口

如图3-1所示，驾驶员在即将经过交叉路口时，视线无法同时覆盖道路左右两边的情况。如果不减速，很容易出现交通事故。

图 3-1　交叉路口

如图3-2所示，编号为1的车向前行驶，右侧的行人或自行车向左边靠近。由于驾驶员的视线被松树遮住，无法看到右侧的道路情况。因此，右边灰色三角区域是他的盲区。有经验的驾驶员会提前减速，并且花更多的时间注视右边的危险区域，而新手相对花较少的时间注视危险区域。如果1号车行驶到2号车所在位置时还未减速，那么很容易造成交通事故。

如图3-3所示，后车驾驶员的视线被遮挡，对货车前方的交通情况一无所知。有可能对向车左转，而与本车相撞。因此应该提前减速，与货车保持距离，以便有足够的空间应对货车前方的交通情况。

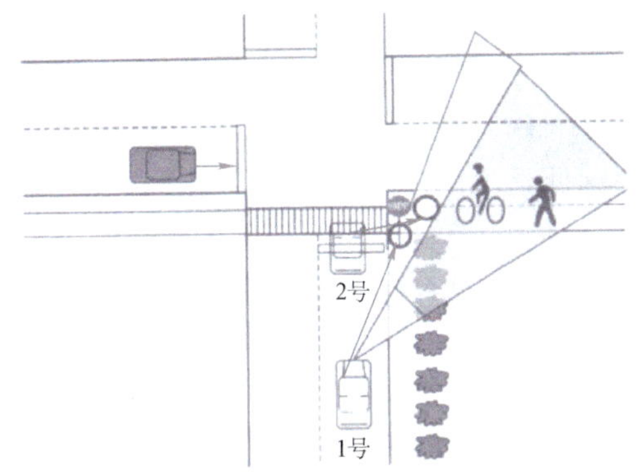

图 3-2　交叉路口常见事故原因

图 3-3　要保持安全距离

研究人员设计了一些虚拟的交通场景，这些场景中没有明显的危险预示线索，只是暗示着潜在的危险，而不一定实现。如图3-4所示，对面车辆突然逆行，是明显的线索。而图3-5中，前方车辆突然变道，这暗示着潜在的危险，并没有明显的线索。图3-1～图3-3也属于这类隐含潜在危险的场景，扫视这些区域，可以降低事故危险。

图 3-4　逆行潜在危险

图 3-5　变道潜在危险

这种在交叉路口预测危险的能力是可以通过训练提高的。比如，训练宽广和迅速的眼动模式，有经验驾驶员一般会推荐新手采用这种模式。驾驶教练通过训练新手驾驶员的视觉搜索技能来预测危险，告诉他们为什么某些场景有潜在的危险。

所以，驾驶员在经过交叉路口时，应提前减速，并采用有效灵活的眼动策略，以便更快更准确地预测危险，减少交通事故的发生。

② 高速公路

高速公路上的事故原因是复杂的。有天气、地形方面的原因，也有道路设计和人为方面的原因。

研究人员研究了52例高速公路上的交通事故，发现大部分的驾驶员对高速公路上高速的车流和单调的环境感到不适。他们的动视力、视野、判断能力下降，反应时间有所增加。还有的驾驶员因不熟悉高速公路上的交通规则，也会影响驾驶安全。

③ 道路照明

夜间的交通事故比白天多，尤其是致命程度的事故，是白天的4倍。其主要原因是夜间照明度的降低会导致驾驶员的反应时间增加。外周视力受到的影响较小，中心视力受到的影响较大。跟白天相比，夜间水平方向的视觉搜索范围缩小。夜间还会导致驾驶员忽视一些能见度低的物体。

夜间行车的里程约占车辆总里程数的1/4，道路照明的状况与夜间行车的事故率相关。有研究者调查了31个较大路口的照明位置和事故频率，数据证明良好照明能够减少每年64%的事故死亡率。

照明灯的安装高度一般在10m以上，也可在12m以上。这样的高度增加了遮蔽距离。遮蔽距离是车的风窗玻璃切出的进入驾驶员眼睛的光源范围。因为路灯也是炫光源，通常遮蔽距离是路灯高度的5倍，这对舒适度和可见性都有影响。

④ 交通拥堵

驾驶环境中最让人头疼的环境因素就是交通堵塞。交通流量体现了特定时间点，单位空间中车辆的物理密度。当拥堵发生时，驾驶员一般会感到，此时此地的车辆太多或空间太小。车辆数量并不是导致拥堵的充分必要条件，例如，普通上班族在上班高峰期，已经对于某种交通拥堵情况见怪不怪，如果某日交通流量比平时小一点儿，他们甚至会感到舒适。与此相反，那些不经常经历高峰期的驾驶员，会被迫放慢速度，或紧挨其他车辆，这些驾驶员就会体验一种拥堵感。交通拥堵的负面影响并不完全取决于路面上的车辆密度，这就可以解释为什么拥堵感和相关压力只出现在相对较少的驾驶员群中，而不是在大城市中普遍存在。

根据研究，挫折感是产生拥堵感的原因之一，即驾驶员的行为受到约束，驾驶效率低下。他们发现，高挫折（行驶受限较长时间）导致更大的拥堵感知和生理唤醒，并对其他驾驶员产生更多的负面评价。

交通拥堵的一个主要后果是加剧压力和焦虑。研究发现，驾驶员在高水平的拥堵条件下，报告出更大的压力水平。实验人员做了一项自然条件下的观察研究，让驾驶员在高拥堵条件或低拥堵条件下，沿着预先确定的路线驾驶，发现随机分配到高度拥挤路线的被试，报告更大的压力和负面情绪。公交车驾驶员经常遇到各种交通条件，在以他们为被试的研究中发现，较高的拥堵与高压力有关，但在这种情况下，不会导致个人失控和无助。交通拥堵也会增加驾驶员的愤怒情绪和攻击性驾驶行为，有研究者表示，驾驶员的攻击性行为常发生在高拥堵的交通条件下。

第三节　驾驶员心理情绪对行车安全的影响

一　驾驶员常见的情绪状态

一般来说，人的一切心理活动都带有情绪色彩，而且以不同的心情、激动和紧张状态表现出来。情绪状态是指在某种事件或情境的影响下，在一定时间内所产生的某种情绪，其中较典型的情绪状态有心境、激情和应激等三种。

心境是一种深入的、比较微弱而持久的情绪状态，它是由一定情境唤起后在一段时间内影响主体对待一切事物的态度体验。心境持续的时间可能几小时、几周、几个月或更长时间，心境持续时间长短，与人的气质、性格有一定的关系。心境对人的生活、工作、学习、健康有很大的影响。积极向上、乐观的心境，可以提高人的活动效率，增强信心，有益于健康。

激情是一种强烈的、短暂的、爆发性的情绪状态，通常是由对个人有重大意义的事件引起的，激情状态往往伴随着生理变化和明显的外部行为表现。人处于激情状态时，往往会出现“意识狭窄”现象，表现为认识活动的范围缩小，理智分析能力受到抑制，自我控制能力减弱，进而使人的行为失去控制，甚至作出一些鲁莽的行为或动作。

应激是在出乎意料的紧张与危急状态下出现的情绪状态，是人对意外的环境刺激做出的适应性反应。如汽车遇到意外障碍时，驾驶员紧急制动等，在这种情况下人们所产生的特殊紧张的情绪体验，都是应激状态。应激状态会引起机体的一系列生物性反应，这些变化有助于适应急剧变化的环境刺激，维护机体功能的完整性。

二　驾驶员心理情绪对行车安全的影响

据统计，80%以上的汽车交通事故与驾驶员有直接或间接的关系，其中驾驶员的情绪状态对行车安全影响极大。驾驶员在积极的情绪状态下，驾驶车辆时的失误减少，工作效率高；反之，在消极的情绪下，对安全行车将产生很大的阻碍作用，不应有的失误增多，且会大大降低运输效率。所以，从安全行车、提高效率的角度出发，加强驾驶员自我情绪调节与控制，对保证行车安全具有特殊的意义。

1　心境与驾驶行为

心境是人的情绪一种，是一种比较持久而又微弱的情绪状态，是非定向的弥散性的情绪体验，产生原因往往是生活中的一般事件，但影响其最主要的因素是人的主观世界（理想、信念等），它能影响人的整个行为表现。人们在工作称心如意、家庭美满幸福时，就会感到高兴；反之，则会悲观、消沉、心境欠佳，从而减弱工作精力，甚至导致交通事故。例如，驾驶员因生活困难而产生家庭纠纷，工作时无精打采，在行驶的过程中会出现开错道或是开错目的地。这就是由驾驶员心境欠佳对环境在视觉上失去控制产生的结果。引起不同心境的具体原因有很多，在单位是否顺心、与同事关系是否融洽、家庭氛围是否和谐、自身身体状况是否健康等等都可以成为引起某种心境的原因。同时，驾驶员的心境也会受到个人性格、信念等心理因素的影响和制约。日本心理学家内山道明对100名交通肇事者的调查表明，有12%的肇事者与家人争吵过，4%的人在工作中遇到不愉悦的事情，9%的人在家中遭遇麻烦事，8%的人曾经被上司责备过。由此可见，100名交通肇事者中有33%的人在发生交通事故前曾有过不良的心境。

事实证明，良好的心境有助于活动积极性的发挥，提高工作效率，驾驶员在此情绪状态下驾车就会感知清晰、判断敏捷、操作准确，而不良的心境则会使人沉闷，影响身心健康、妨碍工作，还会感到什么都不顺眼，在驾驶过程中可能会强行超车、开斗气车，最终酿成事故的发生。

2 激情与驾驶行为

激情是强烈、激动而短促的情绪状态，它通常是由一个人生活中具有重要意义的事件所引起的，有很明显的外部表现，有激动性和冲动性，发作短促，指向性较为明显。在激情的状态下，人总是伴随着激烈的内部器官活动变化和明显的表情动作，例如全身发抖、紧握拳头、手舞足蹈、欢呼跳跃等等。激情也同样具有双重作用，积极的激情是人类行为的巨大动力，这种类型的激情与理智、坚强的意志相关联，能够激励人们客服艰难，攻克难关，鼓舞驾驶员的斗志，调动驾驶员的内在潜力，成为推动驾驶员出色完成工作的动力。相反，消极的激情可产生不良的后果。“怒发冲冠”“手舞足蹈”、剧烈的悲痛等都是消极的激情状态，在这种情形下，人的认识活动范围往往会缩小，被引起激情体验的认识对象所局限，理智和分析能力受到抑制，自控能力减弱，往往不能有效约束自己的行为，不能正确评价自己行为的意义及后果，会影响观察判断和操作，这就是心理学上所说的“意识狭窄”现象。人在“意识狭窄”时容易一时冲动做出违法行为，因而在驾驶过程中容易发生交通事故。例如，夏季高温，驾驶员在高温下驾驶，容易心情烦躁，一旦遇到外界情况刺激，如对方车辆挤压占道、夜间会车不关闭远光灯，就非常容易引起情绪激动，从而出现行为过激，如让车不让速、超车急转向、夜间比灯亮等等，极易造成交通事故。

激情产生的原因很多，一般是由相互矛盾的强烈愿望或冲突而引起的。例如，公路上私营的公交车，常常为了眼前的经济利益，要超越前车，而前车也为了其利益而“不甘落后”，始终占道不让，僵持的结果往往激起后车驾驶员的愤怒而呈现出消极的激情状态，可能导致不顾危险强行超车而导致交通事故，损害了公众利益。

3 应激与驾驶行为

应激是出乎意料的紧张情况所引起的情绪状态。应激反应是个体面临或察觉应激源对机体有威胁或挑战时，做出的适应和应对的过程，能够引起应激反应的因素叫应激源。驾驶员在处理交通冲突的瞬间，会迸发高度应激状态，这要求驾驶员在突如其来或十分危险的条件下，必须迅速地、几乎没有选择余地采取决策。汽车驾驶员在突如其来的或在危险情境的条件下，必须迅速地、几乎没有选择余地采取决定的时刻，使情绪处于应激状态。例如，汽车在行驶中突然遇到行人在车前横穿道路，或者同方向行驶的自行车突然变道等等，这时需要驾驶员依据平时积累的经验集中注意力和精神，迅速地判断情况并在瞬间作出正确在决定。紧急的情境会惊动整个有机体，它能很快地改变有机体的激活水平，引起情绪的高度应激化和行动的积极化。但应激也会使人产生全身兴奋，使注意和知觉范围缩小，行为紊乱，特别是在险情出现之前缺乏足够的思想准备，可能会做出不适当的反应。例如，车辆过渡口时，要踩加速踏板冲上渡船，这时如果突遇加速踏板卡死不能复位，发动机高速运转，车辆就可能一直向船头冲去，驾驶员遇此突发危险事件产生应激状态，手忙脚乱忘记使用制动踏板停车，思维判断只是简单地被局限在寻求用脚尖去勾起加速踏板的方法上，甚至还有的驾驶员遇到紧急情况时，错把加速踏板当成制动踏板踩，结果发生交通事故。

高度惊恐和应激的条件下，会出现驾驶知觉的狭窄和行为的死板倾向。精神过度紧张会使驾驶员的大脑神经兴奋和抑制过程失调，出现暂时性的不平衡，大脑皮层相关部分的正常活动会受到干扰，使认识操作赖以活动的神经中枢兴奋性减弱，兴奋和抑制的交替联系的恢复和建立分析或综合活动的进行都会发生困难，从而降低了思维效能。另外，由于自身抑制力降低，对支配机体内器官的调节控制中枢神经的作用减弱，这时驾驶员就会感到一种难以自制的心慌和紧张，从而出现一系列动作失调和行为紊乱现象。

研究表明，驾驶员在应激状态下的行为可能会出现以下问题：

（1）认识变得狭窄，注意集中于一点，难于转移和分配。

（2）对外界情况的认识变得不充分。

（3）认识外界情况的要求减弱，在极端情况下，失去对外界情况的认识能力。

（4）对外界情况往往只能做出“有”或“无”的两极判断，难于作出程度或数量的判断。

（5）对外界情况综合判断的能力下降。

（6）无暇思考便立即作出判断，极端情况下，失去判断的能力。

（7）难于维持平衡的动作，动作用力往往过大。

（8）难于进行两个以上的互相协调的动作。

（9）动作准确性下降，容易出现错误动作。

（10）容易出现无目的的多余动作，极端时可能不知所措，失去操作能力。

由此可见，应激状态对驾驶员的驾车活动有很大影响。有时，应激状态引起的身心紧张有利于主动调动身心各个部分解决当前紧急问题，维持一定的紧张度反而有助于认知功能的发挥，使人作出平时不可能作出的判断和行为，但有时应激状态所造成的高度紧张情况，又阻碍了认知功能的正常发挥。高度紧张会造成注意范围狭窄，反应缓慢，思绪迟钝，导致人们正常处理事物的能力全面下降。

三 驾驶情绪变化的常见情形

1 对方的不文明行为

（1）在较窄的道路上其他车辆在未发出任何信号的情况下，突然强行超车，或身后的车辆不停地鸣响喇叭催促让道，但你所驾驶的车辆前方确实有行人、车辆或其他障碍物一时难以避让，会使驾驶员感到愤怒和厌烦。

（2）行车途中，同向或相向方向的车辆，未做任何警示突然改变原来的行车路线挡住了道路；行人、自行车突然拐弯、横穿道路等，使驾驶员不得不采取紧急措施停车避让，有时可能还会因此而翻车。此时，生气、发怒难以避免。

（3）晚间行车，相向而来的车辆远光灯常开，即使作出变光提醒，对方驾驶员置之不理，造成炫目刺激，睁不开眼，心中不免陡生怒气。

（4）街道上逛街的行人排成一字形，挡住道路，对鸣笛不理不睬，使人愤怒。

2 生活中的影响

（1）与家人、同事、朋友、邻居、路人激烈争辩未果而匆匆驾车上路，内心压抑着愤愤不平之气。

（2）约会时间紧，一时又与朋友联系不上，急匆匆驾车，途中恰遇堵车，此刻的心情格外急躁不安。

（3）惊悉亲朋好友出现意外，急忙驾车前去探望，心中不免沉重万分。

（4）无故被上司训斥或有无法说清的原因被长辈及他人误解遭到数落，心中甚感委屈。

3 环境的影响

（1）上下班时段高峰事故高发。一天里，上下班高峰期较工作时间易发生交通事故，个别驾驶员因赶时间，遇到情况处置措施不当，习惯违规超车，占道行驶，容易导致碰撞事故。

（2）高温天气，谨防“情绪中暑”。当气温超过35℃的时候人体就容易出现情绪烦躁、爱发脾气、思维紊乱等行为异常现象，且遇到不愉快的事情，极易出现口角纠纷，极易引发交通事故。

（3）抢信号灯最易引发事故。比较繁忙的路口， 如果只等一个红灯，驾驶员还有耐心，但连续两三个红灯等下来，前面再摊上几个插队的车辆，有的驾驶员就会火冒三丈，踩不住制动踏板了。

4 情绪的影响

（1）急躁情绪成“马路杀手”。春夏季节相比秋冬季节交通事故发生率高，一是因为春季是旅游旺季，环城公路上的行人量、车流量都加大了，相对事故发生的可能性比例也增加了。

（2）气愤埋下安全隐患。同事之间整天在一起工作、生活和学习，难免出现磕碰，假如处理不及时或不公正，就会使当事人产生心理情绪。若此种情况下驾车，就会导致驾驶操作动作过大、过猛，为车祸的发生埋下安全隐患。

（3）悲伤会影响驾车情绪。亲人病故、家庭变故、朋友背叛、希望破灭等，这些沉重的打击会使驾驶员陷入极度伤感之中，即使作出很大努力，也难以彻底摆脱这种情绪的干扰，此种情况下驾车， 精力易分散，发生交通事故的比率也就增加。

（4）兴奋过度易出意外。有些驾驶员遇到高兴的事过于兴奋，安全防范意识降低，驾车时有的故意把音乐声音放得很大，有的同乘车人开玩笑等，结果导致自身听觉负担加重、注意力分散、处理情况难度大，为安全行车埋下隐患。

（5）情绪压抑导致处置不当。驾驶员与领导发生矛盾、受了委屈或不公正待遇时，都会产生压抑情绪。在极度压抑的情况下驾车，驾驶员会把这种压抑的情绪发泄在车上，不按操作规程办事、赌气驾驶，从而导致车辆事故的发生。

（6）焦虑情绪影响驾车注意力。驾驶员遇到对自己很重要而又悬而未决的事情时，长时间等待会使他们焦虑不安，开车时总想着那件事，注意力难以集中，大脑分神，发现情况不及时，等回过神来处理时已经来不及了。

四 驾驶员的“路怒症”

1 “路怒症”定义

用以形容由令他人厌恶的驾驶事件引起的压力与挫折所导致的直接指向另一驾驶员的攻击行为，驾驶员可能会陷入失控之中。

带着愤怒去开车。医学界把“ 路怒症”归类为阵发型暴怒障碍，指多重的怒火爆发出来，猛烈程度让人大感意外。

2 “路怒症”的主要表现

驾车骂人成常态，容易情绪失控，驾车和不驾车时的脾气和情绪像两个人，驾车时不停闪灯或者鸣笛、做粗野姿势、跟别人“顶牛”等，也就是“攻击性驾驶”。

处于“路怒”模式下的驾驶员会更难作出正确的选择，更容易诱发车祸，有时不仅限于言语攻击，具有攻击性的驾驶行为可能直接造成车祸。

3 “路怒症”的表现形式

危险驾驶：包括突然加速或紧急制动，跟车过近；强行切入别人的车道，或者故意拦挡别人进入自己的车道；过分地鸣喇叭或闪灯；飙车宣泄情绪（与车内乘客怄气）；做粗野姿势，例如向别人竖中指；破口大骂或威胁恐吓，故意撞车；下车来挑衅别的驾驶员，包括用物品打到其他车辆的车身；开着车投掷物品袭击其他车；吐口水、开车飙脏话；以牙还牙，报复违章行为；有打人的冲动等等。

4 “路怒症”的内在原因

“路怒症”的内在原因，有人认为“路怒症”的愤怒是生活压力的表现；但是透过现象看本质，不合理信念、不恰当的认知、不适宜状态是“路怒”的元凶。

“路怒症”产生的危害性有，容易引发交通事故、容易造成交通拥堵、可能导致刑事案件、影响自己的身体和心理健康、影响自己的人际关系。

第四节 预防驾驶员各种不良心理的对策

客运驾驶员保持良好而稳定的情绪有利于驾驶员技术动作的稳定发挥，有利于驾驶员保持良好的精神状态和稳定的心理素质；反之，消极情绪的产生会导致驾驶员技术动作变形，心理产生大的起伏，从而埋下安全隐患。因此，客运驾驶员应该在平日的工作中采取一定的方法、手段或者依靠内部和外部的力量学会调节自己的情绪，激发自己积极的情绪，抑制消极的情绪。

一 驾驶员不良情绪的调节与控制

1 加强客运驾驶员情绪稳定的调节

目前，我国绝大部分道路尚处在混合式交通状态下，驾驶员在车辆行驶中，可能因堵车、会车、跟车、超车、超速等与驾驶员、警察、行人发生一些不愉快的情况。这时必然会在驾驶员的心理产生不满情绪，要学会科学地消除紧张、急躁、侥幸、称雄的情绪，积极坦然地对待周围的人和事，避免过激的心理活动，做到"养心在静"，注意保持心理平衡状态和稳定的情绪，做到规范驾驶。另外，情绪的稳定性是可以培养的。有强烈愿望和意志坚强的人，就能自我克服情绪的不稳定性。培养情绪的稳定性，需要在工作和日常生活中学会约束自己，即：顺心时不至于过分高兴，失败时也不丧失信心，经常检查自己的行为，检查自己对易引起不正常情绪事物的反应，并学会控制自己。如在城市行车时，后方出租汽车强行挤进车前，以及行人对车辆视而不见地斜穿马路等，这每一件小事都会刺激情绪不稳定的驾驶员，尤其是在现行的交通条件下，驾驶员学会在行车中控制自己的情绪，具有重要的现实意义。

2 注意驾驶消极情绪的自我释放

在日常生活中，每个人都难免会遇到不顺心的事，情绪也会随之发生变化。特别是驾驶员在行车过程中，外界的各种因素都会对人的心理发生变化和影响。作为驾驶员，时时刻刻都要尽早地意识到各种外界因素所导致的不同情绪对安全行车的影响，以便及时调整、集中精力驾驶好自己的车，主动避开危险且不对他人造成危险。

（1）合理宣泄不良情绪。客运驾驶员在行驶过程中可能会因为突发的交通状况，如超车、会车、超速等，或是由于与乘客、行人等发生一些不愉快的事情时，很容易产生不满的消极情绪，有些性格比较急躁的驾驶员这种情绪可能更加强烈一些。出现这样的情绪属于正常的生理与心理范畴，客运驾驶员应该寻找发泄这种不满情绪的机会，但绝不能是将发泄行为释放在驾驶之上。这种宣泄能够有效处理驾驶员内心的不满情绪，虽然从行为上看起来较为粗糙，但是却能够避免一些危险交通事故的产生。

（2）转移注意力。在驾驶的过程中，若是遇到无法回避的痛苦时，客运驾驶员应该学会将注意力转移到其他事件之上，例如一些愉悦的事情。因为消极的情绪会增加驾驶员的心理负担，所以驾驶员要想方设法减弱它、分散它，可以依靠理智来控制自己情绪发生的强度，转移注意力，改变情绪发生的方向。例如，可以想一想最近工作生活中发生的快乐的事情；打开车内音响，多聆听一些舒缓的音乐，以音律的节奏变化调整心态；同时也可以在汽车上张贴自己所喜爱的名人格言以起警示效应，或以家人的相片作为自我提醒安全行车的提示等等。

（3）语言暗示。语言暗示对人的心理和情绪活动有着奇妙的作用。当遭到消极情绪的时候，客运驾驶员可以通过语言的暗示作用来调节和放松自己的情绪。比如，在驾驶过程中，驾驶员要不断告诉自己“我现在正在开车，安全最重要，任何事情停车之后再说”“保持冷静，不要和他发生争执”，这样的言语暗示可以帮助客运驾驶员缓解激动的情绪，使自己迅速冷静下来。当遇到一些危险情况的时候，客运驾驶员也要给以自己言语暗示，告诉自己“不要害怕，不要慌张，要稳定，一切都能控制得住”。这样不断用言语为自己加油打气，能够帮助客运驾驶员恢复以往的驾驶水平，最后安全渡过难关。

3 强化客运驾驶员心理素质的训练

一个人的心理素质是可以通过训练得到不断提升的。一个具有良好心理素质的客运驾驶员能够对自己的情绪进行很好的控制。因此，工作之余，客运驾驶员应该多参加一些驾驶员心理素质训练活动，提高自己的临危处置能力。心理素质训练是提高驾驶员心理素质的有效途径，训练项目可根据单位的实际情况制订，如进行事故多发地段驾驶员操作优化训练，驾驶反应时间训练等，从而有效提高驾驶员的临危处置能力，杜绝重特大行车事故的发生。作为一名客运驾驶员，在心理素质训练的过程中要不断培养自己乐观、豁达、开朗的性格特征，平时多学习、多读书，培养自己良好的气质和性格，使自己的情绪保持稳定，不要因为一些小事而斤斤计较，引发不良情绪。

4 注重客运驾驶员心理环境的调适

客运驾驶员的心理环境和他们的工作环境息息相关。因此，工作中的领导需要对客运驾驶员要多鼓励多关心，安排工作要适当，要以人为本，努力为其创造良好的休息环境，保证充分的休息时间，定期对驾驶员进行体格检查，及时解决他们的实际困难。驾驶员本身也应该加强修养和涵养，扩大心理容量，提高心理承受力和应激力。另外，企业要经常与驾驶员家属取得联系沟通，要求驾驶员家属对其多关心、多体贴，帮助、引导驾驶员从事一些有益的业余文体活动，锻炼身体，增强自己的机体活力，提高自己的耐疲劳能力，以消除精神和体力上的疲劳，保持清醒的判断和分析能力，努力杜绝驾驶员的不良生活习惯，保证其充足的睡眠，使其心情愉快，精力充沛。

二 驾驶员的路怒管控

① “路怒症”的预防

要治疗驾驶员日渐严重的“路怒症”，需要从心理治疗、提高行车素养和疏导公共交通等方面入手。

在目前驾驶员素质与公共交通等外界因素无法有效改变的情况下，防止"路怒症"最切实的做法是做好自我调节，让心情"慢下来"。因此，在每次出行时，尽量提早出门，让行车时间更充足，有了时间，在适当情况下还可有意识放慢车速，让自己尽量从容些。遇到堵车，待在车里听听音乐或摆弄一些有趣的小玩意以转移注意力。另外，驾驶员还需要从心理治疗和提高行车素养等方面入手，学会自我心理调节，情绪激动时不驾车。

目前，英国、芬兰、韩国等国家每年都会对驾驶员进行心理测评，合格者方准上路，这种做法我国也可借鉴。

② 预防"路怒症"驾驶员的攻击

行车过程中发现其他车辆驾驶员在不经意的干扰下开始情绪失控，"路怒症"的表现开始体现时，驾驶员应注意几点：

（1）提高注意力，驾驶员应双手握紧转向盘，准备紧急制动，因为对方极有可能随时制动或强行变道。

（2）不要超车，尾随其后，保持车距，如果超车可能会再次激怒对方，后面的危险驾驶会更加猛烈。

（3）对碰到长时间与你纠缠的严重"路怒症"驾驶员时，应赶快报警求救。

（4）碰到"路怒症"驾驶员，千万不要与其"拼杀"，否则最后会是两败俱伤。

（5）碰到将自己车辆别停了，千万不要下车进行理论，因为下车理论后果可能更加激怒对方，发展为肢体冲突。应锁好车门及时报警。

（6）如果在驾驶车辆时不小心激怒对方，应及时采用招手、敬礼表示歉意，可能会令对方放弃攻击手段。

第五节 转化不良心理情绪的方法

在人、车、路、交通环境组成的道路行车系统中，人、车、路、环境等因素都能引起客运驾驶员心理变化，了解客运驾驶员在交通活动中的心理变化以及应对危险处境的反应，找到合适的定性或定量指标标定驾驶员的心理对行车安全的影响大小，更好利用有利心理因素、排除不良心理因素，可以保障驾驶员行车安全。

一 影响驾驶员行车安全的主要心理因素

1 个性与行车安全

（1）外向型性格比内向型性格的驾驶员更容易肇事，且随着外向型程度的增加，肇事可能性增大。

（2）经常违法和肇事的驾驶员个性表现为易冲动、易紧张、偏执、偏激、自私、疑心、压抑、过分自信等；安全驾驶员更多地表现为敏感、紧张程度高、爱思考、冷静。

2 情绪与行车安全

驾驶员不良情绪主要有以下几种表现：

（1）急躁情绪。驾驶员或为了赶时间，尽快完成某项运输任务，或路遇拥挤堵塞的道路，多容易产生急躁情绪。

（2）紧张情绪。有些驾驶员由于技术不高，驾驶不熟练，再加上时间紧、任务重，容易产生紧张情绪。

（3）犹豫情绪。驾驶员在行车中，或因驾驶技术不熟练，或因情况判断不佳，或因未处理过类似情况，而产生犹豫情绪。

（4）愤怒情绪。有些驾驶员在行车时，或是因为与乘客发生矛盾，或受到来自他人连续不断地鸣笛、强行超车等方面的刺激干扰，常引起愤怒情绪。

3 注意与行车安全

驾驶员注意不当和不注意而导致的事故占事故总数的20%以上。驾驶员在行车过程中，面对着来自信号灯、行人、车辆路面状况等各种信息，有些驾驶员没有把注意力指向和集中于驾驶的车辆上，如边开车边与人聊天，或被周围其他事物所吸引，导致注意范围变小，容易发生行车事故。

二 防止行车事故的心理学管理对策

（1）实施驾驶员岗位适宜性检验，把好驾驶员聘用关。

（2）建立驾驶员心理档案，实行针对性的心理教育。

（3）创造轻松的工作环境，调适驾驶员的情感心理环境。

（4）开展驾驶员心理素质训练，提高其临危处置能力。

（5）开展驾驶员心理咨询、辅导。

三 提高驾驶员心理素质的对策

1 驾驶员必须具备良好的职业道德

良好的职业道德有助于纠正驾驶员不健康的心理，使其形成良好的信念、习惯和约束行为，可以调整个人和社会以及人们彼此之间的关系。所以客运驾驶员要有高度的社会责任感，热爱驾驶工作，明确自己职业的责任，忠于职守，爱岗敬业。在日常行车中，以交通法规为准则，不论在什么情况下，坚决不做违犯交通法规、违反安全制度的事情，自觉维护交通秩序，增强自我管教和约束能力，不开赌气车、不开英雄车、不开带病车，发生矛盾主动礼让，出现意外尽量忍耐，坚持文明行车。

2 必须具备良好的身体素质

身体是承受艰苦工作和精神折磨的物质基础，身体状况不同，对待挫折的态度也不同。驾驶员要能适应艰苦条件下的劳动，身体应该完全没有影响驾驶工作的疾病，当驾驶员疲劳过度、患有疾病时就会出现血压不正常、心脏功能不全，遇到紧急情况就会心理紧张，甚至昏厥，这是非常危险的。如果听力视力达不到驾驶要求，就不能把行车中遇到的各种情况迅速传至中枢神经，作出正确的反应和判断，以致发生行车事故。所以作为一名客运驾驶员应具备良好的身体素质，在驾车过程中不感到疲劳，精力充沛，能够从容不迫地应付驾车中各种异常情况和心理上的压力。

3 必须具备良好的心理素质

驾驶汽车要求沉着冷静，反应迅速，动作敏捷，操作准确，反常心理活动必然导致不良的行为后果。驾驶员在行车中无论遇到什么情况，当发现自己情绪不稳定时，要进行自我调节和疏导，用各种方法缓解消极情感，尽量减少对行车安全的影响，提高在各种复杂情况下的反应能力、精神承受压力和自我控制调节的应激能力，养成坚定、顽强、沉着、果断、机智的品格，不为情绪左右、不为外界事物分散精力，形成安全驾驶所要求的心理定式，能用正确敏捷的思路在极短的时间内迅速、果断、安全有效地处理瞬息万变的交通情况。

4 必须具备良好的思想素质

影响驾驶员心理稳定的因素是多种多样的，有些驾驶员受社会上各种不正确的人际观、价值观、道德观的影响，染上了许多不良习气，不能正确判别事物良莠，不能把握是非标准；有的人心胸狭窄，个人主义严重，不能正确处理个人与集体的关系，亦不能对待各种利益的调整。作为一名客运驾驶员应该有高度的政治觉悟，良好的道德修养和顽强的意志力，有正确的人生观和良好的思想素质，凡事要从大局出发，思前想后，不断增强自我疏导和道德鉴评能力，消除心理上的逆反心理，牢固树立对国家和人民负责的高度安全责任感，真正做到“车行万里路，处处保平安”。

5 必须具备良好的驾驶习惯

良好的习惯一旦形成，就具有使动作、行为自动化的作用；如果良好的动作、行为成习惯，有些处世办事方式也可以成为习惯；反之，如果养成某种不良习惯后，就会以一种惰性心理阻碍接受正确的东西。所以客运驾驶员要坚决杜绝一些强烈的、主动的、长期从事的不良嗜好，时刻把乘客和车辆的安全放在心中，不赌博、不酗酒、不吸烟，生活上要有规律，健康有益的娱乐活动也要有节制，学会用健康的心理体育活动保健自己，形成热爱学习、钻研技术、爱惜车辆、作风顽强、团结战斗的氛围，逐渐养成从不习惯到习惯、从不自觉到自觉、培养严格遵守制度的好习惯。

四 驾驶员的个性心理与行车安全

1 要适时调节情绪

在满意高兴时驾车，对所遇情况反应灵敏度高，精力充沛精神集中，观察分析情况灵敏，处理情况果断；当遇到不愉快的事情，如驾车途中遇有不礼貌的驾驶员、车辆中途出现故障等情况时，要注意随时调整心情，不被情绪影响，以免导致驾车时精力不集中，产生一连串的连锁反应，造成不应有的后果。做到不开“带病”车，不带思想包袱开车，不开“情绪”车。

2 克服性格缺陷造成的不安全因素

人的性格各有所异，不同性格的人处理事情的方式、方法也不尽相同，有的人细心、责任心强，有的人粗枝大叶、马马虎虎。性格与安全行车有很大的联系，形成一种良好的性格，是安全行车的前提条件，行车过程中要心细胆大、处事果断，冷静分析遇到的各种情况。平时要注意加强学习，注意思想修养，在实践中总结经验，不断锻炼自己，久而久之就会养成良好的性格。

3 坚强的意志是安全驾驶的重要因素

一个人想要具有坚强的意志、蔑视和克服困难的精神，须经一个长期的锻炼过程才能修养成。在驾车过程中充分发挥自己的聪明才智，克服车辆驾驶中的各种困难，处理好复杂的道路和环境情况，善于控制自己的情绪，约束自己的言行，克服不良的思想倾向，不急躁，始终保持良好的心境。

第六节　旅客心理与沟通技巧

乘客是客运驾驶员主要服务对象。乘客在乘车过程中所表现出来的行为会对客运驾驶员的工作产生影响，甚至是干扰。本节的主要内容是分析乘客的普遍交通心理，以及应对这些心理的驾驶措施。

一 乘客乘车需求

1 需求

需求是有机体感到某种缺乏而力求获得满足的心理倾向，它是有机体和外部生活条件的要求在头脑中的反映。需求是对现实要求的反映，它处于一个满足与不满足的一个平衡循环状态之中。

乘客的乘车心理需要就是指乘客为了到达目的地，而对乘车产生需求愿望的一种状态。乘客的乘车心理活动起始于需求的产生，终结于需求的满足，到达目的地，贯穿于整个过程之中。

2 乘客乘车需要的类型

了解乘客乘车需要的类型能够帮助客运驾驶员对乘客的需求进行及时的回应，满足乘客的自身需求，从而减少因需求得不到满足而引发的交通事故。

1 乘客乘车的一般需求

乘车的一般需求是从乘客乘车的共性心理出发，是各类乘客对乘车基本的、共有的心理需求，这种共性心理需求主要表现为对交通工具安全性、经济性、方便性等方面的考虑，以及对乘车舒适度、服务质量等方面的考虑。

（1）安全。乘车安全是乘客最根本的需求。这种安全的需求表现为两种：一是人身安全，二是财物安全。乘客乘车出行的动机可能是各种各样的，对到达的速度和时间也不尽相同，但是安全抵达目的地是所有乘客的一个基本要求和标准。换言之，从乘客上车开始到下车，在整个过程中，乘客不应为驾驶员的失误而发生任何损伤，例如摔伤、撞伤、踩踏伤害等情况。同时，也要保证自己的财物在乘车的过程中保持完整，不发生丢失或是损坏的情况。

（2）快捷。乘客对于乘车快捷的需求表现在两个方面。第一是对省时方面的需求。乘客乘车是希望能够以较快或是最快的速度到达目的地，缩短时间与空间上的距离。除了外出旅行之外，人们普遍认为将时间花在旅途之上是没有太多意义的。特别是在快节奏的现代社会，花费较多的时间在乘车之上实际就是成本的增加，因此节约乘车时间、减缓乘车疲劳、减低交通成本是乘客的一种普遍需求。其次，对于快捷的需求还表现在准时这一方面。无论是公交车还是城际客车，准时运行都是客车最基本的工作准则。车辆晚点会延误乘客的出行计划，增加乘客的时间成本，也容易引起乘客的不满情绪，给客运驾驶员带来情绪压力，影响其安全驾驶。

（3）顺利。在保证行车安全与快捷的前提之下，乘客还有对乘车顺利的需求。所谓乘车顺利指的是乘客在乘车中顺利愉快，例如能够很快地找到乘车地点，上车后能够顺利地找到座位或是合适站立的空间等。客运驾驶员在驾驶过程中要使得每一位乘客都能时时顺利、事事顺畅显然是有点儿不符实际的，但是对于乘客乘车顺利的需求，客运驾驶员要能有良好的服务态度，尽可能满足乘客的需求，遇到不能及时满足的事情，也需要耐心解释，避免与乘客发生冲突，影响行车安全。

2 乘客乘车的特殊需求

按照年龄段分，不同年龄的乘客具有不同的乘车需求。

（1）儿童及青少年乘客。儿童和青少年在乘车过程之中比较活跃，对新鲜事物的关注度比较高，难以维持一个比较安静稳定的状态。因此，这类乘客的需求相对较多，且具有不可预知性。

（2）中年乘客。中年乘客占乘客总体人数的绝大部分。相对于青少年乘客而言，中年乘客乘车的经验比较丰富，行为更加稳重；与老年乘客相比，中年乘客的行动比较灵活。因此，中年乘客乘车的特殊需求较少，能够在乘车活动中保持相对稳定的状态。

（3）老年乘客。老年乘客是乘车活动中需要多加关注的一类群体。与前两类群体相比，老年乘客的特殊需求相对较多。例如，老年乘客比较希望能够有一个相对舒适、安静的乘车环境；在乘车的过程中由于行动不便，对客运驾驶员的行车速度及安全性要求也比较高。因而，对于老年乘客，客运驾驶员要更多地关注此类人群的特殊需求，因为这些需求与老年人的身体健康状况息息相关。

此外，乘客的乘车特殊需求还与乘客的身体状况相关。

（1）残疾人乘客。残疾人在乘车的时候，希望能在上下车辆时有人给予搀扶牵引，在车辆中能够有专门的残疾人座位，方便出行。

（2）患病乘客。病症患者在乘车过程中对乘车的需求不仅仅只是停留在生理需求之上，例如有些患者在乘车过程中希望能够有一个可坐或是可卧的地方，病情严重时能够在车上得到应急处理。他们对乘车的特殊需求还表现在心理需求之上。患者在乘车就医的途中，常常因为病痛的折磨而心情不佳，因而他们希望在乘车时能一切顺利，遇到困难时能有人及时帮助。

二 乘客与驾驶员的心理冲突

因乘客而引发的交通事故，大多数都是因为乘客在乘车的过程中与客运驾驶员发生心理冲突。心理冲突会造成乘客与驾驶员双方身心不愉快，而且直接会影响客车的行驶安全。因此，客运驾驶员需要了解这种心理冲突产生的原因和特征，并寻求解决的方法，提升驾驶员处理心理冲突的能力，保障行车安全。

1 心理冲突

心理冲突是指两种或两种以上不同方向的动机、欲望、目标和反应同时出现，在思想上、情绪上的处于对立状态。心理冲突是由于主体与环境失调或由对立的认知因素所造成的。个体在心理冲突时，常常会伴随不愉快的紧张情绪，判断失调，反应迟钝。

心理冲突并不是总以客观有形的状态存在，它最初是潜在于人的意识之中，最终以争吵、争斗的外在形式表现出来。通常情况下，心理冲突是经由5个步骤形成的。

第一阶段是潜在冲突。在这个阶段中，冲突的双方认识到彼此之间在利益方面存在矛盾，意识到双方之间可能会发生冲突，彼此都在暗中加强戒备，在心理中建立了应对冲突的心理机制，但由于外在条件并没有达到能够引发外在冲突的程度而处于潜在状态。一般来说，双方之间的矛盾越大，冲突的潜伏期就越短，形成外在化的冲突形式的可能性就越强。

第二阶段是知觉冲突。在这个阶段，双方已经感觉到冲突的存在，但是还没有意识到冲突的重要性，冲突也没有对双方造成实际的危害。在这一阶段中，若是可以采取及时措施，便可以将未来可能爆发的冲突缓和下去；但若是在这一阶段中有外部因素告知冲突的任何一方，对方与自己在冲突方面的矛盾是不可调和的，那么这种知觉冲突便可能爆发，引起恶性结果。

第三阶段是感觉冲突。在这个阶段，冲突已经产生了情绪上的影响。不同的个人对冲突的感觉是不同的，这与当事人的个性、价值观等因素有关。冲突的双方开始对冲突问题进行界定，确定自己的策略以及各种可能的处理方式。在面临感觉冲突时，双方都是处于公开面对和避免冲突两种策略的选择状态之中。影响冲突双方策略选择的因素比较多，例如在事件中双方的地位、事件的性质，双方与可能卷入冲突中其他人的关系等等。同时，在这一阶段中，冲突双方的不同反应也会导致冲突向不同的方向发展。

第四阶段是行为冲突。冲突的双方中有一方选择公开冲突，那么潜在的冲突便会表现出来，进入全面公开阶段，双方会将潜在在内心中的冲突以外在的形式表现，双方的冲突便开始升级。此时双方都会失去理智，没有顾忌，撕破脸皮，冲突出现白热化状态。

第五阶段是结果冲突。这是冲突的最终环节，是解决冲突的阶段。冲突的解决和结果有时是自动产生的，没有第三方的干预；有时因为第三方的介入而终止。但是冲突进入这一阶段并不意味着冲突的最终结束。在大多冲突中，总是会有一方处于不满意的状态，也总会有一方预备在适当的时机发动另一轮进攻。因此，冲突在这一阶段能够真正地解决，主要取决于双方对冲突的处理方式。

总体来说，心理冲突总是会经过以上五个阶段，它是一个动态的过程，也是一个千变万化的过程。有时冲突处理得当，在潜伏阶段就能够化干戈为玉帛。所以，了解冲突的五个过程，并了解对于每一阶段冲突的解决办法，对于客运驾驶员来说都是十分必要的。能够将乘客与自己的心理冲突在潜在阶段处理好，对安全行车具有很大的帮助。

2 乘客与驾驶员的心理冲突

乘客与驾驶员之间的心理冲突属于个体与个体（或群体）之间的心理冲突，表现在双方在对待某一个问题之上各自有各自的需求，但彼此又相互排斥、相互矛盾，又因排斥和矛盾而产生误解，在外在行为上表现为争吵，甚至是大打出手。驾乘过程中出现的冲突主体是驾驶员与乘客，冲突的双方既有可能是驾驶员个人与乘客个人之间的冲突，也有可能是驾驶员个人与乘客群体之间的冲突。在多数情况下，驾驶员与乘客之间的冲突都是因为双方在价值观、地位、目标或是利益等方面的不统一引起的。双方的心理冲突以外在形式表现出来的程度也是不一样的，既有语言上的冲突，也有肢体上的暴力伤害。

驾驶员与乘客之间的心理冲突虽然是不可避免的，但是对于安全行车来说既有破坏性的一面，也有建设性的一面。

心理冲突容易引起不良的情绪反应以及激烈的肢体冲突，这种心理冲突对于安全行车来说就是破坏性的。比如在行车过程中，乘客和驾驶员之间因为矛盾而引起的争论或是争斗会直接影响驾驶员的工作，甚至在争斗过程中，有些情绪激动的乘客会抢夺转向盘，这样的行为就直接威胁到驾驶安全，这种冲突就是属于破坏性的冲突。

冲突并不一定都是破坏性的。有时心理冲突可以促使双方及时发现问题，防止危险后果的产生。例如，驾驶员在行驶过程中违章驾驶、超速行车、开车聊天，乘客及时提出反对意见，虽然有可能引起驾驶员的反感，但是驾驶员能够正确处理反对意见，就能够避免交通事故的发生。因此，这一类的冲突是属于建设性的冲突，对行车安全具有良好的帮助。

三 乘客与驾驶员心理冲突的表现

驾乘双方心理冲突的表现具体有以下几种情况。

1 乘客违反乘车规定，不听驾驶员的劝告而引发的冲突

客车在行驶的过程中处于一个封闭的状态，乘客的一些不良行为会对乘车安全产生潜在威胁。驾驶员为了确保行车安全，一般会对乘客进行适当的劝告，例如要求乘客不要在车厢中抽烟，不要携带危险品上车，上车后主动买票等，若是乘客对驾驶员的劝告

充耳不闻，会引起驾驶员的反感情绪，引发乘客与驾驶员之间的冲突。

2 驾驶员行车过程中不规范，乘客出于安全考虑产生不满心理而发生的冲突

例如，驾驶员在驾驶过程中与他人谈笑，接打电话，玩手机。不集中注意力驾车，或是超速行驶、争道抢行，从而对乘客的安全构成了潜在威胁时，乘客会表达他们的不满，从而诱发两者之间的冲突。

3 利益之间的失衡也会引起乘客与驾驶员之间的冲突

不同的人群总是有自己的立场和价值观。当双方因为价值观不同而导致利益关注点不同时，也会导致冲突的发生。一些驾驶员过于追求经济利益而超载行驶，会让以安全为主的乘客产生不安，从而抗拒驾驶员的超载行为，引发双方之间的冲突。

四 驾驶员解决冲突的基本策略

在客车的行驶之中，驾驶员肩负重大的责任，是整辆车的统领者。因此，在面对与乘客之间的冲突时，驾驶员应该懂得如何采取正确的解决策略，避免冲突所带来的严重的消极后果。

1 回避策略

回避策略是指冲突中的一方不正面应对冲突，以忽视、沉默、拖延等方法来回避冲突的存在，将冲突消解于潜在阶段。回避策略可以避免将问题扩大化，有利于暂时缓解矛盾。客运驾驶员在面对一些简单的冲突时可以采取回避的策略，比如乘客用言语侮辱驾驶员时，或是提出无理要求时，驾驶员应专心驾驶，采用这样的回避策略可以避免处理不当而引发更大的问题。

2 强制策略

强制策略是指冲突的双方中有一方具有绝对优势的权力和地位，能够控制、压制另一方。在面对原则性问题的情况下，驾驶员可以采用强制策略。当遇到突发情况时，比如有乘客携带违禁物品上车时，考虑到大多数乘客的乘车安全，驾驶员应当采取决定性的行动，要求这类乘客丢弃违禁物品或是下车。在使用强制性策略时，驾驶员也需要拿捏分寸，毕竟驾驶员不是执法人员，不能够对乘客进行强制行为，在制止乘客的不良行为时，只能以劝说的形式，晓之以理，动之以情。

3 克制策略

克制策略是指冲突双方中有一方愿意牺牲自己的利益来满足对方的利益。采取克制策略通常是以长远的利益来换取对方的合作。在下面的情况中，驾驶员采用克制策略能够很好地化解冲突。当驾驶员由于自己的错误而引发冲突时，驾驶员不能逞口舌之快，而应该接受乘客的批评与监督，以行车安全为长远利益。若是遇到乘客的无理谩骂时，驾驶员也要克制自己的情绪，以免乘客的恶意投诉给自己未来的工作增添麻烦。采取克制策略不是一种软弱的行为，而是一种理智正确的处理方式。

4 合作策略

合作策略是冲突的双方经过协商等方式后，两者形成共识，以折中的方式满足双方的利益达到“共赢”的效果。合作策略是处理冲突的一种最优策略，是最为理想的解决冲突的一种方案。驾驶员在解决冲突时，发现乘客与自己都有认真解决问题的态度时，就可以采用这种合作策略。尊重乘客的合理要求，努力寻求合作的结合点，将冲突作为和平发展的机遇，冷静下来与乘客沟通、对话。

5 妥协策略

妥协策略只能够满足双方部分利益，所谓“各退一步，海阔天空”。妥协策略是建立在合作基础之上的，有利于维持双方关系的良性循环。当乘客与驾驶员双方的坚持都有道理时，比如在公交车上，乘客因有急事要立即赶去医院，但是又刚好遇到堵车希望驾驶员能在非站点的地方让其下车时，驾驶员在条件允许的情况下应该采用妥协的策略，因为过分坚持原则可能会造成更大的损失。

驾驶员在处理与乘客之间的心理冲突时实际上是在处理一种复杂多变的人际关系。正确妥善地处理好这种心理冲突的关键点在于驾驶员。面对不同的乘客，驾驶员应该分析他们的需求、动机和情绪，然后灵活选择不同的应对策略，正确妥善应对各种冲突，确保安全行车。

第四章

道路旅客运输法律法规和规章

学习目标

（1）掌握道路旅客运输法律法规。
（2）熟悉道路旅客运输相关规章制度。
（3）熟悉道路旅客运输相关标准。

第一节 道路旅客运输从业相关法律法规

随着我国综合运输体系的不断完善和快速发展，部分从事道路班线客运的企业受迅速发展的高速铁路建设，以及民航、自驾车等出行方式的冲击，客流量明显下降，经济效益下滑。但道路旅客运输仍是我国综合运输体系的重要组成部分，在保障社会公众安全出行方面发挥着重要的基础性作用。本节以《中华人民共和国劳动法》《中华人民共和国劳动合同法》《中华人民共和国刑法》《中华人民共和国道路运输条例》《中华人民共和国道路交通安全法》《中华人民共和国道路交通安全法实施条例》《中华人民共和国安全生产法》《中华人民共和国反恐怖主义法》《中华人民共和国突发事件应对法》等法律法规为基础，介绍相关法律法规知识。

一 客运经营单位的安全生产保障

遵守法律法规，具有良好的法律意识是保障行车安全的基础。道路旅客运输的每位从业人员应当以人为本，坚持加强安全生产管理，坚持安全第一、预防为主、综合治理的方针，保障旅客生命和财产安全，要明确在工作中享有的权利和应尽的义务，以及所应承担的法律责任。

《中华人民共和国安全生产法》第二章规定，生产经营单位应当具备本法和有关法律、行政法规和国家标准或者行业标准规定的安全生产条件；不具备安全生产条件的，不得从事生产经营活动。道路客运作业过程因环境密闭、运输环节多、流动性大，因而易发生不法分子在此场所实施恐怖袭击。为了维护国家安全、公共安全和人民生命财产安全，道路运输单位应当设置安全生产管理机构或者配备专职安全生产管理人员，经营场所、运营车辆必须配备安全设施，生产经营单位的主要负责人对本单位安全生产工作负有下列职责：

（1）建立、健全本单位安全生产责任制。

（2）组织制定本单位安全生产规章制度和操作规程。

（3）组织制定并实施本单位安全生产教育和培训计划。

（4）保证本单位安全生产投入的有效实施。

（5）督促、检查本单位的安全生产工作，及时消除生产安全事故隐患。

（6）组织制定并实施本单位的生产安全事故应急救援预案。

（7）及时、如实报告生产安全事故。

客运经营单位发生安全生产事故后，事故现场有关人员要立即报告本单位负责人。单位负责人接到事故报告后，要迅速采取有效措施，组织抢救，防止事故扩大，减少人员伤亡和财产损失，并按照国家有关规定立即如实报告当地安全生产监督管理部门，不得隐瞒不报，谎报或者拖延不报，不得故意破坏事故现场，毁灭有关证据。

二 道路客运突发事件应对要求

为了预防和减少突发事件的发生，控制、减轻和消除突发事件引起的严重社会危害，规范突发事件应对活动，保护人民生命财产安全，维护国家安全、公共安全、环境安全和社会秩序，《中华人民共和国突发事件应对法》明确规定，公共交通工具、公共场所和其他人员密集场所的经营单位或者管理单位应当制定具体应急预案，为交通工具和有关场所配备报警装置和必要的应急救援设备、设施，注明其使用方法，并显著标明安全撤离的通道、路线，保证安全通道、出口的畅通。有关单位应当定期检测、维护其报警装置和应急救援设备、设施，使其处于良好状态，确保正常使用。《道路旅客运输及客运站管理规定》（交通运输部令2016年第82号）中明确规定客运经营者应当制定突发公共事件的道路运输应急预案。应急预案应当包括报告程序、应急指挥、应急车辆和设备的储备以及处置措施等内容。

小知识

《中华人民共和国突发事件应对法》第六十四条规定，有关单位有下列情形之一的，由所在地履行统一领导职责的人民政府责令停产停业，暂扣或者吊销许可证或者营业执照，并处5万元以上20万元以下的罚款；构成违反治安管理行为的，由公安机关依法给予处罚：①未及时消除已发现的可能引发突发事件的隐患，导致发生严重突发事件的；②未做好应急设备、设施日常维护、检测工作，导致发生严重突发事件或者突发事件危害扩大的。

三 道路客运反恐防范要求

（1）客运经营单位应当实行安全查验制度，对乘客进行实名购票查验，旅客应当持有效客票乘车，遵守乘车秩序，文明礼貌。实行实名制管理的客运班线及客运站，旅客应当出示有效客票和本人有效身份证件原件，配合工作人员查验。旅客乘车前，客运站经营者应当对车票记载的身份信息与旅客及其有效身份证件原件（以下简称票、人、证）进行一致性核对并记录有关信息。对拒不提供本人有效身份证件原件或者票、人、证不一致的，不得允许其乘车。载客人数应在核定范围内，不得超员超限超载，依照规定对运输、寄递物品进行安全检查或者开封验，禁止旅客携带国家规定的管制器具、危险物品及其他禁止携带的物品乘车，对禁止运输、寄递，存在重大安全隐患，或者客户拒绝安全查验的物品，不得运输、寄递。

案例

2019年3月22日19时15分，河南省一辆从郑州开出的柴油旅游客车在湖南常张高速公路西往东方向K119+655m处突然起火。该车核载59人，实载56人，其中乘客53人、驾驶员2人、导游1人。事故造成26人死亡，28人受伤（其中5人重伤），在公安部统筹指导和湖南、河南、广西等地公安机关通力合作下，查明湖南常张高速公路客车起火事故原因，系该车乘客陈某非法携带易燃易爆危险品乘车而引发客车爆燃，该乘客已在此次事故中死亡（图4-1）。

图4-1　客车起火爆燃

（2）用于公路营运的载客汽车，必须安装和使用具有行驶记录功能的卫星定位装置，并接入符合要求的监控平台，确保卫星定位装置正常使用，保持车辆运行实时在线。未按照要求安装卫星定位装置，或者已安装但未能在联网联控系统正常显示的车辆，不予发放或者审验《道路运输证》。

（3）营运客车车厢内醒目位置标示报警短信或电话号码；在车内装备必要的自卫器械，确保遇到伤害时，驾驶员能有效应对。

（4）驾驶员不得途中拉客、带货，中途下车乘客须在驾驶员陪同下提取行李，驾驶员要及时登记下车乘客的下车时间、地点、姓名及所带行李等信息。车辆运行中，驾驶员发现可疑情况应严格执行报告制度。

（5）发现寄递物品中有枪支、弹药、核、生化物质及其他疑似禁寄物品时，应立即拨打110报警。运输途中发现有可疑车辆、人员尾随或受到暴力袭击，应及时拨打110报警。发现核、生化类寄递物品泄漏时，应及时将车开到空旷地域，告示周围群众疏散，并拨打110报警。

小知识

《中华人民共和国反恐怖主义法》第八十五条规定，铁路、公路、水上、航空的货运和邮政、快递等物流运营单位有下列情形之一的，由主管部门处10万元以上50万元以下罚款，并对其直接负责的主管人员和其他直接责任人员处10万元以下罚款：

（1）未实行安全查验制度，对客户身份进行查验，或者未依照规定对运输、寄递物品进行安全检查或者开封验视的；

（2）对禁止运输、寄递，存在重大安全隐患，或者客户拒绝安全查验的物品予以运输、寄递的；

（3）未实行运输、寄递客户身份、物品信息登记制度的。

四 道路旅客运输驾驶员的权利

为保护道路运输驾驶员合法的劳动权益，驾驶员与客运生产经营单位需订立劳动合同，应当载明有关保障从业人员劳动安全、防止职业危害的事项，以及依法为驾驶员办理工伤社会保险的事项。客运生产经营单位不得以任何形式与驾驶员订立协议，免除或者减轻其对驾驶员因生产安全事故伤亡依法应承担的责任的，该协议无效；对客运生产经营单位的主要负责人、个人经营的投资人处以2万元以上10万元以下的罚款。

签订劳动合同是保障驾驶员合法劳动权益的一种有效方法，也就是说，驾驶员与用人单位建立劳动关系，应当签订书面劳动合同，在劳动合同中明确有关保障驾驶员劳动安全、防止职业危害、依法为驾驶员办理工伤社会保险等事项。根据《中华人民共和国劳动法》，劳动合同订立应当具备以下条款：

（1）用人单位的名称、住所和法定代表人或者主要负责人。

（2）劳动者的姓名、住址和居民身份证或者其他有效身份证件号码。

（3）劳动合同期限。

（4）工作内容和工作地点。

（5）工作时间和休息、休假时间。

（6）劳动报酬。

（7）社会保险。

（8）劳动保护、劳动条件和职业危害防护。

（9）法律、法规规定应当纳入劳动合同的其他事项。

小知识

劳动关系的认定方法

驾驶员未与用人单位订立书面劳动合同，但同时具备下列情形的，劳动关系仍然成立：①用人单位和驾驶员符合法律、法规规定的主体资格；②用人单位依法制定的各项劳动规章制度适用于驾驶员，驾驶员受用人单位劳动管理，从事用人单位安排的有报酬的劳动；③驾驶员提供的劳动是用人单位业务的组成部分。驾驶员未与用人单位签订劳动合同，认定双方存在劳动关系时可参照下列凭证：①工资支付凭证或记录（职工工资发放花名册）、缴纳各项社会保险费的记录；②用人单位向驾驶员发放的工作证、服务证等能够证明身份的证件；③驾驶员填写的用人单位招工、招聘登记表和报名表等招用记录；④考勤记录；⑤其他职员的证言等。其中，第①、③、④项的有关凭证由用人单位负举证责任。驾驶员与用人单位就是否存在劳动关系引发争议的，可以向有管辖权的劳动争议仲裁委员会申请仲裁（图4-2）。

图 4-2 《中华人民共和国劳动合同法》读本

驾驶员有获得工伤保险和民事赔偿的权利。驾驶员因生产安全事故受到损害后，首先可以依照劳动合同和工伤社会保险合同的约定，享有相应的补偿金。如果工伤保险补偿金不足以补偿损失的，依照有关民事法律规定应当给予赔偿的，驾驶员或其亲属有权向本单位提出赔偿要求。

驾驶员有权了解其作业场所和工作岗位存在的危险因素，防范措施及事故应急措施；有权对本单位的安全生产工作提出建议；有权批评、检举、控告本单位安全生产工作中存在的问题；有权拒绝违章指挥和强令冒险作业。生产经营单位不得因驾驶员对本单位安全生产工作提出批评、检举、控告或者拒绝违章指挥、强令冒险作业而降低其工资、福利等待遇或者解除与其订立的劳动合同。

驾驶员发现直接危及人身安全的紧急情况时，有权停止作业或者采取可能的应急措施后撤离作业场所。生产经营单位不得因驾驶员在前款紧急情况下停止作业或者采取紧急撤离措施而降低其工资、福利等待遇或者解除与其订阅的劳动合同。

因生产安全事故受到损害的驾驶员，除依法享有工伤社会保险外，依照有关民事法律尚有获得赔偿权利的，有权向本单位提出赔偿要求。

签订劳动合同是保障驾驶员合法劳动权益的一种有效方法，也就是说，驾驶员与用人单位建立劳动关系，应当签订书面劳动合同，在劳动合同中明确有关保障驾驶员劳动安全、防止职业危害、依法为驾驶员办理工伤社会保险等事项。用人单位不依法承担驾驶员因工伤亡责任的合同，该合同侵犯了驾驶员的合法权益，属于无效合同。

五 道路旅客运输驾驶员的义务

客运驾驶员与用人单位签订劳动合同后必须尽职履责，有下列情形之一的，用人单位可以解除劳动合同：

（1）在试用期间被证明不符合录用条件的。

（2）严重违反用人单位的规章制度的。

（3）严重失职，营私舞弊，给用人单位造成重大损害的。

（4）驾驶员同时与其他用人单位建立劳动关系，对完成本单位的工作任务造成严重影响，或者经用人单位提出，拒不改正的。

（5）被依法追究刑事责任的。

客运驾驶员要接受安全生产岗前培训及继续教育，掌握本职工作所需的安全生产知识，具备一定的急救技术，提高安全生产技能，保障乘客人身与财产安全。驾驶员在作业过程中，如遇自然灾害、事故灾难、安全事件等突发事件，因根据所掌握的安全、法律知识，利用配备的安全设施，积极进行救护，增强事故预防和应急处理能力。

驾驶员在作业过程中，要严格遵守本单位的安全生产规章制度和操作规程，服从管理，正确佩戴和使用劳动防护用品。

驾驶员发现事故隐患或者其他不安全因素，必须立即向现场安全生产管理人员或者本单位负责人报告，接到报告的人员要及时予以处理。

六 道路旅客运输驾驶员的法律责任

客运生产经营单位的驾驶员不服从管理，违反安全生产规章制度或者操作规程的，由其生产经营单位给予批评教育，依照有关规章制度给予处分；造成重大事故，构成犯罪的，依照刑法有关规定追究刑事责任。《中华人民共和国刑法》中涉及道路运输的相关违法行为及法律责任如下：

1 交通肇事

违反交通运输管理法规，因而发生重大事故，致人重伤、死亡或者使公私财产遭受重大损失的，处3年以下有期徒刑或者拘役；交通运输肇事后逃逸或者有其他特别恶劣情节的，处3年以上7年以下有期徒刑；因逃逸致人死亡的，处7年以上有期徒刑。

2 危险驾驶

在道路上驾驶机动车，有下列情形之一的，处拘役，并处罚金：

（1）追逐竞驶，情节恶劣的。

（2）醉酒驾驶机动车的。

小知识

（1）饮酒后驾驶营运机动车的，处15日拘留，并处5000元罚款，吊销机动车驾驶证，5年内不得重新考取机动车驾驶证。醉酒驾驶营运机动车的，由公安机关交通管理部门约束至酒醒，吊销机动车驾驶证，依法追究刑事责任；10年内不得重新考取机动车驾驶证，重新考取机动车驾驶证后，不得驾驶营运机动车。饮酒后或者醉酒驾驶机动车发生重大交通事故，构成犯罪的，依法追究刑事责任，并由公安机关交通管理部门吊销。

（2）机动车驾驶员有饮酒、醉酒、服用国家管制精神药品或者麻醉药品嫌疑的应当接受检测，机动车驾驶证和申领使用规定，对查出毒后（毒驾是指行为人在吸食过毒品后驾驶机动车上路的行为）驾驶的驾驶者一律注销驾驶证，并3年内不得申领机动车驾驶执照。如果造成严重后果，需要负刑事责任。

（3）从事校车业务或者旅客运输，严重超过额定乘员载客，或者严重超过规定时速行驶的。

（4）违反危险化学品安全管理规定运输危险化学品，危及公共安全的。

机动车所有人、管理人对上述第（3）（4）项行为负有直接责任的，依照上述规定处罚。有上述行为，同时构成其他犯罪的，依照处罚较重的规定定罪处罚。

3 伪造、变造、买卖驾驶证

伪造、变造、买卖驾驶证的，处3年以下有期徒刑、拘役、管制或者剥夺政治权利，并处罚金；情节严重的，处3年以上7年以下有期徒刑，并处罚金。使用伪造、变造或者盗用他人驾驶证行为，还将承担刑事责任，最高判处7年有期徒刑。

第二节　道路旅客运输相关规章制度

为规范道路旅客运输及道路旅客运输站经营活动，维护道路旅客运输市场秩序，保障道路旅客运输安全，保护旅客和经营者的合法权益，依据《中华人民共和国道路运输条例》及有关法律、行政法规的规定，制定了《道路运输从业人员管理规定》（交通运输部令2016年第52号）、《道路旅客运输及客运站管理规定》（交通运输部令2016年第34号）、《道路运输车辆技术管理规定》（交通运输部令2016年第1号）、《道路旅客运输企业安全管理规范》（交运发〔2018〕55号）、《道路运输车辆动态监督管理办法》（交通运输部令2016年第55号）、《道路客运接驳运输管理办法（试行）》（交运发〔2017〕208号）、《汽车客运站安全生产规范》等相关规章制度，规范从事道路运输经营以及道路运输相关业务，应当依法经营，诚实信用，公平竞争。道路运输管理，应当公平、公正、公开和便民。国家鼓励发展乡村道路运输，并采取必要的措施提高乡镇和行政村的通班车率，满足广大农民的生活和生产需要。国家鼓励道路运输企业实行规模化、集约化经营。任何单位和个人不得封锁或者垄断道路运输市场。国务院交通运输主管部门主管全国道路运输管理工作。县级以上地方人民政府交通运输主管部门负责组织领导本行政区域的道路运输管理工作。县级以上道路运输管理机构负责具体实施道路运输管理工作。

一 客运车辆

《中华人民共和国道路运输条例》规定，生产（改装）客运车辆（图4-3）、货运车辆的企业应当按照国家规定标定车辆的核定人数或者载质量，严禁多标或者少标车辆的核定人数或者载质量。

图 4-3　客运车辆效果图

客运经营者、货运经营者应当使用符合国家规定标准的车辆从事道路运输经营。加强对车辆的维护和检测，确保车辆符合国家规定的技术标准；不得使用报废的、擅自改装的和其他不符合国家规定的车辆从事道路运输经营。国家对机动车实行登记制度。机动车经公安机关交通管理部门登记后，方可上道路行驶。尚未登记的机动车，需要临时上道路行驶的，应当取得临时通行牌证。机动车应当从注册登记之日起，按照下列期限进行安全技术检验：营运载客汽车5年以内每年检验1次；超过5年的，每6个月检验1次。国家实行机动车强制报废制度，根据机动车的安全技术状况和不同用途，规定不同的报废标准。应当报废的机动车必须及时办理注销登记。达到报废标准的机动车，不得上道路行驶。报废的大型客、货车及其他营运车辆，应当在公安机关交通管理部门的监督下解体。用于公路营运的载客汽车使用符合国家标准的行驶记录仪，交通警察可以对机动车行驶速度、连续驾驶时间以及其他行驶状态信息进行检查。

小知识

道路运输经营者使用卫星定位装置出现故障不能保持在线的运输车辆从事经营活动的，由县级以上道路运输管理机构责令改正。拒不改正的，处800元罚款。破坏卫星定位装置以及恶意人为干扰、屏蔽卫星定位装置信号的，或者伪造、篡改、删除车辆动态监控数据的，由县级以上道路运输管理机构责令改正，处2000元以上5000元以下罚款。发生两次及以上上述行为的，取消相应营运资质和从业资格。发生道路交通事故且具有上述违规情形的，依法追究相关人员的责任；构成犯罪的，依法追究刑事责任。

用于公路营运的载客汽车，必须安装和使用具有行驶记录功能的卫星定位装置，并接入符合要求的监控平台。《道路运输车辆动态监督管理办法》规定新购置的旅游客车、包车客车、三类以上班线客车，在出厂前应安装符合标准的卫星定位装置。新出厂车辆安装的卫星定位装置，任何单位和个人不得随意拆卸。任何单位和个人不得破坏卫星定位装置以及恶意人为干扰、屏蔽卫星定位装置信号，不得篡改卫星定位装置数据。道路运输经营者应当确保卫星定位装置正常使用，保持车辆运行实时在线。

二 道路旅客运输驾驶员资格认定

根据《道路运输从业人员管理规定》，经营性道路客货运输驾驶员和道路危险货物运输从业人员必须取得相应从业资格，方可从事相应的道路运输活动。符合客运经营的从业人员需经考试合格，才能取得相应的从业资格证件。

1 考试申请

申请参加经营性道路旅客运输驾驶员从业资格考试的人员，应当向户籍地或者暂住地设区的市级道路运输管理机构提出申请。填写《经营性道路客货运输驾驶员从业资格考试申请表》，并提供以下材料：

（1）身份证及复印件。

（2）机动车驾驶证及复印件。

（3）申请道路旅客运输驾驶员从业资格考试的，还应当提供道路交通安全主管部门出具的3年内无重大以上交通责任事故记录证明。

2 考试发证

经营性道路客货运输驾驶员从业资格考试由设区的市级道路运输管理机构组织实施。

（1）交通主管部门和道路运输管理机构对符合申请条件的申请人，应当安排考试。

（2）交通主管部门和道路运输管理机构应当在考试结束10日内公布考试成绩，对考试合格人员，自公布考试成绩之日起10日内颁发相应的道路运输从业人员从业资格证件。

（3）道路运输驾驶员从业资格考试成绩有效期为1年，考试成绩逾期作废。

（4）申请人在从业资格考试中有舞弊行为的，取消当次考试资格，考试成绩无效。

三 道路旅客运输驾驶员从业资格管理

道路运输从业人员从业资格证件由交通运输部统一印制并编号，从业资格证件全国通用。经营性道路客货运输驾驶员从业资格证件由设区的市级道路运输管理机构发放和管理。

1 从业资格证换证、补证及变更

（1）道路运输从业人员从业资格证件有效期为6年，道路运输从业人员应当在从业资格证件有效期届满30日前到原发证机关办理换证手续。

（2）道路运输从业人员从业资格证件遗失、毁损的，应当向原发证机关办理证件补发手续。道路运输从业人员服务单位变更的，应当到交通主管部门或者道路运输管理机构办理从业资格证件变更手续。

（3）道路运输从业人员从业资格档案应当由原发证机关在变更手续办结后30日内移交户籍迁入地或者现居住地的交通主管部门或者道路运输管理机构。

（4）道路运输从业人员办理换证、补证和变更手续，应当填写《道路运输从业人员从业资格证件换发、补发、变更登记表》，从业人员办理备案手续时，应填写《道路运输从业人员从业资格证件备案表》。

（5）交通运输主管部门和道路运输管理机构应当对符合要求的从业资格证件换发、补发、变更申请予以办理。

（6）换证申请人违反相关从业资格管理规定且尚未接受处罚的，受理机关应当在其接受处罚后换发、补发、变更相应的从业资格证件。

2 从业资格证注销和吊销

从业人员的从业资格证被注销的，由发证机关予以收回，公告作废并登记归档；无法收回的，从业资格证件自行作废。被吊销的从业资格证件应当由发证机关公告作废并登记归档。经营性道路旅客运输驾驶员有下列情形之一的，由发证机关注销、吊销其从业资格证件：

1 注销从业资格证

（1）持证人死亡。

（2）持证人申请注销。

（3）年龄超过60周岁。

（4）机动车驾驶证被注销或者被吊销。

（5）超过从业资格证件有效期180日未申请换证。

小知识

违反《道路运输从业人员管理规定》，有下列行为之一的人员，由县级以上道路运输管理机构责令改正，处200元以上2000元以下罚款；构成犯罪的，依法追究刑事责任：

（1）未取得相应从业资格证件，驾驶道路客货运输车辆的；

（2）使用失效、伪造、变造的从业资格证件，驾驶道路客货运输车辆的；

（3）超越从业资格证件核定范围，驾驶道路客货运输车辆的。

2 吊销从业资格证

（1）经营性道路客货运输驾驶员从业人员身体健康状况不符合有关机动车驾驶和相关从业要求且没有主动申请注销从业资格的。

（2）经营性道路客货运输驾驶员发生重大以上交通事故，且负主要责任的。

（3）发现重大事故隐患，不立即采取消除措施，继续作业。

3 从业资格档案管理

发证地道路运输管理机构建立了驾驶员从业资格管理档案，驾驶员可以在该机构查询其档案相关信息，档案包括以下材料：

（1）必备材料（从业资格考试申请材料、身份证明复印件、机动车驾驶证复印件、无重大以上交通责任事故记录证明及从业资格证件复印件）。

（2）辅助材料（诚信考核记录、继续教育记录及从业资格证件换发、补发、变更记录等）。

驾驶员因户籍所在地、暂住（居住）地变更或者服务地管理部门要求，且自初次取得从业资格证件满1年的，可申请从业资格管理档案转籍。具体流程如下：

（1）申请人填写《道路运输从业人员从业资格管理档案转籍申请表》，持其从业资格证件向档案转出地管理部门提出申请。

（2）转出地管理部门受理其转籍申请后，在办结转籍手续后30日内，将其从业资格管理档案移交至档案转入地管理部门。

（3）档案转入地的管理部门按照相关规定审核档案。

（4）档案审核合格的，在10日内核发从业资格证件，并收回转出地管理部门原核发的从业资格证件，存入从业资格管理档案。档案审核不合格的，书面告知申请人，并将档案退回档案转出地管理部门补充材料直至合格。

驾驶员办理从业资格管理档案转籍手续时，应注意以下事项：

（1）同时具备道路旅客运输驾驶员、道路货物运输驾驶员和道路危险货物运输从业人员等多种从业资格类别的，在申请转籍时应一并转出。

（2）违反相关从业资格管理规定且尚未接受处罚的，在接受处罚后才能办理相应的转籍手续。

（3）被道路运输管理机构列入黑名单的，不予办理转籍手续。

4 道路旅客运输驾驶员诚信考核

依法经营、诚实守信是道路运输驾驶员职业道德的核心内容。诚信考核是指对道路运输驾驶员在道路运输活动中的安全生产、遵守法规和服务质量等情况进行的综合评价。道路运输驾驶员诚信考核工作应当遵循公平、公正、公开和便民的原则。道路运输驾驶员应当自觉遵守国家相关法律、行政法规及规章，诚实信用，文明从业，履行社会责任，为社会提供安全、优质的运输服务。按照交通运输部发布的《道路运输驾驶员诚信考核办法（试行）》，交通运输部主管全国道路运输驾驶员诚信考核工作。县级以上人民政府交通运输主管部门负责组织领导本行政区域内的道路运输驾驶员诚信考核工作。县级以上道路运输管理机构按照本办法规定的职责负责组织实施本行政区域内的道路运输驾驶员诚信考核工作。

1 诚信考核等级与计分

道路运输驾驶员诚信考核等级分为优良、合格、基本合格和不合格，分别用AAA级、AA级、A级和B级表示。

道路运输驾驶员诚信考核内容包括：安全生产情况（安全生产责任事故情况）；遵守法规情况（违反道路运输相关法律、行政法规、规章的有关情况）；服务质量情况（服务质量事件和有责投诉的有关情况）。

道路运输驾驶员诚信考核实行计分制，考核周期为12个月，满分为20分，从道路运输驾驶员初次领取从业资格证件之日起计算。一个考核周期届满，经签注诚信考核等级后，该考核周期内的计分予以清除，不转入下一个考核周期。根据道路运输驾驶员违反诚信考核指标的情况，一次计分的分值分别为：20分、10分、5分、3分、1分，共5种。

2 诚信考核计分分值

道路运输驾驶员诚信考核计分分值标准见表4-1。

道路运输驾驶员诚信考核计分分值标准　　表4-1

道路运输驾驶员有下列情形之一的	计分分值
（1）从事道路运输经营活动，发生重大以上道路交通事故，且负同等责任的； （2）转让、出租从业资格证件的； （3）超越从业资格证件核定范围，从事道路运输活动的； （4）驾驶未取得《道路运输证》的危险货物运输车辆，从事道路危险货物运输的； （5）本次诚信考核过程中或者上一次诚信考核等级签注后，发现其有弄虚作假、隐瞒相关诚信考核情况，且情节严重的	20分
（1）从事道路运输经营活动，发生重大以上道路交通事故，且负次要责任的； （2）驾驶无《道路运输证》的车辆，从事道路旅客或者货物运输经营活动的； （3）驾驶无包车客运标志牌、包车票、包车合同的车辆，从事客运包车经营的； （4）驾驶未取得《超限运输车辆通行证》的车辆，从事超限运输经营活动的； （5）擅自涂改、伪造、变造从业资格证件上相关记录的； （6）有受到省级及以上交通运输主管部门或者道路运输管理机构通报批评的服务质量记录的	10分
（1）驾驶无道路客运班线经营许可的车辆，从事班车客运经营的； （2）超越《道路运输证》上注明的经营类别或者经营范围，从事道路运输经营活动的； （3）驾驶擅自改装的车辆，从事道路运输经营活动的； （4）驾驶客运班车不按批准的客运站点停靠或者不按规定的线路、班次行驶的； （5）驾驶客运包车未按照约定的时间、起始地、目的地和线路行驶的； （6）未配合汽车客运站执行车辆安全例行检查以及出站检查制度，擅自驾驶客车出站的； （7）在旅客运输途中擅自变更运输车辆或者将旅客移交他人运输的； （8）驾驶的危险货物运输车辆未按照危险化学品的特性采取必要安全防护措施的； （9）有受到设区的市级交通运输主管部门或者道路运输管理机构通报批评的服务质量记录的	5分
（1）没有采取必要措施防止货物脱落、扬撒的； （2）驾驶未按规定维护、检测的车辆，从事道路运输经营活动的； （3）驾驶未按规定投保承运人责任险的车辆，从事道路旅客或者危险货物运输经营活动的； （4）无正当理由超过规定时间30日以上未签注诚信考核等级的； （5）超过规定时间30日以上未参加继续教育培训的； （6）有受到县级交通运输主管部门或者道路运输管理机构通报批评的服务质量记录的	3分

续上表

道路运输驾驶员有下列情形之一的	计分分值
（1）未按规定携带《道路运输证》《道路运输从业人员从业资格证》，从事道路运输经营活动的； （2）未按规定随车携带《道路客运班线经营许可证明》，从事班线客运经营的； （3）未在规定位置放置客运标志牌，从事道路旅客运输经营活动的； （4）服务单位变更，未申请办理从业资格证件变更手续的； （5）道路危险货物运输和经营性道路旅客运输驾驶员未按规定填写行车日志的； （6）超过规定时间，未签注诚信考核等级，且未达 30 日的； （7）超过规定时间，未参加继续教育培训，且未达 30 日的	1 分

3 诚信考核等级评定标准

（1）道路运输驾驶员具备以下条件的，诚信考核等级为AAA级：

①上一考核周期的诚信考核等级为AA级及以上；

②考核周期内累计计分分值为0分。

（2）道路运输驾驶员具备以下条件的，诚信考核等级为AA级：

①未达到AAA级的考核条件；

②上一考核周期的诚信考核等级为A级及以上；

③考核周期内累计计分分值未达到10分。

（3）道路运输驾驶员具备以下条件的，诚信考核等级为A级：

①未达到AA级的考核条件；

②考核周期内累计计分分值未达到20分。

（4）道路运输驾驶员考核周期内累计计分有20分及以上记录的，诚信考核等级为B级。

四 道路旅客运输驾驶员日常安全教育

根据《道路旅客运输企业安全管理规范》规定，道路旅客运输企业应当建立驾驶员岗前培训制度，培训合格方可上岗。 岗前培训的主要内容包括：道路交通安全和安全生产相关法律法规、安全行车知识和技能、交通事故案例警示教育、职业道德、安全告知知识、交通事故法律责任规定、防御性驾驶技术、伤员急救常识等安全与应急处置知识、企业有关安全运营管理的规定等。驾驶员岗前培训不少于24学时，并应在此基础上实际跟车实习，提前熟悉客运车辆性能和客运线路情况。客运企业应当建立驾驶员安全教育培训及考核制度。 客运企业对驾驶员进行统一培训，安全教育培训应当每月不少于1次，每次不少于2学时，安全教育培训内容应当包括：法律法规、典型交通事故案例、技能训练、安全驾驶经验交流、突发事件应急处置训练等。客运企业应当每月分析客运驾驶员的道路交通违法信息和事故信息，及时进行针对性的教育和处理。

五 道路旅客运输驾驶员继续教育

接受继续教育是道路运输驾驶员的义务。经营性道路客货运输驾驶员在岗从业期间，应当按照规定参加继续教育。

继续教育坚持以具有一定规模的道路运输企业实施为主的原则。交通运输部负责指导全国道路运输驾驶员的继续教育工作。县级以上地方人民政府交通运输主管部门负责组织领导本行政区域内的道路运输驾驶员继续教育工作。县级以上道路运输管理机构负责监督本行政区域内的道路运输驾驶员继续教育工作。根据交通运输部发布的《道路运输驾驶员继续教育办法》规定，道路运输驾驶员继续教育周期为2年，道路运输驾驶员在每个周期接受继续教育的时间累计应不少于24学时。继续教育大纲内容包括道路运输相关政策法规、职业道德、运输安全和节能减排等。

1 继续教育形式

道路运输驾驶员继续教育以接受道路运输企业组织并经县级以上道路运输管理机构备案的培训为主。不具备条件的运输企业和个体运输驾驶员的继续教育工作，由其他继续教育机构承担。继续教育还包括以下形式：

（1）经许可的道路运输驾驶员从业资格培训机构组织的继续教育。

（2）交通运输部或省级交通运输主管部门备案的网络远程继续教育。

（3）经省级道路运输管理机构认定的其他继续教育形式。

道路运输驾驶员在诚信考核周期内累计计分达到20分的，在计满20分之日起15日内，应到档案所在地有培训资格的机构，接受不少于18个学时的道路运输法规、职业道德和安全知识的继续教育，经考核合格后，由道路运输管理机构消除计分。

2 继续教育的实施

道路运输企业应当组织和督促本单位的道路运输驾驶员参加继续教育（图4-4），并保证道路运输驾驶员参加继续教育的时间，提供必要的学习条件。

图 4-4 实施继续教育

道路运输管理机构应当建立继续教育机构的信用管理数据库，对参与继续教育的教职人员建立信用档案，规范继续教育机构的教学行为，完善监督管理。

道路运输驾驶员完成继续教育并经相应道路运输管理机构确认后，道路运输管理机构应当及时在其从业资格证件和从业资格管理档案予以记载。继续教育的确认可采取考核或学时认定等方式，具体由省级道路运输管理机构确定。

六 客运经营行为规范

（1）客运经营者应当为旅客提供良好的乘车环境（图4-5），保持车辆清洁、卫生，并采取必要的措施防止在运输过程中发生侵害旅客人身、财产安全的违法行为。

（2）班线客运经营者取得道路运输经营许可证后，应当向公众连续提供运输服务，不得擅自暂停、终止或者转让班线运输经营。

（3）从事包车客运的，应当按照约定的起始地，目的地和线路运输，从事旅游客运的，应当在旅游区域按照旅游线路运输。

图 4-5　良好的乘车环境

（4）客运经营者提供的运输车辆必须按核定人数乘载，不得超载超限，不得强迫旅客乘车，不得甩客，不得敲诈旅客，不得擅自更换运输车辆。

小知识

公路客运车辆载客超过额定乘员的，处200元以上500元以下罚款；超过额定乘员20%或者违反规定载货的，处500元以上2000元以下罚款。

（5）客运经营者在运输过程中造成旅客人身伤亡，行李毁损、灭失，当事人对赔偿数额有约定的，依照其约定；没有约定的，参照国家有关港口间海上旅客运输和铁路旅客运输赔偿责任限额的规定办理。

（6）客运经营者应制定突发公共事件的道路运输应急预案。预案包括报告程序、应急指挥、应急车辆和设备的储备以及处置措施等内容。

（7）根据《道路客运接驳运输管理办法（试行）》之规定，需凌晨2时至5时运行的道路客运班线，应当按照本办法实行接驳运输。鼓励道路客运经营者对营运线路里程在800km以上的道路客运班线实行分段式接驳运输，实现客运车辆和驾驶员当日往返。道路客运接驳运输分为换驾式接驳运输和分段式接驳运输。客运经营者应加强接驳运输动态监控、视频监控、接驳信息记录检查、发现违规行为、事故隐患应当立即消除。

（8）《汽车客运站安全生产规范》中明确汽车客运站经营者应当对进出汽车客运站的人员、车辆进行严格的检查，确保“三不进站”和“六不出站”。“三不进站”是指危险品不进站、无关人员不进站（发车区）、无关车辆不进站。“六不出站”是指超载客车不出站、安全例检不合格客车不出站、驾驶员资质不符合要求不出站、客车证件不齐全不出站、出站登记表未经审核签字不出站、乘客和驾驶员不系安全带不出站。

七　客运经营安全管理

道路客运经营者应加强和规范道路旅客运输企业安全生产工作，提高企业安全管理水平，全面落实客运企业安全主体责任，有效预防和减少道路交通事故，根据《道路旅客运输企业安全管理规范》及《生产安全事故应急条例》（中华人民共和国国务院令第

708号）做好安全管理工作。

（1）拥有20辆（含）以上客运车辆的客运企业应当设置安全生产管理机构，配备专职安全管理人员，并提供必要的工作条件。拥有20辆以下客运车辆的客运企业应当配备专职安全管理人员，并提供必要的工作条件。

（2）专职安全管理人员配备数量原则上按照以下标准确定：对于300辆（含）以下客运车辆的，按照每30辆车1人的标准配备，最低不少于1人；对于300辆以上客运车辆的，按照每增加100辆增加1人的标准配备。

（3）客运企业应当定期召开安全生产工作会议和安全例会。

（4）客运企业应当保障安全生产投入，依据有关规定，按照不低于上年度实际营业收入1.5%的比例提取、设立安全生产专项资金，建立独立的台账，专款专用。

（5）客运企业应当按照有关法律法规要求，投保承运人责任险、工伤保险等安全生产责任保险和机动车交通事故责任强制保险。

（6）客运企业应当加强生产安全事故应急工作，建立、健全生产安全事故应急工作责任制，其主要负责人对本单位的生产安全事故应急工作全面负责。

（7）客运企业应当针对本单位可能发生的生产安全事故的特点和危害，进行风险辨识和评估，制定相应的生产安全事故应急救援预案，并向本单位从业人员公布。应当对从业人员进行应急教育和培训，保证从业人员具备必要的应急知识，掌握风险防范技能和事故应急措施。

《生产安全事故应急条例》第三十二条规定，生产经营单位未将生产安全事故应急救援预案报送备案、未建立应急值班制度或者配备应急值班人员的，由县级以上人民政府负有安全生产监督管理职责的部门责令限期改正；逾期未改正的，处3万元以上5万元以下的罚款，对直接负责的主管人员和其他直接责任人员处1万元以上2万元以下的罚款。

八 道路旅客运输驾驶员行为规定

（1）经营性客运驾驶员必须在从业资格证件许可的范围内从事道路运输活动。

（2）驾驶员在从事道路运输活动时，应携带相应的从业资格证件，并遵守国家相关法规和道路运输安全操作规程，不得违法经营、违章作业。

（3）经营性客运驾驶员连续驾驶中型以上载客汽车不得超限超载，白天连续驾驶时间不得超过4h、夜间（晚22时至凌晨5时）连续驾驶2h，应将车停至服务区或停车场休息不少于20min，客运驾驶员（包括接驳驾驶员）在24h内驾驶时间累计不得超过8h（特殊情况下可延长2h，但每月延长的总时间不超过36h），避免疲劳驾驶。

2018年6月京港澳高速衡阳段发生一起大型客车和运输车相撞交通事故。事故肇事车辆为豫籍大型客车（核载55人），由南往北行驶至京港澳高速公路衡阳衡东段1602km处时，穿越中央隔离带与对向行驶的一辆豫籍半挂车（该车属危化品车辆，但为空车）相撞。事故共造成18人死亡，14人受伤。事故调查发现，豫籍大型客车驾驶员属疲劳驾驶，该车辆此前曾多次因存在疲劳驾驶等问题被当地交警曝光。

（4）经营性客运驾驶员按照规定填写行车日志。

（5）道路客运从业人员按照规定参加国家相关法规、职业道德及业务知识培训，为不断提高职业素质，应按规定接受继续教育。

第三节　道路旅客运输相关标准

道路客运从业人员主要以驾驶员为主，其与普通驾驶员相比，属于高危职业，行车操作的要求更高，不仅要有娴熟的驾驶技术，丰富的行车经验，还应具备一定的专业知识、安全意识、急救知识。根据《道路客货运输驾驶员行车操作规范》（JT/T 1134—2017）、《城乡道路客运应急处置规范　第1部分》（JT/T 1119.1—2017）、《客运班车行李舱载货运输规范》（JT/T 1135—2017）对每次出车前准备、行车中安全驾驶操作、应急处置、交通事故现场处置和车辆到场后检查都有相关要求，从经营主体责任和义务、设施设备、载运物品和载运管理等方面，明确了客运班车行李舱载货运输的基本要求。

一　道路旅客运输驾驶员工作规范

（1）自觉学习政治理论，不断提高思想政治素质；加强车辆驾驶、维护及交通法规知识的学习，努力提高业务素质和岗位技能。

（2）语言谦虚得体，衣着干净整洁，举止文明庄重，精神饱满充沛。

（3）服从领导，听从指挥，不擅自离岗、脱岗。

（4）爱护车辆，注意节约，及时保养，卫生清洁。

（5）遵章驾驶，严禁酒后驾车，确保行车安全。

二　道路旅客运输驾驶员的工作程序

1　遵守报到制度

作为客运车队的重要管理制度——客车、客运站出场、进场报到制度，不仅能反映驾驶员出勤的情况，也便于调度员掌握车队的出勤情况，一旦发现问题便于及时调配人力，保证车辆按时出车。客车驾驶员必须要有非常强的时间观念，如果延误了出场报到时间，就有可能导致不能按时出车，整个车队的运行秩序、安全行车受影响。

② 道路旅客运输驾驶员的工作作业规程

1 出车前准备

车辆出场是指道路客运驾驶员从报到开始至车辆到达始发站的过程。客运汽车的正常运营是从人员的出场报到开始，出场报到制度的执行情况，将直接影响到线路的正常运营。因此，每一位驾驶员要严格遵守出场报到制度，确保线路的正常运营。驾驶员出场的车辆操作规程是：

（1）提前15min到站（场）调度室报到。

（2）必须随身携带驾驶证、行驶证、随车工具、运营证、服务资格证、准运证和悬挂服务标志。

（3）认真做好对车辆出场前、进场后的日常维护工作，对汽车各部件润滑油（脂）、燃料、冷却液、制动液及液压油等各种工作介质和轮胎气压等进行检查补给，对汽车制动、转向、传动、悬架、灯光信号等安全部位和装置以及发动机运转状态进行检查、紧固。

（4）向调度室值班员报告路线、姓名、或工号并领取行车路单。

（5）核对行车路单、熟悉行车路线和行车计划、了解运行路线沿线的道路情况、交通环境和气候特点，根据运行路线沿线的道路交通环境，提前做好相应准备。

（6）看清值勤车号、出车时间以及车辆停放区域，根据调度员签注的发车点做好出车准备。

（7）出车前，驾驶员要确认车载灭火器、安全锤、应急照明、安全出口、卫星定位装置和视频监控等设施设备完好有效，车底无异常附着物。

2 行车中安全驾驶

造成道路交通事故的原因很复杂，涉及人、车、路、天气、环境和管理等诸多因素，其中驾驶员遵章守法安全驾驶是预防与避免发生交通事故的首要保障，在行车过程中必须安全驾驶操作：

（1）驾驶车辆时，坐姿端正、两眼平视前方，看远顾近，视线成扇形、双手握稳转向盘，除操纵其他机件外，不能单手操作，不得双手同时离开转向盘，提前观察内、外后视镜，视线不应持续离开行驶方向超过2s。

（2）控制车辆加速踏板时用力要均匀、平稳，做到轻踏缓抬。左脚不能无故长时间搁在离合器踏板上，以免造成离合器摩擦片的磨损，不准赤脚或穿拖鞋驾驶车辆。

（3）驾驶车辆时应集中思想，不准吸烟、饮食和闲谈，不准戴耳机收听录音广播，不准接打手机。

（4）在行车中严格遵守交通法规，行驶途中不争抢车道、不准故意挤逼、戏弄他车或者用其他方法妨碍他车的交通安全，做到礼貌行车；不准酒后驾车，不带不良情绪驾驶车辆。

（5）行车前关好车门、行李舱门，不在站点滞留、根据行车站点不得任意停车上下客，尤其在高速公路上严禁停车上下客。

（6）客车行经险桥、渡口、危险地段和加油前，要组织旅客下车。途中停车休息或就餐后须核实乘车人数后方能开车。

（7）注意特殊道路、高速公路、客运站内、夜间、恶劣气象条件下的安全驾驶操作。

（8）在行驶中应时刻注意观察各种仪表、指示灯，注意车辆是否存在异响、异味，灯光有无出现故障。

（9）行车中途休息时，重点检查轮胎气压、轮胎表面磨损和轮胎花纹间有无镶嵌物并及时剔除，天气炎热时应检查车轮轮毂温度，若温度过高，应将车停在阴凉通风处自然降温。

3 行车作业中的应急处置

客运驾驶员在驾驶过程中如遇：行驶前方遇有障碍物、车辆转向失灵、车辆制动失效、车辆爆胎、侧滑、自燃、驾驶员或乘客突发疾病、车内发现可疑爆炸物品、发生恐怖劫持等突发情况，需具有一定的应急处置能力。

1）应急处置原则

（1）应以人为本，先避险后抢险，先救人再救物。

（2）应保持良好心态，沉着冷静，及时做出清醒的分析与判断。

（3）应控稳方向，迅速果断采取正确的避险措施。

2）随车物品配备

（1）应随车配有符合《机动车运行安全技术条件》（GB 7258—2017）规定的灭火器、应急锤。

（2）应随车装备符合《机动车用三角警告牌》（GB 19151—2003）规定的三角警告牌等警示标志。

（3）应随车配有手机、备用电池等必要的通信设备和设施，并携带企业安全生产管理人员或负责人等需要联系的人员的电话号码。

3）基本应急处置措施

（1）车辆一旦发现火警，应立即停车挂低速挡，拉紧驻车制动器，切断电源，同时打开车门，组织乘客有秩序下车，必要时可敲破车窗玻璃让乘客下车。及时使用车载灭火器灭火，必要时向消防部门求救。

（2）车辆行驶过程中，转向、制动、轮胎故障应急处置。转向、行车制动器不良或失效时，应立即开启危险报警闪光灯、鸣喇叭，并抢挂低速挡，车速降低后，轻踩制动踏板，安全停车，并报告企业车辆技术管理人员或负责人。

行车制动器不良或失效时，应立即开启危险报警闪光灯、鸣喇叭，并控稳方向，抢挂低速挡，车速降低后，采用驻车制动器制动，利用紧急避险车道或障碍物减速、停车，并报告企业车辆技术管理人员或负责人。

爆胎时，应控稳车辆行驶方向，抢挂低速挡，车速降低后，间歇轻踩制动踏板，靠道路右边安全停车，视情请求援助。

（3）应根据道路条件、道路环境、天气条件、车辆技术性能、车辆装载质量等，合理控制行驶速度和跟车距离，注意客运站内、夜间、恶劣气象条件下的安全行驶速度与跟车距离。突遇道路不安全因素、气象灾害、地质灾害时，驾驶员都应具备一定的应急处置能力，疏散旅客至安全地带并报告企业安全生产管理人员或负责人。

（4）遇到非常情况或发生事故应尽快呼救、抢救伤员，保护好现场，必要时及时组织旅客疏散。

（5）运输过程中发生恐怖劫持、侵害旅客人身、财产安全等突发情况时，应在确保旅客和自身安全的情况下，伺机发出求救信号并留意劫持者的体貌特征。

（6）驾驶员突感身体不适时，应视情立即减速，安全停车，将身体状况报告企业安全生产管理人员或负责人，情况紧急时拨打“120”或向车内旅客请求援助。当旅客突发疾病时，应安全停车，询问旅客急病情况，并初步救护或处理，视情拨打“120”或送往医疗机构。同时报告企业安全生产管理人员或负责人，做好其他旅客的解释工作。

（7）车厢内发现易燃易爆物品或可疑物品时，应立即安全停车，疏散旅客至安全地带，迅速报警和报告企业安全生产管理人员或负责人，并维持现场秩序。

4 车辆进场

车辆进场是指驾驶员完成一天的运营任务后，按调度员指令将车辆驾回本车队，在做好车辆例行维护和报修后离开工作岗位的过程。驾驶员必须认真执行操作规程：

（1）按照规定的路线、时间（或调度员指令）准时进场，途中不逗留，遇阻不急躁，不盲目开快车。

（2）车辆进出大门、倒车时车速应控制在5km/h以内，在场内行驶时车速限制在10km/h以内，在场（站）内倒车时需乘务员配合，乘务员的站位应在车辆的左后方或右后方位置并保持一定的安全距离，杜绝在车后指挥。

（3）收车前加足燃料，按指定位置停放，按照车辆“熄火操作程序”操作，关闭电器开关，关好门窗。

（4）收车后对车辆进行清洁，保持车容和发动机外表整洁，对车辆进行检查，记录车辆行驶的情况，如有故障，应详细记录车辆故障状况，为车辆维修提供资料。

3 车辆交接班操作规程

车辆交接是指车辆在线路上行驶时，下班驾驶员和上班驾驶员交接车辆的过程。车辆运行因线路长、运行时间较长，需有多名驾驶员通过交接来完成运营任务。长途客运接驳运输主要有“换驾不换车” “换驾也换车”两种模式。接驳运输车辆要在车内右侧前挡风玻璃处放置《长途客运接驳运输车辆标识》，安装具有驾驶员身份识别功能和行驶记录功能的卫星定位车载视频终端。如果驾驶员不按规定交接班，便会造成运营秩序的混乱，以致侵害乘客的权益并给企业带来不良影响。因此，当班驾驶员和接驳驾驶员在交接班时必须做到以下几点：

（1）发车前，当班驾驶员要领取、填写并随车携带《长途客运接驳运输行车单》。

（2）接驳驾驶员应按规定时间、地点提前到达等候接班，不得延误，当班驾驶员和接驳驾驶员应严格遵守国家关于客车驾驶时间和行驶速度的规定，需凌晨2时至5时运行的接驳运输车辆，应当在前续22时至凌晨2时之间完成接驳。交班驾驶员应将车辆技术状况和道路交通状况向接班驾驶员作简要介绍，接驳驾驶员应检查车身、路线标志是否完好，轮胎气压、油箱存油是否充足，有无“四漏”现象。

（3）实施分段式接驳运输的，接驳点管理人员及驾驶员应当引导旅客候车、换车，组织旅客行李及行李舱载运货物换车，防止旅客错乘、漏乘及行李货物遗失。

（4）车辆到达指定的接驳点后，当班驾驶员和接驳驾驶员交接车辆相关证件，填写《长途客运接驳运输行车单》，并由接驳点管理人员签字、盖章。

（5）在运输任务结束后，当班驾驶员要及时将《长途客运接驳运输行车单》上交道路客运企业留存备查。

三　客运行李舱载货运输规范

客运汽车的行李舱是移动载货的空间，为进一步规范客运班车行李舱载货运输经营行为，保障人民群众生命财产安全。交通运输部于2017年11月1日起正式实施了交通运输行业标准《客运班车行李舱载货运输规范》（以下简称规范），规定了客运班车行李舱载货运输的基本要求、设施设备要求、载运物品要求和载运管理要求。

案例

2016年发生的天津市津蓟高速公路“7·1”重大道路交通事故，事故车辆冀籍客车因行李舱违规装载9.4t货物，致使客车严重超载、右前轮爆胎，造成26人死亡、4人受伤，给人民群众生命财产造成了重大损失，产生了恶劣的社会影响。

1　受理人

客运汽车站作为受理人，应具备健全的业务操作规程和安全生产管理制度；与其经营相适应的信息管理制度。应严格按照《规范》的标准和要求，积极配备相应的安检、称重等设施设备，并规范使用；要采取有效措施，严防违禁物品进站上车，妥善保管托运物品。

（1）受理人开展客运班车行李舱载货业务应具备以下条件：

①与其经营相适应的营业场所；

②行包安检、装卸、计量、安全、消防、通信等设备；

③健全的业务操作规程和安全生产管理制度；

④与其经营相适应的信息管理系统。

（2）受理人应采取以下措施，确保托运物品符合安全运输条件：

①建立并实施托运物品实名登记、开封验视和安全检查制度；

②如实告知托运人相关权利和义务；

③对受理人员、安检人员、装卸人员和相关服务人员进行安全法规、可疑物品识别方法、危险品查堵操作规程以及业务知识的教育和培训；

④妥善保管托运物品。

2 承运人

（1）负责托运物品运输的客运经营者，作为承运人开展行李舱载货运输应具备以下条件：

①保障正常运营的车辆；

②健全的行李舱载货运输安全管理制度。

（2）承运人应采取以下措施，确保行李舱载货运输安全：

①与受理人签订行李舱载货运输管理协议，明确托运物品运输安全管理职责；

②对客运班车驾驶员和乘务员进行行李舱载货运输安全教育和培训；

③保障运输过程托运物品安全。

3 托运人

托运人托运的物品应适于行李舱运输，托运时应如实告知托运物品名称、性质、数量、质量及安全运输等信息；配合受理人对托运物品进行开封验视等安全检查。

4 行李舱设施设备要求

行李舱应符合国家标准的相关规定，并符合以下要求：

（1）行李舱应锁止有效，密封可靠，舱内应有照明设施。

（2）行李舱地板应平整、完好，具有抗磨、耐油、不易燃、耐腐蚀、能湿洗等性能。

（3）行李舱载货质量的标识完好、清晰。

行李舱载运物品应为经安检合格的旅客随身行李和托运物品。载运物品以不超过行李舱内径尺寸为限。准确掌握行李舱载货质量计算标准。行李舱载货质量应符合《汽车、挂车及汽车列车外廓尺寸、轴荷及质量限值》（GB 1589—2016）、《客车装载质量计算方法》（GB/T 12428—2005）的相关规定，行李舱最大载货质量应不大于客车允许最大质量与整装备质量和核定载客质量之差。汽车站要严格把好进站经营客车出站检查关，严防超载车辆出站。

营运客车站内要全面执行新的“运单”格式。托运物品质量和体积数据应准确标注在运单和托运物品标签上。客运班车驾驶员或乘务员应随车携带运单等相关凭证。要严格实名托运，受理人应对托运人有效信息进行登记。受理人和承运人应妥善保管行李舱载货运输信息，不得任意更改信息内容，对修改内容应记录。行李舱载货纸质信息保存期应不少于1年，电子数据保存期不少于2年。严禁班线客车站外上客、站外配货，一经交通主管部门或者道路运输管理机构查明，情节严重的，吊销车辆经营许可手续。

第四节　道路客货运输驾驶员职业化培训相关政策

为解决当前道路运输驾驶员整体素质不高、结构性数量不足的问题，确保道路运输行业健康稳定和安全发展，促进道路运输行业提质增效、转型升级，根据《交通运输部办公厅　教育部办公厅　财政部办公厅　人力资源社会保障部办公厅　中华全国总工会办公厅关于开展道路运输重点领域驾驶员职业化培训考试试点工作的通知》（交办运〔2019〕69号）以此开展道路运输重点领域驾驶员职业化培训考试试点，推进道路旅客运输、道路危险货物运输驾驶员培训考试，由驾驶培训机构承担的社会化培训考试向职业院校（含技工院校）承担的职业化培训考试转变。

一　培训院校资质要求

培训的试点职业院校优先从省级以上示范（或骨干、重点）职业院校中选择，由省级交通运输主管部门严格按照规定程序遴选后，形成试点职业院校目录，报交通运输部。严把实训基地标准关，应用能力实训场地、设备和人员应符合相关标准。支持试点职业院校与道路运输企业联合建立实训基地。试点职业院校要深化校企合作，加强与大型道路运输企业的合作。全面加强教学管理，不得以委托或者合作形式，将培训任务交由驾驶培训机构等社会化培训机构承担，违反规定的取消其试点培训资格。

二　培训对象要求

目前，试点省份要按照“突出重点、分类引导”的思路，将拟从事道路旅客运输或道路危险货物运输，未取得相应从业资格证的人员，作为开展职业化培训的对象。

三　职业化培训过程

开展技能评价是推进职业发展的必要途径。岗前职业培训适用于企业新招用或转岗的客运驾驶员、道路危险货物运输驾驶员，其培训期限不少于320个学时，包括基本知识培训和应用能力训练两个部分。加强学员管理，对职业化培训学员进行注册登记，并落实培训教学管理制度。严格实行学分制管理，完成规定学习任务并通过有关考核后取得相应学分，修满规定学分后颁发培训证书。严格实行考试管理，经设区的市级交通运输主管部门考试合格，核发道路运输从业资格证。

道路旅客运输专业知识

（1）了解道路旅客运输基础知识。
（2）掌握道路旅客运输服务基本要求。
（3）熟悉道路旅客运输特殊情况处理。

第一节 道路旅客运输基础知识

道路旅客运输（以下简称道路客运）是指利用符合国家规定载客条件的车辆在城市之间、城乡之间以及其他区间道路上，以运输手段使旅客实现空间位移的活动。客运站经营是指以站场设施为依托，为道路客运经营者和旅客提供有关运输服务的经营活动。

一 道路旅客运输的分类与特点

道路客运经营，是指用客车运送旅客、为社会公众提供服务、具有商业性质的道路客运活动，包括班车（加班车）客运、包车客运、旅游客运。

1 班车客运及其特点

（1）班车客运是指营运客车在城乡道路上按照固定的线路、时间、站点、班次运行的一种客运方式，包括直达班车客运和普通班车客运。加班车客运是班车客运的一种补充形式，是在客运班车不能满足需要或者无法正常运营时，临时增加或者调配客车按客运班车的线路、站点运行的方式。

（2）班车客运的线路根据经营区域和营运线路长度分为以下四种类型：

一类客运班线：地区所在地与地区所在地之间的客运班线或者营运线路长度在800km以上的客运班线。

二类客运班线：地区所在地与县之间的客运班线。

三类客运班线：非毗邻县之间的客运班线。

四类客运班线：毗邻县之间的客运班线或者县境内的客运班线。

以上所称地区所在地，是指设区的市、州、盟人民政府所在城市市区；以上所称县，包括县、旗、县级市和设区的市、州、盟下辖乡镇的区。

县城城区与地区所在地城市市区相连或者重叠的，按起讫客运站所在地确定班线起讫点所属的行政区域。

（3）班车客运（包括定线旅游客运）经营者应当按照批准的客运站点停靠，按规定的线路、班次行驶，不得站外揽客。

（4）班车客运具有固定线路、固定班次（时间）、固定客运站点和停靠站点等特点。

2 包车客运及其特点

（1）包车客运是指以运送团体旅客为目的，将客车包租给用户安排使用，提供驾驶劳务，按照约定的起始地、目的地和路线行驶，按行驶里程或者包用时间计费并统一支付费用的一种客运方式。

（2）包车客运按照其经营区域分为省际包车客运和省内包车客运，省内包车客运又分为市际包车客运、县际包车客运和县内包车客运。

（3）包车客运（包括非定线旅游客运）经营者应当按照约定的起始地、目的地和线路行驶，不得沿途揽客。

（4）包车客运与其他客运方式相比具有以下特点：一是由于包车客运的需求不确定，业务发生随机性强；二是与班车客运相比，在接洽方式、开行线路、开车停车地点、开车停车时间、乘车对象、运费结算方式不同。包车客运不定时间、不定线路；三是与出租汽车客运相比，在使用车型、要车方式、使用时间、行驶距离等方面不同。

3 旅游客运及其特点

（1）旅游客运是指以运送旅游观光的旅客为目的，在旅游景区内运营或者其线路至少有一端在旅游景区（点）的一种客运方式。

（2）旅游客运按照营运方式分为定线旅游客运和非定线旅游客运。定线旅游客运按照班车客运管理，非定线旅游客运按照包车客运管理。

（3）旅游客运和班车客运、包车客运相比具有以下特点：运送的旅客是旅游者；开行线路的起止地一方必须是旅游区；以观光为主，中途停靠点和时间服从旅游计划的安排；大多数情况是往返包车；车辆性能较高，适宜旅游休闲。

4 道路旅客运输的特点

道路客运与其他客运方式相比，具有其自身的特点，主要表现在以下5个方面：

（1）具有机动、灵活、便利的特点，既可以组织批量车辆完成一定规模的旅客运输任务，也可以单车作业，完成少数旅客的运输任务，还可以为铁路、水路、航空等运输方式集散旅客，具有其他客运方式所不具备的“门到门”和就近上下旅客的特点。

（2）以汽车为主要运输工具，对道路的适应性强，能够运达山区、林区、牧区等不易到达的地方。

（3）由于道路及客运线路纵横交错、干支相连，已形成线路和站点网络，是各种客运方式中最为密集的运输方式，能够较好地适应旅客出行的需要。

（4）它是我国目前沟通城市与乡村，连接内地和边疆的主要客运方式。

（5）它和铁路、航空客运方式相比，运距相对较短，主要适合中短途旅客运输。

二 道路旅客运输车辆类型与使用

1 营运客车类型划分

营运客车分为客车及乘用车两类。客车按车长分为特大型、大型、中型和小型四种，见表5-1；乘用车不分类型。

客车类型划分　　表5-1

类型	特大型[a]	大型	中型	小型
车长 L	$12 < L \leqslant 13.7$	$9 < L \leqslant 12$	$6 < L \leqslant 12$	$L \leqslant 6$

注：[a] 三轴客车。

2 营运客车等级划分

营运客车等级划分见表5-2。

营运客车等级划分　　表5-2

类型	客车																		乘用车	
	特大型					大型					中型				小型					
等级	高三级	高二级	高一级	中级	普通级	高三级	高二级	高一级	中级	普通级	高二级	高一级	中级	普通级	高二级	高一级	中级	普通级	高级	中级

3 等级评定规则

1 客车等级评定要求与必要条件

（1）客车等级评定要求：

①燃料消耗量应符合《营运客车燃料消耗量限值及测量方法》（JT/T 711—2016）的规定。

②客车安全性能应符合《营运客车安全技术条件》（JT/T 1094—2016）的规定。

③行李舱与客舱隔离并在车外具有独立舱门，若分置若干处时，任一处容积不应小于0.15m^3（其中任意边长不小于0.4m），否则不计入总容积。核计行李舱容积时，乘客人数按评定该等级核实人数（不含驾驶员）。

④客车驾驶区上方不应布置底板。

⑤客车应配备安全标志，安全标志应符合《客车用安全标志和信息符号》（GB 30678—2014）的规定。

⑥ 客车应在乘客门附近车身外部易见位置，用高度大于或等于100mm的中文及阿拉伯数字标明该车提供给乘员（包括驾驶员）的座位数。

⑦客车内空气质量应符合《长途客车内空气质量要求》（GB/T 17729—2009）的规定。

⑧空气净化装置应具有杀菌、消除有害气体的功能。

⑨防雨密封性应符合《客车防雨密封性限值及试验方法》（QC/T 476—2007）的规定。

⑩特大型客车的第二或第三轴应具有随动转向机构。

⑪制动防抱死系统（ABS）应符合《机动车和挂车防抱制动性能和试验方法》（GB/T 13594—2003）规定的一类防抱系统的要求。

⑫采用气压制动的营运客车制动储气筒的工作气压应大于或等于1000kPa。

⑬客车应急窗附近应安装符合《客车应急锤》（QC/T 1048—2016）要求的应急锤，应急锤取下时应能通过声响信号实现报警。驾驶员座位附近应配置一个应急锤。若配置动力控制乘客门，应设置易于驾驶员操作的乘客门应急开关；若配置自动破窗装置，应设置易于驾驶员操作的自动破窗装置开关。

⑭车长小于或等于7m的客车应急窗附近除配置应急锤外，还应配备具有自动破窗功能的装置，该装置的破窗功能应符合《客车电磁击窗器》（JT/T 1030—2016）的规定。

⑮车长大于9m的客车（不包含氢燃料电池客车），应至少配置2个安全顶窗；车长大于7m且小于或等于9m的客车，应至少配置一个安全顶窗。开启式安全顶窗应符合《开启式客车安全顶窗》（GB/T 23334—2009）的要求。

⑯液化石油气和压缩天然气客车其专用装置的安装应符合《燃气汽车专用装置的安装要求》（GB 19239—2013）的规定，液化天然气汽车其专用装置的安装应符合《液化天然气汽车专用装置安装要求》（GB/T 20734—2006）的规定。

⑰客车用内饰材料阻燃性能应符合《营运客车内饰材料阻燃特性》（JT/T 1095—2016）的规定。

⑱如安装电涡流缓速器，安装部位应设置温度报警系统或自动灭火装置。

⑲客车应装备至少两个停车楔（如三角垫木）。

⑳座间距测量应符合《客车结构安全要求》（GB 13094—2017）的规定。

㉑车轮爆胎应急安全装置性能应符合《营运客车爆胎应急安全装置技术要求》（JT/T 782—2010）的规定，并能通过仪表台上显示器向驾驶员显示相关信息。

㉒大型高二、高三级和特大型高二、高三级客车需要配置卫生间，卫生间应符合QC/T 768的规定，洗手池和冲洗便器污水应存入污水箱。

㉓乘客门应急控制器应符合《机动车运行安全技术》（GB 7258—2017）的规定。

㉔应急出口应符合《客车结构安全要求》（GB 13094—2017）的规定。

㉕车内应安装影音播放及麦克风设备，麦克风设备应采用音频方式连接。

㉖客车座椅测量应符合《客车结构安全要求》（GB 13094—2017）的规定，座椅尺寸规格应符合《客车座椅》（QC/T 633—2009）的规定。

㉗客车配备灭火装置应符合《客车灭火装备配置要求》（GB 34655—2017）的规定。

㉘纯电动客车和混合动力客车动力蓄电池箱内应配备具有报警功能的自动灭火装置。

㉙混合动力客车采用40km/h等速法测试的纯电动工况，续驶里程应不小于50km。纯电动客车采用40km/h等速法测试的纯电动工况，续驶里程应不小于200km。

㉚纯电动客车动力蓄电池系统总质量与整车整备质量的比值应不大于20%。

㉛客车不应设置车外顶置行李架。

（2）客车等级评定必要条件：

①座位客车等级评定必要条件见表5-3，其中车内噪声应符合《客车车内噪声限值及测量方法》（GB/T 25982—2010）的相关规定。

②卧铺客车等级评定必要条件：卧铺客车等级评定除座椅、行李舱容积、车内行李架等，应符合《营运客车类型划分及等级评定》（JT/T 325—2018）中第8.2.1的规定。卧铺尺寸按《卧铺客车结构安全要求》（GB/T 16887—2008）要求测量，并应符合表5-4的规定。

a.二轴卧铺客车的核定乘员数应小于或等于36人，三轴卧铺客车的核定乘员数应小于或等于40人。

b.同一卧铺客车的卧铺类型应相同，采用平铺或半躺不可调式，且不得设置折叠铺。

c.在驾驶区、踏步间及其他服务设施（卫生间等）上方空间内不得设置卧铺。

d.卧铺客车卧具空间布置应不大于二层。

e.卧铺的支撑杆件、扶梯及护栏等金属件表面应采用软性材料包覆。

f.高、中级卧铺客车上下铺间的空调气流应均布，且人均换气量大于同等级座位客车的30%。

g.卧铺客车应安装杀菌、消除有害气体的空气净化装置，其通风量应不小于人均10m^3/h。

h.卧铺客车行李舱容积规定见表5-5。

i.卧铺客车车身应为全承载式结构。

j.卧铺客车应采用无内胎子午线轮胎。

k.卧铺客车应设置双乘客门（前门加中门）。

客车等级评定性能指标

表 5-3

评定项目			特大型客车					大型客车					中型客车				小型客车			
			高三	高二	高一	中级	普通	高三	高二	高一	中级	普通	高二	高一	中级	普通	高二	高一	中级	普通
客车结构		发动机位置[a]	后/中	后/中	后/中	—	—	后/中	后/中	后/中	—	—	后/中	后/中	—	—	—	—	—	—
客车结构		乘客门结构和数量(个)	单扇/2	单扇/2	单扇/2	—/2	—/2	单扇/2	单扇/2	单扇/2	—/2	—/2	单扇	单扇	—	—	单扇	—	—	—
客车结构		行李舱	√	√	√	√	√	√	√	√	√	√	√	√	√	√	—	—	—	—
客车结构		应急门	√	√	√	√	√	√	√	√	√	√	√	—	—	—	—	—	—	—
客车结构		车内行李架[b]	√	√	√	√	√	√	√	√	√	√	√	√	√	√	√	√	√	√
客车结构		外推式应急窗[c]	√	√	√	√	√	√	√	√	√	√	√	√	√	√	—	—	—	—
客车结构		安全顶窗[d]	√	√	√	√	√	√	√	√	√	√	√	√	√	√	—	—	—	—
客车结构		车身全承载式结构[e]	√	√	√	√	√	√	√	—	—	—	—	—	—	—	—	—	—	—
客车结构		通道宽(mm)	≥350	≥350	≥350	≥350	≥350	≥350	≥350	≥350	≥300	≥300	≥350	≥350	≥300	≥300	≥300	≥300	≥300	≥300
底盘		悬架结构型式[f]	A	A、B	A、B	—	—	A	A、B	A、B	—	—	A、B	A、B、C	—	—	C	C	—	—
配置	制动系	前后桥盘式制动器[g]	√	√	√	√	√	√	√	√	√	√	√	√	√	√	√	√	√	√
配置	制动系	ABS(一类)	√	√	√	√	√	√	√	√	√	√	√	√	√	√	√	√	√	√
配置	制动系	蹄片间隙自调装置	√	√	√	√	√	√	√	√	√	√	√	√	√	√	√	√	√	√
配置	制动系	电子稳定性控制系统(ESC)[h]	√	√	√	√	√	√	√	√	√	√	√	√	√	√	√	√	√	√
配置	制动系	缓速装置	√	√	√	√	√	√	√	√	√	√	√	—	—	—	—	—	—	—
配置		动力转向	√	√	√	√	√	√	√	√	√	√	√	√	√	√	√	—	—	—

续上表

评定项目			特大型客车					大型客车					中型客车				小型客车			
			高三	高二	高一	中级	普通	高三	高二	高一	中级	普通	高二	高一	中级	普通	高二	高一	中级	普通
配置	底盘集中润滑系统[i]		√	√	√	√	—	√	√	—	—	—	√	—	—	—	—	—	—	—
	车轮及轮胎	无内胎子午线胎	√	√	√	√	√	√	√	√	√	√	√	√	√	√	√	√	√	√
		胎压监测报警系统（限于单胎的车轮）	√	√	√	√	√	√	√	√	√	√	√	√	√	√	√	√	√	√
		爆胎应急安全装置（限于转向车轮）	√	√	√	√	√	√	√	√	√	√	√	—	—	—	—	—	—	—
	电磁风扇离合器或其他节能风扇散热系统		√	√	√	√	√	√	√	√	√	√	√	√	—	—	—	—	—	—
主动安全性	自动紧急制动系统(AEBS)[j]		√	√	√	√	√	√	√	√	√	√	√	—	—	—	—	—	—	—
	车道偏离预警系统（LDWS）		√	√	√	√	√	√	√	√	√	√	√	—	—	—	—	—	—	—
动力性	比功率[k]（kW/t）		≥ 12	≥ 11	≥ 10	≥ 9	≥ 8	≥ 14	≥ 12.5	≥ 11	≥ 9	≥ 8	≥ 13	≥ 12	≥ 11	≥ 10	≥ 20	≥ 18	≥ 13.5	≥ 12
车内噪声（v_a=50km/h），dB(A)			≤ 66	≤ 69	≤ 72	≤ 75	≤ 79	≤ 66	≤ 69	≤ 72	≤ 75	≤ 79	≤ 70	≤ 72	≤ 75	≤ 79	≤ 70	≤ 72	≤ 75	≤ 79
空气调节与控制	配置		冷暖	冷暖	冷暖	冷或暖	—	冷暖	冷暖	冷暖	冷或暖	—	冷暖	冷暖	冷或暖	—	冷暖	冷暖	冷或暖	—
	制冷量（人均）（kJ/h）		≥ 2000	≥ 2000	≥ 1900	≥ 1800	—	≥ 2000	≥ 2000	≥ 1800	≥ 1800	—	≥ 1900	≥ 1900	≥ 1800	—	≥ 1900	≥ 1900	≥ 1800	—
	供热量（人均）（kJ/h）		≥ 2000	≥ 2000	≥ 1900	≥ 1800	—	≥ 2000	≥ 2000	≥ 1800	≥ 1800	—	≥ 1900	≥ 1900	≥ 1800	—	≥ 1900	≥ 1900	≥ 1800	—
	强制通风换气量[l]（人均）（m^3/h）		≥ 25	≥ 25	≥ 25	≥ 25	—	≥ 25	≥ 25	≥ 25	≥ 25	—	≥ 25	≥ 25	≥ 25	—	≥ 25	≥ 25	≥ 20	—
	温度自动控制装置		√	√	√	—	—	√	√	√	—	—	√	√	—	—	—	—	—	—
	空气净化装置（不小于人均 $10m^3/h$）		√	√	√	—	—	√	√	√	—	—	—	—	—	—	—	—	—	—

续上表

评定项目	特大型客车					大型客车					中型客车				小型客车			
	高三	高二	高一	中级	普通	高三	高二	高一	中级	普通	高二	高一	中级	普通	高二	高一	中级	普通
座垫宽（mm）	≥ 450	≥ 440	≥ 440	≥ 420	≥ 420	≥ 450	≥ 440	≥ 440	≥ 420	≥ 420	≥ 440	≥ 440	≥ 420	≥ 420	≥ 440	≥ 440	≥ 420	≥ 420
座椅深（mm）	≥ 440	≥ 440	≥ 440	≥ 420	≥ 420	≥ 440	≥ 440	≥ 440	≥ 420	≥ 420	≥ 440	≥ 440	≥ 420	≥ 420	≥ 440	≥ 440	≥ 420	≥ 420
靠背高（mm）	≥ 720	≥ 720	≥ 680	≥ 650	≥ 650	≥ 720	≥ 720	≥ 680	≥ 550	≥ 650	≥ 720	≥ 680	≥ 650	≥ 650	≥ 720	≥ 680	≥ 650	≥ 650
靠背角度可调（调节角度向后 15°～30°）[m]	√	√	√	—	—	√	√	√	—	—	√	√	—	—	√	√	—	—
扶手（靠通道）	—	—	—	√	√	—	—	—	√	√	—	—	√	√	—	—	√	√
座椅脚蹬	√	√	√	—	—	√	√	√	—	—	√	—	—	—	—	—	—	—
座间距（同方向）[n]（mm）	≥ 780	≥ 760	≥ 740	≥ 740	≥ 720	≥ 780	≥ 760	≥ 720	≥ 720	≥ 700	≥ 750	≥ 720	≥ 700	≥ 680	≥ 680	≥ 670	≥ 650	≥ 650
座椅左右调整[o]（mm）	≥ 60	≥ 60	≥ 60	—	—	≥ 60	≥ 60	≥ 60	—	—	≥ 60	≥ 60	—	—	—	—	—	—
汽车安全带[p]	√	√	√	√	√	√	√	√	√	√	√	√	√	√	√	√	√	√
卫生间	√	√	—	—	—	√	√	—	—	—	—	—	—	—	—	—	—	—
行李舱容积[q]（m^3/人）（高度不大于 1.2m） 车长 L（m） $12 < L \leq 13.7$	0.17	0.15	0.13	0.12	0.10	—	—	—	—	—	—	—	—	—	—	—	—	—
$11 < L \leq 12$	—	—	—	—	—	0.17	0.17	0.15	0.13	0.13	—	—	—	—	—	—	—	—
$10 < L \leq 11$	—	—	—	—	—	0.15	0.15	0.13	0.10	0.10	—	—	—	—	—	—	—	—
$9 < L \leq 10$	—	—	—	—	—	0.13	0.13	0.11	0.09	0.09	—	—	—	—	—	—	—	—
$8 < L \leq 9$	—	—	—	—	—	—	—	—	—	—	0.10	0.09	0.08	0.08	—	—	—	—
$7.5 < L \leq 8$	—	—	—	—	—	—	—	—	—	—	0.08	0.06	0.06	0.06	—	—	—	—
卫星定位系统车载终端[r]	√	√	√	√	—	√	√	√	√	—	√	√	√	—	—	—	—	—

续上表

评定项目	特大型客车					大型客车					中型客车				小型客车			
	高三	高二	高一	中级	普通	高三	高二	高一	中级	普通	高二	高一	中级	普通	高二	高一	中级	普通
CAN 总线	√	√	√	√	√	√	√	√	√	√	√	√	√	√	—	—	—	—
影音播放及麦克风设备	√	√	√	√	√	√	√	√	√	√	√	√	√	√	√	√	√	√

注：表中“√”——要求配置；“—”——不做规定。

[a] 前置发动机机舱在客舱外，且在车外设舱盖时，可视同为中、后置。

[b] 车长不大于 5.5m，可不设车内行李架。

[c] 外推式应急窗数量应符合《营运客车安全技术条件》（JT/T 1094—2016）的要求（中型客车对车长大于 7m 的要求）。

[d] 安全顶窗数量应符合《营运客车安全技术条件》（JT/T 1094—2016）的要求（中型客车对车长大于 7m 的要求）。

[e] 全承载式车身结构应符合《客车全承载整体框架式车身结构要求》（QC/T 997—2015）的要求。

[f] A- 前独立及后气囊；B- 全气囊；C- 前独立及后为少片板簧不大于四片或后独立。（例：A、B；B、C——两种形式中任一种均可）。

[g] 中型、小型客车后桥装备盘式制动器的要求于 2019 年 4 月 1 日实施。

[h] 关于车高不大于 3.7m 的营运客车和总质量大于 3 500kg 的营运客车装备 ESC 的要求于 2019 年 4 月 1 日开始实施。

[i] 底盘润滑点少于 5 处时，可选装集中润滑装置。

[j] 关于车长大于 9m 营运客车，应装备具有前撞预警功能的 AEBS，其他功能要求于 2019 年 4 月 1 日实施。

[k] 比功率等于发动机净功率与最大设计总质量之比，其中不包含新能源客车。

[l] 换气量（人均）应等于安全顶窗风扇、独立式风扇、空调新风风扇进气量之和与核定的乘员人数（乘客人数、驾驶员和导游员的人数之和）的比值。

[m] 应急门前排座椅靠背应不可调。

[n] 大型高一级和大型中级客车座位总数应不大于 49+1。

[o] 靠通道座椅。每个座椅两侧有扶手且间距不小于 500mm 时，不要求左右调整。

[p] 全部座椅和卧铺应安装安全带，驾驶员座椅、前排乘客座椅、驾驶员和乘客门后第一排座椅、最后一排中间座椅及应急门引道后方座椅，应装备三点式安全带。

[q] 燃气客车以及插电式混合动力（油电混合）的行李舱容积应为同等级燃油客车的 50%，纯电动以及插电式混合动力（油气混合）客车的行李舱容积应为同等级燃油客车的 25%。

[r] 客车应装备具有存储和上传功能的车内外视频监控系统，以及具有行驶记录功能的卫星定位系统车载终端。

卧铺规格尺寸（单位：mm）　　表 5-4

代号	类　型	等　级						
		高三	高二		高一		中级及普通级	
A	排列形式	1+1	1+1 或 1+1+1		1+1 或 1+1+1		1+1+1	
B	卧铺类型	平铺	平铺	半躺	平铺	半躺	平铺	半躺
C	靠背调节	—	—	不可调	—	不可调	—	不可调
D	卧铺全长	≥ 1900	≥ 1900	≥ 1900	≥ 1900	≥ 1900	≥ 1800	≥ 1800
E	卧铺宽度	≥ 700	≥ 500(700[c])	≥ 500	≥ 500	≥ 500	≥ 450	≥ 450
F	铺纵向间距	≥ 1950	≥ 1950	≥ 1600	≥ 1950	≥ 1550	≥ 1850	≥ 1500
G	铺横向间距	≥ 700	≥ 350(700[c])	≥ 350	≥ 350	≥ 350	≥ 350	≥ 350
H	上铺空间高	≥ 800	≥ 800	≥ 800	≥ 800	≥ 800	≥ 780	≥ 780
I	铺间高度	≥ 850	≥ 850	≥ 850	≥ 850	≥ 850	≥ 800	≥ 800
J	重叠脚窝内端高	—	—	≥ 250	—	≥ 250	—	≥ 250
K	下铺面距地高度[a]	≥ 250	≥ 250	≥ 250	≥ 250	≥ 250	≥ 250	≥ 250
L	护栏高度	≥ 150	≥ 150	≥ 150	≥ 150	≥ 150	≥ 150	≥ 150
M	铺垫厚[b]	≥ 70	≥ 70	≥ 70	≥ 70	≥ 70	≥ 70	≥ 70

注：[a] 当上下铺分别设置空调管道时，下铺面距地高允许不小于 150mm。

[b] 从铺垫头部端向脚方向 900mm 处测量铺垫厚。

[c] 当 1+1 时。

卧铺客车行李舱容积（单位：m^3/ 人）　　表 5-5

类型		特大型					大型				
等级		高三	高二	高一	中级	普通	高三	高二	高一	中级	普通
车长 L（m）	$12 < L \leq 13.7$	0.30	0.18	0.16	0.14	0.12	—	—	—	—	—
	$11 < L \leq 12$	—	—	—	—	—	0.22	0.19	0.17	0.15	0.15
	$10 < L \leq 11$	—	—	—	—	—	0.20	0.18	0.16	0.12	0.12
	$9 < L \leq 10$	—	—	—	—	—	—	0.16	0.15	0.11	0.11

（3）新营运客车等级评定：

新营运客车是生产企业开发的新产品或进口的营运客车，根据该企业提供的技术文件（进口检验文件）及实车检测结果，依前述规定评定等级。

（4）在用营运客车等级核定：

①经检验检测符合《道路运输车辆综合性能要求和检验方法》（GB 18565—2015）有关规定的客车具备核定相应等级资格。

②经检验检测符合《营运车辆技术等级划分和评定要求》（JT/T 198—2016）的一级车相关规定的客车具备核定相应高级客车资格。

③根据《营运客车类型划分及等级评定》（JT/T 325—2018）中第7.3.1条和第7.3.2条的要求，按规定对车辆现有技术等级和设施的实车检测结果进行检验，核定相应等级。

④乘用车应符合《机动车运行安全技术条件》（GB 7258—2017）的要求。

⑤已评定等级的在用营运客车，在过户时应重新核定等级。

④ 申请从事道路客运经营的，应当具备下列条件

有与其经营业务相适应并经检测合格的客车

（1）客车技术要求应当符合《道路运输车辆技术管理规定》有关规定。

（2）客车类型等级要求：从事高速公路客运、旅游客运和营运线路长度在800km以上的客运车辆，其车辆类型等级应当达到行业标准《营运客车类型划分及等级评定》（JT/T 325—2018）规定的中级以上。

（3）客车数量要求：

①经营一类客运班线的班车客运经营者应当自有营运客车100辆以上、客位3000个以上，其中高级客车在30辆以上、客位900个以上；或者自有高级营运客车40辆以上、客位1200个以上；

②经营二类客运班线的班车客运经营者应当自有营运客车50辆以上、客位1500个以上，其中中高级客车在15辆以上、客位450个以上；或者自有高级营运客车20辆以上、客位600个以上；

③经营三类客运班线的班车客运经营者应当自有营运客车10辆以上、客位200个以上；

④经营四类客运班线的班车客运经营者应当自有营运客车1辆以上；

⑤经营省际包车客运的经营者，应当自有中高级营运客车20辆以上、客位600个以上；

⑥经营省内包车客运的经营者，应当自有营运客车5辆以上、客位100个以上。

三 道路旅客运输的基本环节

道路旅客运输是用客车通过道路运输来实现旅客的位移，向旅客提供服务的过程。道路旅客运输的服务对象是人，具有不同于其他运输类型的特点，安全、便捷、准时、经济、舒适、文明是旅客对运输服务质量的要求。驾驶员掌握道路旅客运输的基本环节及服务要求，针对旅客的出行需求开展服务，通过提供优质的服务树立品牌，获得客运市场竞争的优势。

① 报班准备

客运驾驶员应于前一日确认次日运输任务，包括行车线路、发车时间、起讫站点、途经站及停靠站等信息；因病、因事请求变更工作班次，应提前办理有关手续，不得私自换班、调班。

客运驾驶员当班时，应保持个人清洁，着职业服装，衣着干净整洁，头发梳理齐，修饰得体，身上无汗味或无异味。

客运驾驶员应提前30min做好客车安全例行检查，持安全例检合格通知单和机动车驾驶证、车辆行驶证、从业资格证、道路运输证等相关证件到站报班。包车客运驾驶员还应随车携带包车票或者包车合同。

② 上客服务

客运驾驶员应提前10～15min将车辆停入指定上客区或约定地点，放好客运标志牌，打开车门和行李舱门，调节好车厢内温度，等待旅客上车。

旅客上车时，客运驾驶员应主动站在车门一侧迎接旅客，与旅客核对车次、乘车日期和到达站等信息，招呼旅客安全登车，帮助旅客将大件行李物品妥善放置在行李舱内，安放完毕后及时锁好行李舱门。

旅客登车坐定，客运驾驶员应检查旅客的随身行李是否安放正确，确保过道、安全出口位置无物品，行李架上的物品摆放整齐、稳妥，不会脱落。

以目测的方式迅速核对旅客人数，办理结算凭证交接手续。

包车客运驾驶员在客运车辆包用期间，要服从包车人的合理安排，按照与包车人约定的时间、起始地、目的地和线路运行，保证车辆正常使用。在行车中遇有特殊情况时，应根据包车人的意见处理，同时报告企业相关管理人员。

③ 发车出站

发车前，客运驾驶员应提醒和帮助旅客系好安全带，向旅客进行安全告知。

2011年，交通运输部发布《关于积极推行道路客运安全告知制度有关事项的通知》（交运发〔2011〕396号），要求在班车客运途中停车开门前，客运驾驶员应通知旅客停车和开车时间，提醒旅客保管好自己的随身物品。旅客上车后，客运驾驶员应进行提醒喊话，核对人数，确保旅客不落乘、不错乘。停车休息时，客运驾驶员应完成途中安全检查作业。

④ 途中服务

客运驾驶员应按规定及时使用车上服务设施，为旅客提供良好的旅行环境。开启车载视听系统，向旅客宣传安全乘车知识，播放健康、合法的视频节目。对于双程包车，客运驾驶员抵达目的地后应在与包车人约定的、规范的停车地点等待包车人，停车后驾驶员不得擅自离开车辆。客运驾驶员在执行包车运输过程中，应当准确记录行车时间、行驶里程等信息，并由包车人确认，为计费提供依据。

行车途中，客运驾驶员应关注旅客在车厢内的动态，提醒旅客注意安全，不要将手和头部伸出窗外；发现非法活动应及时报警，维护旅客人身和财产的安全。

客运班车应按照规定的线路、班次和站点运行，在规定的途经站点进站上下旅客。

待车辆停稳后，客运驾驶员再开启车门上下旅客，同时提醒下车的旅客注意车右侧来往的车辆，避免发生冲撞。

⑤ 到站服务

进入客运站下客区时，客运驾驶员应服从现场服务人员指挥，停靠到指定的位置。

车辆停稳后，应提醒旅客拿好自己的随身物品，所有旅客下车后再开启行李舱门，帮助旅客提取行李。如有行包或快件货物的，应做好货物交接工作。

客运驾驶员在确认旅客及行李等情况无异常后，关好车门，观察周边行人及车辆情况，进行发车喊话，在站务人员的指挥下，平稳驶离上客区。旅客和行李离车后，客运驾驶员应立即驶离下客区，并按要求在完成清洁卫生工作和例行维护工作后，开往规定的停车区或待发下一班车。车辆停放时，客运驾驶员应拉紧驻车制动器操纵杆，锁好车门。对轮胎易损件和安全部位进行检视，如有异常状况和故障，应及时报修。

四 道路旅客运输合同与保险

1 道路旅客运输合同的类型

根据运输方式的不同，道路汽车旅客运输合同可分为普通客运合同、直达客运合同、城乡公共客运合同、旅游客运合同及包车合同等不同形式。根据《旅客运输规则》规定，汽车旅客运送合同分为班车客运、旅游客运、包车客运合同3种。

1 班车客运合同

班车客运合同是指旅客与班车客运经营者订立的运送合同。班车客运经营指客运经营者定点、定线进行的旅客运送经营。班车客运实行“强制缔约”，即对符合规定的旅客购买车票的订立合同的要约，客运经营者不得拒绝。

2 旅游客运合同

旅游客运合同指旅客客运经营者与旅游旅客之间订立的运输合同。旅游客运是指以运送旅游者游览观光为目的，其路线必须有一端位于名胜古迹、风景区等旅游点的一种营运方式。

3 包车客运合同

包车客运合同是指运送人与用户将客车全部包给用户（旅客），在用户的指示下进行运输的合同。包车客运是旅客运输的一种运营方式，其特点是运送人遵照用户的指示进行运输，或按行驶里程或按包用时间收取运费。

2 合同的签订与履行及变更

1 合同的签订

1）订立程序

道路旅客运输合同的订立要经过要约与承诺两个阶段。道路旅客运输合同签订通常是以旅客购票、车站售票行为完成的。在班车客运、旅游客运的情况下，其要约为旅客购买车票的意思表示，运送人（车站）以售出合法有效的车票为承诺，合同即告成立。

2）道路旅客车票

道路旅客车票是客票的一种，它是道路汽车旅客运输合同的基本形式。道路汽车旅客车票是旅客与承运人之间确定运输权利义务关系的基本凭证。一般车票包括发站、到站、发车时间、班次和发售日期及票价等内容。旅客持有有效车票，即享有相应的运输权利，有权要求承运人提供票面规定的旅行服务。

承运人发售车票的时间、地点和方法，应从方便旅客出发，在人口集中地区、城镇设立售票所（亭），城乡公共汽电车应随车售票。

2 合同的履行

道路旅客运输合同的当事人应当认真履行各自的义务，保证合同的顺利履行。

1）承运人的基本义务

根据合同法及有关法律法规的规定，道路承运人的基本义务包括以下内容：

（1）车辆必须适运。客运经营者应当为旅客提供良好的乘车环境，保持车辆清洁、卫生。《道路运输条例》第三十条规定："客运经营者、货运经营者应当使用符合国家规定标准的车辆从事道路运输经营。"

（2）按时将旅客及行李运达目的地。为保证旅客能及时到达目的地，承运人必须按指定车站和时间进入车位装运行包，检票上客，正点发车，严禁提前发车。班车必须按规定线路、班点和时间运行、停靠，不得绕道、绕点行驶。运行途中发生意外情况无法运行时，应以最快方式通知就近车站派车接运，并及时公告。班车到站后，按指定车位停放，及时向车站办理行包和其他事项的交接手续。

（3）保障旅客及其行李的安全。安全运输是旅客运输的核心，也是承运人最主要的义务之一。为保证旅客人身和财产的安全，承运人必须提供适合运输的车辆，运营客车必须经过车辆管理部门审验合格，保持良好的技术状况；委派合格的客运人员，驾驶员员应当持有相应准驾车类的驾驶证，乘务人员必须具备一定业务知识，站务人员也应具备一定业务知识。承运人应采取必要的措施防止在运输过程中发生侵害旅客人身、财产安全的违法行为。

（4）提供连续的规定的运输服务。班线客运经营者取得道路运输经营许可证后，应当向公众连续提供运输服务，不得擅自暂停、终止或者转让班线运输。从事包车客运的，应当按照约定的起始地、目的地和线路运输；从事旅游客运的，应当在旅游区域按照旅游线路运输。

（5）客运经营者不得强迫旅客乘车，不得甩客、敲诈旅客，不得擅自更换运输车辆。

2）旅客的基本义务

（1）按照约定或票面规定的时间、地点乘车。旅客应当凭有效车票按指定日期、车次检票乘车，应一次完毕行程。班车客运旅客须持符合规定的客票，按票面规定的日期、车次检票乘车；直达班车、普通班车在始发站对号入座。

（2）遵守运输安全规定。旅客在旅行过程中必须遵守有关规定，协助承运人做好安全工作。旅客要服从承运方工作人员的安排和指挥，自觉维护站、车秩序。旅客不得携带易燃、爆炸、腐蚀、有毒及妨碍他人安全、卫生的物品进站、乘车，但在保证安全和卫生的条件下，对部分限运物品可按有关规定限额携带；乘车时，头、手及身体不得伸出车外，不准翻越车窗，车未停稳，不准上下；不准随便开启车门，行车中不要与驾驶员闲谈及妨碍驾驶操作。这些义务性要求都是为了保证旅客运输安全所必须采取的措施。

（3）支付运费。旅客应凭有效车票乘车，下车时要验票。酒醉、无人护送或虽有人护送但仍能危害他人安全的精神病患者及恶性传染病患者，均不予乘车；如果已购票，可以退票，免收退票手续费。车票是旅客乘车的凭证，无票一般不得乘车，旅客中途上车应及时购票。旅客遗失车票应另行购票乘车，如果在开车前向车站办理挂失手续，经查对属实且原票未退又无他人持票上车者，可由车站出具证明乘车。途中遗失车票，且能取得足够证明者，可继续乘车。旅客遗失车票另行购票后，在下车前又找到原票，经驾乘人员签证后其中一张可按开车前退票处理。经查出旅客无票、持用无效车票或涂改车票乘车的，除补收自始发站起至到达站止的票价外，道路承运人可以按规定加收一定数额的票款。旅客要求越站乘车，经同意后，应补收从原到达站至新到达站的票价。

3 变更和解除

1）道路旅客运输合同的变更

经道路承运人同意后，合同变更成立。变更旅客运输合同的形式是旅客向道路承运人提出签证改乘。经道路承运人同意签证后，合同变更成立，当事人双方应当按照变更后的合同履行各自的义务。如果是旅客的原因而导致合同变更的，旅客应承担相应的法律责任，其表现形式就是要支付一定的费用。如果是道路承运人责任导致合同变更的，承运人也应补偿旅客的损失。

2）班车客运变更

（1）旅客不能按票面指定的日期、车次乘车时，可在该班车开车2h前办理签证改乘，改乘以一次为限。开车前2h内不办理签证改乘，可作退票处理，并核收退票费。

（2）旅客要求越站乘车，事先声明并经驾乘人员同意，补收加乘区段票款。如果不事先声明的，其越乘区段按无票乘车处理。

（3）旅客退票应于规定开车时间2h前办理，最迟在开车后1h内办理。开车1h后，不办理退票；车上发售的客票和签证改乘的客票不办理退票；属承运人责任造成的退票，不收退票费。

（4）班车在发车站停开、延期或改变车型，应公告通知。旅客要求退票，应退还全部票款；旅客要求改乘他次班车，由车站签证改乘，改变车型应退补票价差额。班车因故停止运行，车站应协助旅客联系解决食宿，费用由旅客自理。

（5）因班车中途发生故障，车站应迅速派车接运，接运车辆类别如果有变更，票价差额不退补。

（6）因路线阻滞，班车必须改道行驶时，票价按改道实际里程计收。按改道里程发售客票后，如果班车恢复原路线行驶，发车前由始发站将票价差额退还旅客。班车行至途中临时需要改线或绕道，票价差额不退不补。如果不能继续行驶，旅客愿意在停车点或返回途中停止旅行，应退还原票价款，补收已乘区段票款；要求返回原乘车站时，免费送回，并退还全部票款；如果愿意在被阻地等候乘车，由站、车人员在车票上签证，凭此继续乘车。凡因班车停开和改道运行所发生的退票，均不收退票费。

3）旅游客运的变更

提供旅游综合服务的旅游客运，退票须在开车前办理，并核收退票费；无旅游综合服务的旅游客运，退票按班车退票办理；旅客中途终止旅游的，不予退票。

4）包车客运的变更与解除

用户要求变更使用包车的时间、地点或取消包车，须在使用前办理变更手续。运输经营者要求变更车辆类型、约定时间或取消包车，也应事先与用户协商，经同意后，方能变更。运输经营者自行变更车辆或未按约定时间供车者，按违约或延误供车处理。

5）道路旅客运输合同的解除

因发生特殊情况导致旅客运输合同的履行不可能或者不必要，当事人可以解除合同。解除合同的主要标志就是退票。如果是旅客的原因而解除合同的，退票时道路承运人应当核收规定的退票费；如果是道路承运人的责任造成合同解除的，道路承运人不能收取退票费。

3 赔偿责任划分

承运人对运输过程中旅客（适用于按照规定免票、持优待票或者经承运人许可搭乘的无票旅客）的伤亡承担损害赔偿责任，但伤亡是旅客自身健康原因造成的或者承运人证明伤亡是旅客故意、重大过失造成的除外。

在运输过程中旅客自带物品毁损、灭失，承运人有过错的，应当承担损害赔偿责任。旅客托运的行李毁损、灭失的，适用货物运输的有关规定。

客运经营者在运输过程中造成旅客人身伤亡，行李毁损、灭失，当事人对赔偿数额有约定的，依照其约定；没有约定的，参照国家有关港口间海上旅客运输和铁路旅客运输赔偿责任限额的规定办理。

4 承运人责任险

客运经营者要为旅客投保承运人责任险。承运人责任险是一种责任保险，主要是指对客运经营者在运输过程中发生交通事故或者其他意外事故，致使旅客遭受人身伤亡或直接经济损失，依法由被保险人对旅客承担的赔偿责任，由保险公司在保险责任限额内给予赔偿。

承运人责任险的保险责任范围包括旅客人身伤亡赔偿、旅客财产损失赔偿、相关的法律诉讼费用三部分。承运人责任险的被保险人为承运人，承运人责任险的投保人是合法从事道路客运服务的承运人，保险受益人是旅客。

保险标的是被保险人在运输过程中发生意外事故，致使旅客遭受人身伤亡和直接财产损失依法所应承担的民事责任。一旦因交通意外事故造成乘客人身和财产损失，保险公司代表承运人承担赔偿责任，起到了既能对乘客的人身伤害和财产损失进行赔偿，保障乘客权益，又能使承运人的责任风险得以转嫁的双重作用。

按照《道路旅客运输及客运站管理规定》的要求，客运经营者应当为旅客投保承运人责任险。客运车辆未为旅客投保承运人责任险，或未按最低投保限额投保，或投保的承运人责任险已过期，未继续投保的，均将由县级以上道路运输管理机构责令限期投保。拒不投保的，原许可机关将吊销其道路运输经营许可证或者注销相应的经营范围。

第二节 道路旅客运输基本要求

一 旅客安全告知制度

《关于积极推行道路客运安全告知制度有关事项的通知》（交运发〔2011〕396号）提出，在道路客运行业推行安全告知制度。其目的与意义是充分发挥社会各界特别是广大乘客监督作用、切实加强道路客运安全生产管理的重要手段，向公众普及安全应急处置知识，提升客运服务质量。

1 安全告知的主要内容

一是客运公司名称、客车号牌、驾驶员及乘务员姓名和监督举报电话。

二是客运车辆核定载客人数、行驶线路、经批准的停靠站点、中途休息站点。

三是法律法规规定事项，如禁止旅客携带或客运车辆装运的危险品，禁止超载、超速、疲劳驾驶的规定，特别是连续驾驶时间不得超过4h；禁止在高速公路上和未经批准的站点上下客；禁止携带危险品进站上车；禁止改变线路行驶；禁止关闭GPS；禁止客车22时至凌晨6时途经三级以下山区公路达不到夜间安全通行条件的路段；卧铺客车凌晨2时至5时停车休息以及客运票价的有关规定等。

四是车辆安全出口及应急出口逃生、安全带和安全锤使用方法。

2 告知方法

一是由乘务员或驾驶员在发车前向乘客告知；

二是在车内明显位置标示客运车辆核定载客人数、经批准的停靠站点和投诉举报电话；

三是由省级交通运输主管部门统一制作音像资料，向客运企业免费发放，并要求在客车发车前向乘客播放。

3 加快建立监督举报电话处理机制

一是监督举报电话由市级道路运输管理机构统一管理，并建立每天24h值班制度，市级以下道路运输管理机构和所有客运企业也要建立相应的值班制度，负责处理投诉举报事项；

二是对监督举报信息应认真调查核实，严格按规定处理，并将处理结果向监督人告知；

三是对投诉举报的违法违规行为查实处理后，应记入对驾驶员和车辆所属企业的质量信誉考核档案，对旅客反映的好人好事给予表彰。

二 班车客运的服务要求

1 工作程序

1 遵守报到制度

作为客运车队的重要管理制度——出场、进场报到制度，不仅能反映驾驶员出勤的情况，也便于调度员掌握车队的出勤情况，一旦发现问题便于及时调配人力，保证车辆按时出车。客车驾驶员必须要有非常强的时间观念，如果延误了出场报到时间，就有可能导致不能按时出车，整个车队的运行秩序、安全行车受影响。

1）车辆出场

车辆出场是指线路驾驶员从报到开始至车辆到达始发站的过程。客运汽车的正常运营是从驾驶员的出场报到开始，出场报到制度的执行情况，将直接影响到线路的正常运营。因此，每一个驾驶员要严格遵守出场报到制度，确保线路的正常运营。驾驶员出场的车辆操作规程是：

（1）提前15min到站（场）调度室报到。

（2）必须随身携带驾驶证、行驶证、随车工具、运营证、服务资格证、准运证和悬挂服务标志。

（3）认真做好对车辆出场前、进场后的日常维护工作。

（4）向调度室值班员报告路别、姓名、或职号并领取行车路单。

（5）核对行车路单、看清值勤车号、出车时间以及车辆停放区域，根据调度员签注的发车点做好出车准备。

2）车辆进场

车辆进场是指驾驶员完成一天的运营任务后，按调度员指令将车辆驾回本车队，在做好车辆例行维护和报修后离开工作岗位的过程。驾驶员必须认真执行操作规程：

（1）按照规定的路线、时间（或调度员指令）准时进场，途中不逗留，遇阻不急躁，不盲目开快车。

（2）车辆进出大门、倒车时车速应控制在5km/h以内，在场内行驶时车速限制在10km/h以内，在场（站）内倒车时需乘务员配合，乘务员的站位应在车辆的左后方或右后方位置并保持一定的安全距离，杜绝在车后指挥。

（3）收车前加足燃料，按指定位置停放，按照车辆“熄火操作程序”操作，关闭电器开关，关好门窗。

2 车辆交接班操作规程

车辆交接是指车辆在线路上行驶时，下班驾驶员和上班驾驶员交接车辆的过程。车辆在线路上运行时，有时时间比较长，需有多名驾驶员通过交接来完成运营任务。如果驾驶员不按规定交接班，便会造成运营秩序混乱，以致侵害乘客的权益并给企业带来不良影响。因此，驾驶员在交接班时必须做到以下几点：

（1）接班驾驶员应按规定时间、地点提前到达等候接班，不得延误。

（2）交班驾驶员应将车辆技术状况和道路交通状况向接班驾驶员做简要介绍，接班驾驶员应检查车身、路别标志是否完好，轮胎气压、油箱存油是否充足，有无“四漏”现象。

（3）接班驾驶员未能按时接班，交班驾驶员不得停车等候，应当正常运行到终点站，向调度员说明情况，听从调度员安排，不得中途弃车而去。

3 驾驶操作规程

（1）驾驶车辆时，坐姿端正、两眼平视前方，看远顾近，视线成扇形、双手握稳转向盘，除操纵其他机件外，不能单手操作转向盘，不得双手同时离开转向盘。

（2）控制车辆加速踏板时用力要均匀、平稳，做到轻踏缓抬。左脚不能无故长时间搁在离合器踏板上，以免造成离合器摩擦片的磨损。

（3）驾驶车辆时应集中思想，不准吸烟、饮食和闲谈，不准戴耳机收听录音广播，不准接打手机，不准赤脚或穿拖鞋驾驶车辆；在行车中严格遵守交通法规，不准故意挤逼、戏弄他人或者用其他方法妨碍他人的交通安全，做到礼貌行车；不准酒后驾车，行车前关好车门。

（4）按行车时刻表的规定时间做到“三正点”（始发站、中途、终点站）。

（5）始发站做到“三提前”（车辆提前进站、提前开门上客、提前为乘客报务）；行驶途中不争抢车道、不在站点滞留、逢站必停，不得任意停车上下客，尤其在高速公路上严禁停车上下客。

（6）在行驶中应时刻注意观察各种仪表、指示灯，注意车辆是否存在异响、异味。

（7）行驶中发现有人吊攀门窗或听到乘务员告之后应立即靠边停车。

（8）车辆一旦发生火警，应立即停车挂低速挡，拉紧驻车制动器操纵杆，切断电源，同时打开车门，组织乘客有序下车，必要时可敲破车窗玻璃让乘客下车。着火初期使用车载灭火器灭火，必要时向消防部门求救。

（9）空调车驾驶员应当正确操作车辆空调设施，空调设备发生故障不能正常工作时，应及时报修，修复后方要投入使用。

2 服务要求

（1）挂牌服务，出车前做好安全检查，带全随身附件，按照规定检票时间提前到位。

（2）服从车站和车队（或公司）的调度指挥，不抢点，不晚点，不缺班，正点通行。开车前核对路单与车上人数是否相符，做好行包、邮件交接工作。

（3）行车中集中精力，谨慎驾驶，注意安全，遵守交通规则；严格执行安全操作规程。行经险桥、渡口、危险地带和加油时组织旅客下车；服从公安、运管、稽查人员检查。

（4）行车途中停歇、进餐，无乘务员时，要向旅客宣传停开车时间，开车前核对车上人数，做到不落客。

（5）无乘务员随车时，途中上客及时在前方站补票；交付行包时，收回行包票；途中发生意外事故，尽快呼救，保护现场。

（6）执行调度命令，不准私自换班，不准私自变更运行路线，不准中途合车、倒客、甩客，班车按规定停靠、进站。

（7）讲究职业道德，文明服务，重点照顾困难旅客，不私收票款。

3 班车驾驶员操作流程及服务规范

班车驾驶员操作流程及服务规范见表5-6。

班车驾驶员操作流程及服务规范　　表 5-6

序号	服务规范
1	提前 40min 到调度室签到
2	按规定着装，并佩戴好工号牌（证）
3	出车前，应按规定检查车况，检查各种必备证件，确保车辆技术状况良好，设施设备证件齐全有效
4	检查车容车貌、车厢内卫生及服务设施用品等情况，发现问题及时整改。确保设施设备完好，车容车貌整洁
5	发车前做好车辆通风换气工作，根据季节温度提前 15min 打开空调
6	提前 10min 进入车位，驾驶员进行报班，主动配合检票员进行“五证一单”审核
7	打开行李舱门，车门处站立迎客，帮助有需要的旅客提放行李，主动服务老弱病残乘客
8	核对快件托运物品，交接签字后，随车携带好交接单
9	整理舱内行李，关闭行李舱门
10	核对检票人数，检查、整理行李架上的行李，确保行李不坠落。做好“五不二确保”的宣传，提醒旅客系好安全带（有语音设备的，可按键播报），并按规定播放安全宣传片
11	发车前系好安全带，关闭车门，根据检票员指挥发车
12	配合门检人员做好旅客人数核查，并由门检人员在路单上盖章后出站
13	上高速公路前，再次提醒旅客再次系好安全带（有语音播放系统的可按键播报），并按键播放宣传片
14	遵章行车，文明行驶，途中做到五不（不抽烟、不吃零食、不聊天、不接打电话、不私自带客带货）
15	中途若停歇（靠），需提醒旅客安全下车，请旅客保管好随身携带贵重物品，告知停靠时间（20min 以内）及车牌号码（有语音播放系统的可按键播报），并检查车况
16	中途停歇后发车，需核点人数，并再次提醒旅客系好安全带（有语音播放系统的可按键播报）
17	途中发生车辆抛锚、设施设备故障或路堵晚点、事故等情况，及时报车公司或相关部门，同时做好旅客解释、安抚及事后处理工作
18	到达终点，提醒旅客检查随身携带行李（有语音播放系统的按键播报）
19	打开行李舱门，协助提取行李，做好托运物品的交接工作。待旅客离开后，检查行李舱及车厢，发现有遗留物品的，及时报告公司（无旅客当场认领的，回场后主动上交）

续上表

序号	服务规范
20	回场后及时向值班调度报到，并做好行车日报和交接班记录，整理好随车工具和其他设施
21	做好车辆例检、维护、加油工作，有故障及时报修，做好随车日常维护工作，无故不得提前离开
22	整理座椅、座（头）套、安全带、窗帘等，监督相关人员做好车辆清洗、清扫，按规定更换座（头）套、窗帘等工作
23	按规定停放车辆，拉好驻车制动器操纵杆，切断电源，关好门窗
24	面对旅客咨询、投诉等，做到认真负责，不能作出准确答复的，须提供其他可以获得处理的渠道

三 包车、旅游（厂班车）驾驶员操作流程及服务规范

包车、旅游（厂班车）驾驶员操作流程及服务规范见表5-7。

包车、旅游（厂班车）驾驶员操作流程及服务规范 表5-7

序号	服务规范
1	按规定着装，并佩戴好工号牌
2	出车前，应按规定检查车况，检查各种必备证件，确保车辆技术状况良好，设施设备证件齐全有效
3	检查车容车貌、车厢内卫生及服务设施用品等情况，发现问题及时整改。确保设施设备完好，车容车貌整洁
4	根据调度任务，核实用车单位、时间、地点、联系电话、人数及特殊要求等情况
5	比客户约定的时间提前至少5~10min到岗或指定地点，需用空调时，提前15min打开空调，保持车厢内温度适宜
6	乘客上车时，应主动打开行李舱门，站立迎接乘客，主动帮助乘客装载行李。主动协助老弱病残孕乘客上车
7	乘客上车完毕，关闭行李舱。核对车上人数，检查、整理行李架上的行李，确保行李不坠落。提醒乘客系好安全带（有语音播放系统的可按键播报），驾驶员系好安全带听从导游或领队指令发车
8	上高速公路前，再次提醒乘客系好安全带（有语音播放系统的可按键播报）
9	遵章行车，文明驾驶，途中做到市区不鸣喇叭、斑马线让行、不抽烟、不吃零食、不聊天、不接打电话、不私自带客带货
10	中途停歇（或就餐）时，应提醒乘客安全下车，保管好随身携带贵重物品，并告知车牌号码。下车完毕后，将车辆停放在安全地点或指定停车场，锁好车门，检查车况
11	在等候乘客时，不得在车内躺卧、不得将脚伸向仪表盘、转向盘等处，不用喇叭催促乘客。根据等候时间提前打开空调、车门，方便乘客上车
12	停歇后发车，需核点人数，并再次提醒乘客系好安全带（有语音播放系统的可按键播报）
13	途中发生车辆抛锚、设施设备故障或路堵晚点、事故等情况，及时报车公司或相关部门，同时做好乘客解释、安抚及事后处理工作
14	在服务过程中，不准向乘客索取小费、物品等，不得刁难乘客。在外过夜时，应保证充分的休息，严禁饮酒、赌博等影响第二天出车的各种情况发生
15	到达目的地，及时提醒乘客检查随身携带行李（有语音播放系统的可按键播报）。待乘客下车后，开启行李舱门，协助乘客拿取行李，并与乘客道别。待乘客离开后，检查行李舱及车厢，发现有遗留物品的，及时报告公司（无乘客当场认领的，回场后主动上交）
16	打扫车厢卫生，清理垃圾袋、整理座椅、座套、头套、安全带、窗帘，拖扫车内走道，保持车辆整洁。按规定更换座（头）套、窗帘等工作
17	回场后，上交营收款、路单、客户评价表等。做好车辆清洗、维护、检查、加油等工作。有故障及时报修，随车做好维护工作，无故不得提前离开

续上表

序号	服务规范
18	按规定停放车辆，拉好驻车制动器操纵杆，切断电源，关好门窗
19	面对乘客咨询、投诉等，做到认真负责，不能做准确答复的，须提供其他可以获得处理的渠道

四 站际接送车（机场巴士）驾驶员操作流程及服务规范

近年来，一些客运企业开辟了站站之间的接送业务，如机场巴士等均属此类。对此类服务的驾驶员也制定了相应服务规范（表5-8）。

站际接送车（机场巴士）驾驶员操作流程及服务规范　　表 5-8

序号	服务规范
1	按规定提前 40min 到岗（签到或打卡）
2	按规定着装，并佩戴好工号牌
3	出车前，应按规定检查车况，检查各种必备证件，确保车辆技术状况良好，设施设备证件齐全有效
4	检查车容车貌、车厢内卫生及服务设施用品等情况，发现问题及时整改。确保设施设备完好，车容车貌整洁
5	领取行车日志，按计划出车
6	发车前做好车辆通风换气工作，需用空调时，提前 15min 打开空调，保持车厢内温度适宜
7	提前进入发车位后，应主动打开行李舱门，主动帮助旅客装载行李。主动协助老弱病残孕旅客上车
8	按照票务管理有关规定，督促乘坐站际接送车旅客投币入箱。协助车站做好机场巴士旅客凭票上车，提醒旅客对号入座。始终保持站姿坐姿文明
9	核对快件托运物品，交接签字后，随车携带好交接单
10	整理舱内行李，关闭行李舱门
11	发车前，检查、整理行李架上的行李，确保行李不坠落。提醒旅客系好安全带（有语音播放系统的可按键播报），驾驶员系好安全带发车
12	上高速公路前，提醒旅客再次系好安全带（有语音播放系统的可按键播报）。遵章行车，文明驾驶，途中做到“五不”（不抽烟、不吃零食、不聊天、不接打电话、不私自带客带货）
13	中途若停靠站点，需提醒旅客安全下车、携带好随身物品（有语音播放系统的可按键播报），并检查车况
14	途中发生车辆抛锚、设施设备故障或路堵晚点、事故等情况，及时报车公司或相关部门，同时做好旅客解释、安抚及事后处理工作
15	到达终点，提醒旅客检查随身携带行李（有语音播放系统的可按键播报）
16	打开行李舱门，协助提取行李，做好托运物品的交接工作。待乘客离开后，检查行李舱及车厢，发现有遗留物品的，及时报告公司（无乘客当场认领的，回场后主动上交）
17	一天回场后，到调度室签到，翔实填写行车日志，确保次日正常发班。与票箱收取员办理交接手续，缴清当日营收款
18	做好车辆例检、维护、加油工作，有故障及时报修，做好随车日常维护工作，无故不得提前离开
19	整理座椅、座（头）套、安全带、窗帘等，监督相关人员做好车辆清洗、清扫，按规定更换座（头）套、窗帘等工作
20	按规定停放车辆，拉好驻车制动器操纵杆，切断电源，关好门窗
21	面对旅客咨询、投诉等，做到认真负责，不能做准确答复的，须提供其他可以获得处理的渠道

五 乘客心理与服务技巧

1 旅客出行心理

旅客出行心理，是旅客在出行过程中的心理活动规律和个性心理特征。心理学上将人的心理现象划分为心理过程、心理状态、个性心理、意识与无意识、个体心理现象与行为等。从旅客出行前后的认识过程、情感过程、意志过程、个性意识倾向以及在个性心理基础上形成的大众（群体）心理，具体表现为出行目的产生、出行方式选择、出行过程需求、出行心理反馈等。

1 出行目的

一般来说，根据出行费用的支付不同可以分为因公出行和私人出行；根据出行人数多少可分为个别出行和集体出行；还有规律性出行和偶发性出行以及旅游出行、长或短途出行、求学出行、商务出行等。通常相同的旅客因不同的出行动机会产生不同的出行心理，对运输服务的要求也就会不同。

2 区域环境

一个地区的经济发展水平、地理状况、交通运输条件甚至风土民情，势必影响旅客的出行心理。比如有的城市出租汽车经济实惠，比公交车更吸引旅客；有的地方既有公路又有水路，有些人习惯了坐车，有些人喜欢坐船；又如在沿海发达地区存在“越高档的车效益越好，否则就跟不上旅客不断提高的需求”现象。

3 方便心理

“在家千日好，出门一时难”，反映了旅客对出行的一种畏难心理，究其原因则反映了旅客对“方便性”的强烈需要。其内容也很广：旅客总是希望有最有利于自己出行习惯和时间需要的班（列）车（船、飞机），买票和检票不要排太长的队；普遍希望尽可能减少中间环节，尽可能缩短在途时间，从而减少旅行疲劳和额外的费用支出，即又快又经济到达目的地。

4 旅客因素

人们在社会生活中，会因为性格、情趣、文化程度、职业、地位和身份等种种不同，从而形成不同的心理特点和旅行需要。比如民工对车辆档次没有太多的要求，偏向经济型，而公务出差的人更希望舒适一点；有的人坐汽车晕车，有的人恐惧坐飞机；有的能自觉遵守旅行规则，照顾好自己，有的缺乏旅行常识，给自己也给他人造成很多麻烦等。

5 出行心理特征

出行心理影响因素是多种多样的，也就决定了旅客个性心理具有不可枚举的特点。“安全、快捷、方便、舒适”具体化了旅客出行最集中、最根本的共性心理需求，同时也是运输业最关注和要努力去实现的服务目标。

1）安全心理

安全是旅客出行首先考虑并希望得到保障的心理需求，是衡量运输服务最主要的标准，包括旅客人身安全和行包（财物）安全。从运输生产部门来看，也许更多的只关注旅客在途的安全情况，事实上旅客关注的是整个出行过程的安全，通常所说的“一路平安”，包括从出发地到车站（港、机场），购票（行包托运）到候车（船、飞机）室，然后是在途时间至出行结束这一系列过程。这个过程中旅客会对各个环节进行考虑，对不同运输方式进行比较，形成自己的相对稳定的心理特征。这个过程与运输服务提供者有直接或间接的联系，要求运输部门具备系统的观点，从全局加强安全管理。

2）快捷心理

快捷有几层含义，包括顺利、迅速、经济等旅客关心的内容。旅客总是希望顺利到达车站，买到票，车能够准时到达和出发，途中不会发生耽搁或意外。而且随着人们时间观念的加强，要有方便经济的饮食服务、其他指南、电信、日常生活需要、住宿服务等。总之，旅客希望一旦有了出行需要时能得到称心及时的运输及其辅助服务。

3）舒适心理

这是旅客出行心理的高级阶段，是各种心理需求的一个总的综合。随着人们收入的增加，旅客对出行舒适性的要求也越来越高。乘车环境、服务态度、文化娱乐、饮食卫生、睡眠休息等，成为旅客选择出行模式的影响因子。

2 服务技巧

客运服务直接面对广大乘客的客运服务工作，客运服务工作是直接反映交通系统运营管理水平的重要标志之一，也是反映城市文明程度的一个窗口。在满足了客运服务的基本要求后，企业追求的是更高的服务质量，更高的乘客满意度。要实现这一目标，就必须有高超的服务技巧，也就是要讲究服务艺术。我们通常所说的“服务艺术”，实际是指在服务活动过程中，为满足服务对象的某些特殊需要所运用的具体方法。有时，它也可以用于衡量客运服务人员在运用一定的方法和技巧后得到的服务效果的良好程度。讲究服务艺术，就是必须讲究服务方法，它追求的是良好的服务动机与服务效果的统一。

客运服务人员的工作，接触的乘客成千上万、千姿百态，如何针对不同的对象、不同的情况、不同的需求，使各种各样的乘客都能得到满意的服务，这就要求客运服务人员学会沟通与应对技巧。

1 客运服务人员学会聆听、学会表达、学会使用肢体语言

1）学会聆听

聆听是有效沟通的必要部分，以求思想达成一致和感情的通畅。

“听到”和“聆听”有着根本性的区别：听到——只代表耳朵接受了对方所说的事情。聆听——更是一种情感活动，在接受对方所说的事情外，还能真正理解对方所说的意思。

在接待乘客，为乘客提供服务时，要学会站在乘客的角度考虑问题，将心比心地感

受乘客的心情。只有带着这样的情感去听乘客的叙述，这才是真正听懂乘客心声的好办法，只有听懂了，我们提供的服务和处理意见才能符合乘客的需求，才是乘客能够接受的。所以聆听是乘客服务中不可或缺的沟通技巧。有效的技巧建立在关心的态度及真心希望去了解乘客的意图上。

有道是：少说多听。它不但是常人必须知道的处世之道，而且也是客运服务人员必须掌握的服务技巧。当旅客提出要求或意见时，客运服务人员应耐心加以聆听，除了可以表示对旅客的重视之外，也是对服务人员所提出的一种基本要求。因为唯有耐心地、不厌其烦地聆听了旅客的要求或意见，才能充分理解对方所思所想，才能更好地为对方服务。此时任何的三心二意，都会让客户对象不快。

客运服务人员在聆听旅客的要求或意见时，切忌弄虚作假、敷衍了事。一般来讲，当旅客阐明己见时，客运服务人员理当暂停其他工作，目视对方，并以眼神、笑容或点头来表示自己正在洗耳恭听。

2）学会表达

在与乘客的交流时，语气语调是相当重要的。在语言学中，语调是指说话时语音高低轻重配置而形成的腔调，是说话者内心感受的语言表达。因此语调往往成为语言表达正确与否的关键，同样一句话，不同的语调能反映出说话者不同的心情。作为服务者必须练习对乘客讲话的语调。错误的声调，往往造成乘客的误解，造成对服务质量的不满意。

语调包括：语速、音量、音调、音强、语态等五要素。服务员应该学会通过语调的正确运用向乘客传达这样一个信息：我乐于帮助你们。

语言本身代表每一个人的属性，一个人的成长环境会影响每个人的说话习惯，作为一名客运服务人员要学会说话的艺术。不同的服务语言往往会得出不同的服务结果，一名客运服务人员要掌握不同的说话技巧，如：对老年的旅客的说话技巧，对儿童旅客的说话技巧，对特殊旅客的说话技巧，对外国旅客的说话技巧，对发脾气旅客的说话技巧，对重要旅客的说话技巧，乘坐班车不正常时服务的说话技巧。在服务当中，往往由于一句话，会使服务工作带来不同的结果，一句动听的语言，会给客运公司带来很多回头客；由于一句难听的话，旅客会不再乘坐这家客运公司的飞机；他可能还会将他的遭遇告诉其他旅客，所以得罪了一名旅客可能相当于得罪十名或上百名旅客。但不同的一句话，却带来了不同的结果。这就是说话的艺术，作为一名合格的客运服务人员，说话真是太重要了。

3）学会使用肢体语言

服务人员除了需要掌握“听与说”的技巧，还要掌握与听和说相辅相成的肢体语言、表情。要知道，即使单独使用肢体语言，也是能实现信息传递的，聋哑人的手语就是最好的证明。因此即使听和说的技巧再高，但假如使用了不一致的肢体语言，那么，无论语调多温和，说话多动听，乘客看见的还是只有一个意思——拒绝服务。因此必须让肢体、语言、表情与服务同步，才能真正体现“愿意真心为乘客提供服务”的意图。

2 客运服务人员沟通技巧基本原则

客运服务人员在面对旅客时代表着客运公司，因此应有大局意识，注意正面维护公司形象。当旅客提出某些具体要求时，客运服务人员最得体的做法是：认真聆听，并尽量予以满足。从某种意义上讲，耐心聆听客户的要求，本身就会使对方在一定程度上感到满足。

在回答问题时，严禁推卸责任，或暴露公司内部衔接上的不足。在回答问题时，做到应对谨慎，专注、耐心地聆听，使旅客感受到被尊重，有积极的回应，注意为旅客提供多种选择，要点确认、重复，恰如其分的插话。注意眼神交流和使用肢体语言。用简练的语言说清楚要点。对于敏感事件，不应擅自与旅客交流、讨论。严禁使用不文明语言。严禁在工作岗位上评论旅客的肤色、外形、衣着、装扮等。

乘客发泄，认真聆听，换位思考，理解乘客的感受，让乘客发泄出来，使用聆听的技巧，让旅客感受到你很尊重他，真诚地说声对不起，让乘客感受到你的真诚；让乘客知道你理解他的不满； 受理乘客投诉，积极、真诚地面对乘客；充分沟通，收集信息；感谢乘客的投诉，询问乘客的不满及需要改进的意见，阐明处理投诉的方针和服务的承诺，协商解决处理问题，耐心地与乘客沟通，取得他的认同；快速、简捷地解决乘客投诉，不让乘客失望。答复乘客，投诉处理完毕，应该给乘客一个明确和忠实的答复，通过答复乘客了解乘客满意度及乘客的期望和建议也是至关重要的。

3 客运服务人员的礼貌用语

“您好”“请”“谢谢”“对不起”“再见”，俗称十字文明用语，这是人际交往中最基本、最常用的礼貌用语，也是客运服务人员应当熟练掌握的服务礼仪用语。

4 大型客车驾驶员服务服务岗位语言规范

下列语言可采用口播，录音或视频等形式。

（1）旅客上车时：

①您好，欢迎乘坐“××”班车。（新年或过节时：您好改为新年好，节日好。）

②请不要拥挤，上车后对号入座。

③请您把随身行李放在座位底下或行李架上，不要把行李放在过道上。

（2）旅客坐定后：

①旅客们：你们好！欢迎您乘坐“××”班车。我是××号大型客车驾驶员。本次班车是××时××分开往××（地方）的班车，终点站是××（客运站），正常情况下大约行驶××小时。车辆行驶中请保管好您的贵重物品。如果你有什么困难和要求，可直接与我们联系。

②旅客们，车辆马上就要开了，请您赶快坐到您的座位上，带小孩的旅客请看管好您的小孩。

（3）车辆行驶中：

①旅客们，为了保持车厢内的安全和卫生，车厢内不准吸烟，瓜皮果壳请放进清洁袋中。旅客们，本次班车是直达班车，途中不能上下客，谢谢您的合作。

②（当高速公路发生交通堵塞时）各位旅客请注意，目前高速公路堵塞，为了您的安全，高速公路上是不能下客的，请您耐心在车上等候，谢谢您的合作。

③（当车辆发生事故需换车时）旅客们，您们好，我们非常抱歉地通知大家，由于××原因，本车辆无法继续行驶，公司已派出车辆，正常情况下大约××小时赶到这里。请旅客们耐心在车上等候，给您带来的不便敬请谅解，谢谢您的理解与合作。

④（当车辆发生事故需旅客下车时）各位旅客请注意，由于××原因，请带好您的贵重物品从车门下车，给您带来的不便敬请谅解，谢谢您的合作。

（4）途中休息时：

①旅客们，我们的车辆已经进入××服务区，在服务区休息10min（就餐休息20min）开车时间为××时××分，请旅客们全部下车，贵重物品请妥善保管。

②旅客们，我们的车辆马上就要离开××服务区，请您再仔细检查一下，您的随身行李是否遗忘在服务区，是否还有旅客没有上车（大型客车驾驶员应清点人数）。从服务区到终点站正常情况下大约还要行驶××小时，一路上旅客们辛苦了，我们再一次提醒大家，在车上休息时一定要妥善保管好您的贵重物品。

（5）征求意见时：

①请您对我们的服务多提宝贵意见。

②您提的建议很好，我们会加以改进。谢谢您。

③请原谅，由于我们的失误，给您添了麻烦，下次服务我们一定改进。

（6）车辆进站时：

①旅客们，您好，终点站马上就要到了，到站后，请旅客们拿好自己随身携带的物品，带小孩的旅客请带好您的小孩，待车辆停稳后依次下车。有行李的旅客请到行李舱提取。

②旅客们，我们将愉快地结束这次旅行，我代表本公司衷心地感谢您一路上对我们的工作给予的支持和帮助，欢迎您再次乘坐“××”的班车，下次旅行再见。

六 道路旅客运输服务规范

1 服务礼仪的原则

服务礼仪是各服务行业人员必备的素质和基本条件。出于对客人的尊重与友好，在服务中要注重仪表、仪容、仪态和语言、操作的规范；热情服务则要求服务员发自内心的热忱地向客人提供主动、周到的服务，从而表现出服务员良好风度与素养。

竞争环境的改变大多是渐热式的。作为服务工作人员，在接待客人、为客人服务期间，除了要热心、热情之外，还需通过专业的礼仪培训，更好完成各项接待与服务工作。在服务礼仪中，有一些具有普遍性、共同性、指导性的礼仪规律。这些礼仪规律，即礼仪的原则。掌握礼仪的原则很重要，它是服务人员更好地学习礼仪和运用礼仪的重要的指导思想。服务礼仪的原则如下：

1 尊重的原则

孔子说："礼者，敬人也"，这是对礼仪的核心思想高度的概括。所谓尊重的原则，就是要求我们在服务过程中，要将对客人的重视、恭敬、友好放在第一位，这是礼仪的重点与核心。因此在服务过程中，首要的原则就是敬人之心常存，掌握了这一点，就等于掌握了礼仪的灵魂。在人际交往中，只要不失敬人之意，哪怕具体做法一时失当，也容易获得服务对象的谅解。

2 真诚的原则

服务礼仪所讲的真诚的原则，就是要求在服务过程中，必须待人以诚，只有如此，才能表达对客人的尊敬与友好，才会更好地被对方所理解，所接受。与此相反，倘若仅把礼仪作为一种道具和伪装，在具体操作礼仪规范时口是心非，言行不一，则是有悖礼仪的基本宗旨的。

3 宽容的原则

宽容的原则的基本含义，是要求我们在服务过程中，既要严于律己，更要宽以待人。要多体谅他人，多理解他人，学会与服务对象进行心理换位，而千万不要求全责备，咄咄逼人。这实际上也是尊重对方的一个主要表现。

4 从俗的原则

由于国情、民族、文化背景的不同，在人际交往中，实际上存在着"十里不同风，百里不同俗"的局面。这就要求我们在服务工作中，对本国或各国的礼仪文化、礼仪风俗以及宗教禁忌要有全面、准确的了解，才能够在服务过程中得心应手，避免出现差错。

5 适度的原则

适度的原则的含义，是要求应用礼仪时，为了保证取得成效，必须注意技巧，合乎规范，特别要注意做到把握分寸，认真得体。这是因为凡事过犹不及。假如做得过了头，或者做得不到位，都不能正确地表达自己的自律、敬人之意。

2 仪容仪表

1 服装

1）着装的"TPO"原则

"TPO"是英文"Time"（时间）、"Place"（地点）、"Occasion"（场合）三个单词的缩写。"TPO"的着装原则，是指人们的着装要与时间、地点、场合相适应。客运站工作人员在上班时间应当身着制服。

2）制服的着装要求

制服是标志一个人从事何种职业的服装，又称"岗位识别服"。客运服务人员穿着醒目的制服，不仅是对旅客的尊重，而且便于旅客辨认。穿着制服，应做到着装的整齐、清洁、挺括、大方、美观。

（1）整齐：着装必须合身；注意四长，即袖长至手腕、衣长至股口、裤长至脚面、裙长至膝盖；注意四围，即领围以插入一指大小为宜，上衣的胸围和裤、裙的臀围以穿一套羊毛衣裤的松紧为宜、裤、裙的腰围以插入五指为宜；内衣不外露；袖、裤不挽卷；不漏、掉扣；领带与衬衫领口的吻合要紧凑且不系歪；工号或标志牌要佩戴在左胸的正上方；佩戴好制服帽和手套。

（2）清洁：制服要保持清洁，无污垢、油渍和异味。领口和袖口尤其要注意清洁。

（3）挺括：制服要保持上衣平整、裤线挺括，无褶皱。

（4）大方、美观：制服在着装时要保持其简练、自然的风格，在饰品的搭配上忌夸张、杂乱，整体要大方、美观。

2 仪容卫生

1）头部卫生

发型的修饰最重要的是要整洁，规范，长度适中，发式适合自己。要勤洗头，还应定期修剪。男士头发一般不可太短也不要太长，具体要求是：前发不附额，侧发不掩耳，后发不及领。留长发的女士，在上班时，最好用卡子或者发箍把头发束起来或编起辫子。客运站服务人员的发型一般要求庄重大方，不能过分时尚。

2）面部卫生

面部修饰要保持整洁、清爽。另外还要注意多余的毛发，如胡子、鼻毛等也要定期修剪。女士应化淡妆。

3）口腔卫生

要注意保持口腔的清洁，无异味。应该养成饭后及时刷牙习惯，尽量避免在工作前进食有异味的食物如葱、蒜、韭菜等。

4）手部卫生

要勤洗手，保持手部清洁。同时要经常修剪指甲，不得留长指甲，也不要涂有色的指甲油。

5）身体卫生

要勤洗澡，勤换衣袜，身上无异味。

3 仪容与化妆

要美化自己的仪容仪表，化妆是很重要的一个手段。在服务工作中，化妆是一种礼貌，是对旅客的尊重。从事服务工作的女性，上岗须化淡妆。

1）淡妆原则

“清水出芙蓉，天然去雕饰”。客运服务员化妆要注意自然、协调。首先，要求淡雅，不可浓妆艳抹。其次，在适当展示自己的优点的同时重在避短，即巧妙地掩饰自己所短，弥补不足之处。同时，要求简洁。一般情况下，女性客运服务员化妆的重点，主要是嘴唇、面颊和眼部，其他部位可以省略。

2）化妆禁忌

①当众化妆。不在公共场合化妆，在公共场所，众目睽睽之下修饰面容是没有教养的行为。客运服务员如需要化妆或补妆时，可以到洗手间去完成。②残妆示人。由于出

汗、用餐、休息等，妆容会淡化或被擦拭掉，出现残妆。以残妆示人，既有损于自身形象，也是不礼貌的表现。因此，客运服务员要注意及时检查妆容并补妆。

3 仪态

仪态是指人在行为中表现出来的姿势，主要包括站姿、坐姿、走姿等。“站如松，坐如钟，行如风”，是中国传统礼仪的要求。客运服务工作中也要注意仪态美。

1 站姿

站姿是指人的双腿在直立静止状态下所呈现出的姿势。站姿是步态和坐姿的基础，一个人想要表现出得体挺拔的姿态，首先要从规范站姿开始。对站姿的要求是：站得端正、自然、亲切、稳重。正确的站姿的基本要点是：双腿基本并拢，双脚呈45°~60°夹角身体直立，两臂自然下垂，挺胸，抬头，收腹，平视，面带微笑。所谓“站如松”，是指人的站立姿势要像松树一样直立挺拔，双腿均匀用力。正确的站姿给人以健康向上的感觉，不良的站姿如低头含胸，双肩歪斜，依靠墙壁，腿脚抖动等会给人以萎靡不振的感觉。

2 坐姿

坐姿是指人在就座以后身体所保持的一种姿势。其要求是：端正、大方、自然、舒适。正确的坐姿的基本要点是：上身挺直，两肘或自然弯曲或靠在椅背上，双脚接触地面，双腿适度并紧。所谓“坐如钟”，是指坐姿要像钟一样端庄沉稳、镇定安详。一般情况下，要求女性的双腿并拢，而男性双腿之间可适度留有间隙。双腿自然弯曲，两脚平落地面，不宜前伸。

客运服务员在工作时可以根据实际情况选择以下坐姿：

（1）正襟危坐式：上身与大腿，大腿与小腿，小腿与地面，都应当成直角。双膝双脚适度并拢。这是最传统意义上的坐姿，适用于大部分的场合尤其是正规场合。

（2）双脚交叉式：双脚在踝部交叉。交叉后的双脚可以内收，也可以斜放，但不宜向前方远远直伸出去。

（3）前伸后屈式：双腿适度并拢，左腿向前伸出，右腿向后收，两脚脚掌着地。

以上坐姿男女均可采用，以下为女士坐姿。

（4）双腿斜放式：双腿完全并拢，然后双脚或向左或向右斜放，斜放后的腿部与地面约呈45°夹角。

（5）双腿叠放式：双腿一上一下交叠在一起，两腿之间没有间隙，双腿或斜放于左侧或斜放于右侧，腿部与地面约呈45°夹角，叠放在上的脚尖垂向地面。女士着裙装可采用这种方式。

3 走姿

走姿是指一个人在行走过程中的姿势，其要求是轻、灵、稳、巧。走姿体现的是一种动态的美。正确的走姿的最基本要点是：抬头挺胸，上身直立，双肩端平，两臂与双腿成反相位自然交替甩动，手指自然弯曲，身体中心略微前倾。

所谓的“行如风”，是指行走动作连贯，从容稳健。步幅、步速要以出行的目的，环境和身份等因素而定。走姿要协调，并具韵律感。女士的行路轨迹应该是一条线，即行走时两脚内侧在一条直线上，两膝内侧相碰，收腰提臀挺胸收腹，肩外展，头正颈直收下颌。男士的行路轨迹应该是两条线，即行走时两脚的内侧应是在两条直线上。

第三节 道路旅客运输特殊情况处理

一 特殊乘客的需求与优质服务

乘客在车内空气较差环境里，经长时间的颠簸旅途，容易诱发一些潜在的疾病，有些疾病需要得到及时的救助。常见的突发疾病和症状包括心肌梗死、心绞痛、冠心病、房颤（心力衰竭），精神病、癫痫（精神失常、晕厥），肺炎、肺心病、慢性支气管炎、哮喘（呼吸困难），以及晕车、中暑、虚脱等。

1 一般病痛处置

途中出现一般病痛的乘客，驾驶员要尽快靠边安全停车，配合乘务员主动探查乘客病情，对乘客进行安慰，帮助做一些力所能及的工作。遇病危有生命危险的乘客，或旅客发生意外，病情无法控制应及时拨打急救电话，立即送往就近医院救治，同时向其他乘客做好解释工作，取得大家的谅解，并向公司领导汇报情况。

2 腹胸部病痛处置

乘客的腹部疼痛时，可采用在其膝盖下垫高的处理方法进行缓解。乘客腹部突然出现疼痛时，可让乘客保持半卧位，双髋关节屈曲，减少腹部肌肉的牵拉，就近送往医院救治。

乘客胸部剧烈疼痛时，可让乘客保持半坐半躺位置，用布单或大毛巾加压包扎胸部，减少呼吸引起胸部大幅度起伏导致的刺激性疼痛，同时密切观察呼吸、脉搏的变化，就近送往医院救治。有心脏病和肺病的乘客出现呼吸困难时，可保持半坐半躺位置，没有医生的嘱咐，不要乱服药。

二 服务纠纷等异常情况处理

人们在社会生活中，难免会发生各种民事纠纷。民事纠纷若不能得到妥善解决，不仅会损害当事人合法的民事权益，而且可能波及第三者甚至影响社会的安定。

① 民事纠纷

1 民事纠纷定义

所谓民事纠纷，是指平等主体之间发生的，以民事权利义务为内容的社会纠纷（可处分性的），是处理平等主体间人身关系和财产关系的法律规范的总和，所以所有违反这一概念的行为就会引起民事纠纷。

民事纠纷作为法律纠纷的一种，一般来说，是因为违反了民事法律规范而引起的。民事主体违反了民事法律义务规范而侵害了他人的民事权利，由此而产生以民事权利义务为内容的民事争议。总的来讲，民事纠纷就是处理平等主体间人身关系和财产关系的法律规范的总和，所以所有违反这一概念的行为就会引起民事纠纷。

发生了民事纠纷，当事人可以请求人民调解委员会、有关单位、有关行政部门进行调解，也可以依法向仲裁机构申请仲裁，或者向人民法院提起民事诉讼。人民调解委员会是在基层人民政府和基层人民法院指导下，调解民间纠纷的组织。人民调解委员会依照法律规定，根据自愿原则进行调解，当事人对调解达成的协议应当履行。不愿调解、调解不成或者反悔的，可以向人民法院起诉。

2 民事纠纷的特点

（1）民事纠纷主体之间法律地位平等。

（2）民事纠纷的内容是对民事权利义务的争议。

（3）民事纠纷的可处分性。分为行政争议和刑事争议。

根据民事纠纷特点和内容，可将民事纠纷分为两大内容：一类是财产关系方面的民事纠纷，包括财产所有关系的民事纠纷和财产流转关系的民事纠纷。另一类是人身关系的民事纠纷，包括人格权关系民事纠纷和身份关系的民事纠纷。

3 民事纠纷的处理

民事纠纷的处理机制，是指缓解和消除民事纠纷的方法和制度。根据纠纷处理的制度和方法的不同可以从以下三种形式来论述民事纠纷的处理机制。

1）自力救济

自力救济，包括自决与和解。它是指纠纷主题依靠自身力量解决纠纷，以达到维护自己的权益。自决是指纠纷主体一方凭借自己的力量使对方服从；和解是指双方互相妥协和让步。两者共同点是，都是依靠自我的力量来解决争议，无须第三方的参与，也不受任何规范的制约。

2）社会救济

社会救济，包括调解（诉讼外调解）和仲裁。它是只依靠社会力量处理民事纠纷的一种机制。

调解是由第三者（调解机构或调解人）出面对纠纷的双方当事人进行调停说和，用一定的法律规范和道德规范劝导冲突双方，促使他们在互谅互让的基础上达成解决纠纷的协议。调解协议不具有法律上的强制力，但具有合同意义上的效力。仲裁是由双方当事人选定的仲裁机构对纠纷进行审理并作出裁决。仲裁不同于调解，仲裁裁决对双方当事人有法律上的拘束力。但是，仲裁与调解一样，也是以双方当事人的自愿为前提条件的，只有纠纷的双方达成仲裁协议，一致同意将纠纷交付裁决，仲裁才能够开始。

3）公力救济

公力救济，包括诉讼和行政裁决。

民事诉讼是指法院在当事人和其他诉讼参与人的参加下，以审理、判决、执行等方式解决民事纠纷的活动，以及由这些活动产生的各种诉讼关系的总和。民事诉讼动态地表现为法院、当事人及其他诉讼参与人进行的各种诉讼活动，静态地则表现为在诉讼活动中产生的诉讼关系。

行政裁决是指行政机关或法定授权的组织，依照法律授权，对当事人之间发生的、与行政管理活动密切相关的、与合同无关的民事纠纷进行审查，并作出裁决的具体行政行为。行政裁决的主体具有法定性。行政机关只有获得法律授权，才能对授权范围内的民事纠纷案件进行审查并裁决，没有法律授权，行政机关不能自行决定和裁决某些民事纠纷案件。

2 客运纠纷类型和现场处理原则

1 客运纠纷类型

1）轻微纠纷

发生纠纷双方只限于口头冲突，并未影响车辆正常运营秩序或其他乘客乘车的。

2）一般纠纷

发生纠纷双方由口头冲突上升为肢体冲突，并已影响车站部分区域内正常运营或其他乘客乘车的。

3）严重纠纷

发生纠纷双方出现身体伤害及伤亡，造成车站混乱及行车混乱，影响车辆正常运营，影响乘客乘车。

2 现场处理原则

纠纷事件现场处理原则：

（1）客运工作人员不得与乘客发生纠纷，若发生纠纷则按相关应急预案搜集证据、及时上报，避免事态的扩大、严重，避免给公司造成不良影响。

（2）乘客之间发生纠纷后，则以维持正常的客运服务秩序为原则，按相关应急预案搜集证据、酌情报警，积极配合民警进行处理。

3 乘客纠纷事件的处理

乘客与乘客纠纷处理遵循“及时劝阻、报告公安、对受伤乘客协助送医院”的原则。员工与乘客发生纠纷处理遵循“服务为先、保持冷静、打不还手、骂不还口”的原则。处理程序如下：

（1）在站台和站厅的站务人员发现处理乘客纠纷事件后，要及时上前劝说，挽留目击证人，报告车控室通知值班站长到场。

（2）值班站长接到通知后迅速到达事发现场，劝说乘客，接洽目击证人，报告民警、协助公安调查取证，对受伤需求送医院的乘客帮助叫“120”到场，如系车站员工导致乘客受伤，车站派员工送乘客至医院治疗。

（3）乘客与乘客纠纷处理流程及要求，发现乘客与乘客之间纠纷、斗殴时，注意自我保护，第一时间上前劝解，分开乘客，劝阻纠纷和斗殴，并立即报车控室安排支援，疏散周边的乘客，防止其他乘客受到伤害，向附近的同事求助，车控室接报后，通知值班站长及车站员工赶往现场处理，报告民警。

3 旅客运输合同纠纷常见法律问题

1 乘坐客车行李丢失，可否向承运方索赔?

根据《中华人民共和国合同法》第二百九十三条的规定，当乘客购买车票乘车时，其与运输公司之间已形成客运合同关系，运输公司应当根据合同内容履行义务。当乘客将自己的行李交给驾驶员并告知其妥善保管时，运输公司的工作人员应当对其行李进行妥善保管，如果运输公司将该行李丢失，并且无法提出有力证据证明自己履行了妥善保管义务的，运输公司应当承担责任。

2 客运公司擅自变更车辆，可以要求乘客加价吗?

《中华人民共和国合同法》第三百条规定："承运人擅自变更运输工具而降低服务标准的，应当根据旅客的要求退票或者减收票款，提高服务标准的，不应当加收票款。"由此可见，如果承运人（现实生活中主要是客运公司或者客运个体户）擅自变更交通工具的，如果降低了服务标准的，应当减收价款或者按照旅客的要求退票；如果提高了运输服务标准的，不应当加收票款。

3 空调车不开空调，乘客可以要求退票吗?

乘客按空调车票价购买车票时，即与该承运公司建立了客运合同关系。客运公司应严格按照合同的约定为其提供服务。然而，客运公司并没有按照合同约定履行义务，擅自变更合同中约定的内容，将空调车改为普通车，是一种降低服务标准的行为，其行为已经构成违约。对于这种情况，《中华人民共和国合同法》第三百条有明确的规定："承运人擅自变更运输工具而降低服务标准的，应当根据旅客的要求退票或者减收票款；提高服务标准的，不应当加收票款。"因此，空调车应该开空调而不开空调，乘客可以依法要求退票。

4 变更路线造成费用增加，有权要求旅客增加票款吗?

《中华人民共和国合同法》第二百九十二条规定："旅客、托运人或者收货人应当支付票款或者运输费用。承运人未按照约定路线运输增加票款或者运输费用的，旅客、托运人或者收货人可以拒绝支付增加部分的票款或者运输费用。"

由此可见，旅客、托运人或者收货人应当支付票款或者运输费用，但是客运公司未按照通常路线而临时改行其他路线的，造成费用增加的，只能自己承担费用，而不得要求乘客增加票款。同理对于托运人或者收货人也是一样的，未采用通常路线的，不得要求托运人或者收货人支付增加的费用。

5 乘坐的客车晚点了，乘客能改乘车站的其他班车吗?

《中华人民共和国合同法》第二百九十九条规定："承运人应当按照客票载明的时间和班次运输旅客。承运人迟延运输的，应当根据旅客的要求安排改乘其他班次或者退票。"由此可见，当客运公司没有按照客票上载明的时间和班次运输乘客的，应当根据乘客的要求安排改乘其他班次或者退票，并且不得加收运费。

6 路滑导致翻车，客运公司能否主张因不可抗力而不支付乘客医药费?

《中华人民共和国合同法》第三百零二条第一款规定：“承运人应当对运输过程中旅客的伤亡承担损害赔偿责任，但伤亡是旅客自身健康原因造成的或者承运人证明伤亡是旅客故意、重大过失造成的除外。”由此可见，承运人有义务保护旅客的安全，造成旅客伤亡的，承运人应当承担损害赔偿责任，除非旅客伤亡是由于旅客自身固有的健康原因或者是旅客故意重大过失造成的。因此，路滑导致翻车，客运公司是不能主张因不可抗力而不支付乘客医药费的。

7 没有检票入站的乘客在站内受伤，可以要求车站赔偿吗?

《中华人民共和国合同法》第二百九十三条规定：“客运合同自承运人向旅客交付客票时成立。也就是说，当乘客拿到车票时，其与车站之间就已经存在生效的客运合同关系，是否检票不影响该合同的效力。”因此，车站应严格按照合同约定履行义务，在合理的限度内保护乘客的人身、财产安全。没有检票入站的乘客在站内受伤，可以要求车站赔偿。

8 承运方没有及时把患病的乘客送到医院救治，应对乘客的死亡承担责任吗?

《中华人民共和国合同法》第三百零一条规定：“承运人在运输过程中，应当尽力救助患有急病、分娩、遇险的旅客。”由此可见，承运人在运输过程中对患病的旅客有救助义务。而承运方没有及时把患病的乘客送到医院救治的，客运公司应当承担赔偿责任。

9 乘客自己把胳膊伸出车外导致受伤，可以要求赔偿吗?

《中华人民共和国合同法》第三百零二条规定，“在运输过程中发生旅客伤亡的赔偿责任，如果承运人能证明伤亡是旅客故意或重大过失造成的，承运人无须承担责任。”当乘客将胳膊伸出车窗时，如果驾驶员和乘务员多次对其进行劝阻，作为承运人其本身就不存在过错。但乘客不听劝阻并造成自身受伤的，这属于其重大过失引起的伤害。所以，承运人无须为此承担赔偿责任。

10 乘客见义勇为而受伤，可以要求承运人承担赔偿责任吗?

《中华人民共和国合同法》第三百零二条规定：“承运人应当对运输过程中旅客的伤亡承担损害赔偿责任，但伤亡是旅客自身健康原因造成的或者承运人证明伤亡是旅客故意、重大过失造成的除外。”乘客见义勇为而受伤，不是由于自身健康原因或者有故意和重大过失造成的，承运人应当依法承担赔偿责任。

11 乘客乘坐出租汽车遭遇交通事故，应该向谁索赔?

乘客乘坐出租汽车，便与出租汽车公司之间形成了客运服务合同关系。出租汽车驾驶员在途中遭遇交通事故，未能将乘客安全送达目的地，应当承担违约责任。《中华人民共和国合同法》第二百九十条规定：“承运人应当在约定期间或者合理期间内将旅客、货物安全运输到约定地点。”该法第三百零二条第一款规定：“承运人应当对运输过程中旅客的伤亡承担损害赔偿责任，但伤亡是旅客自身健康原因造成的或者承运人证明伤亡是旅客故意、重大过失造成的除外。”由此可见，乘客乘坐出租汽车遭遇交通事故，可以向出租汽车公司索赔。出租汽车公司可以在赔偿乘客的损失后，按照交警出具的事故责任认定结果，向其他责任人进行追偿。

12 免票乘车，发生交通意外能否获得车主赔偿?

乘客乘车，就与承运人之间形成了一种旅客运输合同法律关系。依照《中华人民共和国合同法》第三百零二条的规定，承运人应当对运输过程中旅客的伤亡承担损害赔偿责任，这一规定同样适用于按照规定免票、持优待票或者经承运人许可搭乘的无票旅客。所以不管乘客是有偿乘坐还是免费搭车，承运人都有将乘客安全送达目的地的法定义务。换句话说，免票乘车，发生交通意外可以获得车主的赔偿。

三 服务禁忌与服务投诉处理

1 服务禁忌

1 服务态度不端正

（1）与旅客发生争执、事业不文明用语谩骂客户；

（2）责问、反问、训斥或顶撞旅客；

（3）与旅客交谈时态度傲慢；

（4）旅客讲话时轻易打断、插话或转移话题；

（5）拖腔、语气生硬；

（6）与客户闲聊或开玩笑；

（7）不懂装懂，搪塞、推诿旅客；

（8）解答过程中过多使用专业术语。

2 工作态度不端正

（1）旅客尚未离开便与他人交谈；

（2）精神萎靡、态度懒散；

（3）沟通时打哈欠、吃东西或嚼口香糖；

（4）处理工作时拨打或接听私人电话。

3 错误言行

（1）让客人等待回音；

（2）与客人争吵；

（3）显示不文明或不专业的形象；

（4）给予旅客相互矛盾或不正确的信息；

（5）在旅客面前训斥员工或与同事争吵；

（6）认为客人需求不重要；

（7）逃避责任。

② 服务投诉处理

1 处理原则

（1）公平公正原则：要尽快调查事实经过，杜绝先入为主，无凭谴责他人，特别是旅客。

（2）旅客至上原则：重视旅客诉求和感受，关心其处境，安抚旅客，缓解其焦急心理。

（3）及时迅速原则：尽快核实旅客投诉内容，尽快予以回应。

（4）保留旅客再次投诉的权利。

2 处理方法

1）耐心倾听，尊重为先

当旅客前来投诉时，首先要给予其尊重。“冲动的旅客在火里，冷静的工作人员在水里，冷能抵热，水能克火。”当旅客抱怨时，工作人员务必保持冷静，洗耳恭听，切不可贸然打断。假如此时工作人员没有冷静应对，而是“兵刃相见，刺刀见红”，势必造成双方矛盾激化。有效处理旅客投诉的第一原则就是：耐心倾听旅客的抱怨，避免与其发生争辩，待旅客情绪平复后再与之商谈。

2）对症下药，换位思考

工作人员应了解旅客投诉的三种心态：发泄、要求补偿及希望得到尊重。工作人员应根据具体情况来进行分析，判断出旅客投诉的目的，区别对待。旅客提出过分要求，大多数是因为不了解具体情况，并非有意敲诈。一般来说，旅客的要求并不苛刻，不近情理的旅客毕竟属于少数。漠视旅客的感受是处理投诉的大忌。工作人员必须以客户为中心，换位思考，将心比心，无论遇到任何问题，都不要先分清责任，而是先表示歉意，承认过失，然后再对症下药。

3）诚实相待，迅速解决

倾听抱怨后不采取行动解决问题是一个空礼盒。只对旅客说：“对不起，这是我们的过失”，不如说“我能理解给您带来的麻烦与不便，您看我能为您做些什么呢？”旅客投诉的处理必须付诸行动，迅速地给出解决方案。能够及时解决固然最好，但如遇到的问题比较复杂或特殊，不确信该如何为解决，工作人员不应向旅客做任何承诺。同向旅客承诺做不到相比，诚实更容易得到旅客的尊重。把准备采取的措施告诉旅客，征求旅客意见，了解旅客心理活动，以便采取的措施两全，既不让企业蒙受不该有的损失，又能让旅客满意。

4）跟踪结果，给予关注

处理旅客投诉的工作人员，往往不能直接去解决问题，但应对处理结果进行跟踪，给予关注。如，确定旅客的问题是否最终得到了解决；了解旅客对处理结果的意见；问题解决后，应该与旅客联系。这种同步服务与关心会让旅客感到对方时刻“以服务为中心，以客户为中心”，从而对对方留下良好的印象。另外，应对旅客再次表示歉意，对其向机场反映问题的举动表示感谢。

5）事件解决后，及时总结

当整个事件处理完毕后，应对事件进行深入分析和研讨，找出问题，总结经验教训，摸索事物的发展规律，正确认识到工作中的优缺点；明确下一步工作的方向，少走弯路，少犯错误，提高服务工作效率。

总之，工作人员在处理投诉时，要让旅客发泄不满，表达对旅客的理解，积极解决问题，核查旅客满意度，寻根求源，彻底消灭问题；在日常工作中，要态度好一点，微笑甜一点，耐心多一点，动作快一点。

第六章

客运车辆使用技术

学习目标

（1）了解客运车辆总体结构与功能。

（2）熟悉轮胎的种类、结构及使用方法。

（3）了解客运车辆维护基本知识及常见故障判断方法。

（4）熟练车载定位系统的功能及使用方法。

（5）了解汽车主要污染物及节能驾驶技术。

（6）了解新能源汽车新技术。

第一节 客运车辆基础知识

一 发动机构造与功能

发动机是一部由许多机构和系统组成的复杂的机器，具体结构形式很多。本任务重点研究柴油发动机的总体构造和简要功能。

尽管发动机结构形式多种多样，就四行程往复活塞式发动机而言，由于基本原理相同，所以其基本结构也大体相同。柴油发动机由曲柄连杆机构、配气机构、燃料供给系、冷却系、润滑系、起动系组成，如图6-1所示。汽油机在此基础上，还需要增加点火系统。

1 两大机构

发动机的两大机构是指曲柄连杆机构和配气机构，两大机构统称为发动机机械系统，如图6-2、图6-3所示。

1）曲柄连杆机构

该机构主要功用是将燃料燃烧产生的热能，实现热功转换；再通过活塞的往复运动转变成曲轴的旋转运动，实现运动的转换，从而对外输出动力。该机构主要由机体组、活塞连杆组和曲轴飞轮组组成。

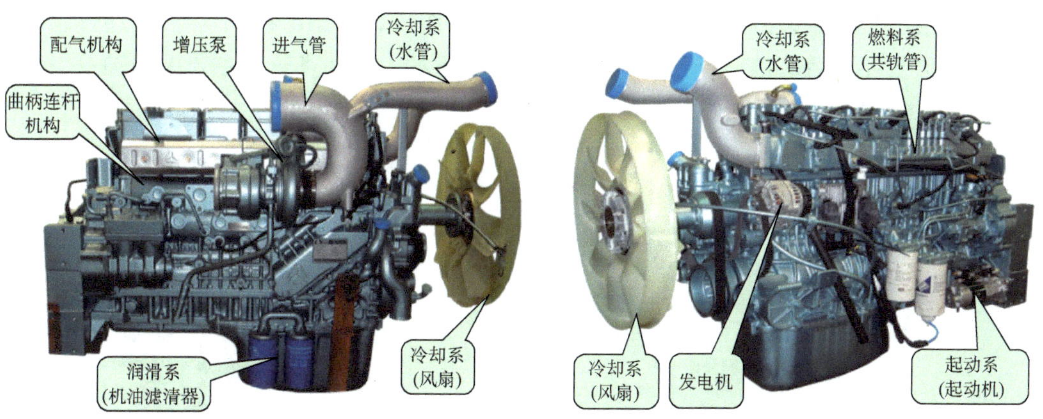

图 6-1　柴油发动机的总体构造

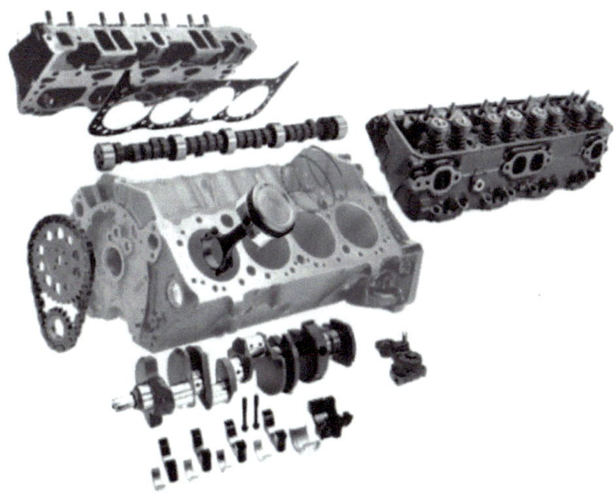

图 6-2　两大机构组合状态图

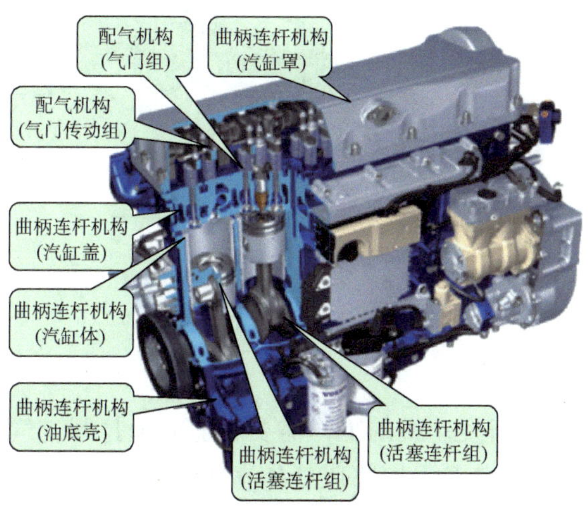

图 6-3　两大机构装合位置图

机体组由汽缸盖、汽缸体、汽缸垫、油底壳等组成，如图6-4所示。活塞连杆组主要由活塞、活塞环、活塞销、连杆等组成，如图6-5所示。曲轴飞轮组主要由曲轴、飞轮等组成，如图6-6所示。

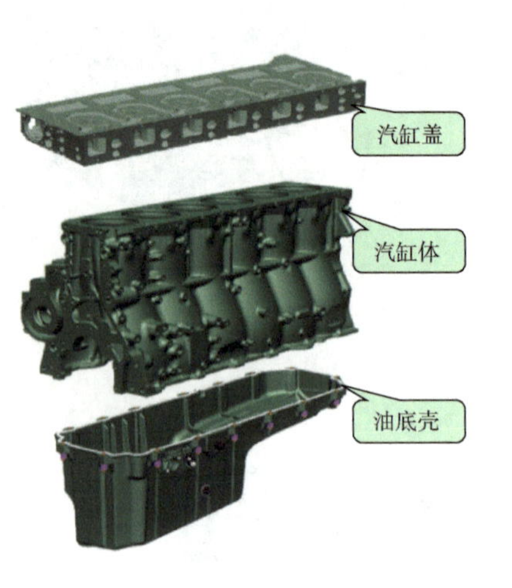

图 6-4　机体组

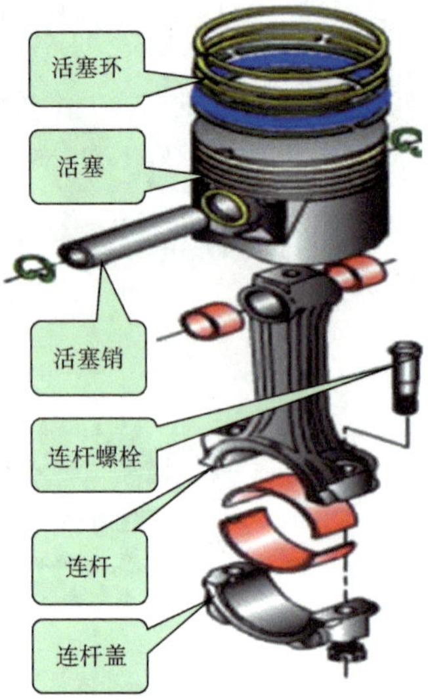

活塞环
活塞
活塞销
连杆螺栓
连杆
连杆盖

图 6-5　活塞连杆组

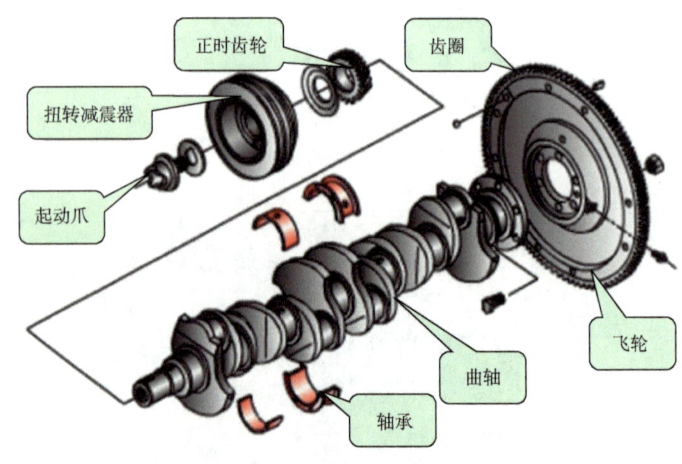

图 6-6　曲轴飞轮组

2）配气机构

配气机构的功用是根据发动机的工作需要，适时地打开进气门或排气门，使可燃混合气及时进入汽缸并在燃烧后及时将废气从汽缸中排出；在发动机不需要进气或排气时，利用气门将进气通道或排气通道关闭，以保持汽缸密封。

2 四大系统

1）燃料供给系

燃料供给系的功用是向汽缸内供给并控制已配制好的可燃混合气（汽油机）或将燃油和空气按一定的要求分别送入汽缸（柴油机）使之形成良好的可燃混合气，并通过可燃混合气的浓度和数量的多少，调节发动机输出功率和转速，最后将燃烧后的废气排出汽缸。

传统的柴油机燃油供给系统由柴油箱、喷油泵、低压油管、柴油滤清器、喷油器、调速器、高压油管以及回油管组成，如图6-7所示。共轨柴油机由柴油箱、柴油滤清器、高压油泵、高压油轨、喷油器、空气滤清器和进排气歧管等组成，如图6-8所示。

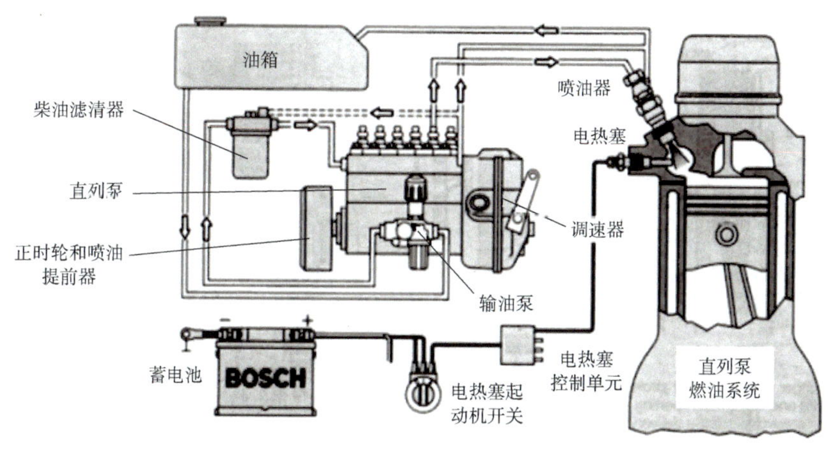

图 6-7　传统的直列泵柴油机燃料供给系统

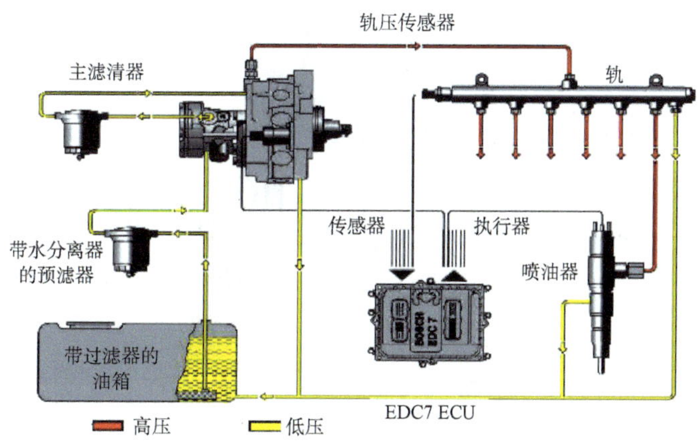

图 6-8　共轨柴油机燃料供给系统

2）冷却系统

冷却系的功用是利用冷却介质冷却高温零件，并通过散热器将热量散发到大气中，以保证发动机在最适宜的温度范围内工作。

冷却系有水冷和风冷两种，汽车上一般都采用水冷式，由水泵、散热器（水箱）、风扇、节温器、水套等组成，如图6-9所示。

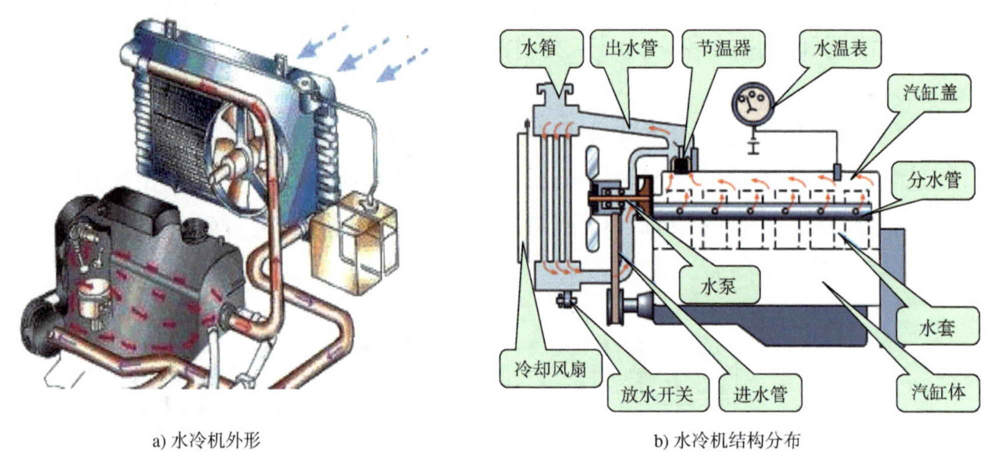

a) 水冷机外形　　b) 水冷机结构分布

图 6-9　发动机水冷却系统

3）润滑系统

润滑系的功用是将清洁的润滑油分送至各个摩擦表面，以减小摩擦力，减缓机件磨损，并清洗、冷却摩擦表面，从而延长发动机使用寿命。

润滑系一般由机油泵、机油集滤器、滤清器、油道、油底壳、调压阀和安全阀等组成，通常的润滑方式有飞溅润滑、压力润滑以及二者组合润滑，如图6-10所示。

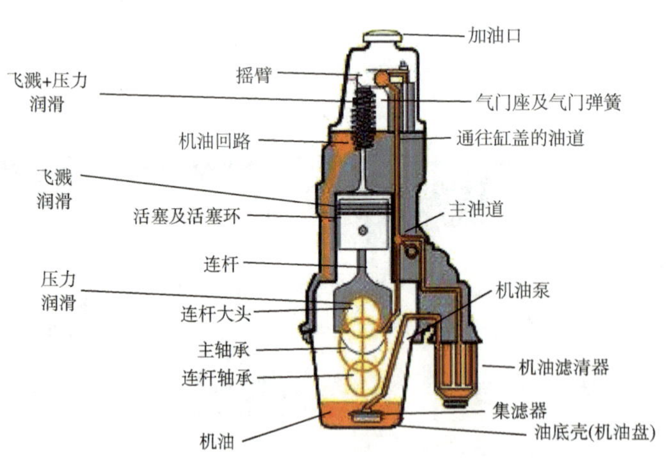

图 6-10　发动机润滑系统

4）起动系统

发动机必须依靠外力带动曲轴旋转后，才能进入正常工作状态，通常把汽车发动机在外力作用下，开始转动到怠速运转的全过程，称为发动机的起动。

起动系统的作用是通过起动机将蓄电池的电能转换成机械能，起动发动机运转。

发动机常用的起动方式有人力起动、辅助汽油机起动和电力起动。人力起动是用手摇或绳拉，属于最简单的一种，现在汽车上仍有部分车型将人力手摇起动作为后备方式保留，有些车型则已取消。辅助汽油机起动方式只有在少数重型汽车上采用。电力起动机是由直流电动机通过传动机构将发动机起动，它具有操作简单，起动迅速可靠，重复起动能力强等优点，绝大多数汽车采用这种方式起动，电力起动机简称为起动机，均安装在汽车发动机飞轮壳的座孔上，用螺栓紧固。

发动机起动系统由蓄电池、起动机和起动控制电路组成，起动控制电路包括起动按钮或开关、起动继电器等，如图6-11所示。

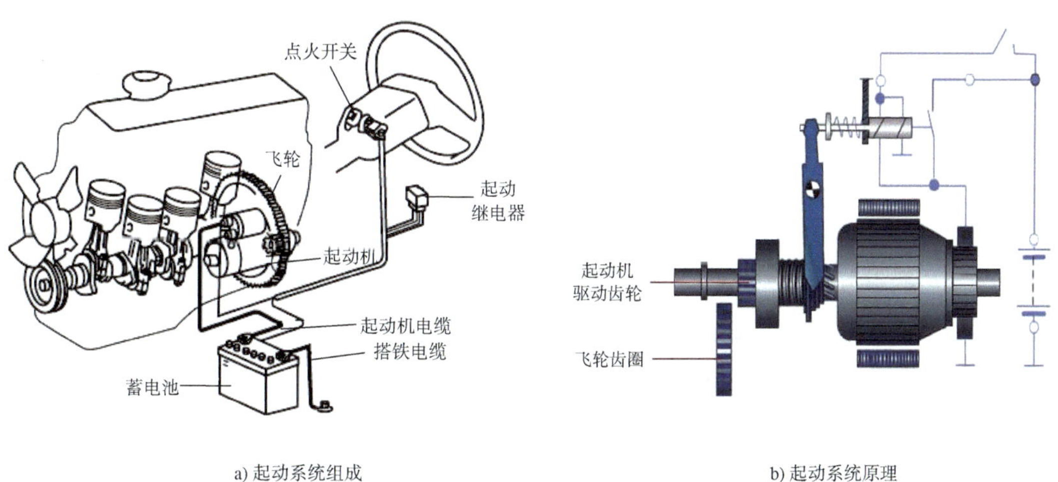

a) 起动系统组成　　b) 起动系统原理

图 6-11　发动机起动系统

二 制动系统构造与功能

1 制动系统功用

客车制动系是用于使行驶中的客车减速或停车，使下坡行驶的客车的车速保持稳定以及使已停驶的客车在原地（包括在斜坡上）驻留不动的机构。客车制动系直接影响着客车行驶的安全性和停车的可靠性。

大型客车必须具有主制动（行车制动）、应急制动和驻车制动三种制动装置。还可以加装辅助装置。前两者必须是可以控制（可调节）的，停车制动可以是不可调节的。

所谓主制动一般就是指“脚刹”，用于使行驶中的客车强制减速或停车，并使客车下短坡时保持的适当稳定车速。其驱动机构常采用双回路或多回路结构，以保证其工作可靠。

驻车制动器就是指“手刹”，用于使客车可靠而无时间限制地停驻在一定位置甚至在斜坡上，它也有助于客车在坡路上起步。

应急制动装置是指当主制动控制系统全面失效时，用于替代主制动、性能与主制动完全一致的备用制动装置，它在主制动装置失效时投入使用。应急制动装置利用机械力源（如强力压缩弹簧）进行制动。在某些采用动力制动或伺服制动的客车上，一旦发生蓄压装置压力过低等故障时，可用应急制动装置实现客车制动。同时，在人力控制下它还能兼作驻车制动用。

辅助制动装置可实现客车下长坡时持续地减速或保持稳定的车速，并减轻或者解除行车制动装置的负荷。辅助制动一般采用排气制动或缓速器装置。

2 汽车制动原理

客车制动主要为气压制动，气压制动以压缩空气为制动源，制动踏板控制压缩空气进入车轮制动器，所以气压制动最大的优势是操纵轻便，提供大的制动力矩。但是气压制动的缺点也很明显：相对于液压制动，气压制动结构要复杂得多；且制动不如液压式柔和、行驶舒适性差；所以气压制动一般只用于中、重型汽车上。

客车气压制动结构和工作原理如图6-12所示。

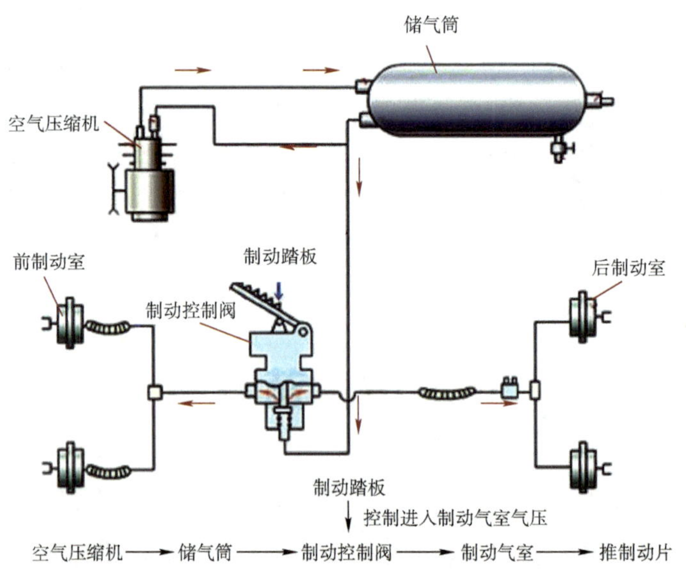

图 6-12　气压制动结构和工作原理图

空气压缩机由发动机通过皮带驱动，产生压缩空气，向储气筒充气。储气筒储存空气压缩机产生的气体，在制动时提供足够的压缩空气。当驾驶员踩制动踏板时控制的是制动控制阀，由制动控制阀控制进入制动气室的气压。当压缩空气进入制动气室时，推动安装在车轮制动器旁的制动气室的膜片移动。膜片的移动带动制动气室的推杆动作，制动调整臂在推杆的作用下，带动凸轮轴转动，使得两制动蹄压靠到制动鼓上而制动，从而控制车轮制动器实现制动，即将压缩空气的压力转变为机械推力，使车轮产生制动。驾驶员只需按不同的制动强度要求，控制踏板的行程，释放出不同数量的压缩空气，便可调整气体压力的大小来获得所需的制动力，如图6-13所示。

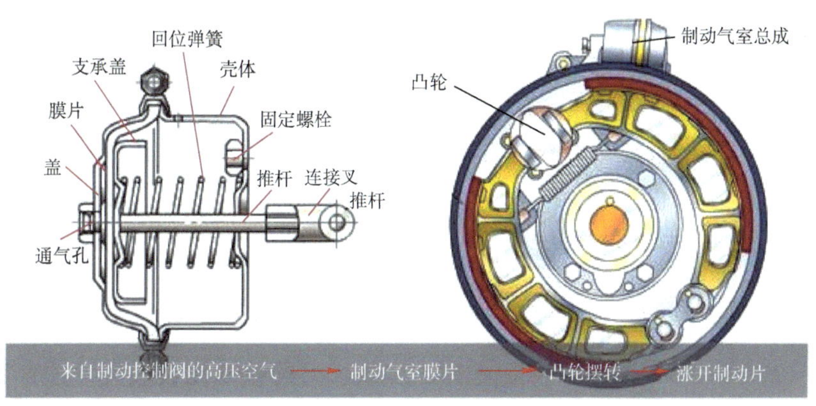

图 6-13　气压制动气室和车轮制动器原理图

3 凸轮式制动器

凸轮式制动器是用凸轮对两制动蹄起促动作用，实现制动效果。目前，气压制动系统中都采用凸轮促动的车轮制动器，而且大多设计成领从蹄式。

1 凸轮式制动器结构组成

凸轮式制动器主要由旋转部分、固定部分、张开机构和调整机构组成，如图6-14所示。旋转部分是固定在轮毂上并与车轮一起旋转的制动鼓；固定部分主要包括制动蹄和制动底板；张开机构是气压制动凸轮；调整机构主要由偏心支承销、调整凸轮和回位弹簧组成。

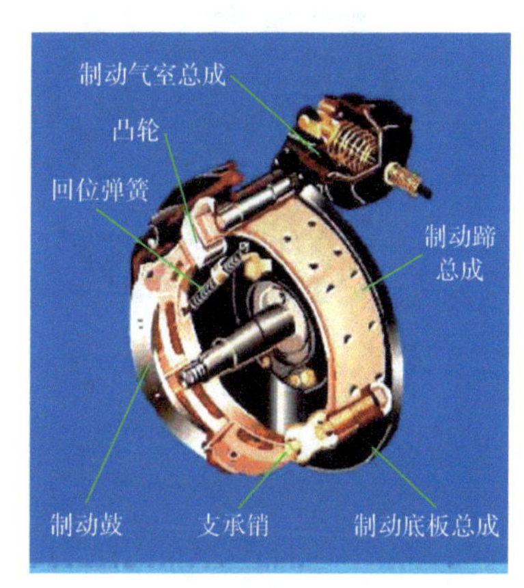

图 6-14　凸轮式制动器

2 凸轮式制动器工作过程

汽车行驶不制动时，所有机件处于安装的原始位置。制动蹄与制动鼓之间保持一定的间隙，制动鼓随车轮自由转动而不受阻碍。

当汽车行驶制动时，踩下制动踏板，制动控制阀控制由储气筒产生的压缩气进入制动气室，推动安装在车轮制动器旁的制动气室的膜片移动，膜片的移动带动制动气室的推杆动作，制动调整臂在推杆的作用下，带动凸轮轴转动，前、后制动蹄在凸轮促动力F_s的作用下，分别绕各自的支承点旋转到紧压在制动鼓上，从而控制车轮制动器实现制动，如图6-15所示。

当放松制动踏板时，制动气室气压消失，在各回位弹簧作用下，制动蹄与制动鼓又恢复了原来的间隙，从而制动作用解除。

4 辅助制动装置

辅助制动系统是用以使行驶中车辆（特别是下长坡的车辆），速度减低或稳定在一定速度范围，但不是用以使车辆停驶的机构。与主制动系统相比较，辅助制动系统虽然

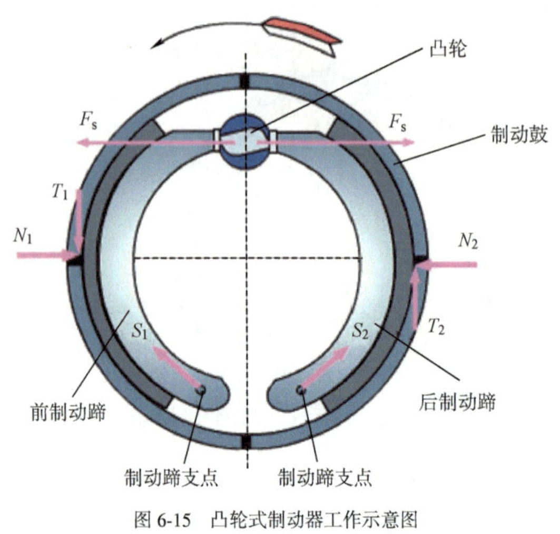

图 6-15 凸轮式制动器工作示意图

在短时间可以吸收的功率比较小，但是它吸收的功率在很长时间内可以基本保持不变。而汽车连续下坡时虽然需要的制动功率与紧急制动相比较很小，但是在整个下坡过程中，都需要这样大的功率，这样的要求辅助制动系统可以满足。

辅助制动器的工作原理与传统制动方式不同，有延长传动系和制动系寿命的功效。目前技术比较成熟，适合客车的辅助制动装置有：电涡流缓速器、发动机排气制动、液力缓速器和永磁式缓速器、自励式缓速器等。

1 电涡流缓速器的结构及原理

电涡流缓速器是利用发电机反向电流的原理，施加反向电压，产生强大的非接触式制动效能，是目前较理想的高速减速制动方式，广泛应用于中高档客车，如图6-16所示。

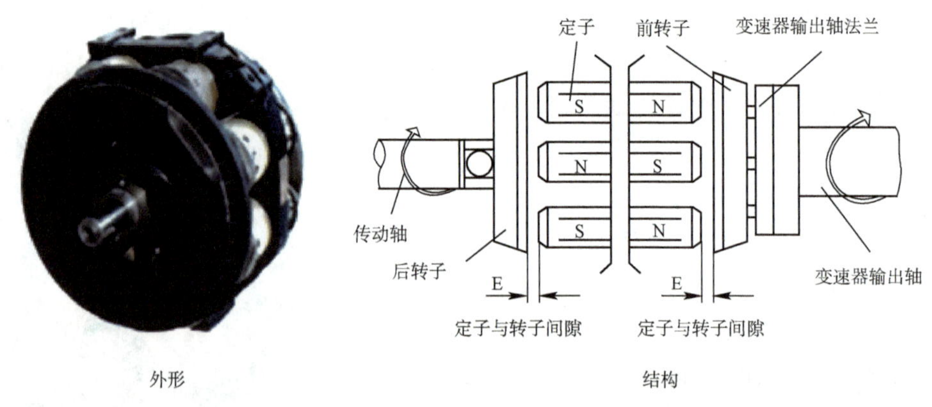

图 6-16 电涡流缓速器

缓速器由内置若干励磁线圈的定子，和前端与变速器输出轴法兰连接在一起的前转子以及后端与传动轴连接在一起的后转子组成，定子与前后转子之间有间隙。车辆运行时，前后转子随变速器输出轴和传动轴转动，当电流通过定子线圈时，就会产生磁场；前后转子在磁场中旋转时切割磁力线，产生的电涡流及磁力形成与传动轴相反的扭矩，可使传动轴减速。

2 电涡流缓速器使用注意事项

（1）正确使用电涡流缓速器，既是发挥缓速器应有的作用、提升车辆安全性能、提高运输效率的重要环节，又是保证缓速器长期稳定工作的关键。

（2）一般情况下尽可能使用手控方式（使用手控时在每个挡上应稍做停顿），可以大大减轻车轮制动器的负荷，避免车轮制动器过热，使其始终处于良好的工作状态。当行驶中遇到紧急情况时，就可以应付自如。

（3）车辆空载或行驶在冰雪、泥泞的路段时，由于车轮对地面的附着力较低，特别是没安装ABS的车辆。在使用联合控制时注意不能升挡太快，以避免作用力过大引起车轮打滑。

（4）车辆在山区行驶、特别在长距离下坡时，切记不能连续地将缓速器手控开关放在最高挡位，以避免缓速器持续过热导致线圈烧坏。当路面较陡或遇到急弯时，根据路面状况交替使用主制动来配合缓速器控制车速。

（5）车辆停止时，如手控开关未回零位，应及时将其回零位，以避免无谓地消耗电能以致缓速器过热；手控开关回零时可以一次完成，无须在中间挡位停留。

（6）建议在计划停车前3~4km或10min处请不要使用缓速器，使其在停车前得到充分散热，避免散热不良。

（7）没有操作缓速器时，要确保仪表板上的缓速器工作指示灯已经熄灭，如该指示灯点亮，应立即检查并排除故障。切记不要在缓速器非正常工作状态下持续加速行驶车辆。

（8）在故障未排除前继续行车必须切断缓速器电源总开关。

5 驻车制动器

驻车制动装置的功用是汽车停驶后防止滑溜；便于上坡起步；行车制动失效后临时使用或配合行车制动进行紧急制动。常规制动是行车制动锁住传动轴，脚制动时由压缩空气进入制动气室锁住车轮。在驻车制动装置或传动轴机械故障时，行车制动失灵；在气泵、管路、储气筒、制动阀任何一个部位故障时，制动踏板失灵。而断气制动就可有效避免这些危险。

1 断气刹弹簧储能制动驻车

目前大型客车一般使用断气刹弹簧储能制动驻车。断气刹即制动气室内有个强力弹簧，行车时压缩空气将弹簧顶起。行车制动就是把气放掉，让弹簧把制动锁死。行车中气压过低时也会产生制动效应，保证安全。断气刹的方式大多用在中大型车的行车制动系统。这种车的制动系统平时是用大力的弹簧处于常制动状态，车辆要行驶的时候，驾驶员松行车制动器就是一个放气的动作，必须要达到一定的气压才能顶开弹簧，也就是把行车制动器松掉，才能行驶。断气刹操纵杆如图6-17所示。

图6-17　断气刹操纵杆

大型客车后轮制动气室多带有弹簧储能制动，行车时压缩空气顶起弹簧，驻车时，驾驶员只要操作一个阀开关，把气放掉，弹簧就会把后轮锁死，即达到所谓的行车制动效果。大型客车采用的气压操纵强力弹簧式驻车制动装置，并将驻车制动气室和后轮制动气室组合在一起，形成了一个组合式制动气室，如图6-18所示。

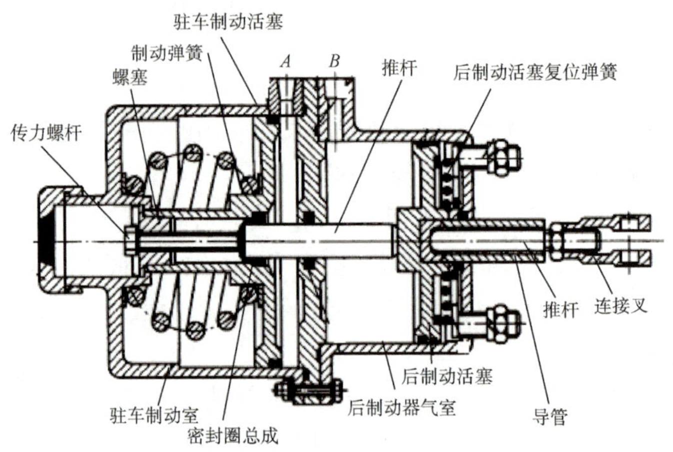

图 6-18　强力弹簧式驻车制动装置结构

2 普通气刹制动与断气刹制动的区别

普通气刹制动系统和断气刹制动系统，两者有相同之处，但也有不同的地方。区别之处主要有以下几点：

（1）普通气刹制动系统是人力式的中央盘式制动，断气刹制动系统是动力式的储能弹簧气制动，两者供能装置完全不同。

（2）普通气刹的驻车制动只能在汽车静止的情况下使用，因为其制动力矩是作用在传动轴上，如果在汽车行驶当中使用，极易造成传动轴和后桥的严重超荷载，还可能因差速器壳被抱死而发生左右两车轮的旋转方向相反，致使汽车制动时跑偏甚至掉头。但储能弹簧制动则不然，相反因为储能弹簧驻车制动行程大于行车制动行程，在行车制动力不足的情况下，还可以使用储能弹簧助力进行应急制动。所以储能弹簧制动不仅可以作驻车制动，还可以作应急制动。所以断气刹式制动系统与普通气刹相比，在制动稳定性和安全性方面更胜一筹。

（3）制动气室内有个强力弹簧，行车时压缩空气将弹簧顶起。驻车制动装置就是把气放掉，让弹簧把制动装置锁死。行车中气压过低时也会产生制动效应，保证安全。

（4）常规制动是用驻车制动器锁住传动轴，行车制动时由压缩空气进入制动气室锁住车轮。在驻车制动器或传动轴机械故障时，驻车制动装置失灵；在气泵、管路、储气筒、制动阀任何一个部位故障时，行车制动失灵。而断气制动就可有效避免这些危险。

6 制动防抱死系统（ABS）

驾车经验告诉我们，当行车在湿滑路面上突遇紧急情况而实施紧急制动时，汽车会发生侧滑，严重时甚至会出现旋转调头，相当多的交通事故便是由此而产生。当左右侧车轮分别行驶于不同摩擦系数的路面上时，汽车的制动也可能产生意想不到的危险。弯道上制动遇到上述情况则险情会更加严重。所有这些现象的产生，均源自制动过程中的车轮抱死。

汽车防抱死制动装置（ABS）就是为了消除在紧急制动过程中出现上述非稳定因素，避免出现由此引发的各种危险状况而专门设置的制动压力调节系统。

1 制动防抱死系统的基本组成

ABS系统由齿圈、传感器、电磁阀、传感器电磁阀导线、电子控制单元（ECU）和ABS警告灯等组成，如图6-19所示。

2 制动防抱死系统的工作过程

ABS是防止制动力过大，造成的车轮抱死（尤其有光滑的路面上），从而使即使全制动也能维持车辆的横向牵引力，保证了驾驶的稳定性和车辆的转向控制性，同时保证了可利用轮胎和路面之间的最大制动摩擦力，使车辆减速和停车距离实现最优化。ABS是一个在制动期间监视和控制车辆速度的电子系统，要与常规的气制动系统一起工作，ABS在所有时间内监视车轮速度，并在车轮趋向抱死的情况下控制制动。该系统改善了车辆的控制性，对每一个轮子进行控制，如果ABS在一个轮子上失效，该轮子的常规制动仍然起作用，同时其他轮子的ABS功能仍然起作用。

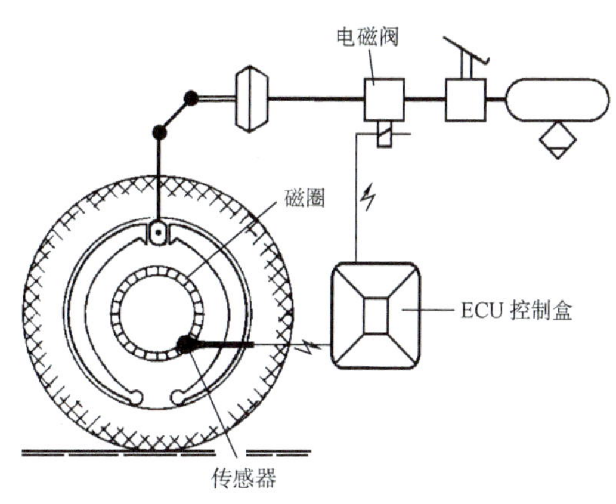

图 6-19　ABS 控制系统组成示意图

在实施制动时如果车轮由于制动力过大，使得车轮趋于抱死时，传感器输出的交流电压的频率降低，ECU就输出控制信号使得电磁阀排气降低制动分泵气室的压力，从而使制动力下降。由于制动力下降车轮会重新加速，传感器输出的交流电压的频率升高，ECU就输出控制信号使得电磁阀进气加大制动力，如此反复。

ABS控制循环可以简单地描述为：在车轮接近抱死的情况下，相应车轮的制动压力将被释放、并在测得车轮重新加速期间保持恒定，并在重新加速之后又逐步增加制动压力，如果对于实际的摩擦力来讲制动力仍然太大，制动压力又被释放，如此循环。控制循环的次数由ABS控制-车辆制动-车辆路面所组成的整个控制系统的动态反应决定，还会随着车轮对不同摩擦系数的动态变化而相应的变化，即可以实现自适应系统控制（如行车速度、车辆减速度）。在这些变化中，摩擦力是最关键的，一般情况下完成3~5次/s控制循环，但在湿的冰面上这个数字会减少。

三 电气设备构造与功能

1 大型客车电气设备总体构造

随着汽车技术的发展，汽车已经不再是单纯的运输工具，它正向着高速、安全、经济、舒适、环保、智能化、人性化等多功能发展，而这都需要大量的电气技术来实现。电气设备是大型客车的重要组成部分，其性能的好坏直接影响汽车的动力性、经济性、可靠性、舒适性及环保性。下面系统介绍汽车电气设备尤其是大型客车相关电气设备的作用、类型、结构与工作原理等理论知识，为大型客车驾驶员安全、高效、熟练地驾驶大型客车打下良好的理论知识基础。

1 按照区域划分

大型客车电气系统按照区域划分，主要分为底盘电气系统、驾驶区电气系统和顶架电气系统。

1）底盘电气系统

底盘电气系统包括底盘线束、起动机、发电机、蓄电池、各种传感器。有的底盘带有ECU和缓速器控制盒、后起动控制盒。

2）驾驶区电气系统

驾驶区电气系统包括组合仪表、翘板开关、组合开关和中央控制盒等。

3）顶架电气系统

顶架电气系统包括顶灯、阅读灯及顶架线束、阅读灯线束及电子钟、卫生间显示牌等。

2 按照功能划分

大型客车电气系统按照功能归纳起来主要由三部分组成：电源部分、用电设备部分和线束部分。

1）电源部分

电源部分也称为充电系统，包括蓄电池、发电机、电压调节器及充电指示装置。其主要作用是给汽车各用电设备提供低压直流电能，如图6-20所示。

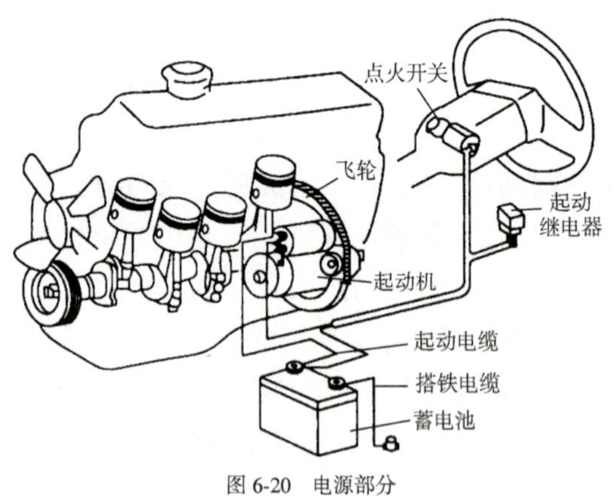

图 6-20 电源部分

2）用电设备部分

大型客车上用电设备很多，归纳起来主要有以下几个部分。

（1）起动系统。起动系统包括起动机、组合继电器和起动开关。其作用是用于起动发动机，如图6-21所示。

（2）照明系统。照明系统包括汽车内外各种照明灯、检修灯及其控制装置，用来保证夜间及视线不佳情况下的行车安全，如图6-22所示。

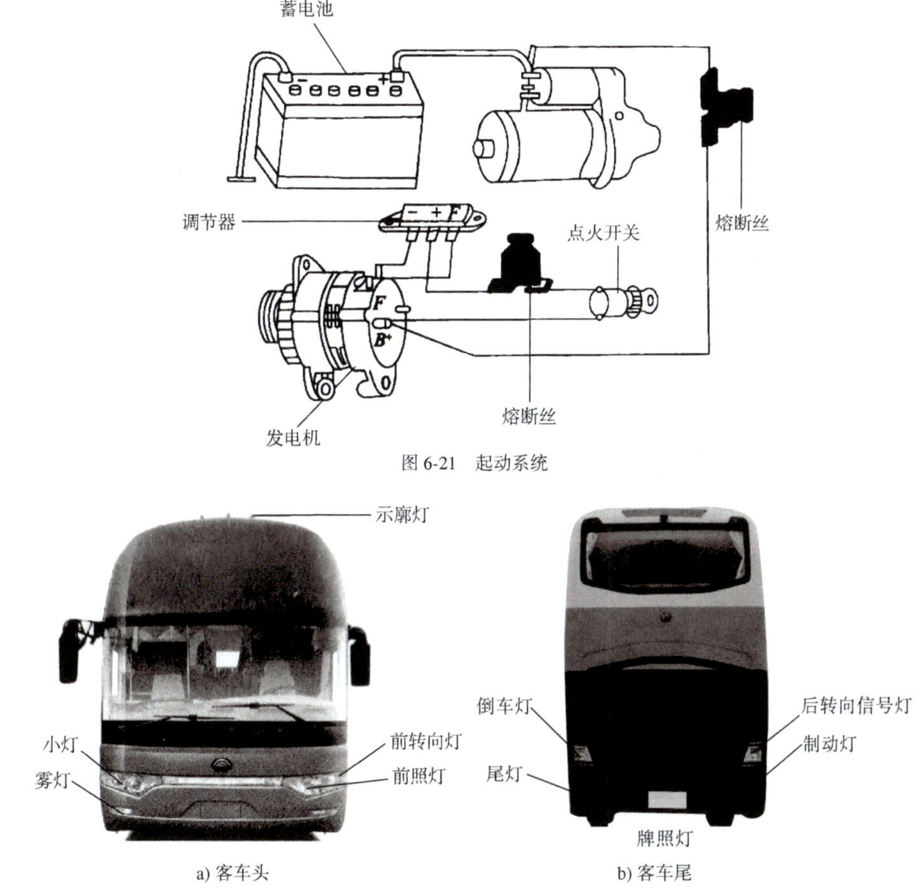

图 6-21　起动系统

a) 客车头　　b) 客车尾

图 6-22　客车外部照明系统

（3）信号系统。信号系统包括声、光信号及各种行车信号标识灯，如电喇叭、转向灯、制动灯、机油压力报警等都属于该系统，用来保证车辆运行时的人车安全。

（4）仪表系统。仪表系统包括各种电器仪表（冷却液温度表、燃油表、车速及里程表，发动机转速表等）。用来显示汽车的运行参数。

（5）舒适系统。舒适系统也称为辅助电气系统，包括电动刮水器、空调器、低温起动预热装置、音响、点烟器、电动后视镜等。其作用是给驾乘人员提供舒适的工作和乘坐环境。

（6）微机控制系统。微机控制系统包括汽车的动力传动控制、底盘行驶控制、车身控制和信息与通信控制等，随着现代汽车技术的发展，各控制系统由独立变成了相互联系，构成了汽车局域网络。其作用主要是提高行驶汽车的动力性、舒适性、经济性和安全性。

3）线束部分

线束部分主要包括主线束、顶架线束、底盘线束、后位灯线束、发动机控制线束等。

2 大型客车电气设备的特点

1 两个电源

两个电源是指蓄电池和发电机。标称电压为DC24V，由两只12V干荷式蓄电池串联后与发电机并联，作为整车供电电源，电池容量的大小依据车型而异。汽车所有设备均与蓄电池、发电机并联。发电机为主电源，主要提供汽车运行时各用电设备用电；蓄电池为辅助电源，主要供起动机用电。

2 低压直流

目前汽油机使用电压为12V，柴油机使用电压为24V。由于大型客车用电设备增多，电器负荷越来越大，为能提供更高的电能，电压升级为42V已经是大势所趋。

3 并联单线

大型客车用电设备较多，但均采用并联电路，从电源到用电设备只用一根导线，大型客车车身作为一根共用导线。安装在钣金件上、挂车上或非金属车厢板上的电气设备则一般采用双线制。

4 负极搭铁

为减少蓄电池电缆铜端子在车架、车身连接处的电化学腐蚀，提高搭铁可靠性，统一标准，便于大型客车电子设备的生产、使用和维修，规定大型客车电气系统采用单线制时，必须统一电源负极搭铁。

5 大电流开关通常加中间继电器

大型客车用电器如起动机、电喇叭等工作电流很大，常采用加中间继电器的方法，即控制大电流用电设备的开关采用控制1m继电器线圈的小电流，由继电器闭合后的触点为用电设备提供大电流。

第二节 轮胎的合理使用

轮胎是汽车重要的运行材料之一，是汽车行驶系的主要组成部分。轮胎的合理使用影响到汽车行驶的安全性和使用的经济性。轮胎主要有承载、牵引与制动、机动稳定性、行驶舒适性等方面的功能。

一 轮胎的种类与构造

1 轮胎的分类

1 按轮胎的结构分类

轮胎按结构分类可分为子午线轮胎和斜交轮胎。胎体帘线与钢丝带束层帘线之间所形成的角度，就像地球的子午线一样，顾名思义称为子午线轮胎。胎体帘线层与层之间，呈交叉排列，所以称为斜交轮胎。子午线轮胎和斜交轮胎构造如图6-23所示。

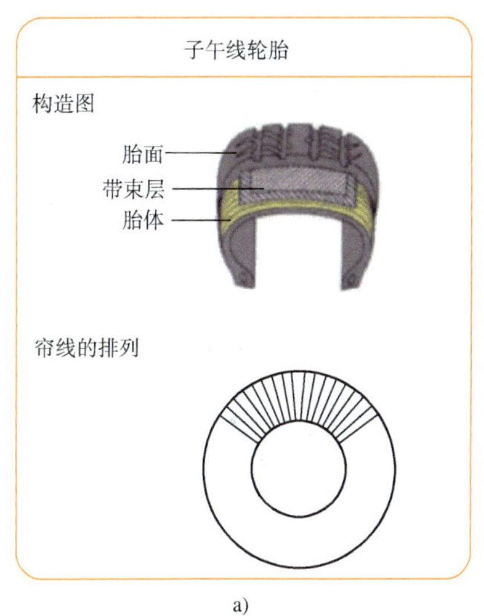

a)

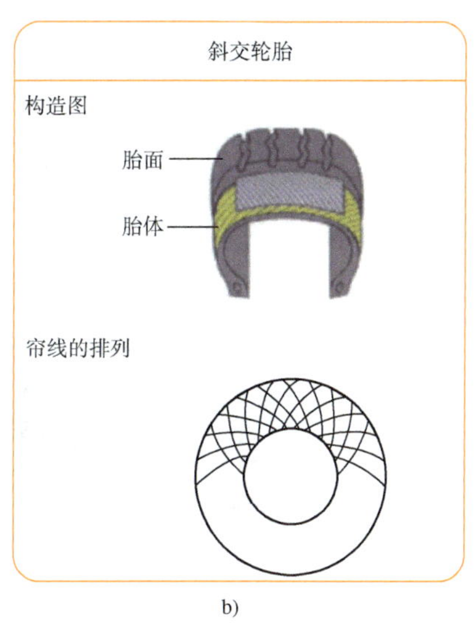

b)

图 6-23 子午线轮胎和斜交轮胎构造

2 按轮胎花纹分类

轮胎按花纹类型可分为纵沟型花纹、横沟型花纹、混合型花纹和块状型花纹四种，图6-24按各花纹列出了其特性。

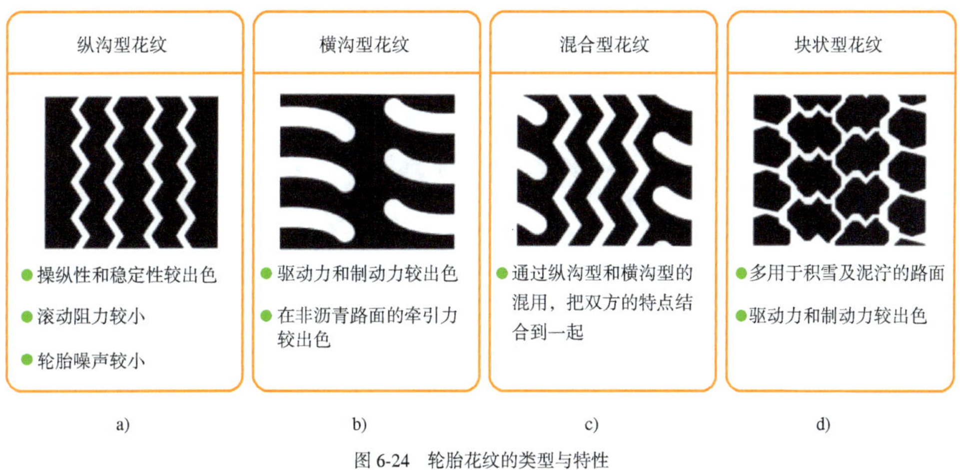

图 6-24 轮胎花纹的类型与特性

2 轮胎的结构

轮胎的结构如图6-25所示，按有无内胎将轮胎分为有内胎轮胎和无内胎轮胎两种。

1 有内胎轮胎的结构

有内胎轮胎由外胎、内胎和垫带等组成。

1）外胎

外胎主要由胎面、缓冲层或带束层（缓冲层）、帘布层和胎圈四部分组成。

2）内胎

内胎是装在外胎里面的带有气门嘴的弹性橡胶管，作用是对压缩空气保持气密性。

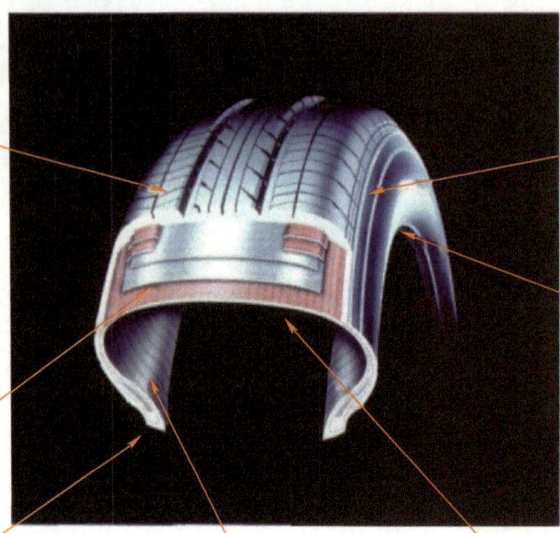

图 6-25 轮胎的结构

2 无内胎轮胎的结构

无内胎轮胎没有内胎和垫带，空气直接充入外胎中。无内胎和有内胎的轮胎结构如图6-26所示。

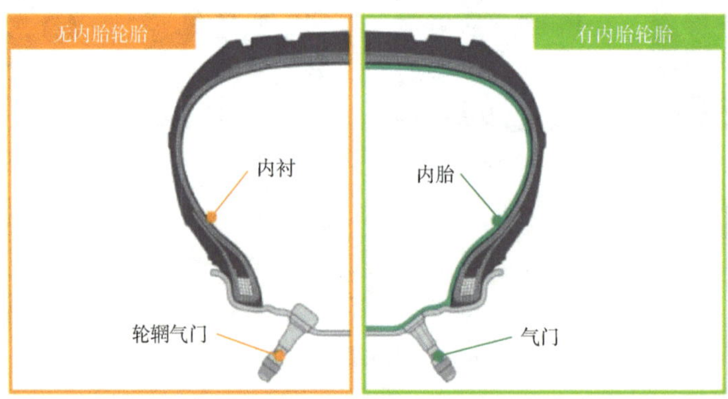

图 6-26 有无内胎的轮胎结构

3 轮胎的规格及技术参数

轮胎的规格及技术参数如图6-27所示。

4 轮胎的标识

按标准规定，在外胎的两侧要标出生产编号、制造厂商标、尺寸规格、层级、最大负荷和相应气压，胎体帘布汉语拼音代号，安装要求和行驶方向记号等。图6-28为轮胎的标识示例。

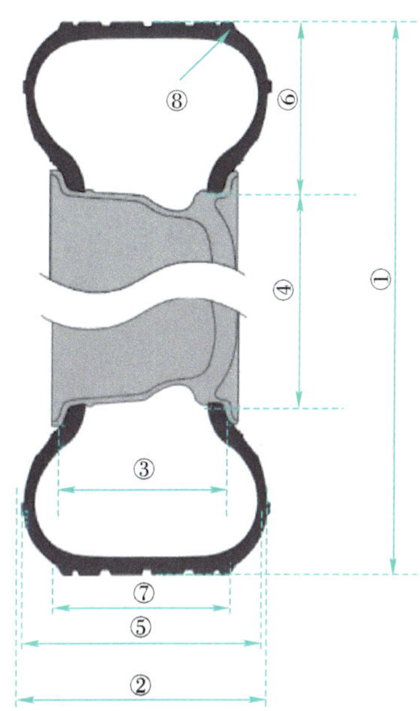

①轮胎外径：是在相应的轮辋上安装轮胎并按规定气压充气后，在没有承重时的轮胎直径。

②轮胎总宽：是指包括轮胎侧面的文字及花纹的轮胎最大宽度（用mm表示）。

③适用轮辋宽：是适合轮胎性能的轮辋宽度。

标准轮辋：最适合的宽度和形状（用in表示）。

适用轮辋：能够使用的轮辋。

④轮辋直径：是指适合轮胎的车轮的轮辋直径，同轮胎内径相同（用in表示）。

⑤轮胎断面宽：从轮胎的总宽中去除轮胎侧面的文字及花纹厚度的宽度（用mm表示）。

⑥轮胎高：是用轮胎外径减去轮辋直径后的数字的1/2。

⑦胎面宽：是轮胎踏面的宽度，指两面最突出部分的宽度。

⑧胎面半径：是指胎面部分的曲率半径

图 6-27　轮胎的规格及技术参数

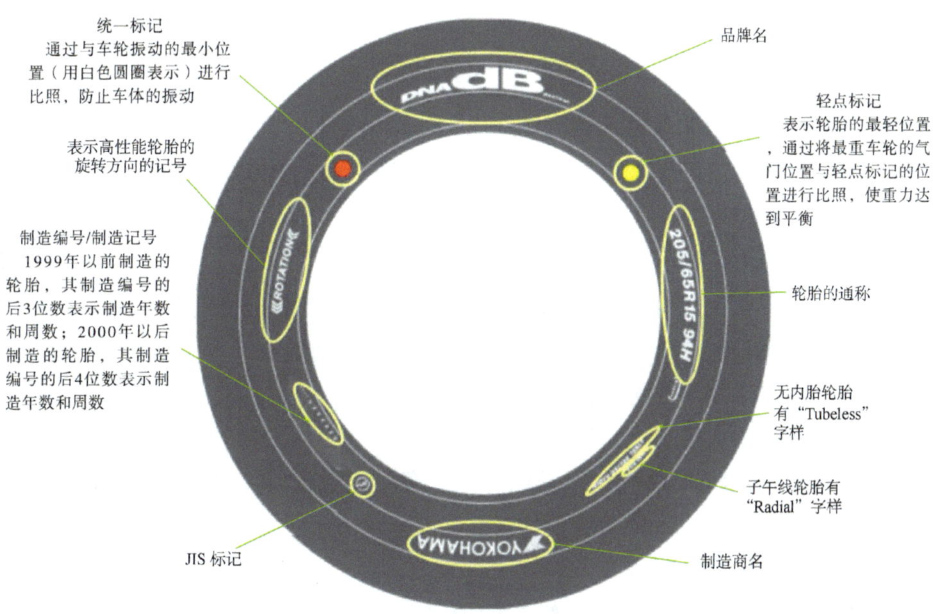

图 6-28　轮胎的标识

5 轮胎的选用

（1）轮胎必须装配在规定的车型和车辆上，且应装配相同规格、结构、花纹和层级的轮胎。

（2）装配有向花纹轮胎时，应使轮胎的旋转方向标志与车辆行驶前进方向一致。

（3）双胎并装时，应搭配相同规格、结构、层级、花纹、成色的轮胎，普通斜交轮胎和子午线轮胎不得混装，两胎气门嘴应按180°对称排列，并与制动鼓观察孔呈90°。

（4）换装新胎时，应尽量做到整车或同轴轮胎同时更换。

（5）转向轮不得装用翻新胎。

（6）新胎与翻新胎不得混装在同一轴上，高压胎与低压胎不得混装。

二 轮胎使用寿命的影响因素

1 气压和负荷的影响

轮胎气压偏离标准是轮胎早期损坏的主要原因，尤其以气压不足对轮胎的危害最大。轮胎气压越低，胎侧变形越大，使胎体帘线产生较大的周期性交变应力；同时因摩擦加剧使轮胎温度升高，降低了橡胶和帘线的抗拉强度。当轮胎气压过高时，轮胎接地面积减小，增大了单位面积上的负荷；同时，轮胎弹性也相应减小，因胎体帘线过于伸张，应力随之增大。由此造成胎冠的磨损增加，容易引发胎面剥离或爆胎。

2 汽车行驶速度和气温的影响

汽车在高速行驶时，胎面与路面摩擦频繁，滑移量大，使胎体温度升高，结果导致轮胎气压增高；汽车在高速行驶时，其动负荷也较大。气温对轮胎使用寿命的影响也很大，尤其在气温和车速均较高时，轮胎使用寿命会明显缩短，其根本原因是轮胎气压急剧升高。

3 道路条件的影响

路面材料和平坦度影响摩擦力和动负荷的大小，由此，也会直接影响轮胎的使用寿命。若以汽车在沥青等良好路面上行驶时，轮胎使用寿命为100%，若在非铺装路面上，轮胎的使用寿命约降低50%。

4 汽车技术状况的影响

汽车底盘的技术状况（尤其是行驶系统）不良，会造成轮胎的异常磨损。如轮辋变形或偏心、轮毂轴承松旷、车轮不平衡、轮毂与转向节轴偏心、转向节轴弯曲以及制动器拖滞等，都会导致轮胎异常磨损。

5 驾驶技术的影响

轮胎的使用寿命与汽车驾驶技术紧密相关，例如起步过猛、紧急制动频繁、转弯过急和碰撞障碍物等，都会加速轮胎的损坏。

6 轮胎维护品质的影响

对轮胎维护时，不认真执行强制维护的原则，或在汽车二级维护中，没有将拆检轮胎、进行轮胎换位等作为主要内容，就不能保持轮胎的良好技术状况。

7 轮胎管理技术的影响

轮胎保管条件不良或方法不当，也将引起轮胎的早期损坏。轮胎与矿物油、酸类物质和化学药品接触，会使橡胶、帘布层等遭受腐蚀。保管期间受阳光照射，室温过高或空气过于干燥，会加速轮胎老化；空气中水分过多，轮胎受潮，会使帘布层霉烂变质。

内胎折叠存放，会产生裂痕；外胎堆叠，将引起变形。

三 轮胎的拆装与更换

1 轮胎的拆装

（1）拆装轮胎时，要用专用工具或器械（如撬棒、胎圈脱卸器、轮胎拆装机等）来拆装，不得使用钝器、锐器等其他器械撬砸轮胎。

（2）装内胎时，应在外胎内壁和内胎表面涂上滑石粉，内胎气门嘴须对正轮辋气门嘴孔。

（3）安装无内胎轮胎时，应检查轮辋是否有变形、裂口等缺陷。如有，应及时进行修理或更换。

（4）在安装带有“O”形圈的轮胎时，应更换新的“O”形圈，装用新“O”形圈前应检查其是否有缺陷，确定其完好后，将其在植物油中浸泡片刻，然后安装。

（5）在装配胎冠上装有钢带的无内胎轮胎时，应先把轮胎装在轮辋上，并充入压缩空气，使气压值达到大约150kPa，然后小心将钢带剪断除下。

2 轮胎的更换与轮胎换位

1 轮胎的更换

车辆在行驶一段时间后，应检查轮胎的磨损及损坏情况，并根据轮胎的技术状况或季节变化适时进行轮胎更换作业，轮胎更换有两种形式：整车换胎、单个换胎。

1）整车换胎

整车换胎一般根据汽车二级维护来进行。在汽车二级维护作业时，应依据相关规定对全车轮胎实施全面的检查，如发现车辆大部分轮胎已达到磨损极限，或轮胎已不能保证行车安全时应进行整车换胎。在一些季节性气候条件差异较大的地区，为了能够更好地利用轮胎特性，提高轮胎使用寿命及安全性，通常也进行季节性的轮胎更换，称为季节换胎。在季节换胎时，也采用整车换胎。

2）单个换胎

车辆在收车后或在运行中发现车辆轮胎有异常损坏或过度磨损已不能保证车辆行驶安全时，应及时进行轮胎更换。

2 轮胎换位

车辆的前、后轮胎在行驶时承受的负荷各不相同，前轮主要作用是操控方向，承受了较多的横向摩擦力；后轮一般所承受的摩擦力以纵向为主，并且当作为驱动轮时，其磨损程度也较被动轮大。为避免轮胎单方向的磨损，定期适时将轮胎换位使用，以使轮胎磨损均匀，从而均匀延长轮胎使用时间。一般情况下客车行驶8000～10000km轮胎换位一次，比较合适。正确的换位可提高轮胎使用寿命和良好的经济性能。

第三节 客车维护知识

为了保证客车的安全运营，营运客车必须按照相关的法律法规和车辆的《使用说明书》合理地使用、维护客车。同一辆客车由于用户使用、维护程度的不同，其运营的可靠性和安全性差别很大。车辆维护得合理、科学，故障处理有效及时，车辆的运营质量和使用寿命才能得到有效保证和延长，不仅能保证车辆的正常运营，而且能够提高它的安全系数，保障乘客的生命财产安全。客车的正常运营和安全行驶才会使经营主体获得最佳的经济效益和社会效益。

一 营运客车维护要求

客运车辆的维护作业项目和程序应当按照国家标准《汽车维护、检测、诊断技术规范》（GB/T 18344—2016）等有关技术标准的规定执行。该标准第三十五条规定，客运经营者应当定期进行客运车辆检测，车辆检测结合车辆定期审验的频率一并进行。客运经营者在规定时间内，到符合国家相关标准的机动车综合性能检测机构进行检测。机动车综合性能检测机构按照国家标准《道路运输车辆综合性能要求和检验方法》（GB 18565—2016）和《汽车、挂车及汽车列车外廓尺寸、轴荷及质量限值》（GB 1589—2016）的规定进行检测，出具全国统一式样的检测报告，并依据检测结果，对照行业标准《道路运输车辆技术等级划分和评定要求》（JT/T 198—2016）进行车辆技术等级评定。客运车辆技术等级分为一级、二级和三级。

对营运客车维护的具体要求如下：

（1）客运企业驾驶员必须按国家或行业有关规定的行驶里程或间隔时间，对车辆进行维护作业，进口车辆及特种车辆按出厂说明书的规定执行。各级交通行政管理部门归口管理辖区内公路运输车辆的维护工作，各级公路运输管理机构负责组织实施。

（2）车辆维护应贯彻预防为主，强制维护的原则。经常保持车容整洁；及时发现和消除故障隐患，防止车辆早期损坏；减少机件磨损，延长车辆使用寿命。保持车辆良好的技术状况可以满足运输生产需要，增加产量，提高效益。

（3）车辆维护必须遵照规定的行驶里程或间隔时间，按期强制执行，即必须严格按规定周期进行维护作业，不应随意延长或提前进行作业。各级维护的作业项目和作业周期的规定，应根据车辆结构性能、使用条件、故障规律、配件质量以及经济效果等情况综合考虑。随着运行条件的变化和新工艺、新技术的采用，维护项目和维护周期经公路运输管理机构同意后，可及时进行调整。

（4）车辆维护作业主要包括清洁、检查、补给、润滑、紧固、调整等。因此，除主要总成发生故障，必须解体（拆开进行检查、测定、处理等）的情况外，车辆维护作业不得对总成进行解体，以免浪费人力、物力，延长作业时间，影响总成或部件的正常技术状况。

（5）如果运输单位和个人不具备相应的维护能力时，其运输车辆应在交通运输管理部门认定的维修厂进行维护，并建立维护合作关系，以保证车辆维护质量和按期维护，避免影响或延误运输生产。维修厂必须认真进行维护作业，减少维护作业时间，尽量缩短维护时日。车辆维护作业完成后，应将车辆维护的级别、项目等内容填入车辆技术档案，并签发合格证。

二 营运客车的维护周期

1 日常维护的时间

营运客车日常维护的时间分为出车前，行车中，收车后。

2 一级维护、二级维护的周期

营运客车一、二级维护周期的确定，应以汽车行驶里程为基本依据。汽车一、二级维护行驶里程依据车辆使用说明书的有关规定，同时依据汽车使用条件的不同，由省级交通行政主管部门制定相应的维护标准。

以营运客车为例，一级维护的间隔里程如下：

（1）中级以下客车一级维护周期：2000~2500km。

（2）中级以上客车一级维护周期：3000~3500km，如宇通ZK6113等车型。

（3）高级以上进口底盘客车一级维护周期：4000~4500km，如合肥现代HK6900、HK6112、尼奥普兰客车。

二级维护的间隔里程如下：

（1）山区（含高原）11000 ± 1000km，平原（含丘陵）14000 ± 1000km。

（2）合资车根据说明书要求进行维护：如合肥现代HK6900系列客车二级维护间隔里程为3万~4万km，机油更换周期为1.8万~2.0万km；沃尔沃B10型客车二级维护间隔里程为10万~12万km，机油更换周期为2万km。

三 客车常见故障与简易处理

客车基本机构由发动机、地盘、车身和电气设备四部分组成。汽车经长时间使用，磨损消耗，各部分都可能出现故障。在道路运输过程中，驾驶员要学会识别常见故障并及时处置，避免小问题影响行车安全。下面主要以发动机和底盘故障为主，进行简要叙述。

1 道路运输车辆常见故障的处理原则

在道路运输过程中，车辆难免会出现一些异常现象，甚至是故障。驾驶员在行车中一旦发现故障，应立即停车检查。驾驶员面对常见故障时的处理原则如下。

（1）判断出故障可能影响行驶安全，并可能带来危险性后果时，应立即停车，拨打救援电话，等待专业人员进行处理。

（2）对于可以判断且容易处理的故障，要及时进行简单的处理排除，然后尽快把车辆开到最近的修理厂进行进一步处理。

（3）在进行简单故障的维修处理时，应根据车辆使用说明书的要求进行，不盲目操作，驾驶员在行驶过程中应随时携带车辆的使用说明书，储存好维修救援电话。

2 发动机常见故障的识别及处理方法

客车发动机一般安装在车辆后部。目前在我国的客运车辆中，使用最多的是柴油发动机。我们以柴油发动机为主要对象，介绍发动机常见故障的识别和处理方法。

发动机常见的故障包括发动机动力不足、“飞车”、不能起动、不能熄火、燃料消耗大，发动机过热及异响，电控燃油系统故障等。具体的识别和处理方法见表6-1。

发动机常见故障的识别及处理方法　　表 6-1

常见故障类型	故障现象	处理方法
发动机动力不足	运转正常，转速上不去； 发动机转速不均匀，忽快忽慢； 发动机转速不均匀，有敲击异响声	情况允许，应尽快将车开到就近修理厂，最好打救援电话
发动机不能起动	起动时电力足、起动机转速高， 发动机不着车，排气管不冒烟或冒白烟	冒白烟，说明发动机温度低，应进行预热（包括发动机机油）
发动机“飞车”	发动机转速无法控制，且转速急剧升高	应立即安全停车，找衣物堵塞进气管，切断空气进入；松开高压油管停止供油，或挂高挡同时踩制动踏板，并灭发动机
电控燃油系统故障	故障诊断灯常亮	故障较严重，及时停车排查
	故障灯不亮，但出现故障码	可能是出现较低级的故障，暂时不影响发动机运转，注意观察，找时机及时排除
	发动机进入失效保护模式	发动机此时低功率带故障运行，应尽快开到修理厂处理
	故障灯不亮，行车中突然出现踩下加速踏板，发动机转速不提高，车速也无法提高	立即停车，熄火；切断整车电源，等待3min后，再次接通电源，ECU自动纠错后，工作恢复
发动机不能熄火	正常熄火方法都无法使发动机熄火	踩住制动踏板，挂入高挡，突然抬起离合器踏板，使发动机熄火
发动机机油消耗大	发动机排气管冒蓝烟； 机油消耗增多（机油消耗率超过0.1~0.5L/100km）	首先检查发动机外部有无泄漏，排除泄漏故障；如果属于缸壁间隙大，烧机油，应尽快维修
发动机过热	冷却液充足发动机过热； 冷却液不足发动机过热； 发动机突然过热	立即安全停车，检查冷却液是否充足，有无渗漏，无渗漏可添加，发动机怠速运转降温后，安全打开水箱盖添加；检查风扇皮带，过松时打滑转速低影响降温；其他原因求救
发动机异响	怠速时发动机出现有节奏的金属敲击声	一般是活塞敲缸的典型表现，高温时声音减少；声音过大时要及时到修理厂维修
	较尖脆的金属敲击声	一般是活塞销松旷的敲击声，声音过大时尽快进行维修
	发动机上部缸盖处有明显的敲击声	立即熄火、安全停车，拆掉缸盖检查是否有异物，如果是其他原因救援维修人员
	发动机下部出现较沉闷的敲击声	并带有发动机机油压力过低、过热等现象，这些声音是由曲轴瓦、连杆瓦损坏发出的声音，应立即熄火、安全停车，打救援电话，由维修人员处理

3 底盘常见故障的识别及处理方法

车辆底盘常见的故障主要发生在转向系、制动系、行驶系驱动后桥等部位。具体的知识和处理方法见表6-2。

底盘常见故障的识别及处理方法 表6-2

故障部位	故障名称	故障现象	处理方法
转向系	转向沉重	单边沉重、双边沉重、快速打方向沉重	转向沉重原因很多，转向助力系统工作故障，除轮胎气压不足或球头销润滑不良外，其他原因都要由专业人员来处理
	转向异响	有“吱吱”噪声	
	转向回位困难	回位时明显像转向时那样用力	
	方向跑偏或摆震	行驶中方向跑偏，方向抖动	转向轮单边轮胎磨损，气压低，更换已磨损的轮胎，补足气压，其他原因及时到修理厂处理
制动系	制动管道漏气、漏油	整车制动不良	迅速查找漏气部位，临时处置，慢速开车到修理厂处理
	制动气室破损； 制动分缸漏油	损坏的一侧无制动作用，整车制动不良	堵塞、切断漏气气室管道，（会出现损坏一侧无制动作用）慢速安全将车开到修理厂处理
	驻车制动管路或气室损坏	行驶中突然损坏，造成拖滞，行车速度下降； 停车后无法起步	停车解除驻车制动作用，及时到修理厂修复驻车制动器
	真空助力器性能失效	行车制动时，制动反应缓慢，制动力不足	改变踩踏制动踏板方式，使用两脚制动方法。然后及时到修理厂修复
行驶系	变速器	齿轮响声异常，且随车速提高增大	变换挡位，减少发响挡位的使用
	中央传动异响	正常行驶声音小，减速时声音大； 震动随车速增加	立即安全停车进行检查，并应求助专业人员
	驱动桥	齿轮响声异常，加速行驶或减速行驶响声不同； 直线行驶无噪声，转弯时产生不正常的声音； 车轮轴承间隙过小、过大引起的“嗡嗡”声或车轮摇摆	停车进行检查，避免过热、高温，引起火灾

第四节 安全防护设施与卫星定位系统终端的使用

一 急救箱药品的配置与使用

急救箱集中摆放了车辆上配备的医用急救设备和药物，可以在发生交通事故造成伤亡时展开自救，是有效降低交通死亡人数的手段之一，如图6-29所示。箱内主要有包扎用品像弹性头套、卡扣式止血带、弹性绷带等，无菌敷料像纱布、绷带、一次性手套等，器械工具像急救剪刀、医用镊子、安全别针、救生哨子等。常用的配置及用途如表6-3所示。

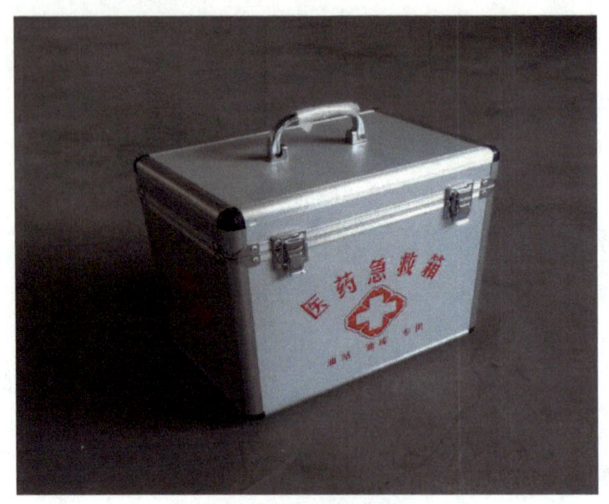

图 6-29 车载急救箱

车载急救箱配置及用途 表 6-3

序号	品名	规格	数量	使用说明
1	三角巾	90 cm × 90 cm × 129 cm	1 片	用于手臂及其他部位的骨折固定
2	弹性头套	中号	1 个	用于头部外伤时加压或包扎时使用；将头套直接套到头上
3	急救毯	140 cm × 210 cm	1 个	隔热防冷功能，预防休克，用于搬运伤员，裹于身体，亦可用于反光示警
4	卡扣式止血带	中号	1 条	用于肢体出血的结扎止血；缠绕上臂或大腿根部，可抽出加压
5	弹性绷带	10 cm × 500 cm/7.5 cm × 450 cm	各 1 卷	用于包扎伤口及骨折固定夹板，也可用于肢体驱血消肿、解除肿痛
6	口对口呼吸罩	单阀门式	1 个	用于心肺复苏时口对口呼吸器
7	医用手套	大号	1 双	避免人体直接接触伤口，避免交叉感染
8	止血垫	20cm × 10 cm	2 包	用于伤口压迫止血，吸血及伤口中渗出液
9	一次性速冷袋	125g	1 袋	用于降温、扭伤、血肿等治疗
10	无菌纱布叠片	7cm × 6cm × 2 块	1 包	用于伤口隔离及止血包扎，直接用于伤处，需用胶布或绷带固定
11	无菌伤口敷贴	7cm × 6cm	1 包	用于清创伤口后的切敷，将敷芯对准创面必要时加压包扎
12	创可贴	70 × 18mm/6 贴 / 包	1 包	用于小创面、伤口包扎
13	碘伏棒	5 只 × 8cm/ 包	1 包	用于皮肤及直接接触物的消毒；打开包装掰断白棉签划线处即可直接使用
14	隔离口罩	中号	1 个	用于隔离口鼻腔气体对创面污染
15	降温晕车贴	中号	1 贴	用于降温退热

二 卫星定位系统车载终端的使用

1 概述

车载终端是指安装在道路运输车辆上满足工作环境要求，具有卫星定位系统、移动网络接入、道路运输车辆行驶记录、道路运输车辆相关信号采集和控制，与其他车载电子设备进行通信，提供政府平台或企业平台所需的信息，完成卫星定位系统对车辆控制功能的装置。

道路运输车辆卫星定位系统是指以提供道路运输车辆实时位置和状态信息为特征，具有运输车辆驾乘人员及运输车辆管理者等用户远程信息服务，反映运输车辆实时动态数据，能对服务范围内的车辆进行管理和控制的综合性信息处理系统。卫星定位系统由车载终端、政府平台、企业平台和计算机通信网络等组成，通过系统各组成部分之间的互联互通，实现业务管理以及数据交换和共享，是加强道路运输车辆动态监管，预防和减少道路交通运输事故的重要工具。

根据国家有关规定的要求，旅游客车、包车客车、三类以上班线客车、危险货物运输车辆、重型载货汽车（总质量为12t及以上的普通货运车辆）和半挂牵引车在出厂前应当安装符合标准要求的北斗兼容车载终端，如图6-30所示。

图 6-30　北斗兼容车载终端

道路旅客运输企业、道路危险货物运输企业和拥有50辆及以上重型载货汽车或者牵引车的道路货物运输企业应当按照标准建设道路运输车辆动态监控平台，或者使用符合条件的社会化卫星定位系统监控平台，对所属道路运输车辆和驾驶员运行过程进行实时监控和管理。

道路旅客运输企业和道路危险货物运输企业监控平台应当接入全国重点营运车辆联网联控系统，并按照要求将车辆行驶的动态信息和企业、驾驶员员、车辆的相关信息逐级上传至全国道路运输车辆动态信息公共交换平台。道路货物运输企业监控平台应当与全国道路货运车辆公共监管与服务平台（以下简称道路货运车辆公共平台）对接，按照要求将企业、驾驶员员、车辆的相关信息上传至道路货运车辆公共平台，并接收道路货运车辆公共平台转发的货运车辆行驶的动态信息。凡未按规定安装或加装北斗兼容车载终端的车辆，交通运输管理部门不予配发或审验《道路运输证》。对不按规定使用、故意损坏卫星定位装置的个人，依照相关规定给予处理；造成严重后果的，依法追究相关责任人的法律责任。

2 道路运输车辆安装北斗兼容车载终端的要求

北斗兼容车载终端应符合《道路运输车辆卫星定位系统 北斗兼容车载终端技术规范》（交通运输部公告2013年第21号）的要求，具有自检、定位、通信、信息采集、行驶记录、监听、通话、休眠、警示、终端管理、人机交互、信息服务、电召服务、多中心接入、车辆故障远程诊断、使用前锁定、自动关闭通信、双向语音通话等功能。

1 自检功能

通过信号灯或显示屏明确表示车载终端当前主要状态，如出现故障，则通过信号灯或显示屏显示方式指示故障类型等信息，存储并上传至监控中心。

2 定位功能

终端可提供实时的时间、经度、纬度、速度、高程和方向等定位状态信息，可存储到终端内部，同时通过无线通信方式上传至监控中心。采用北斗卫星定位的终端应具有北斗卫星信息采集功能，能够存储或向监控中心上报北斗定位结果及卫星定位模块详细定位数据。

3 信息采集功能

终端可采集驾驶员身份、电子运单、车辆CAN总线中的车辆参数信息、车辆载货状态、车辆营运数据、收费结算数据、图像、音频、视频等信息。

4 行驶记录功能

终端可记录事故疑点数据、行驶状态数据、车辆行驶里程等信息，并提供数据分析软件，支持行驶记录数据的实时上传、条件检索上传和数据接口导出功能。

5 休眠功能

终端应具有车辆ACC点火检测功能。当车辆熄火后，终端向监控中心发送车辆熄火信号并自动进入休眠状态。

6 警示功能

终端警示功能分为人工报警与自动提醒。

（1）人工报警是驾驶员根据现场实际情况触发的报警，包括：当遇到抢劫、交通事故、车辆故障等紧急情况，驾驶员通过触动应急报警按钮向监控中心上传报警信息，同时关闭语音报读模块。如果终端具有图像、视频、音频采集功能，则立即启用该功能。

（2）自动提醒是驾驶员不对终端进行任何操作，终端根据监控中心设定的条件触发，包括以下内容：

①区域提醒。当车辆驶入禁入区域或驶出禁出区域时触发，监控区域可由监控中心远程设置。

②路线偏离提醒。当车辆驶离设定的路线时触发，监控路线可由监控中心远程设置。

③超速提醒。终端可根据预设的速度阈值或通过接收监控中心下发的信息触发，以提醒驾驶员当前处于超速状态。

④疲劳驾驶提醒。车辆或者驾驶员连续驾驶时间超过疲劳驾驶时间阈值时触发。疲劳驾驶时间阈值可由监控中心远程设置，默认为4h。

⑤蓄电池欠压提醒。终端检测车辆蓄电池电压低于预设值时触发，同时终端须停止从车辆蓄电池取电，转由终端内置备用电池供电。

⑥断电提醒。终端在被切断主供电源时触发。

⑦超时停车提醒。停车时间超过系统预设时间时触发。

⑧终端故障提醒。当终端主机及与终端主机连接的外部设备工作异常时触发，并上传至监控中心。

⑨ 碰撞、侧翻提醒。当终端检测到强力碰撞或侧翻时触发预警，触发后终端应采用最小报送时间间隔上传车辆状态及定位信息，以便监控中心确认碰撞或侧翻提醒。

3 车辆卫星定位装置的使用方法及主要事项

1 检查

出车前、行车中、收车后，对卫星定位系统工作状况进行检查。保障设备运行正常，发现故障及时报修。

2 车辆行驶过程中的使用

（1）行车中驾驶员应注意收听系统的语音提示信息，如果需要拨打电话询问，请副驾驶或乘务人员拨打电话或选择安全地点停车拨打。

（2）营运车辆在行驶过程中，不私自关闭车载终端。

（3）收到监控平台发送的警示信息后，驾驶员必须立即停止违章行为。

（4）车辆行驶过程中如遇恶劣天气和交通事故，驾驶员应立即向监控平台发送信息报告。

（5）车辆行驶过程中，如发现车载终端出现异常情况，驾驶员应立即报知监控平台，以便及时安排维修。

3 使用注意事项

（1）维修车辆时，一定要切断车辆卫星定位设备的电源。

（2）维修车辆卫星定位终端设备，应请专业人员。

（3）严禁私自修理，故意损坏车载卫星定位终端设备。

（4）严禁擅自修改有关参数值。

（5）严禁覆盖卫星定位系统天线。

（6）维护清洗车辆时，注意仪器不能受潮。

第五节 节能与环保技术

一 汽车燃料消耗的影响因素

随着我国汽车工业的快速发展和人民生活水平的逐步提高，全国汽车保有量迅猛增长，汽车燃油消耗量逐年增加。能源的紧缺、环境污染的日益严重使得汽车节能尤为重要。汽车尾气中含有多种污染物，不仅直接危害人类的健康，而且还会对人类赖以生存的环境产生不良的影响。作为道路运输驾驶员，要按照节能操作规范驾驶车辆，尽可能节约能源、减少车辆废气排放，树立“绿色驾驶”的理念。汽车燃料消耗的主要影响因素如下：

1 汽车的总质量和外形

汽车总质量影响到汽车的滚动阻力、坡道阻力和加速阻力，对汽车的燃油经济性影响很大。减轻汽车自身质量，是提高汽车燃料经济性的一个重要方向。另外，为克服空气阻力而消耗的发动机功率与汽车行驶速度的三次方成正比。汽车速度不高时，空气阻力对汽车的燃料消耗影响不大，但当车速超过50km/h，空气阻力对汽车燃料经济性的影响逐步明显。

2 发动机的结构

汽车的油耗有决定性的影响，而发动机的油耗决定于发动机的结构。发动机的压缩比高、有完善的供油系统及合理的燃烧室形状、采用电子点火系统等都能降低发动机的比油耗。柴油机由于压缩比比汽油机要高得多，因此柴油机比汽油机的油耗要低很多。试验和使用证明，一般装备柴油发动机载货汽车比汽油发动机载货汽车节油30%左右。

3 轮胎的结构和种类

轮胎结构对滚动阻力影响很大，改善轮胎的结构，可以减少汽车的油耗。目前降低滚动阻力的最好办法是使用子午线轮胎。子午线轮胎与普通斜交轮胎相比，滚动阻力一般要下降20%～30%。另外，轮胎的花纹及胎压对汽车的油耗都有较大的影响。

4 车辆的技术状况

随着车辆使用时间的增长，其性能也在逐步发生变化，当感觉车辆有异样时，应立即进行检查。车辆的技术状况差、故障多，对其行驶油耗影响很大。除发动机故障外，底盘部分的技术状况，如减速器、制动器、轴承、前束调整不当，轮胎气压不足等，都会导致汽车的燃料消耗大幅度增加。

5 车辆的使用状况

车辆的使用状况也是影响汽车燃料消耗的主要因素之一。如汽车在高原行驶，由于进气量下降，导致燃料燃烧不完全，汽车的燃料消耗必然增加。汽车在道路条件很差的路面行驶，其功率消耗大、滚动阻力大，必然导致燃料消耗量的增大。

6 驾驶操作

熟练的驾驶技术是节油的前提，同一车型，使用条件基本相同，不同的人驾驶，燃料消耗可相差 20 % 以上。驾驶技术对汽车油耗的影响，贯穿在整个汽车运行过程中，如起步、换挡、转向、制动、减速、停车等。汽车在运行过程中，遇到的情况千变万化，如道路情况、气候情况等，驾驶员要能随时随地依据变化情况，作出正确的判断，控制行车速度，减少不利因素，利用有利条件，尽可能节约燃油，使车辆行驶更多的里程，实现绿色驾驶。

二 汽车主要污染物的种类及危害

1 汽车排放污染物

汽车发动机在理想工作状态下，燃料完全燃烧产生的排放物是二氧化碳（CO_2）、水（H_2O）和氮气（N_2）。二氧化碳（CO_2）的过度排放会导致地球温室效应（热岛效应）。

当汽车燃料异常燃烧时，排放的尾气中会产生大量污染物，主要包括：一氧化碳（CO）、碳氢化合物（HC）、氮氧化合物（NO_x）、二氧化硫（SO_2）、烟尘微粒（PM）（某些重金属化合物、铅化合物、黑烟及油雾）、臭气（甲醛等）。

汽车尾气最主要的危害是形成光化学烟雾。汽车尾气中的碳氢化合物和氮氧化合物在阳光作用下发生化学反应，生成臭氧，它和大气中的其他成分结合就形成光化学烟雾。对人体健康的危害主要表现为刺激眼睛，引起红眼病；刺激鼻、咽喉、气管和肺部，引起慢性呼吸系统疾病。光化学烟雾能使树木枯死，农作物大量减产；能降低大气的能见度，妨碍交通。

汽车尾气中一氧化碳的含量最高，它可经呼吸道进入肺泡，被血液吸收，与血红蛋白相结合，形成碳氧血红蛋白，降低血液的载氧能力，削弱血液对人体组织的供氧量，导致组织缺氧，从而引起头痛等症状，重者窒息死亡。

汽车尾气中的氮氧化合物含量较少，但毒性很大，其毒性是含硫氧化物的3倍。氮氧化合物进入肺泡后，能形成亚硝酸和硝酸，对肺组织产生剧烈的刺激作用，增加肺毛细管的通透性，最后造成肺气肿。

汽车尾气中二氧化硫排放到大气中后，会随降水形成“酸雨”。酸雨在我国已呈燎原之势，覆盖面积已占国土面积的 30% 以上。 酸雨危害是多方面的，对人体健康、生态系统和建筑设施都有直接和潜在的危害。酸雨可使儿童免疫功能下降，慢性咽炎、支气管哮喘发病率增加，同时可使老人眼部、呼吸道患病率增加。

由于汽车燃料中的铅残留，导致燃烧后产生铅化合物。汽车尾气中的铅化合物可随呼吸进入血液，并迅速地蓄积到人体的骨骼和牙齿中，它们干扰血红素的合成、侵袭红细胞，引起贫血；损害神经系统，严重时损害脑细胞，引起脑损伤。

由于汽车燃料中具有硫残留，导致燃烧后产生二氧化硫。汽车尾气中的二氧化硫和悬浮颗粒物，会增加慢性呼吸道疾病的发病率，损害肺功能。

烟尘微粒（PM）是燃油燃烧时缺氧产生的一种物质，其中以柴油机最明显。因为柴油机采用压燃方式，柴油在高温高压下裂解更容易产生大量肉眼看得见的炭烟。炭烟排放后，在静稳气象条件下以颗粒物的形式悬浮在大气中，是形成灰霾成因之一。霾是由空气中的灰尘、硫酸、硝酸、有机碳氢化合物等粒子组成的。它也能使大气浑浊、视野模糊并导致能见度恶化。

二氧化硫、氮氧化物以及可吸入颗粒物这三项是雾霾主要组成，前两者为气态污染物，最后一项颗粒物才是加重雾霾天气污染的罪魁祸首。它们与雾气结合在一起，让天空瞬间变得灰蒙蒙的。颗粒物的英文缩写为PM，细颗粒物中PM2.5，即其直径小于或等于2.5μm的污染物颗粒。这种颗粒本身既是一种污染物，又是重金属、多环芳烃等有毒物质的载体。细颗粒物PM2.5也称入肺颗粒物，能够进入肺泡中导致肺病；细颗粒物中的PM0.5能进入血液，危害人体的心血管系统，引起人体的免疫反应，如果长期免疫反应存在会导致人体的免疫能力下降。

2 汽车噪声

汽车噪声是指汽车行驶在道路上时，内燃机、喇叭、轮胎等发出的声音。在城市中，交通噪声占各种声源的70%左右，汽车噪声是交通噪声的主要来源。汽车噪声一般都是60～90dB（A）的中强度噪声。主要有：

（1）发动机噪声，是指混合气在内部燃烧时产生的冲击以及活塞往复运动产生的振动激励作用于缸体而产生的噪声。

（2）传动系统噪声，主要是轴承滚动噪声和齿轮啮合噪声，同时包括由于旋转部分的振动激励，使壳体产生振动而辐射的噪声，其发生部位主要为离合器、变速器、传动轴、差速器齿轮等。

（3）进气系统噪声，主要是各气门关闭产生的脉冲声和进气口空气湍流产生的噪声。

（4）排气系统噪声，可分为排气口生成的排气噪声和排气管壁振动产生的表面辐射噪声。

（5）轮胎噪声，主要是指轮胎花纹沟槽的气泵现象和胎壁振动等引起的噪声。

（6）制动系统噪声，主要有制动器的鸣叫声、轮胎与地面摩擦声及车身板件震颤声等。

（7）空气动力学噪声，包括空气通过车身缝隙或孔道产生的冲击噪声、气流流过车身外面凸起物产生的涡流噪声以及空气与车身表面的摩擦声。

汽车噪声对人体健康的影响是多方面的。噪声作用于人的中枢神经系统，使人们大脑皮层的兴奋与抑制平衡失调，导致条件反射异常，使脑血管张力遭到损害。这些生理上的变化，在早期还能够恢复原状，但时间一久，就会导致病理上的变化，使人产生头痛、脑胀、耳鸣、失眠、记忆力衰退和全身疲乏无力等症状。长时间处于噪声的影响下，驾驶员会更容易感觉疲劳，从而影响安全行车。

三 道路旅客运输车辆节能驾驶方法

汽车节能与环保驾驶操作的核心是柔和、预见性驾驶，必须做到“车况正常、心态平和、路线最佳，平稳起步、及时升挡、车机同热，挡位准确、转速最优、切忌高速，操控平顺、直线等速、预见驾驶，空调适度、长停熄火、入位准确”。道路运输驾驶员应该按照以下操作规范来驾驶车辆，以达到节能和环保的目的。

1 出车前的准备

1 行车路线设计

应以选择较高等级公路及较短距离为原则设计行车路线及备用行车路线。

2 心态调整

暂不考虑对情绪有较大刺激的事件，保持心平气和、不急不躁、理解他人、不争不抢的心理状态。

3 车辆检查

（1）环绕车辆一周，检查车身外表及各部件的状况，确保无漏油、漏水、漏气、漏电现象；轮胎气压应符合要求，胎面花纹间无夹杂物。

（2）检查并清理出车内不必要的物品。

（3）检查装载货物，应捆绑、固定牢固，覆盖严实。

（4）清洁车窗玻璃，保持驾驶视线良好。

（5）检查发动机风扇传动带，要求无老化、龟裂、起毛等现象，松紧度要保持合适；检查发动机冷却液，液面应在上下限刻度间；检查发动机润滑油量，油面应在润滑油尺上下限刻度间中下部。

（6）检查转向机构的自由行程，一般不宜超过两指宽度。

（7）检查离合器踏板、制动踏板自由行程和驻车制动器操纵机构工作是否正常，离合器踏板与制动踏板自由行程应符合正常规定值。

（8）起动发动机后，各仪表应工作正常，并且无故障报警信号。

2 发动机起动

发动机无论是常温起动（大气温度或发动机温度高于5℃时）及热起动（发动机温度高于40℃时），还是冷起动（大气温度或发动机温度低于5℃时），均应将变速器操纵杆置于空挡位置，踩下离合器踏板，打开点火开关至起动位置，发动机顺利起动后立即松开，点火开关在起动位置的时间不应超过5s。起动过程中不应踩加速踏板。柴油发动机冷起动时，应首先开启发动机预热系统，在充分预热后再按上述要求进行起动操作。如果一次起动未能成功，应重新进行预热，间隔15s后再次起动。

3 车辆预热

车辆预热包括发动机预热和底盘预热。

1 发动机预热

（1）非增压发动机起动后，应在原地保持怠速运转不超过1min。在此期间，不应使发动机高速空转。

（2）增压发动机起动后，应在原地保持怠速运转1min以上。在此期间，不应使发动机高速空转。

（3）在冬季气温较低时，发动机预热时间应适当延长，使发动机冷却液温度预热到40℃左右。

2 底盘预热

在发动机预热、车辆起步后（采取气压制动的车辆，应先确保储气罐内的气压达到安全行车的要求），应先以20～40km/h的速度低速行驶1～2km，之后再以正常速度行驶。在冬季气温较低时，低速行驶的距离应适当延长至3～4km。

4 起步

1 平路起步

左脚完全踩下离合器踏板，将变速器操纵杆置于1挡位置；松开驻车制动器操纵杆，左脚先稍快松抬离合器踏板，待离合器处于半联动位置时（传动机件稍有振抖、发动机声音略有变化），右脚轻踩加速踏板，同时左脚再缓抬离合器踏板，使车辆平稳起步。车辆起步后应在车辆移动一个车身距离内迅速加速，将挡位挂到高一级挡位。

2 上坡起步

左脚完全踩下离合器踏板，将变速器操纵杆置于1挡位置；拉紧驻车制动器操纵杆，右脚轻踩加速踏板提高发动机转速（坡度越大，需提高的转速越高），这时抬离合器踏板到半联动位置；当听到发动机声音发生变化时，缓缓放松驻车制动器操纵杆，同时逐渐踩下加速踏板和缓抬离合器踏板，使车辆平稳起步。

5 换挡变速

1 挡位选择

（1）手动变速器一般有4～5个前进挡位。其中1挡、2挡为低速挡，减速增扭作用显著，用于起步、上陡坡等，油耗很高。3挡为中速挡，是汽车由低速到高速或由高速到低速的过渡挡位，车速稍快，油耗也较大，不宜长距离行驶。4挡、5挡为高速挡，由于传动比小或直接传动，车速快，油耗最低。

（2）根据发动机运行的经济转速选择挡位：保持发动机在经济转速区域内的较低转速下运转，尽量选择高挡位；发动机的转速高于经济转速区域时，及时选择升挡；发动机的转速低于经济转速区域时，迅速选择降挡。

2 变速器换挡

（1）汽车换挡变速踩下离合器踏板时，应及时抬起加速踏板；当抬起离合器踏板，离合器尚未完全接合时，不应急踩、猛踩加速踏板。

（2）升挡时，应自低挡位逐级换入高挡位，做到及时、准确。

（3）降挡时，应自高挡位换入预期行驶速度的、且能保持发动机转速在经济区域内以较低转速运转的低挡，做到及时、准确。

6 加速

（1）汽车在平路行驶过程中，踩下加速踏板的最大限度应不超过加速踏板最大行程的3/4。汽车在平路行驶过程中加速，如果已踩下加速踏板最大行程的3/4而车速不能相应增加，应变换低一级挡位后重新加速行驶。

（2）踩下加速踏板的速度，应以发动机的声音增高较柔和、转速平稳增加为宜。一般加速踏板由怠速位置踩至3/4行程位置的时间应控制在3～4s。如果发动机发出“闷”的吼声，应稍抬加速踏板。

7 减速

（1）在行车中，不得空挡滑行，应利用汽车带挡滑行减速，尽量少用或不用行车制动器制动。

（2）预见到前方有障碍、转弯、会车、红灯等需要减速的情况时，应抬起加速踏板，使离合器保持接合状态，变速器保持在原挡位，发动机保持在点火状态，依靠发动机对汽车的阻滞力减速滑行，必要时用行车制动器制动以增加减速强度。

（3）汽车下长而陡的坡道时，应抬起加速踏板，使离合器保持接合状态，发动机不熄火，变速器操纵杆置于合适的挡位（坡度越大，挂挡位越低），并根据速度情况使用行车制动器间歇制动控制车速。

8 车速控制

（1）汽车在正常行驶时，变速器操纵杆应尽量置于最高挡位，保持发动机转速在经济转速区域内以较低转速等速行驶。

（2）当汽车行驶阻力增大，以及交通繁杂、不能用最高挡行驶时，应及时换入低挡并保持发动机转速在经济转速区域内以较低转速等速行驶。

（3）在预期速度下，应保持好该状态时的加速踏板位置使汽车等速行驶，避免加速踏板位置来回变化。

（4）应保持适当的跟车距离。在普通公路上，跟车距离一般应大于汽车2～3s内驶过的距离；在高速公路上，跟车距离一般应大于汽车4s内驶过的距离。

（5）汽车行驶的最高速度不应超过道路通行的有关限速规定。

9 转向控制

（1）操纵汽车转向时应平顺，提前开启灯光信号，避免突然变向或急转弯等。

（2）在汽车行驶过程中，应保持直线行驶，避免来回转动转向盘。

（3）变更车道时，应在确认与前后左右的汽车处在安全距离的情况下，提前开启转向灯，夜间还应变换使用远、近光灯，然后平稳地转动转向盘，并以较大的行车轨迹缓加速驶向另一车道。当要超车变换车道时，在超车后应及时返回原车道。

（4）在行车过程中，应避免频繁变更车道。

10 上坡路段驾驶

（1）遇见坡路时，应提前预测坡度、坡长，判断需用的挡位及速度。在上坡前500m处，应轻微加速；在坡路时，应保持加速踏板位置，尽量靠汽车惯性冲到坡顶。

（2）汽车依靠惯性不能冲到坡顶时，应迅速降挡，避免坡路停车重新起步。

11 拥挤路段驾驶

（1）在拥挤路段行驶，汽车处于频繁的起步—停车的循环行驶状态，起步时应缓踩或不踩加速踏板，起步后尽可能利用汽车惯性滑行行驶，避免起步后猛踩加速踏板再制动停车的驾驶方式。

（2）在确保汽车安全行驶的前提下，应减少完全停车，尽量使汽车保持一定的运动惯性。

12 行车温度控制

（1）发动机温度低于40℃时，不应使发动机大负荷高速运转或使汽车高速行驶，温度达到40℃以上时开始正常行驶。

（2）应使发动机的温度保持在80～95℃。长时间上坡或高速行驶状态下发动机冷却液温度报警时，应停车怠速或小负荷、低速行驶，使发动机温度慢慢降到正常区域。

13 空调的合理使用

（1）气温适宜，车速低于60km/h时，宜打开车窗通风，或者只用空调的通风功能。

（2）当车速超过80km/h时，应关闭车窗开启空调调节车内空气，且空调的温度不应设定过低。

14 发动机熄火

（1）当汽车停止行驶后，应尽量减少发动机怠速空转，及时使发动机熄火。

（2）非增压发动机汽车在路口停车等待通过的过程中，应根据交通信号灯计时器判断停车时间，停车时间超过1min的，应将发动机熄火。如果信号灯没有计时显示，排队偏后的汽车，最好也将发动机熄火。

（3）非增压发动机汽车在上下乘客、装卸货物等需要停车超过1min时，应将发动机熄火。

（4）非增压发动机汽车经过高速或爬长坡行驶后，发动机温度很高时，应怠速运转30s以上后熄火。

（5）增压发动机汽车停车后不应立即熄火，应保持发动机怠速运转3min以上，待发动机充分冷却后再熄火。

15 停车

（1）应准确判断停车位置，做到一次停车到位，减少停车时的移车次数。

（2）避免在上坡、积水、结冰或松软的路段上停车。

（3）冬季中途停车时，应尽量避免汽车发动机迎风停放。

四 新能源汽车技术

新能源汽车是指采用非常规的车用燃料作为动力来源（或使用常规的车用燃料、采用新型车载动力装置），综合车辆的动力控制和驱动方面的先进技术，形成的技术原理先进、具有新技术、新结构的汽车。新能源汽车包括混合动力电动汽车（HEV）、纯电动汽车（BEV，包括太阳能汽车）、燃料电池电动汽车（FCEV）、其他新能源汽车等。非常规的车用燃料指除汽油、柴油、天然气（NG）、液化石油气（LPG）、乙醇汽油（EG）、甲醇、二甲醚之外的燃料。

1 新能源客车的类型

（1）混合动力客车——对于我国客车行业来说，混合动力主要是柴油—电混合，优点是可以降低30%以上的燃油消耗，排放标准可以达到国Ⅳ水平，缺点是蓄电池容量和寿命问题没有得到彻底解决。

（2）纯电动客车——由蓄电池作为动力源。以电机代替燃油机，噪声低、无污染，使用单一的电能源。而且，纯电动车的蓄电池可在夜间利用电网的廉价“谷电”进行充电，可以平抑电网的峰谷差。我国纯电动车主要用于机场、公交等。

（3）燃料电池客车——主要是氢燃料电池客车，被认为是最有前途的产品，能够真正解决能源短缺问题，并且真正实现了零排放。但也是属于起步期产品。

（4）CNG客车——CNG（压缩天然气）作为一种气体燃料，与空气混合更均匀，燃烧更加充分，排放的CO 、HC等有害物质更少；天然气燃烧后没有积炭，可减少发动机磨损，维护保养费用低；天然气发动机改装简单，特别是用汽油机改装的双燃料发动机，因性价比极高，使用广泛；此外更重要的一点是，行驶同样里程，天然气客车的燃料费用要远低于柴油或者汽油机，经济效益非常高。

（5）LNG客车——LNG（液化天然气）可以更大地压缩天然气体积，一次充气，可以行驶500km甚至1000km以上，非常适合长途运输使用，并且LNG是液态，不受天然气管网的影响，同时各项指标显著优于LPG。

（6）LPG客车——LPG（液化石油气）的性能和使用基本与CNG相似，其使用的原

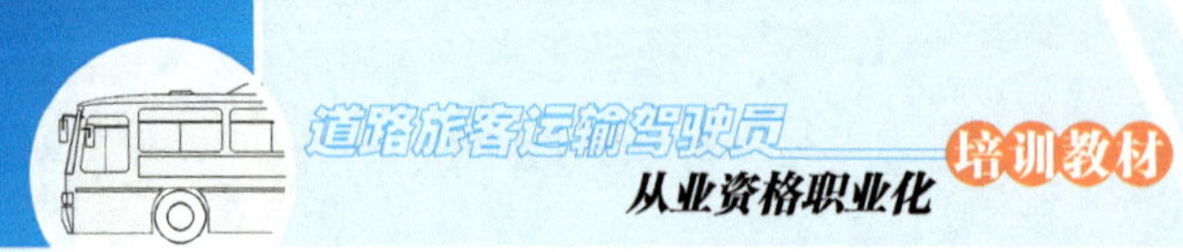

因主要有三方面：一是作为燃油的替代品，二是排放清洁，污染较低，三是使用价格便宜。不过，因为液化石油气也是来自石油，资源有限，因此推广受到广泛质疑。

下面以纯电动汽车为主，介绍新能源汽车的构造和原理。

2 纯电动汽车概述

纯电动汽车的历史比燃油汽车还要早十几年，它出现在发现电和机电能量转化的方法之后，后来被燃油汽车代替。早在1874年，蓄电池驱动车辆已经研制成功。到1912年，有3400辆电动汽车登记注册，是燃油汽车的两倍。20世纪20年代，电动汽车消失，内燃机汽车成为主流交通工具。到了20世纪60年代，内燃机汽车的排放问题引发了环境危机，电动汽车开始复苏。目前，国内的纯电动汽车研发如火如荼，如比亚迪E6、纯电动公交车等在各大城市运行。

（1）纯电动汽车的定义。纯电动汽车（Blade Electric Vehicles，BEV）是指以车载电源（或其他能源）为动力，用电机驱动车轮行驶，符合道路交通、安全法规各项要求的车辆。

（2）纯电动汽车的组成。纯电动汽车由电子驱动系统、能源系统和辅助系统三部分组成，如图6-31所示。电子驱动系统包括车辆控制器、功率转换器、电机、传动装置和车轮，其作用是将动力电池中储存的电能转换为机械能，驱动车辆行驶，并在车辆减速/制动时，将车辆的机械能转换为电能，储存在动力电池中。电源系统包括电源、能量管理系统和充电机，其作用是向电机提供电能，监测电源使用情况及控制充电机给动力电池充电。辅助系统包括动力转向系统、空调系统、照明、刮水器等。

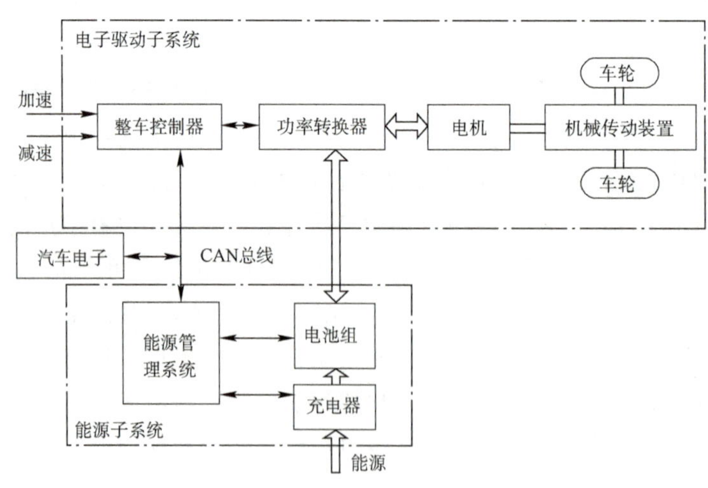

图 6-31　纯电动汽车组成框图

3 电动汽车动力驱动系统的组合形式

当前电动汽车多种多样，采用不同的电子驱动系统可以构成不同结构形式的电动汽车。图6-32是电动汽车动力驱动系统的6种结构形式。

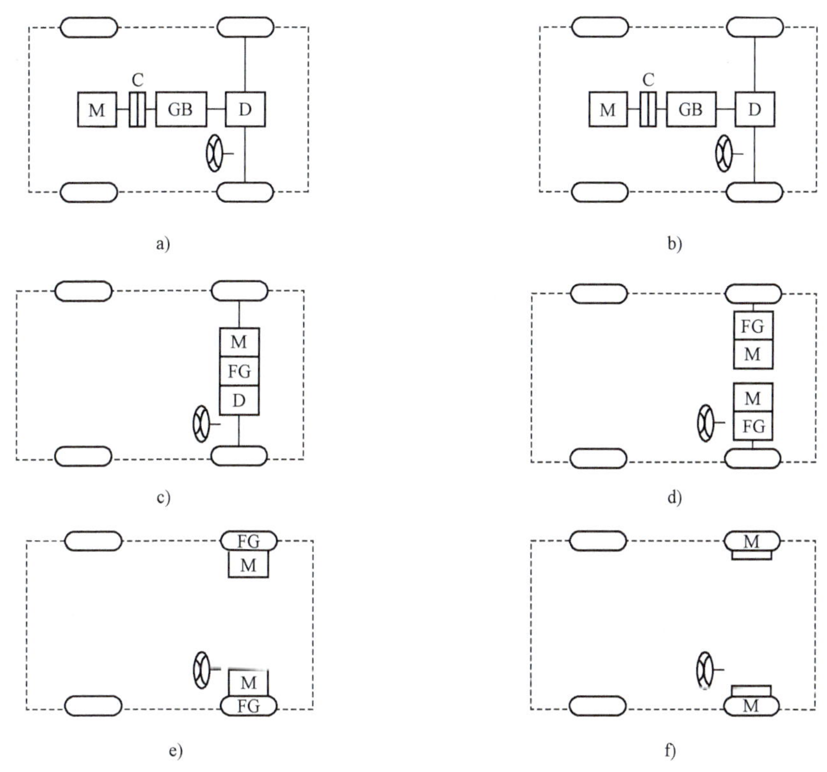

图 6-32　电动汽车动力驱动系统的 6 种结构形式

M- 电机；FG- 减速器；D- 差速器；C- 离合器；GB- 变速器

1 机械驱动系统

图6-32a）是机械驱动系统的一种形式，其与传统汽车驱动系统的布置形式一致，只是用电机取代发动机，有利于传统汽车的改制，制造成本低。

图6-32b）是机械驱动系统的另一种形式，该形式去掉了传统汽车的离合器，用电机和减速器取代传统汽车的发动机和变速器。这种车辆的电机始终与车轮连接，通过控制电机的转速来控制车速。减速器只起到减速增扭的作用。这种布置形式比图6-32a）所示结构更加简单，由于去掉了离合器，减小了车辆的质量，结构更加紧凑，体积更小。

2 机电集成化驱动系统

机电集成化驱动系统也就是整体驱动桥式，结构如图6-32c）所示。该系统去掉了传统汽车的离合器、变速器和传动轴，并将电机、减速器和差速器集成为一个整体，采用半轴连接驱动车轮。这种结构常用于小型电动汽车，有利于降低成本，适合大批量生产制造。

3 机电一体化驱动系统

机电一体化驱动系统采用两个电机，分别与两个相同固定速比的减速器连成一个整体，然后通过半轴或直接连接车辆，驱动车辆，如图6-32d）所示。由于采用两个电机，并可以独立控制，这就可以去掉差速器。通过左右电机的转速差来实现车辆不同路况下的差速转换。这种结构形式多用于中大型的载客汽车上。

4 轮毂电机驱动方式

轮毂电机技术又称车轮内装电机技术。该结构可以缩短电机到驱动车轮的传递路径，结构更简单，传动效率更高。轮毂电机驱动方式分为减速驱动和直接驱动两种。

减速驱动方式如图6-32e）所示，其与图6-32c）的主要区别就是将电机安装在车轮内。减速器安装在电机与车轮之间，采用普通的内转子电机即可。由于减速器减速增扭的作用，该结构车辆扭矩大、爬坡性能好，汽车低速行驶时能获得较大的平稳扭矩，使用于丘陵、山区及要求过载能力较大等场合。

直接驱动方式如图6-32f）所示，其与6-32e）的主要区别就是去掉了减速器。该结构车辆的电机采用外转子，外转子直接安装在轮辋上。由于没有减速器和变速器，要求电机在低速时提供较大的转矩，并具有较大的调速范围。该驱动方式目前较多地出现在概念车上，使用于平路或负载较轻的场合。

4 动力电池及其管理系统

动力电池相当于传统汽车的燃油箱，是电动汽车储存能量的装置。电动汽车动力电池主要有铅酸电池、镍氢电池、锂离子电池以及燃料电池等多种电池类型。

5 整车动力电子控制系统

电动汽车是一个高度集成的电气化系统，包括驱动电机控制系统、电池管理系统、车载充电系统、笔记电动辅助系统、低压电气系统等各子系统，必须通过一个整车控制系统来进行各子系统的协调控制，从而实现整车的最佳性能。下面以比亚迪E8纯电动城市客车为例进行介绍，其整车控制系统主要包括整车控制器、电机控制器、电池管理系统、混合动力驱动系统中的多能源管理系统、车身控制管理系统、信息显示系统和通信系统等，图6-33是宇通E8纯电动客车整车动力电子控制系统示意图。整车控制器是整车控制系统的核心，实现整车驱动控制、能量优化控制、制动回馈控制和网络管理等功能。

1 电池管理系统（BMS）

电池管理系统通过对电池外特性的在线测量和估算，实时地掌握电池的工作状态，在不出现滥用和不合理使用的情况下，实现电池能量的充分高效利用，提高运行效率。主要功能有电池状态监测、电池状态分析、故障诊断与处理、充放电控制管理、能量控制管理、电池信息管理、高压安全管理、热管理等。此部分已在前面部分有所叙述，在此不再赘述。

电池管理系统旨在实现对电池的安全管理，有效提高整车安全性。对动力电池管理系统进行任何操作必须在断电情况下进行（图6-34），接插件绝对不允许在带电状态下进行插拔，对管理系统拆卸与安装中要做到轻拿轻放，并注意操作过程中的高压安全。

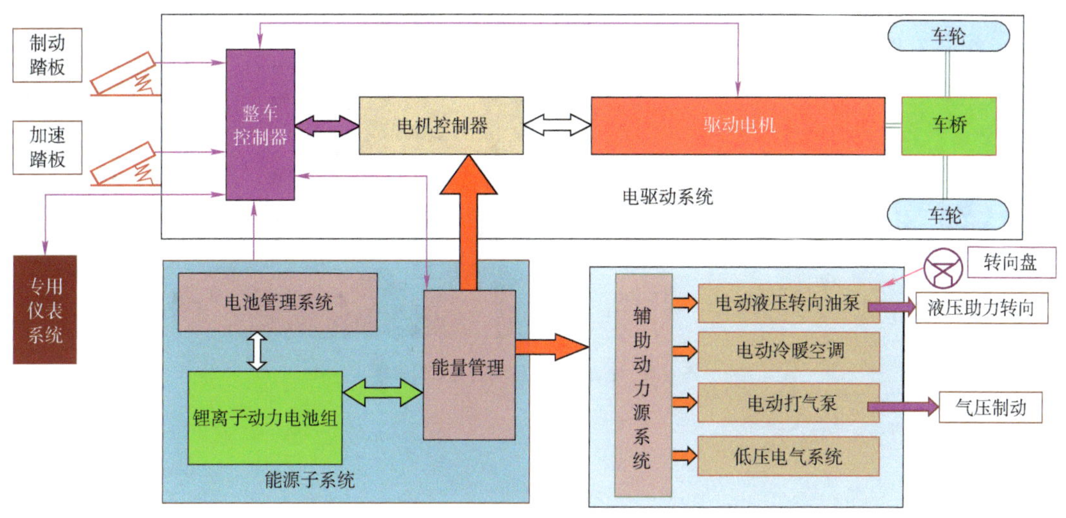

图 6-33　宇通 E8 纯电动客车整车动力电子控制系统示意图

图 6-34　宇通 E8 纯电动客车高压快断器

纯电动汽车动力电池的使用有以下注意事项：

（1）纯电动汽车以动力电池荷电量50%~80%状态下存放。

（2）每周用钥匙起动一次，检查电量。如果电量低于50%，应立即充电。同时，钥匙打到ON挡仪表点亮，保持数个小时，对低压电池进行充电。

（3）以最近一次维护为始点，车辆存放每一个月进行一次满充、放电维护。操作步骤具体如下：车辆行驶至电量显示40%，再对车辆进行满充电操作。

（4）清洗车辆时，请避开高压元件，严禁用水直接冲洗高压元件。

2 驱动电机控制系统

电机驱动系统是电动汽车的核心部件，它的主要任务是按驾驶员的驾驶要求，将动力电池的化学能高效地转化为机械能，经过变速箱、驱动轴等机构驱动车轮。同时，控制系统需要将汽车在制动等工况时的动能反馈至动力电池中，实现再生制动。所谓再生制动是指在车辆制动过程中，电机起发电机功能，将机械能转化为电能给蓄电池充电。电动汽车驱动电机控制系统主要由电机、功率器件和控制系统组成，图6-35为宇通E8纯电动客车电机控制器。

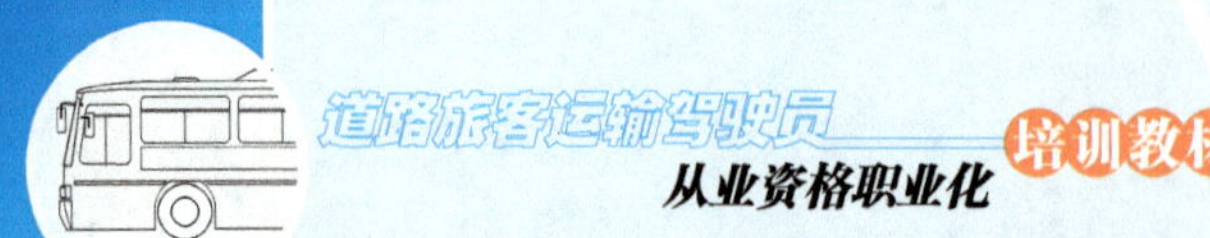

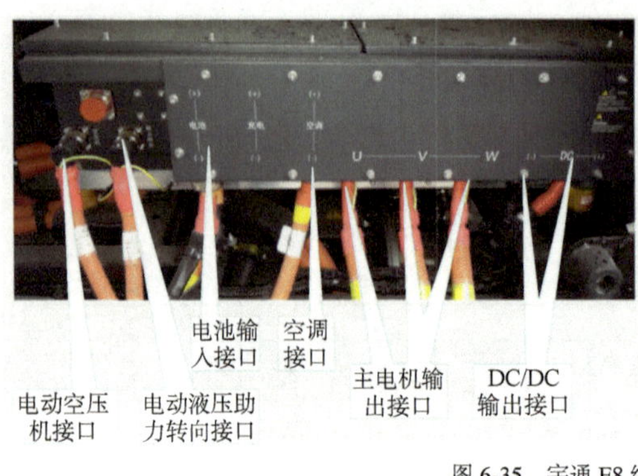

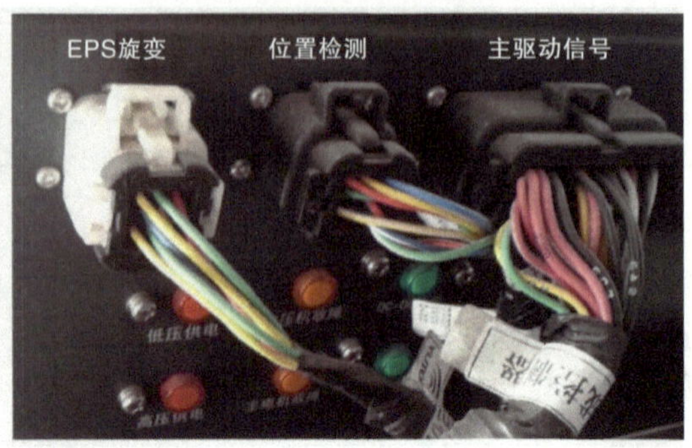

图 6-35 宇通 E8 纯电动客车电机控制器

6 纯电动客车操作

1 仪表

传统汽车的仪表主要包括发动机转速表、车速表、水温表、燃油表、故障灯和指示灯等。宇通E8纯电动客车的仪表与传统汽车仪表有所区别（图6-36），主要区别有：

（1）由于纯电动汽车没有发动机，所以纯电动汽车仪表取消发动机转速表，而添加了电机转速表。

（2）纯电动汽车仪表增加了蓄电池电压表和电机温度表，取消传统汽车的水温表。

（3）纯电动汽车增加了动力电池荷电状态（SOC）显示，相当于传统汽车燃油表的作用。

（4）纯电动汽车增加了系统状态显示，宇通E8纯电动客车系统状态显示有STOP、READY和GO三种。当钥匙开关处于ON挡、挡位处于空挡、行车制动处于驻车状态，系统状态显示为STOP；钥匙旋转至START挡，保持2~3s，仪表状态显示为READY，松开钥匙自动弹回ON挡；挂挡至D挡，系统状态显示为GO，松开行车制动，车辆即可行驶。

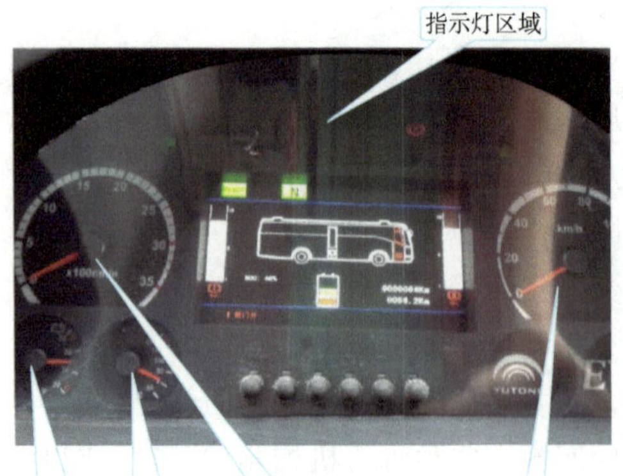

图 6-36 宇通 E8 纯电动客车仪表

2 挡位操控器

传统汽车的挡位操控器一般都是采用换挡杆，而宇通E8纯电动客车的挡位操控器是按钮式的，如图6-37所示。D挡即前进挡，按下该按钮后踩加速踏板，车辆即可前进，车速或转矩随加速踏板开度的增大而增大。R挡即倒车挡，按下该按钮后踩加速踏板，车辆即可后退。N挡即空挡，按下该按钮后，电机即不输出动力。需要注意的是，D挡和R挡的切换必须经过N挡。L挡为备用挡，宇通E8纯电动客车暂时没有使用。

3 纯电动客车功能翘板开关

纯电动客车大部分功能翘板开关与传统客车一样，下面主要介绍宇通E8客车回馈使能开关作用，如图6-38所示。回馈使能开关的作用主要是改变制动能量回馈量。当车辆长时间行驶在冰雪或湿滑路面时，建议按下此按钮，使制动能量回馈量减小到20%，结合点刹，提高制动性能。

图 6-37　宇通 E8 纯电动客车挡位操控器

图 6-38　宇通 E8 客车开关

7 电动汽车充电系统

电动汽车充电系统相当于加油站，是电动汽车的能量来源，是电动汽车的重要附属设备。充电设施是为保证电动汽车和电网安全、可靠、经济地提供电能的充电系统。

1 充电机的类型

目前常用的充电机是将交流电转化为直流电对动力电池进行充电。根据不同的分类方式，可以将充电机分为多种类型。

（1）根据安装位置分为车载充电机和地面充电机。

车载充电机是指将充电机安装在车辆上，直接通过插头连接地面交流电源对电池组进行充电的装置。该充电机充电灵活，但由于车载充电的功率有限，充电时间较长，一般需要5~8h。

地面充电机一般安装在固定位置，其交流端与电网之间已做好连接。充电时，直接将直流端与电动汽车的充电插口连接。

（2）根据输入电源分为单相充电机和三相充电机。

这两种类型充电机的区别在于充电机用的交流电是单相还是三相，两者的工作原理基本一致。前面讲述的车载充电机一般采用单相充电机，地面充电机一般采用三相充电机。

（3）根据连接方式分为传导式充电机和感应式充电机。

传导式充电机通过充电电缆连接到车辆上对动力电池组进行充电；而感应式充电机是利用电磁感应耦合方式对车辆的动力电池组进行充电。

2 充电模式

充电模式一般分为正常充电模式、快速充电模式和更换电池模式三种类型。

正常充电电流的选取是指在保证电池使用寿命的情况下，参考电池的性能和结构等因素，所设定的一个充电范围。该充电模式下，既能保证动力电池达到所设定的电池使用性能和容量，又能保证动力电池的使用寿命。

快速充电模式是指对动力电池充电全过程采用较大电流，实现快速补充电能。长时间使用快速充电，会影响动力电池的使用寿命，降低动力电池的容量。

更换电池模式是目前解决动力电池不能快速充电的一种过渡模式，是指在电池电能不足的时候，通过更换动力电池的方式实现车辆更大的行驶里程。

3 充电接口

充电接口是指连接电缆和电动汽车的充电部件，由充电插座和充电插头两部分构成。充电接口的种类有单相交流充电接口、三相交流充电接口和直流充电接口三种类型。

道路旅客运输防御性驾驶技术

学习目标

(1) 掌握防御性驾驶的决策反应能力。

(2) 熟练掌握客运车辆行车过程中常见危险源的不同特点。

(3) 熟练掌握防御性驾驶方法与决策。

第一节 防御性驾驶通则

一 防御性驾驶的定义

防御性驾驶，顾名思义是在驾驶时采取自我防御措施，避免或减少非主观原因对自己造成的伤害，它是预测危险，远离危险的一种驾驶技术，也是一种哲学思想，通过看和听的察觉，进一步认知及预测可能发生的情况，进而预先采取相应的措施，预防因为别人的失误或者因为环境的因素而造成的可以避免的意外事故。

二 防御性驾驶的核心

防御性驾驶的核心是安全驾驶意识、安全驾驶习惯、不主动造成事故、不被动涉及事故。要具备防御性驾驶的核心理念，就要提高客车驾驶员法律观念和安全意识，做一名合格的客车驾驶员，必须接受正规的防御性安全驾驶技术培训，牢固地掌握交通法规、驾驶理论和实践技能、天气情况、道路变化，为行车安全打下良好基础。学会驾驶技术容易，驾驶好客车难，驾车无事故就更难，平时要虚心学习防御性安全驾驶技术，经常总结成功的防御性安全驾驶经验，做到既会驾车，又懂得如何熟练掌握防御性安全驾驶技术的内涵。

三 防御性驾驶的目的和意义

① 防御性驾驶的目的

防御性驾驶的目的是纠正驾驶员不良的驾驶习惯，强化安全及防御性驾驶意识，提升操控车辆能力，掌握不同路况、气候条件下的安全驾驶要领，增强应急处理措施和能力。

② 防御性驾驶的意义

（1）提高对驾驶责任感的认识。

（2）减少家庭悲剧及纠纷。

（3）安全地享受驾驶乐趣。

（4）建立行车安全与人车和谐环境的基础。

（5）降低卷入交通事故的概率。

（6）降低油耗及车辆日常维修费用。

（7）减少保险索赔，降低保费支出。

（8）减少驾驶带来的焦虑和疲劳。

（9）提高工作效率和车辆利用率。

（10）树立良好的驾驶形象。

四 道路旅客运输驾驶员九大防御性驾驶技巧

1 放眼远方

我们根据驾驶员观察视距的远近，可以把车辆前方环境划分为三个观察区域。第一个区域为6s内的区域，即执行区，该区域为必须采取行动的区域，在该区域若出现危险源，驾驶员必须果断采取应对措施。第二个区域为6～15s的区域，即观察区，在该区域出现的危险源，驾驶员必须时刻关注其动态，保持高度警惕。第三个区域为15s以外的区域，即计划区，在该区域出现的危险源，驾驶员必须能观察到，做到心中有数，保持警觉。驾驶员必须延伸观察距离达到15s以上，才能真正确保行车安全（图7-1）。

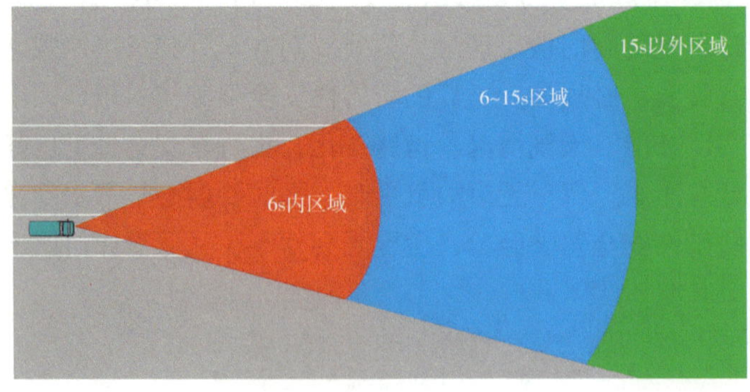

图 7-1　放眼远方

2 洞悉四周

驾驶员除了延伸观察距离外，还应尽可能利用周边视力（余光）扫视加大观察范围，合理的利用后视镜观察车辆后方和侧后方的交通状况，避免遗漏车辆周围可能存在的危险源。车辆在行驶过程中，驾驶员在任何时候，都应做到眼观六路、耳听八方，清楚了解车周边360° 空间的状况，以及车在整个道路交通系统中的位置，每5～8s扫视侧、后视镜以洞悉四周情况，以便能够及时发现存在的危险源并采取正确的处置措施，以防止事故的发生。

3 视线灵活

正常人的视野左右观察能力是180°，复合视野只有60°。车辆在行驶过程中，驾驶员能看清并记忆的范围仅只有3°。特别是通过各种复杂路段，按照防御性驾驶技术要求，驾驶员应不断扫视车辆周边情况，保持眼睛移动，扩大视野。车辆在行驶过程中，驾驶员应避免注视一个物体超过2s，即视线离开行驶方向不能超过2s。

4 留有余地

安全与谨慎驾驶的三条黄金原则：集中注意力、仔细观察、提前预防，其实就是让驾驶员在行车过程中必须提前对车辆周围的交通状况进行有效观察，并提前采取预防措施，给自己留出足够的空间和余地，同时也给其他交通参与者留出安全的空间。我们要时刻保持车辆四周具有一个合适空间，尽量避免在车群中行驶，要对其他交通参与者的行为进行提前判断，并及时采取有效措施，以防止事故的发生。

5 引人注意

防御性驾驶强调的是驾驶员不仅要能够及时、全面地发现其他交通参与者，同时也要让其他交通参与者尽早地了解你的位置与动态。行车过程中，驾驶员应充分利用各种信号装置向其他交通参与者发出信号，必要时还可以利用目光接触或肢体语言进行交流。

6 众醉独醒

专心驾驶不能分神，注意观察路上其他车辆和驾驶员的状态，识别疲劳症状，选择解除疲劳的方法，选择避让线路或停车地点，保持充足睡眠并制订行车计划。

（1）驾驶员专心致志驾驶车辆，注意时刻提醒自己要保持冷静，有效避免因为坏情绪而导致的危险。

（2）避免不良情绪干扰。上车前，如果情绪不好，就要学会为自己减压，因为如果驾车时脾气火爆或者沮丧，则会在一定程度上影响客车驾驶员的驾驶效果。

（3）驾车时不要在路上争吵。有些人脾气火爆，遇到抢道、追尾、碰撞等事故，就会发怒火冒三丈，产生所谓“路怒症”，其实在路上和别人争吵，不仅不能有效解决问题，也会让双方的不好情绪加深，这种时候冷静处理，反而更有利于事情的解决。

（4）驾车上路减压，避免坏情绪。驾驶过程中应当多几次深呼吸，试着与前行车辆保持一定车距，开窗让新鲜空气进入车厢，听收音机或播放比较轻松的音乐，将车停在路边服务区，有心事的时候可以先打个电话给好朋友倾诉一下，心情舒畅后再上路，车上放一张家人幸福的小照片，不驾车的时候看一看等。

（5）保持良好的工作环境。行车中，保持驾驶室空气畅通、温度和湿度适宜，减少噪声干扰。

7 轻车熟路

驾驶员在行车前，应对行车途中所要经过道路的路面情况、气候状况以及复杂路段的交通特点进行了解，尽量选择最便捷、最安全的行车路线。行车过程中，驾驶员要注意观察车辆和道路上的交通情况，留意路面的状况，要善于借助路旁的参照物记路，每个交叉路口都有其不同的特征，如不同的建筑、不同的景观设置等，记住这些特征能为驾驶员安全行车打下坚实基础。

8 有备无患

行车过程中，驾驶员应时刻调整好跟车距离，在任何时候，车的前后、左右都要保持足够的安全间距，尽量避免并排行驶，必须给自己留出逃生通道。驾驶员在跟车过程中，由于受前车遮挡，阻碍驾驶视线，驾驶员接受来自前方的信息较慢，所以必须保持足够的纵向距离，尽可能扩大视野。在道路交通情况复杂的特殊路段跟车时，要耐心跟进，需要超车时，要在较远距离时就观察情况，确保超越过程的安全。在遇风、雨、雪、雾等恶劣天气时，要严格按照交通法规的规定时速行驶，增大安全间距。

9 逃离险境

在道路运输过程中，很可能遇到一些突发事件。如前方发生严重的道路交通事故，道路设施事故（道路、桥梁、隧道塌方），严重的危险货物运输事故，以及影响道路交通的各种恶劣天气，包括风、雾、雨、雪等可能降低道路通行能力并可能引发交通事故的各种天气状况。

（1）如果还未入险境，千万不要轻易涉险、草率通过，一定要选择安全地点停车查明情况，确保百分之百的安全，方可通过。如不幸已驶入险地，应当及时组织乘客疏散到道路以外的安全地带躲避，预防第二次事故发生。

（2）如遇到塌方、泥石流、道路水毁、滑坡等地段，一定要沉着冷静，迅速、准确判断出最佳的安全撤离路线，以最快的速度逃离险境。如车辆已无法逃离，驾乘人员一定要迅速下车及时组织乘客疏散到道路以外的安全地带躲避。

第二节 进出服务区及沿途停靠的防御性驾驶

一 进出服务区的防御性驾驶

高速公路或国道，每间隔40~60km设立有旅客运输车辆专门的服务区，为广大驾驶员和旅客提供服务，特别是在高速公路上行车，服务区大家都会进去，因为这是唯一可以停车休息的地方，并且服务区提供服务的设施比较完善，可以停车、吃饭、打开水、购物、加油、修车、上卫生间等活动。

在行车中留意路边的指示标志，确认距服务区的距离，快到达服务区之前要提前变道，进入最右侧车道减速行驶，不要临近服务区，才急减速变更车道，这样非常容易引起追尾事故的发生。

车辆临近服务区入口处时，要提前开启右转向灯，根据标志的限速要求，提前慢慢减速，控制好车速，很多服务区匝道是一个很长的弯道且又是下坡，此处若是速度过快，很容易与路边隔离带或前车发生刮碰。因此，服务区进口通道处有一个明显的限速标牌，一定要提前减速，遵守限速规定，谨慎驾驶，进入服务区注意观察服务区入口处的导流指示标志或标线，按照指示标志指引的路线行驶。

进入服务区后要严格控制车速，由于停车区车辆、行人较多，情况复杂，要根据指示牌和地面指示标线或听从服务指挥人员的安排，进入为大型客运车辆专门划定的停车区域停车，最好选择一个进出方便的车位，有些车位比较密集，来来回回的行人又多，无论进车位还是出车位都不方便，同时注意与其他停放车辆保持合适的间距，以免发生刮碰事故。

车子停好了，拉紧驻车制动器，挂低速挡并熄火，驾驶员应向旅客告知注意事项和上车出发的时间，然后才能开门让旅客下车休息。驾驶员应按照日常维护的规定，对车辆进行安全例行检查。如果驾驶员要离开车辆，应关闭车门并锁好，以防车上财物失窃。

驶离服务区前，驾驶员要重新清点旅客人数，确认所有旅客都上车后，才能关闭车门，防止旅客遗留在服务区。车辆行驶时，注意观察汇入出口匝道其他车辆，注意避让，在加速车道上提速到规定的车速，打开左转向灯，通过左后视镜观察左后方来车情况，确认安全后，进入行车道。

二　沿途停靠的防御性驾驶

1　通用技巧

（1）客车沿途停靠前，首先应当观察后方和右侧的交通情况，提前开启右转向灯，注意驾驶盲区内的非机动车、行人。

（2）确认停车地点安全后缓慢向右转动转向盘，注意通过右后视镜观察、判断车身与道路右侧边缘线之间的距离，按顺行方向靠右侧停车，不得逆向停车。

（3）夜间沿途停靠应当同时开启示廓灯和后位灯。

（4）避免紧急制动，再次起步时应当再次清点客运单上显示的乘客人数跟实际乘坐人数是否相同，照顾老弱病残及儿童。

2　车辆在道路上发生故障时临时停车

（1）车辆在道路上发生故障，需要在沿途临时停靠车辆时，客车驾驶员应立即开启危险报警闪光灯，将车辆及时移动到不妨碍交通的地方，普通公路在来车方向50～100m

处设置警告标志；高速公路在150m以外放置警告标志，必要时报警。

（2）夜间车辆在道路上发生故障，沿途停靠还应同时开启示廓灯和后位灯，在来车方向50~100m 处设置警告标志，必要时迅速报警。

（3）夜间及遇雨、雾、雪等天气或车辆发生故障需要临时停车时，应关闭前照灯，并开启危险报警闪光灯、后位灯和示廓灯。

3 客车沿途停靠注意事项

（1）客车沿途停靠必须选择在符合道路交通安全法有关停车规定的地段停车。

（2）避免在交叉路口、铁路道口、急弯处、宽度不足4m的窄路、桥梁、陡坡、隧道及距离上述地点50m以内的路段停车。

（3）因某些原因不得不在上述路段停车时，客车驾驶员应立即开启危险报警闪光灯，并在适当位置放置警告标志。

第三节 客运站场的防御性驾驶

客运站场是道路运输车辆经常出入的地方，驾驶员掌握客运站场的防御性驾驶知识，有利于规避驾驶风险，降低意外事故发生率。客运站内车辆、人员密度高、交通标志、标线不齐全，这些因素都影响着客运站内行车安全。客运站内防御性驾驶要点：必须清点乘客人数，确保乘客坐稳，对需要帮助的乘客提供方便，谨慎驾驶。

一 对行李舱进行例行检查

驾驶员在驶离客运站前应当对客车行李舱进行例行检查，主要是详细检查大型客车行李舱开启和关闭是否灵活有效，舱内气路管线捆扎是否紧固合格，舱内卫生是否达标，舱内有无存放易燃易爆物品和闲杂物品等现象，对查出的隐患问题当场立即整改，绝不姑息迁就，确保车辆运行安全。

二 对行李架进行例行检查

驾驶员在驶离客运站时应当对客车行李架进行例行检查。主要是详细检查大型客车行李架上螺钉的紧固程度和旅客物品、包、衣服、被褥、书籍、零星食品、土特产品等摆放的均匀程度，旅客携带的随身行李质量不能超过行李架的设计承重，确认旅客随身行李、物品摆放安全，消除车辆在行驶途中行李、物品从行李架上掉落砸伤乘客的隐患。

三 清点乘客人数

清点客运单上显示的乘客人数跟实际乘坐人数是否相同，避免将乘客遗落在客运站，延误乘客乘车。

四 检查乘客座椅安全带

检查乘客座椅安全带使用的有效性，并对旅客安全乘车安全告知。

第四节 典型道路的防御性驾驶

一 立交桥、立交路口、桥涵、桥梁、隧道防御性驾驶方法

1 通过立交桥、立交路口的防御性驾驶

立交桥或桥涵，是用空间分隔的方法来消除道路平面交叉车流的冲突，其最大承载能力、最大限制高度和宽度，雨天桥涵的积水，都会对行车构成危险，不遵守限载、限高、限宽规定，不考虑横向风的影响，雨天不探明桥涵积水深度，在立交桥通往各个方向的引桥和分叉口驾驶时驾驶员注意力集中 “找路”。而忽视了对交通情况的观察，都会发生危险或引发交通事故。

（1）通过立交桥时，驾驶员要注意限载总质量或限制轴重、限高或限宽标志，超过规定时要绕道行驶避免造成车辆压垮桥体， 当车高度与限高很接近时，驾驶员应先下车探查，确认安全后再低速缓慢通行。

（2）通过立交桥时，驾驶员要随时观察指路标志，选择对应车道内行驶，以免错过出口。如果行错方向，不要停车、倒车，应继续行驶，驶过立交桥后，重新制订行驶线路。

（3）通过立交桥时，必须按照规定的速度或限速标志的规定行驶，接近立交桥时，应适当减速，以确保行车安全。

（4）注意行车规定， 通过立交桥时应遵守立交桥的行车规定，立交桥上禁止倒车、停车和逆向行驶， 如果车辆在立交桥上发生故障，则必须想办法将车移走，以免影响交通。

（5）在立交桥通行时，要注意违规进入立交桥的行人和非机动车，应适当减速，鸣喇叭提醒，以确保行车安全。

（6）雾天桥面容易形成水膜，冬天桥面容易结冰， 所以，在桥面行驶时，应增大跟车距离，尽量避免急打转向盘和紧急制动。

（7）通过立交路口时，遵守交通通行规则，控制车速，随时做好安全避让汇入或分流车辆。

（8）通过立交路口时，严格遵守通行优先次序：右转让左转，转弯让直行。

2 通过桥涵的防御性驾驶

（1）通过桥涵驾驶员要注意限高或限宽标志，超过规定时要绕道行驶避免碰撞、刮擦桥墩或车顶与桥底面刮擦或被卡在桥涵里。 当车的高度与限高很接近时，驾驶员应先

下车探查，确认安全后再低速缓慢通行。

2013年2月13日晚，一辆从德阳开往成都的大型客车，在德阳城郊穿越宝成铁路下穿涵洞时，3.35m高的大型客车误入限高 2.2m的涵洞，涵洞将大型客车车顶掀翻，车上38人不同程度受伤，其中有1人伤势较重。

此事故的原因是由于客车驾驶员在驾驶过程中注意力不集中，没有仔细观察道路前方涵洞入口限高杆的标志所致。

（2）通过桥涵时，如遇积水，要仔细查看水的深度、流速和水底情况，判断能否安全通过。如果存在危险改道行驶，不得冒险通过。

（3）必须通过时，最好尽量保障抵挡匀速行驶，避免中途停车、换挡、急打转向，做到慢速、平稳通过，切忌多车下水， 涉水行驶后，反复踩踏制动板，待制动性能恢复正常后，再进入路面加速正常行驶。

3 通过桥梁的防御性驾驶

桥梁是为道路跨越江河湖海、山谷等天然或人工障碍物而建造， 供行人、车辆通行的道路工程设施。 桥梁具有交通参与者混杂、路面较窄、交通流量大、限制车辆载重、限制行驶速度、禁止超车等特性。客车对桥梁承重能力提出更高要求，客车车体宽大，要求路面宽阔，车辆通过承重能力小、路面狭窄的桥梁时，有很大风险， 车辆通过桥梁或从立交桥下通过时常见的交通事故类型包括：尾随相撞、同向剐蹭、正面相撞侧滑、侧翻、碰撞行人、 坠车和碰撞桥墩等。

（1）进入桥梁行驶时，认真观察限速和限重标志的内容，将车速降低到限制的速度以下按规定通行，如果质量超过标志限定的范围，考虑改行其他道路。

（2）注意横风标志，看到标志提前降低车速，如果遇到横风，缓慢转动转向盘，修正行驶方向，切记不可猛打转向盘和紧急制动。

（3）雾天桥面容易形成水膜，冬天桥面容易结冰。所以，在桥面行驶时，应增大跟车距离，尽量避免急打转向盘和紧急制动， 如果行错方向，不要停车、倒车，应继续行驶，驶过大桥以后，重新制订行驶线路。

（4）通过窄桥时，观察桥梁前的限宽、限重标志，确认安全后通行，如果车辆实际状态超过桥梁的限宽和限重，应绕行，不要强行通过，看到对面有来车，要礼让先行。

（5）通过漫水桥，实地查看水势深浅、流速快慢以及水底路面的软硬程度，结合客车涉水能力，决定是否通过， 如果前面有车辆通行，等前车通过后沿其行驶线路行驶，通过时，要挂低速挡、控制转向盘匀速通过，坚决避免在涉水时换挡，涉水行驶后，反复踩踏制动踏板，待制动性能恢复正常后，再进入路面正常行驶。

④ 通过隧道的防御性驾驶

1 隧道的特点

（1）隧道具有限制车辆高度、内部光线暗淡、行车环境较差等特性，隧道内发生事故，受空间的限制，救援难度非常大，且容易引起二次事故，车辆通过隧道时，常见的交通事故类型包括追尾、同向剐蹭、碰撞隧道壁等。

（2）白天，汽车驶进隧道和驶出隧道时，在驾驶员的眼睛里会产生黑洞和白洞的效应，驾驶员的视觉中要经过暗适应和亮适应两个过程。在这两个过程期间，会短时间造成驾驶员看不清道路情况，因而得不到足够的视觉信息而可能出现操作失误，严重影响行车安全。

（3）由于人由远处突然进入隧道暗处，眼睛不能马上适应，有些驾驶员感到不舒服，并产生与隧道内壁相撞的感觉，有些驾驶员看到两侧墙壁飞快地向后移去，甚至会产生恐惧感，这些都大大增加了驾驶员的心理负担，可能因此向左或向右打转向盘，很容易与两侧墙壁或并行的车辆相撞，造成事故，与一般路段相比，隧道是很容易出事故的地方。

2 通过隧道的驾驶操作方法

（1）驶入隧道前，应根据标志提示，提前减速至规定速度以下，开启近光灯。

（2）进入隧道后，将视线注意点移到隧道的远处，不要看两侧隧道壁，注意保持行车间距，严禁在隧道内变更车道、超车和随意停车。

（3）如果车辆在隧道内出现故障，只要车辆还能继续行驶，应尽可能把车驶出隧道。当车辆无法驶出隧道时，车上人员必须迅速离开车辆，设法将车移到特别停车点，打开危险报警闪光灯，在车后方150m外设置警告标志，并通过紧急电话向高速公路管理中心报警。

（4）驶出隧道前，通过车速表确认行车速度，不能凭直觉判断车速，到达出口时，握稳转向盘，以防隧道口处的横向风引起车辆偏离行驶路线。

（5）驶出隧道后，在亮适应过程中切勿盲目加速，以免因视力瞬时下降不适应环境而造成危险。

3 通过隧道的注意事项

（1）提前检查道路前方出现山体时，往往伴随着隧道的出现，在进入隧道前，要提前选择安全的地点停车检查车辆，驾驶员做适当休息。

（2）进入隧道前，注意观察隧道口的限速、限宽标志和其他注意事项，特别是对于禁止危险货物运输车辆通行的隧道，要提前绕行。

（3）提前减速、开灯，看到隧道口或看到隧道标志时，提前降低车速，坚决避免在隧道口超车，看到隧道出口时，再次确认车速和保持车距。

（4）隧道是一个封闭的空间，噪声不易消除，禁止在隧道内鸣喇叭。

（5）隧道内空间狭小，没有路肩和应急车道，光线不足，在隧道内行车应避免频繁变更车道和超车，尽量保持匀速行驶。

（6）隧道内禁止停车，车辆出现故障等无法正常行驶的情况时，必须立即向隧道管理部门报告，开启警示灯并迅速设法将车辆移至紧急停车带，并在合适的位置放置警示标志，等待救援人员到达后配合救援人员迅速将车辆拖移至隧道外安全地点。

（7）隧道内行驶时，不允许掉头，如果发现行驶路线错误，但已经进入隧道，则需要继续行驶，待驶出隧道后再寻找合适地点掉头返回。

（8）隧道口存在一定的视野盲区，出隧道前要谨慎驾驶，避免隧道口有行人横穿，提前防范，小心应对隧道口横风或路面结冰等情况，特别是在隧道与桥梁连接路段。

（9）在进长隧道、特长隧道和隧道群行驶前，应寻找合适的位置停车以进行短暂的休息，再次检查车辆，确保万无一失后，再精力饱满地驾驶车辆通过。

（10）通过无管制的单车道隧道，在接近隧道口时，应仔细观察，如隧道内已有对向来车行驶，应主动避让，避免在隧道内“顶牛”。

（11）通过仅能单向车行驶的窄隧道时，应提前减速，观察有无对向来车，确认安全后方可通过。

（12）通过双向行驶的隧道时应注意对向来车，尽量靠右侧行驶，避免车辆间的刮擦。

（13）通过机动车、非机动车和行人混杂的隧道，尽量降低车速，靠路面中央行驶，提高警惕，随时注意观察两侧的非机动车、行人的动态，如果隧道为车流量较大、行人较多的隧道或者人车混合使用的隧道，应尽量绕行，避免危险货物运输车辆通过隧道，无法避免时，应选择车流量较小的时段或夜间通过。

（14）山区隧道有单向行驶隧道和双向行驶隧道，隧道内一般都比较狭窄、黑暗，有时路面湿滑，较短的隧道可从入口看到出口，而较长的隧道或路途有弯的隧道则从入口无法看到出口，有的隧道在入口处设有信号灯，只有当绿色信号灯亮时，车辆方可驶入。雨天驶入、驶出隧道时，由于明暗差大和雨水造成的水帘影响，视线变差，应降低车速行驶，注意观察隧道内的行人和非机动车的动态，在隧道内禁止停车、倒车和超车。

（15）进入高速公路隧道前，观察隧道口的指示灯，按照指示灯的指示行驶，隧道内注意隧道上方的情报板内容，保持合理的安全距离和车速。

二 城乡接合部路段防御性驾驶方法

1 城乡接合部路段特点

城乡接合部道路交通基础设施较差、道路窄、路口多、路况复杂，是交通事故的易发地段。此外，一些交通设施陈旧落后，交通标志、标线年久失修，没有安全防护设施，沿线乡村村庄密集，交通流量大，厂区单位、铺面、摊点的出入口较多，驾驶道路穿镇穿村，沿途人口密集，农用车、危险品运载车、摩托车等在城乡接合部路段全部允许通行，道路行驶秩序混乱，营运车辆超载、超速、违章超车、疲劳驾驶等违章严重，造成人车混行安全隐患，有严重的事故隐患。

2 通过城乡接合部路段的防御性驾驶

行车过程中，驾驶员的视野应该是“看远顾近、兼顾两边”，密切注意左右两侧是否有行人或者儿童正在横穿或者准备横穿马路，以做好提前减速避让的准备。

（1）进入城乡接合部路段时，要考虑行人、非机动车、农用车、摩托车及路边的摊位等危险因素，控制好车速，提前减速慢行。

（2）城乡接合部路段交通实施设备欠缺，十字路口普遍没有交通信号等，交通警力薄弱，通过时，应礼让通行，保证交通的畅通和安全。

（3）常用喇叭提示其他交通参与者时刻关注其车辆的动向，时刻保持警惕，做好避让准备。

（4）如遇到施工情况时，驾驶员应降低车速，按照通行标志指示行驶，并时刻观察路面散落的砂石、坑洼，防止车辆侧滑，同时注意其他施工车辆。

（5）遇行人或者非机动车突然横穿道路时，及时减速或停车避让， 遇有牲畜或赶集人员密集路段，要减速并随时准备停车。

第五节 特殊路段的防御性驾驶

一 高速公路

高速公路是专供汽车分向、分道行驶，并严格控制出入的干线公路，在交通运输中起到十分重要的作用，行车便捷、通畅，成为人们出行越来越重要的选择。然而其良好的行驶环境往往容易麻痹驾驶员的神经，同时过快的车速往往会让事故造成的伤亡更加惨重， 因此，在高速公路上行驶，完全不同于一般道路的驾驶，驾驶员应掌握高速公路的正确行驶方法，确保行车安全。

1 驶入高速公路

车辆驶近收费处时，要严格遵守限速规定注意观察指示牌和情报板上显示的道路及天气情况，确定是否能进入高速公路，确定可以进入高速公路后，选择通道上方亮绿灯信号且车辆较少的通行道口，依次排队通过，切勿争道抢行。

（1）在设有电子不停车收费系统（ETC）的收费站，持有电子标签的车辆可以在20km/h的车速内不停车直接通过ETC专用收费车道，进入高速公路。

（2）进入收费口处，将车身靠近收费亭，停车应使驾驶室车窗与收费亭窗口对齐，以便交接通行卡或通行费，大型车辆应缓慢将车辆停放在地称上称重计费。

（3）车辆驶过高速公路收费口后，应根据指路标志选择需要的匝道口，打开转向灯，驶入确定匝道口后，迅速提高车速，但不得超过标志限定的速度，在匝道上不准超车、掉头、停车和倒车。

（4）驾驶车辆从匝道进入高速公路加速后，应打开左转向灯，尽快将车速提高到60km/h上，并仔细观察行车道上行驶车辆的情况，选择驶入行车道的时机，不准在加速过程紧急制动或停车。

（5）驾驶车辆驶入高速公路加速车道后，应根据行车道的情况选择驶入时机，行车道车辆稀少时，可从正常行驶车辆后驶入行车道，遇高速公路正常行驶车辆尾随相距较近时，应控制好车速，在所有车辆通过后再驶入行车道，不宜迅速从中间插入。

2 高速公路防御性驾驶方法

1 分道行驶

（1）在高速公路上行车时，客车最高时速不得超过 100km/h，应严格按规定选择行驶车道，不得在紧急停车带或路肩上行车。

（2）在同向2车道的高速公路上行车，车速低于100km/h时应在右侧车道上行驶。

（3）在同向3车道高速公路上行车，最右侧车道的最低车速为60km/h，车速高于90km/h的车辆应在中间车前上行驶，车速高于110km/h的车辆应在最左侧车道上行驶。

（4）在同向4车道的高速公路上行车，车速高于 90km/h的车辆应在中间两条车道上行驶；车速高于110km/h的车辆应在最左侧车道上行驶。

2 速度控制

（1）车辆在高速公路行驶时，要通过车速表确认车速， 长时间高速行驶，驾驶员对车速的感觉会变得迟钝，仅凭感觉不能准确地判断车速。

（2）车辆进入高速公路后，无论是正常行驶，还是超车或让车，都应严格遵守最高车速和最低车速规定。

（3）在高速公路上行驶时，要注意限速标志，按照标志要求限速行驶，高速公路上要求以规定速度行驶时，都设有限速标志，在有限速标志的路段，应及时将车速控制到限速标准以内，超速驶过该路段是非常危险的。

3 安全距离

（1）车辆在高速公路上超车，车速为100km/h时，最小横向间距应为1.5m。

（2）高速公路每隔一段距离，设有专门为驾驶员确认安全距离使用的路段和标志牌，该路段用于驾驶员确认车速在100km/h时的安全距离。车辆在高速公路以100km/h的速度行驶时，100m为安全距离，50m为危险车间距。

（3）高速公路行车，应根据行驶速度、天气和道路情况保持安全距离。

4 变更车道

车辆在高速公路上行车，不得频繁地变更车道，确需变更车道时，应提前开启转向灯，注意观察道路标志、标牌和路上的情况，确认安全后，缓转转向盘，驶入需要变更的车道，切不可一次连续变更两条以上车道。否则，容易导致碰撞事故的发生。

5 超车

（1）高速公路速度快，噪声大，鸣喇叭前车驾驶员可能听不到，超车时应切换远近光灯提醒一下对方。

（2）发现行车道内有两辆以上大型货车前后距离比较近时，超车时要提防后面的大型车辆突然变道而发生危险。

（3）正常情况下在高速公路超车时，横向车距（两车间平行瞬间的左右距离）为：车速为100km/h时，横向车距为1.5m 以上；车速为70km/h 时，横向车距为1.2m以上。

（4）夜间超车时，不应一直用远光灯，应在距离被超车150m 以外变为近光灯，以便前车更好地判断两车间的距离，避免误判发生危险。

6 通过立交桥

行至高速公路立交桥时，要注意观察指路标志，在临近转弯的立交桥前，要根据右侧指路标志确认出口位置、行驶车道和行驶路线，若要改变行驶路线，应距立交桥500m时，开始逐渐降低车速，根据预告标志适时地向右完成车道的变更，平顺地驶入预定车道，距出口50～100m时，打开右转向灯，按照指路标志的要求进入匝道，驶入新的行进方向车道。

7 停车

（1）在高速公路行车时发生故障，必须停车时，切不可采用紧急制动的方法，更不能在行车道直接停车。应控制好车速，看清车前车后的交通情况，打开右转向灯，尽快驶离行车道，停在紧急停车带内或右侧路肩上。

（2）停车后，必须立即打开危险报警闪光灯，在车后方 150m以外设置警告标志，若是夜间还需要同时打开示廓灯和后位灯，车上人员应迅速转移到右侧护栏以外，并通过紧急电话求援或报警。

（3）若车辆短时间内修复后返回行车道时，应先在路肩或应急车道上提高车速，并打开左转向灯，在路肩或紧急停车带提高车速至 60km/h 以上，认真观察行车道上车流的情况，在不妨碍其他车辆正常行驶的情况下，进入行车道行驶。

8 注意事项

（1）上高速公路前，要规划好线路，尽可能了解沿途的路况和气候状况，给车辆加满油料，检查手机电、费充足，注意休息，保证精力充沛，避免疲劳驾驶。

（2）如果因疏忽驶过出口，应继续向前行驶，寻找下一个出口或立交桥驶出高速公路或掉头，不得紧急制动、停车或沿路肩倒车退到出口处，更不得借行车道掉头或逆行。

（3）在高速公路上行车，除服务区外，不得在路边随意停车，更不得在高速公路上停车上下乘客， 发生事故或故障必须停车时，应尽可能选择紧急停车带停车，迅速正确地疏散乘客，打开危险报警闪光灯，摆放危险警告标志。

（4）高速公路上行车，应随时注意路况提示电子屏和标志牌显示的车速预告，适时调整行车速度，跟大型货车一定要保持距离，防止大型货车突然变线、爆胎和掉物。

（5）行驶中发现可能发生危险的车辆时，应尽早采取措施，或尽快抓住有利时机超越，或加大纵向间距拉开距离，无论哪种方法都是为了及早避开，确保行车安全。

（6）高速公路上行车遇行驶前方道路上有障碍物、因事故前方车道堵塞、道路施工占道及自然灾害造成前方路段损坏需变更车道时，要注意观察道路上设置的标志或警示牌，按照标志或警示牌上的要求行驶。

（7）高速公路弯道行驶中，应适当降低车速，车速高车会失去控制，造成事故，尤其左转弯道行驶时由于驾驶员的视距变短，应尽量避免在弯道上超车，为了避免因转小弯与侧面车辆擦碰，禁止在弯度小的弯道上超车。

（8）高速行驶时应对有车辆强行并线时或发现前方突然出现行人、动物等障碍时要坚持让速不让道的原则，切不可在高速状态下猛转转向盘躲避，避免发生车辆倾翻事故。

（9）高速公路长时间快速行驶时，车辆轮胎容易升温导致气压升高而发生爆胎，因此，驾驶员尽量不要连续长时间跑高速每行驶2h左右可适当在服务区停车休息一下，使轮胎降温，这一点在夏天尤其重要。

（10）高速公路的坡道坡度较缓，车辆上坡时感觉比较明显，下坡时不容易感觉出来，行车中应随时注意坡道的存在，注意观察道路标志和警告牌，根据道路的实际情况控制行车速度，尤其要控制下坡的速度。

（11）在高速公路行驶时，如突然出现制动失效或车辆失控时，将车辆驶入路侧专门设置的紧急避险车道来辅助停车，确保人员安全。

（12）遇浓雾突然来临，能见度下降，无法继续行驶时，来不及驶向服务区或停车场时，可把车辆驶入路肩，打开示廓灯、危险报警闪光灯和后位灯，待雾散后，尽快驶离路肩。

（13）雪天在高速公路上行驶，应加大行车间距，一般应为干燥路面的 3倍以上，尽量沿前车的车辙行驶，雪天行车，应避免超车、急加速、急转向和紧急制动，必须停车时，应提前采取措施，尽量用发动机的牵阻作用来控制车速，以防各种原因造成的侧滑。

（14）路面结冰时，应立即将车辆驶到最近的服务区或停车场，安装轮胎防滑链或换用雪地轮胎。

3 驶离高速公路

1 驶离行车道

高速公路的出口前2km、1km、500m及出口处都设有下一出口预告标志，行驶到距出口2km预告标志后，在左侧车道上行驶的车辆，要逐渐变道至右侧行车道，注意观察限速标志，降低车速。

2 驶入减速车道

距出口500m时，打开右转向灯，适当调整车速，逐渐平顺地从减速车道口的始端驶入减速车道。

3 减速车道行驶

驶入减速车道后，关闭转向灯，注意观察车速表，并逐渐减速使车速在进入匝道前减至40km/h 及以下。未经减速车道的车辆，不得直接进入匝道。

4 驶离收费站

车辆驶离匝道进入收费站，在收费站前不可以临时变换车道或超车、插队。要控制好车速，进入收费口，把车窗对正停稳，办理收费手续后驶离收费站。持有电子标签的车辆，可以直接通过ETC专用收费通道。

二 山区道路防御性驾驶

我国是一个多山地的国家，特别是南方和西南地区，大部分是山区和半山区，山高谷深，道路险峻，山区道路一般根据自然地理条件而建，大多依山傍水而建，地形复杂，或盘山绕行，或临崖靠涧，坡陡弯急，转弯半径小，视线盲区大，气候变化无常，极易发生车辆失控、翻车、坠崖等事故。因此，在山区道路行车时，必须根据其特点，掌握山路驾驶车辆的正确方法，确保行车的安全。

1 进入山区道路

由于山区道路坡陡弯急，气候变化无常，所以进入山区道路前要做好充分的准备工作。

（1）必须仔细检查涉及安全的转向系统、制动系统、车轮及传动系统，同时加足冷却液、燃油和机油，并根据情况带好三角木、绳索、铁锹等随车工具。

（2）要配备保障基本生存需要的方便食品和矿泉水，以应对突发的特殊情况。

（3）要了解山区的气候特征，确定最佳行车路线，出车前注意休息，保证有充沛的精力驾驶车辆。

2 弯道驾驶

（1）山区弯道往往视线不良，汽车通过时，应适当减速、鸣喇叭、靠右行驶，并随时做好停车准备，利用转向盘合理控制汽车在弯道上转向的时机和行驶路线。

（2）进入弯道前，应提前靠右行驶，待行驶至看清前方无来车时，才能居路中行驶，汽车右转弯时，应注意内轮差，待汽车驶入弯道后，再逐渐靠右行驶，进入弯道前不宜过早靠右行驶，否则将造成右后轮驶出路外，发生翻车事故。

（3）若尾随前车行驶，应加大纵向间距，转弯前换入低速挡，尽量避免在转弯过程中换挡，以确保双手能有效地控制转向盘。

3 坡道驾驶

1 上坡驾驶

车辆上坡行驶时，应采用及时减挡、合理冲坡的操作方法，需提前观察路况，坡度和坡道长度，减挡要及时、准确、迅速，避免拖挡行驶导致发动机动力不足。上陡坡时，应在坡底提前减挡加速合理冲坡。

（1）通过连续短小的坡道，应根据地形情况控制车速，在将要下完坡时适当地加速，握稳转向盘，利用惯性冲上第二个坡道，在即将冲上坡顶时，放松加速踏板，让汽车以惯性通过坡顶，并做好随时提离的准备，以防坡道顶盲区出现意外情况。

（2）通过长而陡的坡道时，要利用高速冲坡，并及时减挡，减挡时，应提前换低速挡，不可用高速挡勉强行驶，也不得过分地使用低速挡使汽车保持足够的动力，稳妥地上坡。

（3）通过视距受到限制的坡顶，应及时减速、鸣喇叭（夜间用变换远、近光灯示意）、靠右行，并注意对面来车和行人，随时做好停车或会车的准备，以防不测。

（4）上坡时，前、后车的安全距离应尽量保持在 30m 以上，以防前车倒退时发生危险，前方有车下坡时，应选好安全路段交会，或在较宽的路段停车，等待与来车交会。

（5）爬长坡时，发动机冷却液的温度容易升高，应适时选择安全地点停车休息，使其降温，恢复正常工作状态后再行驶。

2 下坡驾驶

（1）下陡而长的坡道时，应采用低挡匀速，断续制动的操作方法，在坡顶试踏制动踏板，若制动良好，再挂入与该坡相适应的挡位下坡，同时发动机不能熄火，利用发动机的牵阻作用辅助制动，再使用排气制动或缓速器等辅助制动系统来配合控制车速，结合间歇地使用行车制动，应避免使用紧急制动或中途变速。下坡时，应事先观察前方情况，与前车保持50m以上的安全距离，在视距较短的路段，要随时鸣喇叭发出警告，在路面狭窄或险峻的路段，下坡时应做好随时停车的准备，以防发生危险。

（2）大型客车下长而陡的坡道时，如长时间使用制动踏板，会造成制动鼓内温度过高，烧坏制动摩擦片，从而使制动器失效，以致无法控制车速而发生危险，所以在下长而陡的坡道时，除了合理地使用断续制动和发动机的牵引阻力以外，还应正确使用排气制动或缓速器等辅助制动系统来配合控制车速，确保行车安全。

4 跟车、超车与会车

（1）车辆在山区道路跟车行驶时，与前车应适当加大安全距离，遇视线不清或道路条件差的路段，跟车距离还应加大，以防前车突然停车或停车后溜时发生碰撞事故。

（2）山区道路视线不良、路面狭窄，加之大型客车车体较大，驾驶员应尽量避免或减少超车次数。必须超车时，应选择宽阔的缓上坡路段，打开左转向灯，提前鸣喇叭，在确认前车让路后超越，严禁在禁止超车或不具备超车条件的路段超车。

（3）山区道路会车最大的影响因素主要是路面狭窄，一些路段上甚至无法安全会车，因此，首先应提前观察来车和前车，提前鸣号提醒，合理选择会车地点，尽量避免在急弯道、狭道上交会。如被迫在山区弯道与来车交会时，应根据双方的车型、装载、车速和道路情况，选择合理的会车地点，要顾及路面的实际情况，靠山一侧行驶的汽车应尽量让外侧车行驶。在外侧时不要太靠近路边行驶，以免压塌路面，发生坠车。

5 注意事项

（1）山区道路对驾驶操作的影响为：会显著增大驾驶员的心理压力，提高其心理紧张度，高度紧张状态下，驾驶员容易疲劳，同时还容易由于紧张导致操作失误。因此，行车前必须有充足的休息，保持一个良好的身体状况，避免疲劳驾驶。

（2）行驶中遇暗弯时，要降低车速，多鸣喇叭，注意观察交通信号或后视镜，选择安全合理的路线行驶。如左转弯时，左侧要留出对方车辆行驶的通道，谨慎前进，待前方无妨碍时，及时驶向靠山一侧。

（3）山区道路路面狭窄、弯多坡陡，行车中需要随时根据路线和路面情况对车辆进行操纵，操纵动作的及时性非常重要，因此，必须集中精力，保持高度的注意。

（4）车辆在山区道路运行中的安全空间小，遇到情况操纵运行的空间也小，因此无论在弯道转向，还是避让路面凹坑或障碍物时，操纵动作要及时，但更要注意不可过头，应尽量避免紧急制动和猛打转向盘等操作，为保证发动机有足够的动力顺利通过危险地段，不应挂高速挡行驶，而应及早换入低速挡行驶。

（5）遇有山体易出现落石的路段，险情可能随时发生，要提高警惕，应在安全区域停车，观察落石动态和地面有无散落石块，尤其风雨天气更要特别小心，不得停车，趁交通情况允许时，快速通过。

（6）如前方通视良好，在保证安全的情况下，尽量沿道路中间或靠山一侧按规定车速行驶，注视点侧重于道路交通情况及标志信号，不要探视悬崖、深涧，防止产生眩晕或紧张。在路边设有石桩、石墙的，通常都是急弯、临崖等危险地段，要特别注意。

（7）车辆通过山区危险路段，应谨慎驾驶，避免停车。在较窄的山路上行车时，如果靠山体的一方车辆不让行时，应当提前减速并选择安全的地方停车避让，通过经常发生塌方、泥石流的山区地段，不能停车。

（8）上坡时，由于视线或路况等原因不允许加速冲坡，在爬坡途中势必要减挡，减挡时机把握不好，很有可能造成发动机熄火。如果发动机已经熄火，在没有可靠的制动前，千万不可踏下离合器踏板，此时正确的方法是运用行车和驻车制动将车停稳，重新起动发动机后实施坡道起步。如遇陡坡，重车起步困难时，可请同车人员在车后轮下垫入三角木或石头，防止起步后溜车发生危险。

（9）在曲狭的山路上行驶，尽量避免掉头，有特殊情况必须掉头时，应选择道路宽直、视线良好的路段，利用路侧的平地、岔口或道路的交叉点掉头，并确定土质的软硬强度，掉头时车头应朝向路幅窄、土质松软的地方，车尾应朝向路幅宽、土质坚硬的地方，切忌顾头不顾尾盲目后倒或前进。

第六节 夜间防御性驾驶

一 夜间防御性驾驶要点

夜间行车，受车辆、环境条件和人自身的生理特点影响，驾驶员的视力变差、视距变短。同时，驾驶员对道路状况和交通情况的观察力和判断力有所降低，加之夜间行车因视觉注意力集中而容易产生疲劳，这使得夜间成为交通事故高发的一个时段。因此，夜间行车一定要做到提前预防、仔细观察、合理控制车速，正确使用灯光。

二 夜间行车灯光的识别与正确使用方法

1 不同行车灯的用途

机动车上有夜行灯、信号灯、雾灯、夜行照明灯等，各种灯光都具有不同的用途。

（1）夜间示廓灯：俗称“小灯”，此灯是用来在夜间显示车身宽度和长度的，驾驶员平时进行例行保养时要经常检查。

（2）信号灯：包括转向灯和制动灯。转向灯是车辆转向时开启，断续闪亮，以提示前后左右的车辆和行人注意，转向灯的开启时间要掌握好，开得过早会给后车造成“忘关转向灯”的错觉，开得过晚会使后面尾随车辆和行人无思想准备而发生追尾事故。

（3）制动车灯：此灯亮度较强，用来告知后面的行车前车要减速或停车，如果制动灯不亮极易造成追尾事故。

（4）雾灯：具有很强亮度，非雾天气如果打开后雾灯，会使后车驾驶员感到非常刺眼，影响安全。

（5）夜间穿透大雾的光线，它可以帮助驾驶员在雾天驾驶时提高能见度，并能保证使对面来车及时发现，以采取措施，安全交会，因此雾天驾车时一定要开雾灯，不能用小灯取而行照明灯。夜行照明灯对于全车灯来说是“心脏”部位，会车时变近光灯，会车后及时变回远光，以放远视线，弥补会车时造成的视线不清，通过交叉路口和进行超车时应以变换远近光灯来提示，切实做好事故防御。

2 正确使用行车灯

夜间驾驶，灯光具有照明和信号两方面的作用，应根据行驶中的实际情况正确使用。

（1）傍晚黄昏时，就应该提前开启前照灯。

（2）夜间驾驶起步前，要开启近光灯，仔细观察车辆周边及道路情况，确认安全后再起步，停车时，应先停车后关闭灯光。

（3）夜间不同行驶条件下灯光的使用：

①近光灯：在车速低于 30km/h，与同向前车及对向来车不足 150m，照明条件良好

的道路使用。

②近光灯或雾灯：在风、雨、雪、雾等低能见度条件下使用。

③远光灯：照明条件差的道路，车速大于 30km/h时使用。

④交替使用远近光灯：通过无交通信号控制的交叉路口，驶近坡顶时交替使用。

三 夜间行车路面的识别和判断

夜间行车时，驾驶员的视线仅限于前照灯照射的范围内，很难观察到灯光照射区域外的情况，因此驾驶员应合理控制车速，确保低于限速标志的时速行驶，在没有限速标志的路段，时速应比白天行驶速度更低，特别在弯道、坡道、桥梁、窄路等视线不良路段，必须减速慢行，同时可以通过灯光位置的变化来识别和判断路面情况。

（1）灯光照射距离由远变近时，前方路况可能是：进入一侧有山体或屏障的弯道，到达坡道的低谷地段，驶近或驶入上坡路段。

（2）灯光照射距离由近变远时，前方路况可能是：弯道变为直路，进入下坡路段、缓下坡变为下陡坡或由下坡路段驶入平路。

（3）灯光照射离开路面时，前方道路可能是：急转弯、路面坑洼或到达坡顶。

（4）灯光照射由路中移到路侧时，前方可能是一般弯道或连续弯道，当为连续弯道时灯光会随之从道路的一侧移到另一侧。

四 夜间跟车、超车、会车、停车技巧

1 夜间跟车

夜间跟车行驶时，要使用近光灯，保持安全距离，特别是在高速公路上行驶，更应保持足够的安全距离，注意观察前车信号灯的变化，随时做好减速或停车的准备，跟车时不得使用远光灯，同时要提防路侧黑暗处的行人、非机动车或其他障碍物的动向变化。

2 夜间超车

（1）超车前，应选择视线良好、平直宽阔、左右均无障碍且前方路段200m范围内没有来车的道路，必须在保证安全的前提下方能进行超越，切忌盲目超越。

（2）夜间超车前，应提高车速向被超车的左侧靠近，跟车距离不大于20m，变换远近光灯示意，通知前方车辆。

（3）先确认前车让超或做出让超示意后，向左侧找方向，与被超车保持一定的横向间距，从左侧加速超越，超过后应继续沿直线行驶，在超过被超车 20 ~ 50m 安全距离后，打开右转向灯，驶回原车道，这样的超车技巧才能保证安全。

（4）在经过交叉路口、陡急弯等险要路段或当前方车辆示意左转弯、掉头或正超越其前方车辆时，千万不能超车。

（5）行驶中，一旦发现有尾随车辆发出超车信号后，应根据道路、交通情况来决定是否减速让路。若条件允许，在确保自身安全的前提下，应主动减速靠右行驶，让后车超越，不能故意不让或让路不让速，甚至在超越时故意加速等。

（6）在让超车后，即使前方路面有障碍，也不能再向左急打方向绕行，以免造成超越车辆措手不及发生事故，待后车超越后，进一步观察后面有无连续超越的车辆，确认安全后，再驶回车道行驶。

3 夜间会车

（1）夜间会车时，要提前观察好自己车前方道路或右侧路面情况，选择好会车地点，主动做好停、让准备，与来车相距 150m 以外时，远光灯改为近光灯，适当降低车速，靠道路右侧，保持直线行驶，在会车过程中，有时视线受阻，为了进一步观察道路情况，可短时间开一下远光灯，但不能给对方行车造成困难，总之应顾及对方的行车条件，控制自己的行车位置，切不可看不清目标盲目转向，以免发生意外。有时遇到对方来车因其他情况未能及时关闭远光灯，应连续明、灭前照灯示意，同时做好减速停车准备，主动靠边停车礼让，不要采取报复行为，强行开灯对射或勉强行车人，以免造成对方驾驶员炫目。

（2）夜间遇对向和同向行人或非机动车时，应将远光灯改用近光灯，或交替使用远近光灯，以便观察车辆前方情况。遇对向车辆不关闭远光灯，可交替使用远近光灯提示对向车辆，当对向来车仍不关闭远光灯时，要及时减速靠右侧行驶或停车让行。

（3）在窄路、窄桥或与非机动车会车时，应当使用近光灯。

（4）非正常会车时，对道路情况复杂感到会车没有把握时，及时选择地方靠边停车，并打开后位灯，让对方通过后再继续行驶，会车过程中，一旦感到对方车辆行驶不正常，或路两旁的行人、自行车在双方灯光的照射下看不清情况，又不知如何避让时，应及时靠边停车，待来车过后再驶入正常行驶。

4 夜间停车

（1）观察停车场地，注意行人以及周围过往车辆的动态确保安全。

（2）打开双闪灯，时刻提醒周围的车辆以及行人注意安全，通过灯光和车窗观察停车位置（位）状况。

（3）在确保安全的情况下运用“选择目标准、速度慢、方向快”即安全倒车的“三要素”，采取正常的倒车入库流程完成倒车入位。

（4）停车位的选择非常重要，不要停在过度张扬的地方，以免小偷光顾。

五 夜间通过交叉路口和人行横道

夜间通过照明良好的城市交叉路口时，应在150m以外使用近光灯，提前选择行驶车道，减速慢行，并按交通信号灯的提示通行。

夜间通过视线较差的交叉路口时，应在离路口150m以外，变换远、近光灯提示来往的车辆和行人，并低速通过。

在路口转弯时应该在距离路口 30～100m 时关闭远光灯，开启近光灯和转向灯，进入路口前降低车速，不断变换远、近光灯，确保安全通过。

夜间通过人行横道或者没有交通信号灯控制的路口，应该在距离路口约 100m 处减速慢行，并且交替使用远、近光灯示意，停车观察确认安全后，以低速通过，同时要注意黑暗中的行人和非机动车。

六 夜间通过弯道和坡道

夜间通过急弯时，在距弯道约150m 处，交替使用远、近光灯示意，转弯时要关闭远光灯、开启近光灯，观察对向来车灯光以确定来车情况，降低车速并且靠道路右侧行驶，同时随时做好停车的准备，通过连续弯道时，应该持续使用远、近光灯示意，并且注意观察弯道的尽头，适时调整行驶方向，确保安全。

夜间通过上坡路段时，应提前加速冲坡，并且交替使用远、近光灯示意，提醒对向来车和行人注意，车辆靠近坡顶时，要合理控制车速，将远光灯变换为近光灯，以免引起对向来车驾驶员炫目，造成危险，下坡行驶时应该开启远光灯，以增大视线范围。

七 夜间安全行车

① 做好夜间行车前的准备工作

（1）在行车前，驾驶员应注意适当休息，尤其是长途行车前，必须保证充足的睡眠和精力充沛，并对行驶路线做好充分的准备。

（2）对车辆的技术状况要做到全面维护和检查，尤其是照明设备，检查灯光是否齐全、有效，否则应立即修复，不可勉强行驶。还必须检查转向、制动、传动系统等影响行车安全的各部件，保证车辆良好的技术状况。

（3）夜间行车，特别是长途任务，要携带随车工具、铁锹、夜间工具等或手电筒等照明用具。

② 加强夜间行车中的安全驾驶防御

（1）正确预见路面情况是做好夜间防御性驾驶的前提，如果能对路面的情况采取正确的遇见方法，就可以预防和减少交通事故。

①注意路面的不同颜色，一般规律是：白是水、黑是泥、灰白是路，所以要走灰不走白，遇黑停下来；

②行驶中，如发现前方路面上有阴影，车到近处消失一般是小坑，如阴影仍存在，一般是较大的坑，或者路中有挖开的沟，这时要马上减速或停车，注意观察路面情况；

③行驶中车速自动减慢或者发动机声音沉闷，汽车可能是上坡或者驶入松软的道路上。

如遇到上坡路，到坡顶速度一定要慢，特别当前面是不太陡的小坡（可以一冲而上到坡顶时），将近坡顶时速度一定要慢，因车到坡顶，车灯灯光向上照射，坡顶过后一般即是下坡，一时看不到路面，如果这时的下坡处突然是弯道或者是路面突然变坏、大石块挡道等情况，车速过快必然来不及处理。

（2）严格控制车速是夜间防御性驾驶的基础，夜间驾驶时，道路上交通情况比较简单，很多驾驶员会盲目开快车。

①夜间行车遇大雾最好找个安全地方停车，如急需行车，车上还有其他人员时，要请他们帮助观察车前右侧路面情况，如果是单独行驶，更要注意右侧路面，以防掉沟或发生意外，必要时打开前面风窗玻璃以利观察，遇到大雨，应控制好车速，尽量在路中间行驶。遇到特大暴雨，不要冒险行进，应选择安全位置把车停好，并打开示廓灯、后位灯，以引起来往车辆的注意；

②夏季夜间行车，要关好风窗玻璃，以防趋光小虫飞进驾驶室，刺伤驾驶员眼睛，造成事故。

（3）夜间行驶应尽量避免超车，确实需要超车时，要先变换远、近光灯提示前车，待前车让行后方可超越，遇前车不让行时，不得强行超车。特别是窄路、窄桥、傍山险路、视线不良及交通流量大的路段，更应注意不得超车。

（4）夜间行车，看到后方来车的灯光越来越近，且来车发出超车信号时，要减速让行，有条件时应该靠右侧让行，不能盲目让行。

（5）夜间车辆发生故障时，要尽量选择安全区域停车，开启危险报警闪光灯、示廓灯和后位灯，按规定设置警告标志，车上人员应该及时转移到安全地点，不要在车内停留。

（6）夜间行驶时，不但要注意车辆灯光信号，还要注意拖拉机、人力车、自行车等微弱的灯光信号，还有施工信号灯、交叉路口信号灯、铁道路口信号灯等，遇到这些信号灯，一定要减速慢行，确保安全。

八 夜间驾驶其他注意事项

（1）夜间行驶中如遇全车灯光突然熄灭，应立即制动减速靠边停车，开启危险报警闪光灯，严禁继续行驶。

（2）夜间行驶中如遇道路施工信号灯闪烁，应减速慢行，在险要路段或路况不明的情况下，应当停车查看，确认安全后再继续行驶。

（3）夜间行驶中需要倒车或进行掉头时，必须看清进、退地形及周围安全界限，并在进退时留有余地。

（4）夜间驾驶时间过长容易疲劳，特别是午夜以后容易瞌睡，遇此情况应选择安全路段停车休息 20min 以上，待体能和精神得到适当恢复后，方可继续行驶，驾驶室有空调、暖风设备的车辆，在停车休息使用时，切忌密闭车窗，应注意通风，以免发生意外。

（5）夜间行驶与车辆交会时，如果来车未及时变换远光灯时，应立即减速，同时交替变换远、近光灯示意，切不可以远光灯对射，以防发生碰撞或翻车事故。

（6）夜间超车要特别谨慎，一般情况下，夜间应避免超车，必须超车时，应注意选择路面较宽的地段，跟近前车，并连续变换远、近光灯示意，必要时用喇叭配合，在判定被超车确实让道且允许超车时，才能超越，如果前车成列，超越时更要特别小心，发现自己的左侧有对向行驶的来车，没有足够的安全距离时严禁超车。

（7）夏季夜间行驶，要防止趋光的昆虫从车窗飞进驾驶员眼睛，应随时注意在路边、桥头附近等地方乘凉或露宿的人员动态。

（8）夜间行驶或停车，应尽量避免车轮驶入路边草地，要谨防暗沟、暗坑或因路基松软而发生事故。

（9）夜间驾驶在高速公路行车要与前车或防护栏保持一定的安全距离，谨防追尾或碰撞。

第七节　特殊气象条件下的防御性驾驶

春夏秋冬，四季更替，给人们的日常生活增添了几分情趣，可伴随而来的雨雪、雾和刮风天气，给驾驶员安全行车构成了严重的威胁，在这种特殊气象条件下行车，驾驶员的视线变差，路面附着系数变小，非机动车和行人的动态发生变化、车辆操纵难度增加，因此驾驶员有必要了解恶劣气象对安全行车的影响，掌握安全驾驶方法，对安全行车非常必要。

一　雨天驾驶

行车中，经常会遇到阴雨天，尤其南方的梅雨季节，雨天连绵，路面湿滑驾驶员视线受影响，车辆操控性能下降，另外行人及非机动车的动态发生变化，给行车带来许多不安全因素。

1　雨天对安全行车的影响

（1）影响视线视野，因为下雨，风窗玻璃挂满细水珠，只能靠刮水器来改善，而且刮水效果不理想，清晰度不高，感觉模糊，由于下雨天，风窗玻璃内外存在温差，使得风窗玻璃内形成雾气，结果使风窗玻璃内有雾外有水，造成驾驶员的视线受阻，左、右后视镜上面同样有雾气和结水蒸气，对外界交通情况的观察十分不便且不清晰。

（2）增大控车难度，由于下雨，雨水和路面上的积土、油污、轮胎橡胶粉末混合在一起形成润滑剂，使路面状况变差，地面附着系数下降，行驶中易出现车轮打滑现象，造成车辆的操纵性能下降，如果是大暴雨或特大暴雨会使路肩变得松软，甚至出现塌方、路面下陷以及路面结水等，造成通行条件变差。

（3）道路险情增多，雨天行人和电动车、自行车骑车人穿雨衣、打伞神色匆忙，听觉、视觉均受到影响，遇刮风天气，对骑车影响更大，尤其遇骑车人一手打伞、单手把握方向，稳定性受影响，当车辆临近会突然转向或滑倒。另外，雨天非机动车操纵性能下降，占用道路空间增加，使得原本不宽畅的通行路面变得更加狭窄，造成车辆通行更加困难。

（4）容易使驾驶员身心疲劳，长时间在雨中行车，驾驶员需时刻提防不测情况而造成身心高度紧张，心理压力倍增，体力、精力消耗大，易疲劳。

2 雨天驾驶方法

1 做好出车前检查维护

雨天行车，不但驾驶员思想要高度集中，技术水平过硬，而且还要有良好的车况，这样才能减少事故，确保交通安全，保持车辆技术状况的良好，是减少雨天交通事故的重要因素之一，所以在出车前必须按照规定严格做好检查，重点检查转向系统、制动系统等安全部件和灯光、喇叭、刮水器工作是否正常等，另外，在雨天出车前用肥皂在风窗玻璃上打磨，可减少风窗玻璃的结水现象，改善清晰度。

2 合理控制车速和增大跟车距离

雨天由于路面附着系数极小，制动距离延长且车轮很容易发生侧滑，在行车时应降低车速，增加跟车距离，尽量避免紧急制动，如必须降速时可用“抢挡”或用缓拉驻车制器的方式使车辆减速，避免急转向，防止车轮因转向过急而发生横滑，如必须转向时应提前，做到“早转、少转”。雨中行车要严格控制跟车距离，并注意前车的行驶速度和方向，尽量跟随车流行进，减少超车，在狭窄的道路会车时要选择比较宽的路段，会车困难时要停车避让。

3 注意行人非机动车动态

在大风大雨天行车，应注意风雨带来的不利因素，雨中的行人蒙头盖脸，视线不清，行动不灵，增加了行车对行人避让的难度。雨中行人，由于受雨水、雨声、雨具影响，往往对交通指挥、汽车喇叭不能做出快捷的反应，为躲雨、避水坑，忽来忽去，行走路线不定，甚至抢道占道。行人易避风雨而横穿马路，风衣、雨具被风刮起易与车辆相刮，行车时应注意观察非机动车动态，提前预防，提前减速，并留有足够的横向间距，低速平稳通过，一方面防止骑车人横向摔倒，另一方面避免因车速过快造成积水飞溅行人。

4 遇大暴雨选择地点停车

如遇大暴雨，风窗玻璃上形成积水，路面上积水增加，使车道一片模糊，看不清行车道，最好应找安全地段停车，停车时应注意不得在河岸、堤边久停，以防路基塌陷，依山傍水处应选择安全地点，以免山体滑坡、岩石崩落、路基塌方及河水猛涨，平原地带停车应选择地势高、路基好的地点。

5 雨天弯道行驶做到“减速、鸣号、靠右行”

雨天弯道（暗弯）行驶应做到“减速、鸣号、靠右行”，进入弯道前需提前减速，防止转弯时离心率过大，雨天路面附着系数小，制动应用要做到早踩、少踩，避免紧急制动，以防车辆失稳失控，便于有效地操纵， 在通过一些暗弯时应适当鸣号，提前告诉弯道前方的车辆和行人，以引起注意及时避让靠右行，使双方车辆在弯道处安全会车。另外，在雨天通过弯道时要正确判断路面宽度和弯度的大小，确定合适的转向时机与转弯行驶的速度，使车辆平稳安全地驶过弯道。

6 大雨行车注意开启车灯

大雨能见度下降，行车时应及时开启近光灯和示廓灯。

二 雪天驾驶

严寒冬季行车，经常会遇到下雪或雨夹雪天气，路面结雪、结冰，车辆操控难度增加。稍有不慎，车辆有可能发生滑溜和侧滑，所以雪天行车要做到慎之又慎。

1 雪天对安全行车的影响

1 结雪路面不易发现路面实际情况

雪天驾驶，路面结雪时行驶阻力增大，路面被积雪覆盖，不易发现结雪下的路面情况，驾驶员很难辨别方向。

2 路面附着系数低，车轮容易打滑

刚下雪时道路湿滑，雪融化后会结成薄冰，路面非常滑，因此，路面附着系数低，车轮易打滑，增加车辆操控难度。

3 雪天影响视线视野

下雪时或雨夹雪天气，空气湿度大，车辆内外温差大极易在玻璃上冻结成冰霜或形成霜雾，严重影响驾驶视线，下雪时，飞扬的雪花或落在风窗玻璃上的雪花会影响驾驶员的视线。

4 道路险情增多

在下雨和冰雪路滑道路上行走的行人或行驶的摩托车及非机动车，会因路滑积水频频摔倒或因车辆侧滑与车辆发生碰撞，同时，道路上的行人、骑车人，会因为下雨降温、天寒雪冻穿着厚重、蒙面遮耳、挡雪、挡雨的装备造成行动不灵活，听力、视力受影响，这些因素也都会给安全行车造成困难。

5 雪后天晴，白雪反光造成炫目

雪后转晴，白雪地面在太阳下会有反光，非常刺眼，会造成驾驶员炫目，对驾驶员观察交通气孔极为不利。

2 雪天安全行车

1 做好车辆检查维护

出车前要对车辆的安全技术状况进行检查，确保车辆处于良好状态，绝对不能让车辆带有故障上路，雪天长途行车时，有条件的最好在车轮上安装防滑链，雪后天晴易出

现炫目时，最好戴上防护镜，以保证驾驶员在行车过程中对道路情况进行观察。

2 车辆预热，平稳起步

起步前要对车辆进行预热，在冰雪路面上起步时，若轮胎前后有积雪时，应先清除积雪，起步时要用低挡，轻踩加速踏板慢起步，慢抬离合器踏板，不可踩加速踏板过猛或者松抬离合器踏板过快，否则车辆轮胎打滑、侧滑，难以起步，不能急加油猛起步。

3 加大横向间距，谨防行人摔倒

在冰雪道路上行驶时，一定要谨慎驾驶，安全礼让，加大纵向和横向行车距离，集中精力观察道路交通情况，发现情况时要提前采取措施，特别是非机动车和行人占用行车道时，要耐心，注意避让，谨防行人、骑车人摔倒和周围车辆侧滑或发生事故，造成措手不及。

4 合理选择行驶路线，尽量沿车辙行驶

在有积雪的道路行车，为预防积雪反射引起炫目，驾驶员可以佩戴墨镜，当路面积雪覆盖或道路轮廓难以辨别时，可根据路边树木、电线杆等参照物判断行驶路线。控制车辆低速行驶，在有车辙的路段要循车辙低速行驶， 遇路况可疑时要应停车察看，确认安全后再继续行驶，需要减速或停车时，要提前慢松加速踏板，换入低速挡，利用发动机的牵制力降低车速，制动时需用间歇性制动（俗称点刹），要避免紧急制动和急转方向，遇陡上坡时，应尽量保持直线行驶，千万不要采取曲线行驶的方式来提高车辆的爬坡能力，曲线行驶由于车身不正，更易发生车辆侧滑甩尾。

5 注意桥梁，防止溜车

雪后，因为缺乏地温，桥梁路面容易结冰，行车中要保持高度警惕，须降低车速，增加跟车距离，特别是引桥匝道跟车不要过近，防止前车溜车时避让不及发生追尾。

三 雾（霾）天驾驶

在影响交通安全的诸多环境因素中，雾天或雾霾是最为恶劣的气候条件，发生的交通事故比其他气候条件下要多得多。

1 雾（霾）天的交通特点

（1）雾天的能见度低，驾驶员视距变短、视野变窄，驾驶员很难及时发现前方的障碍物和道路两侧情况，再加上驾驶室内外温差，前风窗玻璃常常产生水汽，使驾驶员原本不好的视线变得更模糊，行车的安全隐患随之增加，容易发生交通事故，浓雾天时方向难辨，行进中很难看清前方障碍（行车、行人、故障车、凹坑等），容易发生交通事故。

（2）路面湿滑，车辆的制动性能下降，制动距离增加，车轮易出现打滑，增加车辆操控难度。

2 雾（霾）天驾驶方法

（1）出门前，应将风窗玻璃、前照灯和后位灯擦拭干净，检查车辆灯光、制动等安

全设施是否齐全、有效，另外，在车内一定要携带三角警示牌或其他警示标志，遇到突发故障停车检修时备用。

（2）正确使用灯光，雾天行驶，要使用雾灯，要遵守灯光使用规定：打开前后雾灯、后位灯、示廓灯和近光灯，利用灯光来提高能见度，看清前方车辆及行人与路况，也让别人容易看到自己，需要特别注意的是，雾天行车不要使用远光灯。这是由于远光偏上，射出的光线会被雾气反射，在车前形成白茫茫一片，驾驶员反而什么都看不见了。

（3）严格控制车速，雾中行车时，一定要严格遵守交通规则限速行驶，千万不可开快车，雾越大，可视距离越短，车速就必须越低。

（4）保持安全车距，在雾中行车应该尽量低速行驶，尤其是要与前车保持足够的安全车距，不要跟得太近，要尽量靠路中间行驶，不要沿着路边行驶，以防与路边临时停车、等待雾散的车相撞。

（5）切忌盲目超车，如果发现前方车辆停靠在右边，不可盲目绕行。要考虑到此车是否在等让对面来车，超越路边停放的车辆时，要在确认其没有起步的意图而对面又无来车后，适时鸣喇叭，从左侧低速绕过。

3 雾天行车安全提示

（1）雾天跟车，不能以前车后位灯作为判断安全距离的依据。

（2）慎用后雾灯，建议能见度低于 50m 时使用，以防造成后车驾驶员炫目。

（3）雾天跟车距离过近，容易发生追尾事故，因此，驾驶员一定要控制车速，加大与前车的安全距离。

四 大风、沙尘天气行车

沙尘天气往往是狂风大作、黄沙满天的恶劣天气，驾车人视线受到影响，周围环境、行人、非机动车随时都有可能出现意想不到的情况，极易发生交通事故，因此，风沙天气，谨慎驾驶就显得尤为重要。

1 大风沙尘天气交通特点

1 风沙对驾驶员观察不利

在大风沙尘暴天气，往往会有沙尘飞进驾驶室，影响驾驶员的呼吸，干扰和妨碍驾驶员的观察。

2 增加驾驶员操控难度

大风天气时，道路情况也比较复杂， 吹起的沙石、瞬间的沙尘暴、路面遗留的物体等，会影响车辆的正常通行，大风有时甚至会吹断道路两侧行道树的树枝，影响车辆的正常通行。侧面横风会使车辆发生横向偏移，影响车辆的稳定性，增加驾驶员操控难度。

3 交通情况复杂多变

大风对行人、骑自行车人的影响较大，他们可能会突然失控， 大风中，有的行人会加快脚步狂奔乱跑，或被风沙侵入眼中站在路中揉眼，有的骑自行车人会摇晃不定，甚至翻倒，造成危险。

2 大风沙尘天气驾驶方法

1 紧闭门窗，谨慎驾驶

大风中行驶，应该尽量关严车窗，以防沙尘飞进驾驶室，使驾驶员迷眼，影响驾驶员的呼吸和观察。

2 集中精力，注意行人

非机动车动态遇风沙天气，要随时注意行人乱跑。自行车抢行，乱钻猛拐和摔倒等突发情况。在灰尘较大的公路上行驶。要注意行人为躲避尘土而抢上风，此时应适当减速尽量少扬起灰尘， 坚持中速行驶，谨慎驾驶，密切观察道路情况，严禁超车逆行，在经过路口或机动车、非机动车以及行人混行的道路时。应该及时减速，提防行人、非机动车。

3 正确使用灯光

大风天气行驶，要使用防炫目近光灯，不宜使用远光灯，以免因出现炫目、光幕反射而影响视线。

4 控制行车间距

大风天气往往伴随着沙尘，会影响视线等，所以应注意保持安全车距，另外，要注意车辆的横向稳定性，尽量减少超车。

5 顺风行驶，减速行驶

车借风势即顺风行驶时车跑起来比平时更加轻松，所以制动距离也会因此延长，因此，在跟车行进时，要注意拉大与前车的距离，以防追尾，纯粹的顺风情况出现得不是很多，而且它的影响也相对较小，这时注意把日常驾驶过程中的判断过程提前，留出更大的余量以免发生事故。

6 逆风行驶，加速行驶

逆风行车时车辆有动力不足的感觉，特别在上坡路段，感觉更为明显，为抵消风力作用，适当加速，逆风行驶时，还应注意风向突然改变或道路出现较大弯度，阻力减小而使机动车速度猛然增大，失去控制而发生意外。

7 路遇侧风，握稳转向盘

车辆在高速行驶时，遇到侧风，车身被阵风推搡，会不停地左右晃动，转向盘也会向风头方向偏转着一个角度，两个前轮被阵风吹得不停地摇摆，行驶方向每时每刻都在不停调整之中，驾驶员会感到车辆突然跑偏、车身摆动等现象，这时一定要紧握转向盘，既不能抱得太死，也不能任其摆动，保证车辆慢速直线行驶，并且缓慢制动，降低车速，减小侧风的影响。

8 遇弯道及时修正方向

遇到转弯改变行进方向时，车身迎风的方向也在改变，在风力的不同影响下，要及时调整驾驶，车速过快时转弯，车头会不按照驾驶员的意图转弯而继续向前推去，此时只需松开加速踏板，轻点制动踏板便会使车回到正确的行车方向上来，若转向角度过大，可略回一下转向盘，便可消除转向不足的现象，如果去除甩尾，会有可能偏离行车方向撞上路基，这时应向车尾甩出的方向打转向盘，前驱车可略加速，车子便会回到正确行车方向上来。

9 滑坡或落石，注意避让

大风天气在山区公路行驶时，滑坡或落石的概率相对增大，在最有可能出现落石的地段，每开一段路，都应把头探出车窗，看看山顶有没有将要坠落的石头，在行进途中，前方有滑坡或落石时，应该及时停车，车后有滑坡或落石时，应该加速通过。

10 跟车行驶，注意安全

跟车行驶，注意后车在大风天气行驶时还应避免跟车过紧，尤其是避免长时间跟随在大型货车附近，大风容易造成大型货车尤其是超载货车失控或上面的货物倾覆，如果距离过近极易发生危险。大风天驾驶，驾驶员一般都会关闭车窗，加上风声影响，后车超车时鸣喇叭声很难听见，这就需要每隔一段时间用后视镜观察一下后车，如后车要超车时，应及时避让，在风沙天气，应尽量少超车，最好不超车，确保安全。

五 高温天气的防御性驾驶方法

高温天气，太阳炙烤，路面温度急剧上升，炎热的天气与刺眼的阳光让车主变得心情烦躁，诸如此类各种不利因素，导致驾车的危险性随之加大。因此，必须引起重视，加以防范，确保行车安全。

1 高温天气的交通特点

1 高温下车辆运行条件的变化

（1）气温高，使得空气密度相对减小，发动机充气系数降低，发动机功率下降。

（2）高温天气，发动机容易过热，产生爆燃，润滑油变稀，使发动机机件磨损加剧，冷却液温度升高，冷却液管易爆裂。

（3）高温天气下，轮胎受热膨胀，轮胎气压过高，加上高速行驶，遇到杂物碰撞等就会有爆胎的危险。因为轮胎在长时间行驶所积累的热量，严重时易发生轮胎自燃。

（4）机械故障增多，如制动盘和制动摩擦片由于摩擦发热，使制动距离延长，高温时会因制动液的蒸发，使局部制动系统管路内产生气阻，制动系统中的密封件和皮碗因受热膨胀，机械强度降低，蓄电池电解液受热蒸发加剧。

2 高温条件下对道路的影响

（1）我国目前的公路大多是沥青路面，高温下路面会出现变形、裂缝、表面功能损坏，常见的有沉陷形成车辙、泛油融化、开裂、表面剥离等现象。

（2）烈日的暴晒让沥青路面产生“虚光”，造成速度感觉失真，使驾驶员做出错误的判断。

3 高温条件下对人和环境的影响

（1）高温天气容易使人烦躁，会导致驾驶员注意力不集中，若遇突如其来的危险情况就会避让不及，高温易使人夜间睡眠不足，容易产生精神疲劳。

（2）城镇和公路沿线道路两旁乘凉的各类行人较多，情况复杂。

2 高温气候条件下驾驶方法

（1）高温气候条件下驾车首先要做到充分休息，保证有充沛的精力和体力。

（2）要注意防止发动机过热，应随时注意水温表指示读数，不要超过95℃，如温度过高，要选择荫凉处停车降温，掀开发动机罩通风散热，并检查冷却液的数量和风扇皮带的张力，如冷却液沸腾（开锅）时，不可马上停车熄火和急于添加冷水，而应以怠速运转，待温度稍下降后再熄火加水，以防发动机炸裂。

（3）发现轮胎气压过高，应选择荫凉处停息，使胎温自然下降，胎压恢复正常再行驶，切勿用放气或泼冷水的方法降温、降压，以免缩短轮胎寿命，遇到涉水，必须待胎温降低后进行。

（4）行驶在山区的车辆，在下长坡时，要注意防止制动鼓过热而影响制动效果，所以要注意中途停车休息，待其降温后，再继续行驶，以保证制动性能良好。

（5）经常检查蓄电池的液面高度，并及时添加蒸馏水，对液压制动的车辆则应检查总泵的液面高度，并按规定加足。

第八节 不安全驾驶行为原因分析及其不良驾驶习惯纠正

一 客车驾驶员常见的不安全驾驶行为

人是交通安全的主导因素，交通安全关键在于人，人对交通安全有什么样的态度，就会有什么样的结果。事故统计数据表明，有80%～85%的交通事故是由人的因素造成的。在各类交通参与者中，驾驶员至关重要，影响客车驾驶员的不安全驾驶行为因素较多，既有短时因素又有持续因素，短时因素包括疲劳、情绪、酒精作用、药物作用、病理作用等。持续因素包括智力、驾驶技术和驾驶习惯、个性与态度、身体病残、感知缺陷等。因此，不安全驾驶行为习惯的形成是长期积累的，见表7-1。

客车驾驶员不安全驾驶行为 表7-1

行为类型	不安全行为表现
无证驾驶	（1）无驾驶证； （2）无道路客运从业资格证； （3）无道路运输证； （4）未取得或随车携带企业规定的准驾证以及派车人员签发的路单等证件

续上表

行为类型	不安全行为表现
违反交通信号	（1）违反交通信号指示，为行车埋下隐患； （2）内心紧张、不能全面观察交通情况； （3）对危险隐患视而不见，不能提前预知险情
超速行驶	（1）增加客车制动距离； （2）驾驶员的视野变窄、反应时间延长； （3）车辆行驶时的操纵稳定定性下降； （4）车辆在弯道超速时，离心力增大，易出现车辆侧翻； （5）长时间高速行驶轮胎等安全部件易出现性能异常
酒后驾驶	（1）影响观察判断能力； （2）降低驾驶员反应速度； （3）降低车辆操控能力； （4）车辆误操作增多
疲劳驾驶	（1）视力下降，注意力分散； （2）反应变慢，判断力下降； （3）处理措施迟缓，操控能力下降
超载超限驾驶	（1）损害车辆机件，影响车辆操纵性能； （2）车辆有侧翻的风险； （3）导致车辆动力不足，增加事故危险程度
未按规定让行	（1）与行人、其他车辆行车交通冲突，为行车埋下安全隐患； （2）驾驶员集中精力抢行，忽视了交通状况的全面观察； （3）影响特种车辆执行任务
违法占道行驶	（1）紧急情况下返回规定行驶的道路，易发生碰撞； （2）与对向来车形成交通冲突； （3）盲目占道行驶，使其他驾驶员难以准确判断其驾驶意图
未按规定让行	（1）与行人、其他车辆行车交通冲突，为行车埋下安全隐患； （2）驾驶员集中精力抢行，忽视了交通状况的全面观察； （3）影响特种车辆执行任务
驾驶带病车辆	（1）影响车辆操纵性能； （2）引发制动、转向等失效或爆胎危险
未系好安全带	（1）伤亡率升高； （2）易发生二次碰撞； （3）易受到安全气囊的伤害
不良驾驶习惯	（1）行车过程中使用手机； （2）行车时吸烟、喝水、吃东西； （3）行车时与乘客交谈
驾驶员操作不当	（1）车辆行驶路线与位置不当； （2）转向控制不当； （3）制动操控不当； （4）挡位使用不当

续上表

行为类型	不安全行为表现
其他违法违规行为	（1）违法超车； （2）违法会车； （3）违法变更车道； （4）违法掉头； （5）违法逆向行驶

二 不安全驾驶行为的纠正

“素质高、形象好、技术精”是对客运驾驶员的基本要求。驾驶员在驾驶中存在的不良驾驶行为，严重影响着客运驾驶员队伍的形象。同时，不良的驾驶行为，容易造成交通事故的发生，给自己、他人造成痛苦，给运输企业造成重大的经济损失，降低了运输效率，阻碍了社会经济发展。因此，驾驶员必须认识到不良驾驶行为的危害，彻底纠正危害道路安全的不良驾驶行为。

1 提高法制意识、强化安全意识

驾驶员的安全意识对于公路安全至关重要，要特别重视驾驶员的安全驾驶，牢固树立安全行车的职业意识，认真学习《中华人民共和国道路交通安全法》《驾驶员安全行车手册》《机动车驾驶员职业道德规范》等，运输企业要加强对客车驾驶员安全行车法律教育、安全行车观念教育、安全行车警示教育、安全行车知识教育、安全行车职业道德教育等，通过教育、管理，使驾驶员熟练掌握和遵守交通法律和相关的规章制度，自觉服从交通管理，知法、懂法、守法、依法从事安全驾驶，树立安全第一的思想， 在参加安全教育学习时要注意总结各类交通事故的教训，使自己充分认识在驾驶操作中自身存在的不安全驾驶行为习惯，及时纠正驾驶陋习，做到规范、文明驾驶。

2 安全活动促使客车驾驶员的安全意识由被动到主动

交通事故时常发生，威胁人民群众生命财产，通过案例分析法对驾驶员进行安全驾驶思想的灌输，用血的教训让客车驾驶员感同身受，能让他们明白在开车时什么是该做的，什么是不该做的， 如果自身麻痹大意，安全意识不强就会造成安全隐患，导致事故，不仅带来极大的经济损失，还有可能就此失去宝贵的生命，从而引起客车驾驶员高度重视。看着鲜活的生命葬送到违法事件中，能够唤起驾驶员珍爱生命、安全第一的意识，在众多的交通事故造成家破人亡、人财两失的巨大悲痛事件中，驾驶员能够深刻意识到自身的使命感和责任感，促使自己以严肃认真的态度来纠正不安全的驾驶行为习惯，强化安全驾驶，预防和拒绝各类交通事故的发生。

3 注重对良好心理素质的培养

由于职业的客车驾驶劳动强度大，道路情况复杂，对驾驶员的精力和体力要求高。同时，客运驾驶工作单一，比较枯燥乏味，容易引发心理疾病， 客车驾驶员心理状态对行车安全有直接的影响，不同能力、气质和性格的驾驶员要根据自身的心理特征，加强心理素质训练，减轻心理障碍，控制不良情绪，注重心理健康，正确认识事故出现的偶然性与必然性和预测行车事故的必要性和可能性关系，为消灭事故增加信心，作为一名现代汽车驾驶员，要不断提高自己的文化品位，加强自身修养，提高心理承受能力。只有具备良好的心理素质，才能在驾驶过程中控制自我，超越自我，克服消极情绪，克服不良心理，做到安全第一、安全行车。

道路旅客运输应急处置

（1）掌握应急处置基础知识。
（2）熟悉典型紧急情况处置方法。

第一节 应急处置基础知识

一 紧急避险原则和正确措施

客运驾驶员在行车过程中会经常遇到突发情况。关键时刻能否有效地规避危险和逃生，尽最大努力减轻损失，取决于驾驶员应急措施是否及时、恰当和有效。

1 紧急情况处置原则

为减轻或消除事故的危害、减少事故损失，在处置紧急情况时应遵循以下原则：

1 保持良好心态

险情的出现一般都比较突然，此时，驾驶员应保持良好的心态，沉着冷静，利用极短的时间，准确地做出分析判断，并迅速果断地采取正确的避险措施，使危险引发的损失降到最低。千万不可惊慌失措或存有侥幸心理，以免酿成更加严重的后果。

2 及时减速，并有效控制行驶方向

紧急情况的发生往往是瞬间的，时间非常短暂，特别是高速行驶时，规避和减轻交通事故的危害和损失，最有效的措施就是制动减速、停车和控制方向。

1）低速情况下紧急情况的处理

车辆车速较低时出现危险情况，比如有人、动物突然横穿道路或者有车辆突然驶出时，驾驶员可先判断能否利用转向避开前方障碍物。若转向避开障碍物比停车更有效时，在道路交通条件允许的前提下，尽可能优先采取转向规避，同时配合采取必要的减速措施。

2）高速情况下紧急情况的处理

车辆车速较高时出现危险情况，驾驶员不要轻易急转方向避让，而应先采取制动减速，使车辆在碰撞前处于停车或低速行进状态，防止车辆紧急转向发生倾翻。

3 先人后物，就轻处理

在危急情况下，驾驶员要遵循“生命至上、避重就轻”的原则，操控车辆尽可能向远离人的一方避让，或向情况简单或人员较少的一侧避让，尽量避开损失较重或危害较大的一方，宁可财产遭受损失，也要确保人员的生命安全。

4 先他人，后自己

在遇紧急情况危及人员生命时，驾驶员要有牺牲自己生命维护他人安全的奉献精神，在关键时刻和危急关头，要果断地把方便和安全让给乘客，把困难和危险留给自己，显示出良好的职业道德和高尚的风范。

2 车辆出现突发故障时的应急处置方法

1 发动机熄火

汽车发动机熄火是指车辆行驶过程中发动机突然停止工作，车辆丧失驱动力的故障现象。发动机熄火会造成车辆转向沉重，车辆制动效能大幅下降，对安全行车造成危害。

1）导致车辆制动失效的原因

（1）驾驶员驾驶技术不过关、操作失误。

（2）供油系统故障。

（3）电气系统故障。

2）应急处置方法

（1）发现发动机熄火，应连续踩踏2～3次加速踏板，转动点火开关，尝试再次起动；若起动成功，应先将车驶向路边停车检查，并迅速将乘客疏散到路基外安全地带。

（2）若重新起动不成功，驾驶员应立即开启右转向灯，利用惯性将车缓慢滑行到路边停车（图8-1），检查熄火原因并排除。注意停车后及时打开危险报警闪光灯，并在离车后至少100m的地方摆放三角危险警告牌，如在高速公路上停车时，距离则至少应是150m，夜间还需开启示廓灯等。

图 8-1　慢驶滑行至路边安全停车

（3）当车辆通过铁路道口时突然熄火且发动不着时，驾驶员首要的任务不是去排除故障，而是设法使车辆迅速离开道口，以免发生汽车与火车相撞事故。具体做法：迅速挂入一挡或倒挡，抬起离合器踏板，启动点火开关，用起动机直接将车驶离铁路道口。或根据车辆的大小及其他客观条件，采用人力推动的方法，使车辆尽快脱离危险区。

（4）如在隧道中抛锚，要立即将车拖离隧道，必要时寻求支援。

（5）尽量避免将车辆停留在危险或阻塞交通的位置上。

3）预防措施

日常行车，应注意检查车辆行驶时是否稳定、加速是否正常、发动机工作时是否有异响，应定期做好车辆维护工作。注意使用车型要求的燃油，不得擅自加注低标号的燃油。

2 转向失控

转向系统对车辆的行驶安全至关重要。转向突然失去控制，驾驶员应迅速判断险情，采取有效应急措施，切不可惊慌失措，贻误时机，使险情加剧。

1）导致转向失控的原因

转向机构中有零件破裂、脱落、卡滞时，会使转向机构突然失控，致使驾驶员无法控制车辆转向。

2008年2月12日，发生在贵州省仁怀市，共造成24人死亡、13人受伤的贵州“2·12”重大交通事故，经调查系车辆带“病”（车辆在行驶中前桥工字梁左转向节主销座断裂，车辆转向失效）行驶所致，事故现场如图8-2所示。

图 8-2 贵州仁怀“2·12”重大交通事故现场

2）应急处置方法

（1）迅速松抬加速踏板，利用发动机制动降速，将挡位抢入低速挡；配有缓速器的车辆，使用缓速器辅助制动。

（2）打开危险报警闪光灯、交替变光、鸣喇叭或打手势等，对道路上其他通行的车辆及行人发出警示信号。

（3）驾驶员应大声告知旅客不要惊慌，迅速抓住车内的固定物，做好自我保护措施。

（4）当车速明显降低时，再轻踩制动踏板，使车辆缓慢平稳地停下。

（5）当车辆行驶方向偏离，事故已经无法避免时，要果断地采取紧急制动，未配备ABS系统的车辆采取连续踩踏、放松制动踏板的制动方法（即所谓“点刹”），尽快减速，极力缩短停车距离，减轻撞车力度，减小事故损失。

（6）装有动力转向的车辆，驾驶员突然发现转向困难，操作费力，多是由于转向助力器等部件出现故障。应尽快靠右减速行驶，选择安全地点停车，查明原因。

3）预防措施

定期维护车辆，出行前仔细检查车辆状况，经常对转向系统进行必要的安全检查。

3 制动失效

车辆行驶中突然出现制动失灵、失效现象，对行车安全构成极大威胁。

1）导致车辆制动失效的原因

（1）制动系统管路破裂。

（2）制动液管路液位不足或进入空气。

（3）制动管路气压不足。

（4）制动器无法正常工作。

（5）制动控制系统故障。

（6）制动热衰退等。

2）应急处置方法

（1）沉着冷静，稳住转向盘，立即松抬加速踏板，利用发动机制动，配合使用缓速器。

（2）打开危险报警闪光灯，并按喇叭提醒周围车辆的驾驶员和行人注意车辆的动向。

（3）利用“抢挡”设法减速停车；若是液压制动车辆，可连续多次踏制动踏板。

（4）当车速得到有效控制后，应尽快选择紧急停车道、港湾及其他较为平坦、宽阔的地段停车（图8-3）。停车后，应拉紧驻车制动器操纵杆，并在车轮下塞垫木或石块等物，防止溜动或发生二次险情。

（5）处于下坡路段，应该充分利用紧急避险停车区（图8-4）、坡道或天然障碍物等帮助减速停车。在迫不得已的情况下，只好采用“极端”方式，应果断地利用车身靠向路旁的岩石或树林碰擦，甚至用前保险杠斜向撞击山体，迫使车辆停住，以求减小损失。

图 8-3　选择紧急停车道停车

图 8-4　紧急避险车道

3）预防措施

定期维护车辆制动系统，出行前仔细检查制动踏板的自由行程和制动液压，经常对制动系统进行必要的安全检查。确保驾驶室内无容易滚落的小物品，以防卡滞在制动踏板下，影响制动操作。

4 爆胎

爆胎已成为安全行车的一大隐患。车辆高速行驶中发生爆胎时，往往伴有“砰”的爆炸声，车辆会出现明显的振动（图8-5）。驾驶员要沉着冷静，正确应对，从容处置。

1）爆胎的主要原因

车辆严重超载、轮胎磨损过度、胎压过高或过低等。

图 8-5　右前轮爆胎

2）应急处置方法

（1）前胎爆裂时，较后胎爆裂危险性大。车辆会向爆胎车轮的一侧跑偏，直接影响驾驶员对转向盘的控制。此时驾驶员应抬起加速踏板，双手握紧转向盘，尽力控制行驶方向，轻踏制动踏板，缓慢减速。同时告知车上旅客发生的情况，提醒抓住身边固定物，注意自我保护。

（2）后胎爆裂，危险性较小。如果是安装的单胎，车尾会摇摆不定，但方向一般不会失控，要先控制行驶方向并缓慢减速；如果是并装双胎的某后轮胎爆裂时，车辆一般不会失控，驾驶员可正常操作，但要尽快安全停车并进行检查、处理。

3）预防措施

（1）每次行车前检查胎压是否正常，轮胎表面是否扎有异物，及时清理轮胎沟槽里的杂物。

（2）胎面磨损到小三角标志、轮胎花纹里的标记线或达到保质期时，必须更换新胎。

（3）季节更替时不可随意变更轮胎的气压。

（4）要选用同一品牌同一型号的轮胎。

（5）行驶中，应尽量避免碾压、碰撞、剐蹭坚硬的物体以及不明液体。

3 车辆遇紧急情况时的应急处置方法

1 侧滑

行驶的汽车因制动、转向惯性和其他原因，引发某一轴的车轮或两轴的车轮出现横向移动（即向侧面发生甩动）的现象，称为侧滑。汽车侧滑，有四轮侧滑、前轮侧滑、后轮侧滑三种情况，其中后轮侧滑对安全行车威胁较大，常造成碰撞、翻车、掉沟等恶性交通事故。

1）侧滑原因

（1）路面湿滑、油污或结冰等，其附着系数降低，且左右不对称，车轮荷载与路面附着力也跟着降低，稍有横向外力作用，就会引发车轮侧滑（图8-6）。

图 8-6　车辆侧滑

（2）制动时四轮受到的阻力不平衡，诸如左右轮制动力不等、各轮胎附着系数不等、装载重心偏向一侧等，引发“跑偏”，也极易导致车轮侧滑。

（3）制动不当，如动作过猛、过量等。

（4）转向操作不当，如速度快、急打转向盘或快速转弯中使用制动不当等。

2）应急处置方法

（1）当车辆出现侧滑时，首先要握稳转向盘，视情况松抬加速踏板，迅速判明侧滑的性质和原因，如是前轮侧滑还是后轮侧滑，是路况不良引起的侧滑，还是因制动、打转向盘等操作不当引起的侧滑。切忌慌乱，仅凭直觉盲目转动转向盘。

（2）因路况不良引起车辆侧滑，应稍松加速踏板，适当减速，握稳转向盘，注意不可急转转向盘，也不可使用脚制动，低速驶出不良路段，侧滑即可消失。

（3）因制动引起车辆侧滑，应立刻解除制动；车辆向哪边侧滑就向哪边转动转向盘，反之亦然，但动作不能太大，否则又会向相反方向侧滑。在实际车辆运行过程中，如果车速不是很快，根据路况必须制动减速时，可踩下离合器踏板，谨慎试用“点刹”动作。

（4）因转向不当引起车辆侧滑，与驾驶员转向动作猛、车速较快有关，危险性较大。处置方法为握稳转向盘，逐渐松抬加速踏板，此时不可制动或变换挡位，应立刻向车轮侧滑的方向转动转向盘，制止车辆继续滑向路边，并视情况再打方向调整，逐步消除车辆的侧滑，恢复正常行驶。

3）预防措施

握紧转向盘，平稳加速，平顺转弯。

2 侧翻和坠车

车辆发生侧翻和坠车事故后，经常呈现90°侧立或180°倒立的状态。

1）侧翻、坠车的原因

车辆重心过高，横向风过大，高速急转弯、碰撞或应急处置不当，容易造成车辆失控侧翻或坠车（图8-7）。

图 8-7　车辆侧翻、坠车事故现场

2）应急处置方法

侧翻时，驾驶员要双手握紧转向盘，双脚勾住踏板，背部紧靠座椅靠背，尽力稳住身体，随车体一起翻滚，避免在翻滚时受伤；同时通知车内乘客抓紧前方靠背，双脚勾住座椅脚架，背部紧靠椅背，固定身体，随车一起侧翻；翻车时，不可顺着翻车的方向跳出车外，而应向车辆翻转的相反方向跳跃；稳定后，驾驶员第一时间将发动机熄火，防止车辆发生自燃和爆炸，迅速解开安全带，指挥乘客从车门或破碎的车窗逃出。

3）预防措施

低速谨慎行驶，不要紧急制动，握紧转向盘，控制好车辆行驶方向。

3 落水

在城市行车中因暴雨在低洼地段快速形成积水，或车辆坠入河塘中，车上乘员的处

图 8-8　车辆落水事故现场

境将会非常危险。如果驾乘人员能够保持清醒的头脑，及时采取正确的自救措施，将会获得逃生机会（图8-8）。

1）车辆落水时，驾驶员可以采取以下应急处置方法

（1）在落水的瞬间，不要急于解开安全带，防止落水时的冲击力造成人员受伤。

（2）刚落水后，驾驶员应尽快解开安全带，在第一时间开启车门组织旅客逃生。

（3）车门无法打开时，使用安全锤等尖锐器械砸开车辆的侧窗，或者待车内快要满水、车内外的水压相对平衡时，再迅速推开车门组织逃生，同时可打开车顶天窗逃生。

2）预防措施

暴雨天气行车时，驾驶员应尽量避开低洼地段，控制好车速，不盲目跟随前车驶入积水地段。行经水源地带时尤其要做到谨慎驾驶。遇到积水且前后堵住无法驶离时，不要在车内等待救援，要及时组织旅客弃车到较高的地方等待救援。

4 碰撞

行车中，车辆碰撞容易造成严重的事故，因此应尽力避免。当汽车已无可避免撞车时，请务必镇定，迅速判断碰撞后果，果断地选择撞击部位和方式。应迅速采取紧急制动，减轻碰撞力度。

1）车辆碰撞的种类

主要有迎面碰撞、侧面碰撞和追尾碰撞等。

2）应急处置方法

（1）迎面碰撞（图8-9）。

如迎面相撞已无法避免时，应迅速紧急制动，并判断可能撞击的方位和力量。

如果撞击的方位不在驾驶员一侧或撞击力量较小时，驾驶员应用手臂用力支撑转向盘，两腿向前蹬直，身体向后倾斜，头向后仰，防止撞击时身体向前撞击转向盘，头部撞到挡风玻璃上受伤，扩大事故的危害程度。

图 8-9　迎面碰撞

如果判断撞击的部位临近驾驶座位或撞击力较大时，驾驶员要迅速躲开转向盘，往右侧移动。

（2）侧面碰撞（图8-10）。

车辆行驶中，将要发生侧面相撞时，应立即顺车转向，努力争取使侧面相撞变成碰擦，以减小损伤程度。

如果侧面来车正向驾驶员座位方向冲来，在无法避开时，驾驶员应迅速往驾驶室

另一侧移动，同时用手拉着转向盘，以便控制方向，并借助转向盘稳住自己的身体。车辆发生撞击的位置不在驾驶员一侧或撞击力量较小时，驾驶员应紧握转向盘，两腿向前蹬，身体紧靠座椅。

（3）追尾碰撞（图8-11）。

图 8-10　侧面碰撞

图 8-11　追尾碰撞

预计到要发生追尾事故时，应在未撞前的一刹那稳定好身体，在安全带拉紧的情况下，曲体双臂抱着大腿，以防止车辆前部因撞击变形而受挤压。

被后方驶来的车辆碰撞时，驾驶员应紧靠椅背，双手迅速置于脑后合并护住头后部，双腿伸直，这样在撞击时可减轻脊椎和颈部的创伤。

3）避免碰撞的方法

不同路面、不同车速情况下，避免碰撞的方法不同，主要有：先制动后转向，边制动边转向，先转向后制动三种。

（1）在高速公路上发生碰撞前一定要采取先制动，然后再考虑转向躲避。

（2）在机动车与非机动车、行人混杂的国、省道路上，可以根据实际情况采取边制动边转向躲避的方式避免碰撞。

（3）在城市道路中车速相对比较慢，车辆距障碍物很近时，为了避免发生碰撞，一般先转向躲避后制动（这种情况下一般没有减速的时间和空间）。

5 火灾

当车辆着火时，驾驶员应沉着冷静，采取积极有效的自救措施，选择正确的方式迅速逃离现场，尽量避免人员伤亡，降低财产损失。

1）车辆发生火灾的原因

车辆因发动机温度过高、电路老化短路、油路连接处松动、轮胎摩擦过热、碰撞后燃油大量泄漏或者载运危险物品等问题都可能会诱发火灾。

2）应急处置方法

（1）发动机着火时，应迅速停熄发动机，并起动发动机舱自动灭火装置灭火（图8-12）或用覆盖法灭火。不得开启发动机舱盖后灭火，防止因大量空气进入而加大火势。

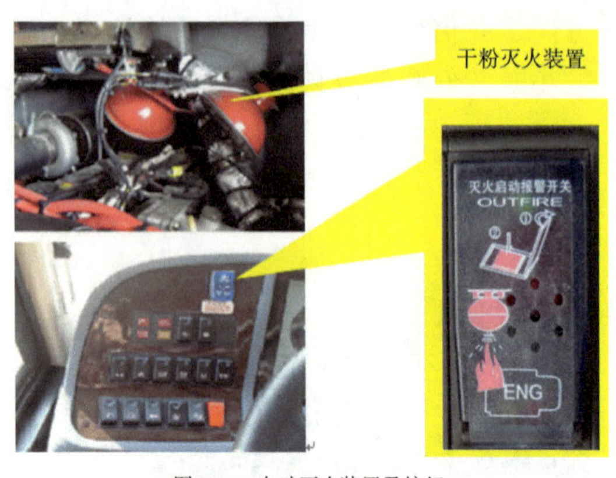

图 8-12 自动灭火装置及按钮

（2）车辆燃油着火时，应当使用灭火器或路边砂土、棉衣等覆盖法灭火，不能使用水灭火。

（3）车厢内着火，应迅速停车打开车门，组织乘客紧急疏散下车。同时使用灭火器扑救，压制火势。如车门打不开，应组织乘客打开安全门或使用安全锤击碎车窗玻璃逃生。

（4）高速公路行车发生火灾时，不得将车辆驶进服务区或停车场灭火。

（5）灭火时，不要穿着化纤面料的衣服接近火源；使用灭火器灭火时人要站在上风处，尽量远离火源。

3）预防措施

保持车辆整洁，定期检查车辆电路系统和制动系统，加油时关闭发动机，严禁装载易燃易爆等危险物品。

4）疏散人员

起火时，会伴随产生大量的有毒浓烟，车厢内温度升高，氧气浓度下降，旅客逃生的生理机能也随着时间的推移而逐渐下降。因此，停车后，驾驶员应立即开启车门或敲破应急车窗，组织乘客逃生（图8-13）。

图 8-13 乘客逃生疏散

组织人员安全疏散，应注意以下几点：

（1）逃离时，要保持冷静，就近选择正确的逃生方法和路线，保持逃生秩序，抓紧时间逃离险境，切勿惊慌失措。挤压踩踏、盲目乱窜和盲目跳车都会影响逃生和增加受伤概率。

（2）车内浓烟使得视线不清，可抓住前方乘客的衣角跟随逃离，同时要用衣物或毛巾（湿毛巾效果更好）捂住口鼻，不要盲目呼喊，防止烟雾和有毒气体进入呼吸道，造成呼吸道损伤或窒息。

（3）当火焰逼近、无法躲避时，可用身体猛压火焰，冲出一条生路。冲出时，应及早脱去化纤类衣物，注意保护裸露的皮肤，不要张嘴呼吸或高声呼喊。

（4）逃离着火车辆前，应关闭点火开关、电源总开关、百叶窗和油箱开关。

5）客车安全逃生方法

（1）从应急门逃生。应急门的通道较大，乘客逃生时相对较容易。应急门的开启与关闭，通常由驾驶员操纵仪表盘附近的按钮来实现。当驾驶员无法紧急开启车门时，可通过门上设置的操纵应急阀手动开启应急门（图8-14）。

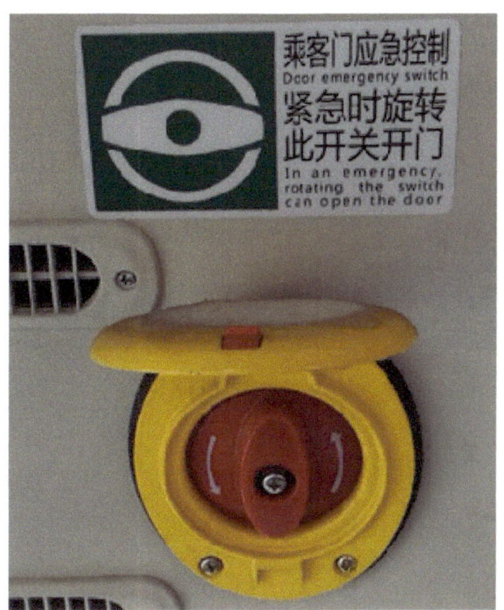

图 8-14　乘客门应急开关

使用方法：

①打开护罩；

②将手柄顺时针旋转90°，门泵气缸泄压；

③按照车门开启方向推开车门；

④使用完后将手柄复位，否则影响正常操作。

（2）从应急窗逃生。目前，营运客车的车窗多为封闭式的，其中标有“安全出口”或者“EXIT”标志的车窗为应急窗，须借助安全锤等工具才能敲开，安全锤通常固定在应急窗的一侧。

应急窗的钢化玻璃上有引导性敲击标志，按其指示部位敲击即可。如没有标志，则需先用力敲击玻璃的边缘和四角（图8-15），再猛力敲击其中部，即可破窗而出。

如果一时找不到安全锤，也可用灭火器或高跟鞋敲击车窗玻璃边缘或四角（图8-16）。

（3）从安全顶窗逃生。当车辆发生事故，将安全顶窗上的扳手旋转90°，用力向外推出天窗，即可打开逃生通道（图8-17）。

a)

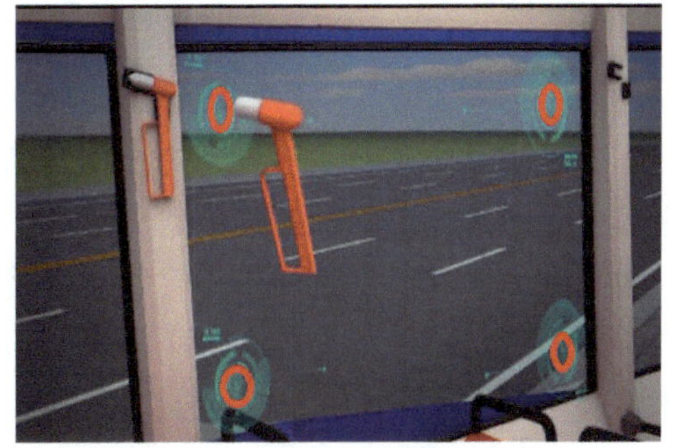

b)

图 8-15　安全锤及正确使用

a)

b)

图 8-16　安全出口玻璃窗敲击的应急处置

图 8-17　安全顶窗

二 道路交通事故现场的应急处置

随着我国汽车化进程的不断加快及机动车保有量的快速增长，道路交通事故也在逐年增加。道路客运车辆在行驶过程中发生交通事故后，能否及时、正确地进行现场处置和对伤员开展科学的救护，挽救生命，减少损失都具有非常重要的意义。

事故发生后，驾驶员应努力保持头脑清醒，情绪稳定，切记不要慌张。根据现场具体情况，灵活地运用以下处置方法，以减少事故造成的损失，为及时、正确地处理交通事故创造条件。

1 立即停车

车辆在道路上发生交通事故时，从事故地点到采取紧急措施立即停车的位置，往往是确定事故现场范围的重要依据，因此，驾驶员应当立即停车，关闭发动机、切断电源、拉紧驻车制动器操纵杆、开启危险报警闪光灯并在车后50m至100m处设置警告标志（图8-18）。如果在高速公路上发生事故，警告标志应当设置在来车方向150m以外，车上人员应当迅速转移到防撞护栏外，夜间还应当同时开启示廓灯、后位灯。

明知发生事故后不采取紧急措施立即停车的，属于有意变动现场；驾车逃逸的更是违法行为，甚至构成犯罪。

图 8-18　设置三角警示牌

知识链接

《中华人民共和国道路交通安全法实施条例》第九十二条规定，发生交通事故后当事人逃逸的，逃逸的当事人承担全部责任。但是，有证据证明对方当事人也有过错的，可以减轻责任。当事人故意破坏、伪造现场、毁灭证据的，承担全部责任。

《中华人民共和国道路交通安全法》第一百零一条第二款规定，对造成交通事故后逃逸的驾驶员，不论其造成交通事故后果的大小，公安交通管理部门都将吊销其机动车驾驶证，且终生不得重新取得。

《中华人民共和国刑法》第一百三十三条规定，违反交通运输管理法规，因而发生重大事故，致人重伤、死亡或者使公私财产遭受重大损失的，处三年以下有期徒刑或者拘役；交通运输肇事后逃逸或者有其他特别恶劣情节的，处三年以上七年以下有期徒刑；因逃逸致人死亡的，处七年以上有期徒刑。

2 抢救伤者

道路交通事故发生后，由于情况紧急，一时也不会有专业医护人员实施救助，因此，当事人应该迅速、及时地抢救受伤人员，防止受伤人员伤情恶化甚至死亡，从而减轻事故所造成的损失。

驾驶员停车后应首先确认人员伤亡情况，同时疏散车上的乘客到安全位置，要询问车上是否有医务工作者并请其参与救助。

如果有当场死亡者，应当原地不动，并用篷布、塑料布等物覆盖。

如有受伤人员，能采取紧急抢救措施的，应尽最大努力对其实施抢救，救护方法包括止血、包扎、固定、搬运和心肺复苏等。在条件允许的情况下，可拦截过往的车辆将受伤人员送至就近医院抢救，注意要用白灰、石头、绳索等物将伤员倒位描出。

如一时无过往车辆，应马上动用肇事车将伤员送往医院，但应当先标好停车位置，即各个车轮的位置、走向、制动印痕的起止点等。如果车上还有其他人员，应留下保护现场。驾驶员在将受伤人员送到医院后，应立即返回现场。

3 保护现场

交通事故发生后，现场存在大量的事故痕迹和物证，这些都是公安机关交通管理部门勘验现场、分析原因的关键，对今后责任认定和正确处理事故均具有重要的意义。因此，当事人应在不妨碍抢救伤员的情况下，尽力保护好事故现场。

1 现场保护的内容

肇事车停位、伤亡人员倒位、各种碰撞碾压的痕迹、制动拖痕、血迹以及其他散落物品均属保护内容。在保护现场时，以下事故现场痕迹应当重点保护：

1）路面痕迹

如：车辆制动印痕、扎压痕迹、侧滑印痕、行人鞋底与路面擦痕及油迹、水迹、血迹等。

2）车辆及人体擦撞痕迹

如：各种车辆部件造成的刮痕、沟槽、服装搓擦痕、车身浮尘擦痕等。

3）路面遗留物

如：玻璃、漆片等散落物以及人体组织剥落物等。

2 事故现场的保护的方法

1）标围现场

交通事故发生后，要立即确定现场范围，并用石灰、粉笔、沙石、树枝、木棍、绳索等将现场标围封闭，禁止车辆和无关人员进入。要加强指挥，尽量做到不妨碍交通。必要时可暂时中断交通，待交警对现场勘察完毕后再行疏通。

2）注意遮盖

如遇有雨天、雪天或刮风等自然现象，对现场的重要痕迹等可能造成破坏时，应就地取材，用席子、塑料布等物将现场的尸体、血迹、车痕动印痕和其他散落物等遮挡起来。

3）记录位置

驾驶员可使用相机或者手机，从车辆前方、侧面和后方的不同角度，对事故相关车辆的位置、受损部位及受损程度等做好拍摄记录。除非因抢救伤者和财产需要，不得擅自移动现场肇事车辆、伤者、物品等，必须移动时应当标明位置。

4）寻求协助

在事故现场，要主动寻求乘车人、过往车辆驾驶员、过往行人的协助。要注意寻找目击证人，记下见证人的身份、联系电话、地址等。

5）冷静处置

在交通事故现场，驾驶员还应做好防火防爆措施。如果现场有扩大事故的因素，如油箱破损，燃油外溢时，应立即疏散乘客到安全地点，并隔离现场。要向周围的行人讲明现场的危险性。必要时，将危险车辆驶离现场。对事故现场散落的物品，应妥善保护，注意防盗防抢。

6）服从指挥

在繁华或者重要的路段发生的事故，要服从值勤交警的指挥，在做好标记后，将车辆移出现场，以恢复正常交通，但是不准擅自移动车辆，也不准不标记而移动车辆。

4 及时报警

事故发生后，当事人在抢救伤员、保护现场的同时，应及时亲自或委托他人向肇事点辖区公安交通管理部门报案并向所在企业报告情况。交通事故报警电话号码，全国统一为“122”。

报警时，需要说明的有关信息主要包括：

（1）报警人的姓名、联系方式。

（2）发生道路交通事故时间、地点（可利用道路里程碑、道路指示牌、手机导航、即时通信软件发送的位置、门牌号码、电线杆编号等信息，确认事故所在的位置）。

（3）人员伤亡情况。

（4）车辆类型、车辆牌号，是否载有危险物品、危险物品的种类等。

（5）涉嫌交通肇事逃逸的，还应当说明肇事车辆的车型、颜色、特征及其逃逸方向、逃逸驾驶员的体貌特征等有关情况。

必要时，也可以向附近的医疗单位、急救中心以及消防部门呼救、求援。并视情况向保险公司报案。

5 协助调查

在交通警察勘查现场和调查取证时，当事人必须如实向公安交通管理机关陈述交通事故发生的经过，不得隐瞒交通事故的真实情况，应积极配合协助交通警察做好善后处理工作，并听候公安交警部门处理。

未造成人员伤亡的道路交通事故中，当事人对道路交通事故的事实和成因没有争议的，在记录交通事故的时间、地点、对方当事人的姓名和联系方式、机动车牌号、驾驶证号、保险凭证号、碰撞部位，并共同签名后，可以即行撤离现场，恢复交通，自行协商处理损害赔偿事宜。当事人对交通事故事实及成因有争议的，应当迅速报警。事故仅造成轻微财产损失，并且基本事实清楚的，当事人应当先撤离现场再进行协商处理。

三 应急预案与演练

1 应急预案基本知识

《左传》有言：“居安思危，思则有备，备则无患。”应对突发事件，必须贯彻落实“安全第一、预防为主、综合治理”方针，预先做出具体安排，制定突发事件应急预案（以下简称应急预案）并加强管理、教育和演练，从而提高应对风险和突发事件的能力，保证公民的生命安全，最大限度地减少财产损失、环境损害和社会影响。

1 概念

应急预案，是指各级人民政府及其部门、基层组织、企事业单位、社会团体等为依法、迅速、科学、有序应对突发事件，最大程度减少突发事件及其造成的损害而预先制定的工作方案。

应急预案实际上是一个透明和标准化的反应程序，使应急救援活动能按照预先周密的计划和最有效的实施步骤有条不紊地进行。这些计划和步骤是快速响应和有效救援的基本保证。应急预案应有系统完整的设计、标准化的文本文件、行之有效的操作程序和持续改进的运行机制。

应急预案有着多种不同称呼，如应急预案、应急处理预案、应急处置预案、应急救援预案等。

2 应急预案的重要作用

应急预案在应急系统中起着关键作用，它明确了在突发事件发生之前、发生过程中以及刚刚结束之后，谁负责做什么、何时做，以及相应的策略和资源准备等：

（1）明确了应急救援的范围和体系，使应急准备和应急管理不再是无据可依、无章可循，尤其是培训和演习工作的开展。

（2）有利于做出及时的应急响应，降低事故后果。

（3）是各类突发重大事故的应急基础。

（4）应急预案建立了与上级单位和部门应急救援体系的衔接。

（5）有利于提高风险防范意识。

3 应急预案的分类

应急预案从不同角度，根据不同标准，有多种分类方法：

1）按突发公共事件类型分类

应急预案按突发公共事件类型的不同，可分为自然灾害类、事故灾害类、公共卫生类和社会安全事件类4大类（图8-19）。

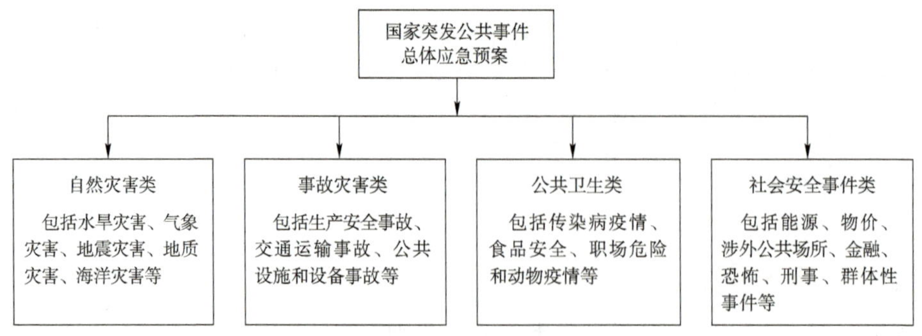

图 8-19　应急预案事件突发类型分类

2）按预案责任主体的性质分类

应急预案按预案责任主体不同，分为政府预案和企业预案。

3）按功能与目标分类

基于可能面临的多种类型重大事故灾害，为了保证各种类型预案之间的整体协调性和层次，应急预案分为综合预案、专项预案和现场处置方案，三者之间的层次如图8-20所示。

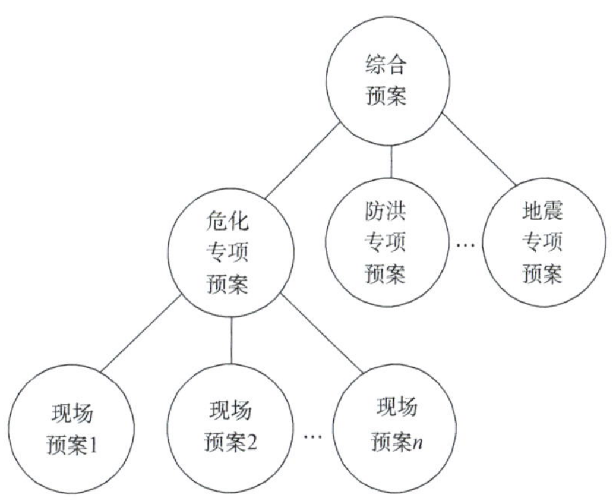

图 8-20　综合预案、专项预案和现场处置方案三者之间的关系图

（1）综合预案。综合预案相当于总体预案，从总体上阐述预案的应急方针、政策，应急组织结构及相应的职责，应急行动的总体思路等。可以作为应急救援工作的基础和“底线”，对没有预料的也能起到一般的应急指导作用。

（2）专项预案。专项预案是针对某种具体的、特定类型的紧急情况，如煤矿瓦斯爆炸、重特大道路交通事故等制定的计划或方案，是综合应急预案的组成部分，应按照综合应急预案的程序和要求组织制定，并作为综合应急预案的附件。

专项应急预案应制定明确的救援程序和具体的应急救援措施。

（3）现场处置方案。在专项预案的基础上，根据具体情况需要而编制。它是针对具体装置、场所、岗位所制定的应急处置措施。

现场处置方案的另一特殊形式为单项预案。单项预案可以是针对大型公众聚集活动（如经济、文化等活动）或高风险的建设施工或维修活动（如人口高密度区建筑物的定向爆破等活动）而制定的临时性应急行动方案。

综合应急预案与专项预案和现场处置方案不同，综合应急预案侧重在各项职责的规定和应急救援活动的组织协调，为制定专项应急预案和现场处置方案提供了框架和指导。一般规模比较大、存在多种不同类型的危险源的企业，比较适于编制这类预案。规模小、危险因素少的生产经营单位，综合应急预案、专项应急预案以及现场处置方案可以合并编写。所有存在潜在事故的生产经营单位都应编制综合应急预案，但不一定要编制专项应急预案和现场处置方案。

4 应急预案的分级

根据可能发生的突发事件后果的影响范围、地点及应急方式，可将应急预案分为6级：

1）Ⅰ级（企业级）应急预案

这类应急预案针对的突发事件危害影响局限在一个单位（如某个工厂、火车站、仓库农场等）的界区之内，并且可被现场的操作者遏制和控制在该区域内。这类突发事件可能需要投入整个单位的力量来控制，但其影响预期不会扩大到社会（公共区）。

2）Ⅱ级（县、市、社区级）应急预案

这类应急预案针对的突发事件所涉及的事故其影响可扩大到公共区（社区），但可被该县（市、区）或社区的力量，加上所涉及的工厂或工业部门的力量所控制。

3）Ⅲ级（地区/市级）应急预案

这类应急预案针对的突发事件事故影响范围大，后果严重，或是发生在两个县或县级市管辖区边界上的突发事件。应急救援需动用地区、市（州）的力量。

4）Ⅳ级（省级）应急预案

对可能发生的特大火灾、爆炸、毒物泄漏事故，特大危险品运输事故以及属省级特大事故隐患、省级重大危险源应建立省级事故应急预案。它可能是一种规模极大的灾难事故，或可能是一种需要用事故发生地的城市或地区所没有的特殊技术和设备进行处理的特殊事故。这类意外事故需用全省范围内的力量来控制。

5）Ⅴ级（区域级）应急预案

事故后果极其严重，其影响范围可能跨越省、直辖市、自治区，控制事故需邻近省、市力量援助的，应建立区域级应急救援预案。

6）Ⅵ级（国家级）应急预案

对事故后果超过省、直辖市、自治区边界以及列为国家级事故隐患、重大危险源的设施或场所，应制定国家级应急预案。

5 应急预案的核心要素

应急预案是整个应急管理工作的具体反映，它的内容不仅局限于事故发生过程中的应急响应和救援措施，还应包括事故发生前的各种应急准备和事故发生后的紧急恢复以及预案的管理与更新等。因此，完整的应急预案按相应的过程可分为6个一级关键要素，这6个一级要素之间既具有一定的独立性，又紧密联系，从应急的方针、策划、准备、响应、恢复到预案的管理与评审改进，形成了一个有机联系并持续改进的应急管理体系。

根据一级要素中所包括的任务和功能，应急策划、应急准备和应急响应3个一级关键要素可进一步划分成若干个二级小要素。所有这些要素构成了重大事故应急预案的核心要素（图8-21）。这些要求是重大事故应急预案编制应当涉及的基本方面，在实际编制时，为便于预案内容的组织，可根据实际情况将要素进行合并、增加或重新排列。

2 应急预案的演练

应急演练是应急管理的重要环节，在应急管理工作中有着十分重要的作用。演习是检验、评价和保持应急能力的一个重要手段。

1 应急演练的定义、目的与原则

1）定义

应急演练是指各级政府部门、企事业单位、社会团体，组织相关应急人员与群众，针对待定的突发事件假想情景，按照应急预案所规定的职责和程序，在特定的时间和地域，执行应急响应任务的训练活动。

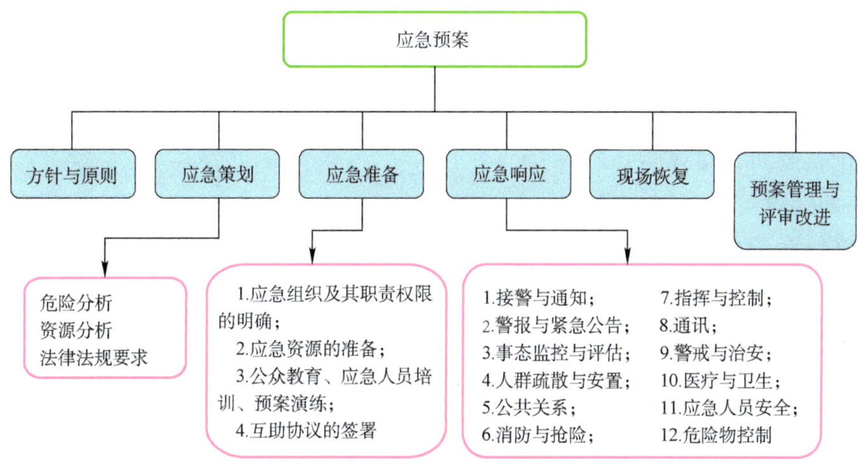

图 8-21　应急预案要素构成图

2）目的

（1）可在事故真正发生前暴露预案和程序的缺陷。

（2）发现应急资源的不足（包括人力和设备等）。

（3）提高应急人员的熟练程度和技术水平。

（4）进一步明确各自的岗位与职责。

（5）改善各应急部门、机构、人员之间的协调；提高整体应急反应能力。

（6）增强应对突发重大事故救援的信心和提高社会应急意识。

3）原则

（1）结合实际、合理定位。紧密结合应急管理工作实际，明确演练目的，根据资源条件确定演练方式和规模。

（2）着眼实战、讲求实效。以提高应急指挥人员的指挥协调能力、应急队伍的实战能力为着眼点。重视对演练效果及组织工作的评估、考核，总结推广好经验，及时整改存在问题。

（3）精心组织、确保安全。围绕演练目的，精心策划演练内容，科学设计演练方案，周密组织演练活动，制定并严格遵守有关安全措施，确保演练参与人员及演练装备设施的安全。

知识链接

《生产安全事故应急预案管理办法》第三十二条规定：各级人民政府应急管理部门应当至少每两年组织一次应急预案演练，提高本部门、本地区生产安全事故应急处置能力。第三十三条规定：生产经营单位应当制定本单位的应急预案演练计划，根据本单位的事故风险特点，每年至少组织一次综合应急预案演练或者专项应急预案演练，每半年至少组织一次现场处置方案演练。

（4）统筹规划、厉行节约。统筹规划应急演练活动，适当开展跨地区、跨部门、跨行业的综合性演练，充分利用现有资源，努力提高应急演练效益。

2 演练的类型

应急预案按演练的规模分为：

1）桌面演练

桌面演练是指由应急组织的代表或关键岗位人员参加的，按照应急预案及其标准工作程序，讨论紧急情况时应采取行动的演练活动（图8-22）。

图 8-22　应急预案桌面演练

桌面演练的特点是对演练情景进行口头演练，一般是在会议室内举行。其主要目的是锻炼参演人员解决问题的能力，以及解决应急组织相互协作和职责划分的问题。

桌面演练一般仅限于有限的应急响应和内部协调活动，应急人员主要来自本地应急组织，事后一般采取口头评论形式收集参演人员的建议，并提交一份简短的书面报告，总结演练活动和提出有关改进应急响应工作的建议。

桌面演练方法成本较低，主要为功能演练和全面演练做准备。

2）功能演练

功能演练是指针对某项应急响应功能或其中某些应急响应行动举行的演练活动，主要目的是针对应急响应功能，检验应急人员以及应急体系的策划和响应能力（图8-23）。例如，指挥和控制功能的演练，其目的是检测、评价多个政府部门在紧急状态下实现集权式的运行和响应能力，演练地点主要集中在若干个应急指挥中心或现场指挥部，并开展有限的现场活动，调用有限的外部资源。

功能演练比桌面演练规模要大，需动员更多的应急人员和机构，因而协调工作的难度也随着更多组织的参与而加大。演练完成后，除采取口头评论外，还应向地方提交有关演练活动的书面汇报，提出改进建议。

3）全面演练

全面演练指针对应急预案中全部或大部分应急响应功能，检验、评价应急组织应急运行能力的演练活动（图8-24）。全面演练一般要求持续几个小时，采取交互式方式进行，演练过程要求尽量真实，调用更多的应急人员和资源，并开展人员、设备及其他资源的实战性演练，以检验相互协调的应急响应能力。与功能演练类似，演练完成后，除采取口头评论、书面汇报外，还应提交正式的书面报告。

图 8-23　应急预案功能演练

a)

b)

图 8-24　应急预案全面演练

应急演练的组织者或策划者在确定采取哪种类型的演练方法时，应考虑以下因素：

（1）应急预案和响应程序制定工作的进展情况。

（2）本辖区面临风险的性质和大小。

（3）本辖区现有应急响应能力。

（4）应急演练成本及资金筹措状况。

（5）有关政府部门对应急演练工作的态度。

（6）应急组织投入的资源状况。

（7）国家及地方政府部门颁布的有关应急演练的规定。

无论选择何种演练方法，应急演练方案必须与辖区重大事故应急管理的需求和资源条件相适应。

3 应急演练的组织与实施

一次完整的应急演练活动要包括计划、准备、实施、评估总结和改进等五个阶段

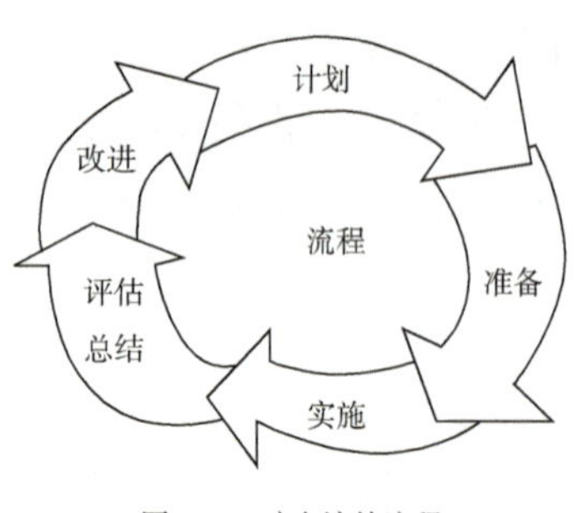

图 8-25 应急演练流程

（图8-25）。

1）演练五个阶段的主要任务

（1）计划阶段：明确演练需求，提出演练的基本构想和初步安排。

（2）准备阶段：完成演练策划，编制演练总体方案及其附件，进行必要的培训和预演，做好各项保障工作安排。

（3）实施阶段：按照演练总体方案完成各项演练活动，为演练评估总结收集信息。

（4）评估总结阶段：评估总结演练参与单位在应急准备方面的问题和不足，明确改进的重点，提出改进计划。

（5）改进阶段：按照改进计划，由相关单位实施落实，并对改进效果进行监督检查。

2）应急演练五个阶段的具体任务

应急演练五个阶段的具体任务见表8-1。

应急演练分阶段具体任务明细表 表 8-1

计　划	准　备	实　施	评估总结	改　进
1. 梳理需求 （1）确定演练目的; （2）分析演练需求; （3）确定演练范围。 2. 明确任务 3. 编制计划 4. 计划审批	1. 成立演练组织机构 2. 确定演练目标 3. 演练情景事件设计 4. 演练流程设计 5. 技术保障方案设计 6. 评估标准和方法选择 7. 编写演练方案文件 8. 方案批准 9. 落实各项保障工作 （1）人员保障; （2）经费保障; （3）场地保障; （4）物资和器材保障; （5）技术保障; （6）安全保障。 10. 培训 11. 预演	1. 演练前检查 2. 演练前情况说明和动员 3. 演练启动 4. 演练执行 （1）实战演练; （2）桌面演练; （3）演练解说; （4）演练记录; （5）演练宣传报道。 5. 演练结束与意外终止 6. 现场点评会	1. 评估 2. 总结报告 （1）召开评估总结会议; （2）编写演练总结报告。 3. 文件归档与备案	1. 改进行动 2. 跟踪检查与反馈

第二节 典型紧急情况处置

一 客车反恐防暴

恐怖主义严重威胁世界和平与发展，成为全人类的公敌。面对恐怖主义，没有哪个国家能独善其身，建立起防范恐怖袭击的铜墙铁壁显得非常重要。近年来，针对交通运输行业的恐怖袭击事件时有发生，恐怖分子利用客运场站人员密集的特点，伤害乘客、劫持乘客作为人质提出非法要求、在运输途中劫持车辆等交通工具进行犯罪活动。客运驾驶员应掌握一定的反恐知识和技能，有利于保护司乘人员的生命财产安全。

1 反恐怖主义活动基本知识

当前，我国国内面临的暴恐活动愈发突出，国内发生的暴恐案件给人民群众的生命财产安全造成了严重损失，恐怖活动对我国国家安全、社会安定、经济发展、民族团结和人民生命财产安全构成了严重威胁。虽然实施恐怖活动的人只是极少的一小撮，但由于恐怖主义所造成的危害，远远大于普通刑事案件。2016年1月1日，《中华人民共和国反恐怖主义法》正式实施，打击暴恐有了坚实法律支撑，恐怖主义等概念有了明确的定义。

1 概念

1）恐怖主义

恐怖主义是指通过暴力、破坏、恐吓等手段，制造社会恐慌、危害公共安全、侵犯人身财产，或者胁迫国家机关、国际组织，以实现其政治、意识形态等目的的主张和行为。

2）恐怖活动

恐怖活动是指恐怖主义性质的下列行为：

（1）组织、策划、准备实施、实施造成或者意图造成人员伤亡、重大财产损失、公共设施损坏、社会秩序混乱等严重社会危害的活动的。

（2）宣扬恐怖主义，煽动实施恐怖活动，或者非法持有宣扬恐怖主义的物品，强制他人在公共场所穿戴宣扬恐怖主义的服饰、标志的。

（3）组织、领导、参加恐怖活动组织的。

（4）为恐怖活动组织、恐怖活动人员、实施恐怖活动或者恐怖活动培训提供信息、资金、物资、劳务、技术、场所等支持、协助、便利的。

（5）其他恐怖活动。

3）恐怖活动组织

恐怖活动组织是指三人以上为实施恐怖活动而组成的犯罪组织。

4）恐怖活动人员

恐怖活动人员是指实施恐怖活动的人和恐怖活动组织的成员。

5）恐怖事件

恐怖事件是指正在发生或者已经发生的造成或者可能造成重大社会危害的恐怖活动。

2 恐怖袭击的方式

常见的恐怖袭击方式包括刀斧砍杀、驾车冲撞碾压、纵火、爆炸、枪击、劫持、投放危险物质等。此外，恐怖分子有时还会通过利用网络、散布虚假恐怖信息等方式实施破坏活动。

3 恐怖袭击的特点

（1）多针对无辜群众不加选择地实施袭击，妄图造成最大伤害。

（2）恐怖分子多会在袭击现场展示、散发、呼喊象征恐怖组织或恐怖主义思想的标识或口号。

（3）袭击方式多选择暴力手段，烈度大、破坏性强，极易对人的心理造成恐慌。

（4）常为多人共同作案。

4 恐怖主义思想传播途径

恐怖主义思想是恐怖活动的重要诱因。恐怖分子通过制作、发布音视频，散发非法宣传品等形式，千方百计地向群众传播恐怖主义思想，煽动实施恐怖活动，传授恐怖袭击方法。作为普通公民，我们要学会识别：

（1）含有恐怖组织宣扬暴力、煽动实施恐怖袭击、煽动破坏社会秩序内容的音视频、图片等。

（2）含有恐怖主义思想，鼓吹通过暴力解决问题等内容的传单、小册子等。

（3）宣扬恐怖主义的网络言论、公开言论等。

（4）代表恐怖组织、恐怖主义的标识、旗帜等。

（5）宣扬恐怖主义的非法讲经活动等。

5 应当学习掌握的基本技能

1）恐怖嫌疑人的识别

实施恐怖袭击的嫌疑人脸上不会贴有标记，但是会有一些不同寻常的举止行为可以引起高度警惕，例如：

（1）神情恐慌、言行异常者。

（2）着装、携带物品与其身份明显不符，或与季节不协调者。

（3）冒称熟人、假献殷勤者。

（4）在检查过程中，催促检查或态度蛮横、不愿接受检查者。

（5）反复在客运站、服务区警戒区附近出现。

（6）疑似公安部门通报的嫌疑人员。

2）可疑车辆的识别

（1）状态异常。车辆结合部位及边角外部的车漆颜色与车辆颜色是否一致（确定车辆是否改色）；车的门锁、行李箱锁、车窗玻璃是否有撬压破损痕迹；车灯是否破损或异物填塞，车体表面是否附有异常导线或细绳等。

（2）车辆停留异常。违反规定停留在水、电、气等重要设施附近或人员密集场所。

（3）车内人员异常。如在检查进程中，神色惊慌、催促检查或态度蛮横、不愿接受检查；发现警察后起动车辆躲避的。

3）可疑爆炸物的识别

（1）看：由表及里、由近及远、由上到下无遗漏地观察，识别、判断可疑物品或可疑部位有无暗藏的爆炸装置。

（2）听：在寂静的环境中用耳倾听是否有异常声响。

（3）嗅：如黑火药含有硫黄，会放出臭鸡蛋（硫化氢）味：自制硝铵炸药的硝酸铵会分解出明显的氨水味等。

4）爆炸物可能放置在客车的位置

车辆底盘、车厢内、行李、包裹、食品、手提包及各种日用品之中。

2 应对恐怖活动的原则和正确处置

1 应对恐怖活动的原则

（1）保持冷静，安全第一。为了确保生命安全尽量按照恐怖分子的要求去做，不要与罪犯进行正面对抗。

（2）小心谨慎，仔细观察。仔细观察并记下恐怖分子的显著外部特征（如衣服的颜色，身高等）。

（3）忍辱负重，见机行事。不要与恐怖分子发生正面冲突，但要时刻做好防范准备，寻找机会向外界发出求援信息。

（4）做好记录，保护现场。当恐怖分子逃离现场后，要记录下恐怖分子的逃离方向和方式；不要破坏任何留有恐怖分子指纹和印记的物体。

2 正确处置

1）发现可疑爆炸物的正确处置

（1）不要触动。

（2）及时报警。

（3）迅速撤离。疏散时，有序撤离，不要互相拥挤，以免发生踩踏造成伤亡。

（4）协助警方的调查。目击者应尽量识别可疑物发现的时间、大小、位置、外观，有无人动过等情况，如有可能，用手中的照相机照相或录像，为警方提供有价值的线索。

2）遇有匿名威胁爆炸或扬言爆炸的正确处置

（1）信：要“宁可信其有，不可信其无”，不能心存侥幸心理。

（2）快：尽快从“现场”撤离。

（3）细：细致观察周围的可疑人、事、物。

（4）报：迅速报警、让警方了解情况。

（5）记：用照相机或者摄像机等将“现场”记录下来。

3）车上遇到纵火恐怖袭击的正确处置

（1）沉着冷静。当发动机着火后，应迅速开启车门，从车门下车，用随车灭火器扑灭火。

（2）如果着火部位在中间，从两头车门有秩序地下车。在扑火时，重点保护驾驶室和油箱部位。

（3）如果火焰小但封住了车门，用衣服蒙住头部，从车门冲下。

（4）如果车门线路烧坏，开启不了，应砸开就近车窗翻身下车。

（5）如果衣服着火，迅速脱下衣服，用脚将火踩灭；或者请他人协助用厚重的衣物压灭火苗。如果他人衣服着火时，脱下自己的衣服或其他布物，将他人身上的火捂灭。

4）驾车途经隧道遇纵火恐怖袭击的正确处置

（1）沉着冷静，寻找避难所。隧道里设计有避难所或安全通道，要找最近的避难所或从最近的安全通道逃离火场。

（2）严禁在车里避难。隧道火灾中火势发展蔓延得很快，不要有侥幸心理，要立即下车逃离，避免不必要的损失。

5）车辆遭遇枪击的正确处置

（1）快速掩蔽。在车上遇到枪击时，迅速低头隐蔽于前排座椅后或蹲下、趴下，不要站立。

（2）及时报警。拨打110报警：车辆行驶至什么位置，受到哪个方向的枪击，来自车外还是来自车内，是否有人受伤等。

（3）择机下车。在情况不明时，不要下车；确定枪击方向后，下车沿着枪击相反方向，利用车体做掩护快速撤离。

（4）自救互救。到达安全区后，及时检查是否受伤，发现受伤，及时实施自救互救。

（5）事后协助。积极向警方提供现场信息，协助警方控制局面。

6）车辆发生爆炸的正确处置

（1）迅速按下客车车载报警按钮。

（2）依靠车内的消防器材进行灭火。

（3）车辆在运行期间，不要有拉门、砸窗、跳车等危险行为。

（4）及时停车、疏散乘客，听从指挥，沉着冷静、紧张有序地通过车门、应急出口、车窗等疏散门撤离。

（5）不要因贪恋财物浪费逃生时间。

（6）实施必要的自救和救助他人。

（7）拨打报警电话，客观详细地描述事件发生、发展经过。

7）被恐怖分子劫持后的正确处置

（1）保持冷静，不要反抗，相信政府。

（2）不对视，不对话，趴在地上，动作要缓慢。

（3）尽可能保留和隐藏自己的通信工具，及时把手机改为静音，适时用短信等方式向警方（110）求救，短信主要内容：自己所在位置，人质人数，恐怖分子人数等。

（4）注意观察恐怖分子人数、头领，便于事后提供证言。

（5）在警方发起突击的瞬间，尽可能趴在地上，在警方掩护下脱离现场。

8）报警时的注意事项

（1）保持镇静，不能因为恐慌影响了正常的判断。

（2）判明自己目前是否面临危险，如有危险，做好个人防护，迅速离开危险区域或就地掩蔽。

（3）首先报告最重要的内容，包括地点、时间、发生什么事件、后果等。如枪击事件位置、嫌疑人物、体貌特征、衣着打扮、伤亡人数等；纵火事件说清发生火灾地点，如哪个区、哪条路、哪个住宅区、第几栋楼、几层楼、附近有无危险物等。

3 预防恐怖劫持的措施

1 依法实名制

在日常生活中，当我们因需要乘坐交通工具购票、住宾馆、上网、寄快递、办理手机卡时，通常需要出示有效身份证件。实践证明，实名制的推行有利于加强社会管理、规范个体行为、打击违法犯罪，能够有效震慑阻止暴恐分子策划、准备及实施恐怖袭击活动。道路客运企业要严格执行实名制（图8-26），坚持凭票乘车，加强驾驶员管理，杜绝站外带客。

图 8-26　实名制车票

小知识

什么时候需要进行实名登记？

（1）入住宾馆、酒店等。

（2）邮寄物品。

（3）运输货物。

（4）购票乘坐长途汽车、飞机、高速铁路等公共交通工具。

（5）使用互联网、金融、电信、机动车租赁等服务。

（6）购置特定商品。

（7）其他。

2 加强进站安检

保障我们每个人的人身、财产安全，是安全检查工作的主要目的（图8-27）。通过安检，能及时发现人身、车辆、物品等是否携带或夹带枪支、弹药、管制刀具、易燃易爆、腐蚀性、放射性等危险物品，有效防止损害发生。

图 8-27　车站安检

需要进行安全检查的场所通常有哪些?

（1）交通枢纽，如机场、火车站、地铁站、汽车站、码头等。

（2）人员密集场所，如城市广场、影剧院、景点等。

（3）大型活动举办场所，如重要会议、体育赛事、展览、演出活动场所等。

（4）其他需要进行安检的场所。

3 积极组织参与演练

对每一位客运驾驶员来说，面对凶残的暴恐分子，这是一场不讲规则、没有底线，完全不对等的战斗。因此，一旦意识到身边可能发生暴恐事件，要首先确保自身安全，及时报警。道路运输企业要经常组织人员参加反恐应急演练，使他们掌握必备的应急知识和技能，了解发生暴恐事件时应当采取的必要行动，加快反应速度，有效躲避危险，减少司乘人员的伤亡。

二 乘客突发疾病的应急处置

客运车辆在运行途中，经常会出现乘客突发疾病的情况，病情危重的乘客如果在发病初期得不到及时有效的救助与治疗，甚至会有生命危险。

1 乘客常见突发疾病的类型

乘客常见的突发疾病和症状包括晕厥、休克、头晕呕吐、心绞痛发作、心跳停止、癫痫、关节扭伤等。

2 预防乘客突发疾病的措施

1 保持车辆良好行驶状态

车辆的行驶状况直接影响乘客的身体反应。车辆在路上时而快，时而慢，走走停停，易导致乘客出现晕车、呕吐等不良反应；车辆紧急起动、制动有可能会造成乘客心脏病等疾病发作。

2 保持车内良好乘车环境

车厢内的温度、湿度和噪声等会对乘客的身体产生很大影响。闷热、潮湿、嘈杂的车内环境会使乘客出现胸闷、气短、烦躁等症状，进而可能引发乘客晕厥。要关注车内外空气质量及温度的变化，及时开启空调或打开通风装置。

3 对特殊乘客给予特殊关照

年迈、体弱或身患疾病的乘客及孕妇是突发疾病的高危人群。驾驶员应对这类乘客多一些照顾，尽量为他们安排舒适的乘车位置。

4 创造融洽的乘车氛围

有些乘客可能因为某些原因，会与其他乘客或者工作人员发生争吵，导致情绪激动而突然引发疾病。为了避免这种情况的出现，驾驶员和乘务员要做到不与车上乘客产生争执，同时要积极调节乘客之间的纷争，消除疾病诱发因素。

5 掌握一些医疗常识和准备一些常用药品

驾驶员及乘务员掌握一定的急救、医疗常识，有利于在乘客突然出现疾病时，给予一定的帮助。在车上应常备速效救心丸、云南白药、防晕车药及清凉油等应急药物，以备不时之需。

3 乘客突发疾病操作规程

（1）若车上乘客突发疾病，驾驶员或乘务员确认病症后，及时检查乘客身上是否携带急救药物，并尽快帮助其服下。当发现乘客没有随身携带药物时，应直接拨打120求救，或在征得其他乘客同意后，将患病乘客送往医院。

（2）在送往医院的途中和急救车赶到之前，在车内寻找医务工作者，为抢救病患者生命争取时间。车内没有其他乘客时，大声向周围群众呼救，请求他人帮助，不得单独留下患病乘客无人照管或置之不理。

（3）在高速公路等特殊路段乘客突发疾病时，驾驶员和乘务人员可以与附近巡逻的公安交警联系，由公安交警负责和相关部门或机构联系，为救人开辟特殊通道。

4 常见突发疾病的应急救援

1 晕厥

晕厥也称昏厥，俗称晕倒，是一种突然发生的短暂的意识丧失状态。

发现有乘客晕厥时，应迅速采取头低平卧体位，解开病人的衣、领和皮带，保持呼吸道畅通。按压病人的人中等穴位，促使其苏醒。必要时采取人工呼吸和心脏按压的方法进行急救。若有心脏病史，可口服硝酸甘油、麝香保心丸。

2 休克

休克现象十分危险，如果不采取迅速有效的急救和治疗，会引起重要器官停止工作，导致休克病人死亡。对休克病人应该采取以下急救措施：

（1）注意给体温过低的病人保暖；对于伴有高烧的病人应该降温。

（2）对于伴有昏迷的病人，应该保持呼吸道畅通，把病人颈部垫高，下颌抬起，使其头部最大限度后仰，同时头应该偏向一侧。

（3）应该尽快呼叫120，或马上送医院抢救。

（4）如果是因为低血糖引起的，可助其食用含糖较高的食物，如饼干、糖块、果汁等。

3 头晕呕吐

（1）无须惊慌，喝一杯热水，慢慢就会恢复正常。

（2）如果情况较为严重，取平卧位休息，用身边可以取到的物品把腿垫高。

（3）如果是因为晕车引起，可服用防晕车药。

4 心绞痛发作

（1）立即让病人停止一切活动，坐下或平躺休息，含服硝酸甘油片等药物。

（2）如果当时无急救药，也可以指掐内关穴或压迫手臂酸痛部位，可以起到急救作用。

（3）休息片刻，疼痛缓解后送医院检查。

5 心跳停止

发生心跳停止，必须争分夺秒地进行抢救，要当机立断进行心肺复苏。

6 癫痫发作

癫痫俗称羊角风，是一种不定期反复发作的大脑功能失常。

（1）迅速让病人仰卧，不要垫枕头。把缠有纱布的压舌板垫在上下牙齿间，随即松开衣领，把病人的头偏向一侧，使口腔分泌物自行流出，同时还要把病人下颌托起。

（2）不要强行给病人喂水或强行按压肢体，应刺激或点压人中、合谷、足三里、涌泉等穴位。

（3）如果癫痫连续发作，要把病人送到医院及时抢救。

7 关节扭伤

切忌搓揉按摩，有条件的情况下用冷水或冰块冷敷，外擦松节油或涂三七粉、云南白药，或用活血、散淤、消肿的中草药外敷包扎。

第九章

典型道路运输事故案例分析

学习目标

（1）会分析典型道路运输事故发生的主要原因及驾驶员应承担的责任。

（2）熟悉掌握减少发生二次事故伤害的措施。

随着社会经济的发展，道路交通的需求不断增长，但由于人、车、路、环境等道路交通系统的要素还不够完善、协调，道路交通的矛盾日益加剧，交通事故呈上升趋势，重特大道路交通事故依然多发。

通过对典型道路客运事故案例的分析，可以警示客运驾驶员以及道路运输企业，自觉增强守法意识，从事故中吸取经验教训，同时做好相关的预防工作，避免出现类似的违法行为和交通事故，共同维护道路交通安全。

第一节 超员（载）道路运输事故案例分析

车辆的技术性能要求与其核定载客量（载质量）是相匹配的，一旦车辆在运营过程中超员（载）行驶，将造成车辆总质量的增大，破坏车辆设计、制造和使用的基础，对车辆各个方面的性能都产生不利的影响，给车辆及行车安全造成极大的危害；同时超员（载）也会加重事故的后果。

1 案例描述

2016年7月1日13时许，鞠某驾驶冀籍牌号的大型卧铺客车由河北省邢台市邢台中心汽车站出发前往辽宁省沈阳市。客车在途中多次停车上客、装货。21时28分，客车以（88±5）km/h的速度（鉴定速度）在津蓟高速公路第二车道内由南向北行驶至K024+200m处时，其车右前轮爆胎，致车辆失控，车身右侧与道路东侧波形钢制护栏连续刮擦挤压后，车辆前部又撞到K024+348m桥东侧钢筋混凝土护栏南侧端头，坠到闫东渠内。事故共造成26人溺水死亡、4人受伤，车辆、公路设施等损坏，直接经济损失约2383.4万元（图9-1）。

a)

b)

图 9-1　事故现场

② 案例分析

1 主要原因

客车实际装载质量严重超出客车设计总质量，导致右前轮轮胎爆裂。司法鉴定意见书认定：排除客车右前轮轮胎因质量问题导致其爆裂。该车事故时装载9420kg货物（不含乘客行李，其中轴承9420kg）、30人，结合客车主要技术参数计算得：该车事故时总质量为25476kg（不含乘客行李），严重超出客车设计总质量约7476kg，增加了大型卧铺客车的轴荷。大型卧铺客车右前轮轮胎由于其承受较大荷载，并使其下沉量过大至胎压过高导致爆裂。大型卧铺客车右前轮爆胎是事故发生的主要原因。

2 间接原因

1）客车承包人使用无货运资质的客车载货

客车承包人为获取更大利益，使用无道路货物运输资质的车辆从事货物运输；擅自改变许可运营路线，不按许可站点经营；故意关闭车辆动态监控车载终端，逃避监管。

2）邢台交通集团及其下属公司安全生产主体责任不落实

公司安全管理工作严重缺失。第四分公司对运营车辆长期包而不管，长期违规运行，对涉事车辆长期不按许可的线路、站点运营缺乏管理；车辆动态监控制度形同虚设，管理责任不落实，道路运输车辆动态监控工作不到位；对涉事车辆的驾驶员、司乘人员进行安全教育培训不到位。巨鹿分公司汽车站落实《汽车客运站安全生产规范》不力，违规接收未经许可进站的车辆进站运营。

3 事故性质

经调查认定，津蓟高速公路“7·1”重大道路交通事故是一起责任事故。

③ 案例警示

严禁车辆超员（载）。车辆超员（载）会降低车辆的转向操纵性、延长车辆的制动距离、缩短车辆使用寿命及加速零部件、轮胎的磨损和老化等。机动车所有人、管理人、驾驶员都应严格遵守国家及交通安全的相关法律法规，杜绝超员等违法或违规驾驶行为，保证行车安全，消除交通安全隐患。

《中华人民共和国道路交通安全法》第四十九规定："机动车载人不得超过核定的人数，客运机动车不得违反规定载货。"

《中华人民共和国道路运输条例》第三十四条规定："道路运输车辆运输旅客的，不得超过核定的人数，不得违反规定载货。"

《中华人民共和国刑法》第一百三十三条将从事旅客运输，严重超过额定乘员载客，或者严重超过规定时速行驶的纳入危险驾驶罪，而且，机动车所有人、管理人对这些行为负有直接责任的，依照该规定处罚。

知识链接

客车超员五大危害：

危害一：会导致车辆不稳定。超员导致车辆超出其载质量，会增加驾驶员在行车过程中的不稳定性，使得车辆惯性加大、制动距离加长，危险性也相应增大。

危害二：会导致爆胎、失控。如果严重超员，客车极易因轮胎负荷过重、变形过大引发爆胎、突然偏驶、制动失灵、转向失控等。

危害三：让逃生和抢救变难。特别是发生交通事故、车辆自燃等意外情况时，客车超员给乘客逃生、抢救伤员带来极大困难。

危害四：更易铤而走险。超员客车往往躲避执勤交警检查，不是超速行驶就是夜间行驶。

危害五：无座乘客最危险。超员的那部分乘客几乎没有任何安全设施保护，一旦发生紧急情况如车辆侧翻等，将是首先伤亡的人员。

4 预防措施

1 强化驾驶员教育，提高安全意识

道路运输企业定期组织客运驾驶员开展安全教育活动，通过多种形式，分析通报当前道路交通安全形势，进一步增强驾驶员交通安全意识，做到警钟长鸣。

2 强化源头管理，落实安全措施

客运站抓好对客运车辆的出入站登记，对出站的车辆除严格进行安全技术性能检验外，更要对出站客运车辆的载客人数进行登记，做到超员车不出站。

3 强化检查力度，提高安全管理能力

对客车的超员现象进行跟踪抽查，把客运车车主、客运驾驶员的经济利益与他们的超员现象相挂钩，对有超员现象的客运驾驶员进行重点管理。发挥"道路运输车辆卫星定位系统动态监控平台"的作用，对驾驶员站外带客等行为要及时提醒，对超员的要进

行相应的内部处罚。

第二节 超速道路运输事故案例分析

超速驾驶是最常见且最容易引发恶性事故的交通违法行为。车辆超速行驶时，会导致操纵稳定性下降、制动距离增加；驾驶员的视力降低、视野范围变窄，反应能力下降，容易疲劳驾驶和误操作；遇到紧急情况时容易失去对车辆的控制，干扰正常车流，造成交通秩序混乱；车辆发生碰撞的概率以及碰撞时的能量增大。

1 案例描述

2015年7月1日15时41分，吉林省延边州王某驾驶一辆吉籍牌号的旅游包车由集安驶往丹东，行至集（安）丹（东）公路K051+860m处驶上外岔沟大桥时，车辆冲出桥栏翻坠于桥下，造成11人死亡（其中韩国游客10人）、17人受伤的重大道路交通事故（图9-2）。

图 9-2 事故现场

2 案例分析

1 主要原因

客运驾驶员王某驾驶大型客车行经急弯路段时超速行驶（该路段限速40km/h，车辆以64~88km/h速度行驶，明显超过限速），急弯路段操作不当，是导致事故发生的主要原因。经血液和尿液采样检测，排除驾驶员王某酒驾和毒驾。

2 间接原因

（1）企业安全生产主体责任不落实：延边安顺公司未定期对安全管理人员和驾驶员进行安全培训、GPS动态监管制度不落实、未实现营运车辆实时监控；延边某旅行社有限公司未按规定设置安全生产管理机构或配备安全管理人员、对行车中乘客不系安全带、驾驶员超速行驶等违法行为提醒和制止不力。

（2）乘车人员未遵守安全乘车规定。

（3）监管单位和部门履行职责不到位。

3 案例警示

严禁超速行驶。“十次事故九次快”，超速行驶是安全行车的大忌。《中华人民共和国道路交通安全法》第四十二条规定：“机动车上道路行驶，不得超过限速标志标明的最高时速。”道路运输企业应建立驾驶员的违法管理制度，加强驾驶员的安全培训教育，增强安全行车意识。驾驶员要严格按照道路限速要求行驶，杜绝超速驾驶行为。

4 预防措施

提高驾驶员的安全意识、保持良好的心态、做好行车前的规划，有效预防驾驶员的超速违法驾驶行为，对于保障行车安全至关重要。

1 增强安全意识

超速行驶不仅是不安全驾驶行为，更是违法驾驶行为。驾驶员要有高度的安全意识和社会责任感，树立“以人为本，安全至上”的职业道德和行为规范，规范驾驶行为，杜绝超速行驶。

2 调整好心态

驾驶员要调整好心态，在行车过程中不能争强好胜、麻痹大意或心存侥幸，应始终保持谨慎的态度。

3 做好行车前的规划

在行车前，驾驶员应规划好行车路线、行车时间，避免因为行驶路线不熟悉、时间紧迫等客观原因而超速行驶。

4 特殊路段谨慎驾驶

特别是车辆在急弯路段下坡时，重心前移，向前的惯性增大，转弯时的离心力增大，此时需要提前减速。当视线不清时，左转弯尽量靠右，右转弯靠中心线行驶，以扩大行车视野。

第三节　酒驾、药驾、毒驾等道路运输事故案例分析

一　安徽省芜湖市“6·26”重大道路交通事故

驾驶员饮酒后，由于酒精的麻醉作用，容易产生困倦感，出现行驶不规范、空间视觉差等驾驶行为，遇紧急状况不能及时做出反应或操作失误，导致交通事故发生。

1 案例描述

2015年6月26日14时50分左右，马鞍山市一辆皖籍牌号的大型客车在G4211宁芜高速公路K069+270m施工路段变道时，先撞破中间分隔水马，后撞上左侧防护栏，再与对向

驶来的江西省宜春市一辆牌号为赣CB4035的厢式货车相撞，造成13人死亡，25人不同程度受伤的重大道路交通事故（图9-3）。

图9-3　事故现场

2 案例分析

1 主要原因

客车驾驶员酒后驾车、严重超速。驾驶员沙某在驾驶肇事车辆通过事发路段时，超速120%（限速40km/h，实际行驶速度为88 km/h）冲破水马隔离设施，车前部位撞击驾驶方向左侧防撞护栏并致车身向右倾斜，对向的蔡某龙驾驶的赣CB4035号重型仓栅式货车行至该路段避让不及，货车前部左侧与客车顶部后侧及车身右侧后部发生碰撞，导致客车向左侧侧翻。

经对其血样、尿样提取检测，未发现沙某毒驾嫌疑；但其血样检测酒精含量20.5mg/100ml，鉴定为酒驾。

2 间接原因

对非法旅游活动的管理缺失。马鞍山市某汽车运输集团有限公司安全主体责任不落实，日常安全管理严重缺失，对挂靠车辆“挂而不管”，动态监控系统形同虚设，企业管理混乱；马鞍山市当涂县某百货商店无资质多次组织非法旅游活动；马鞍山某旅行社有限公司为当涂县某百货商店组织的非法旅游活动提供帮助。

3 案例警示

严禁“酒驾”。《中华人民共和国道路交通安全法》第二十二条明确规定：“饮酒、服用国家管制的精神药品或者麻醉药品，或者患有妨碍安全驾驶机动车的疾病，或者过度疲劳影响安全驾驶的，不得驾驶机动车。”饮酒后，人的视觉和触觉机能下降，表现为触觉迟钝，视力下降，视野变小；酒后驾车还会出现远视，视物的立体感发生误差，反应时间增多2~3倍，在这种状态下驾驶机动车就极易引发交通事故。

4 预防措施

酒后驾车的危害大家有目共睹，要彻底治理酒后驾车这种违法行为，必须提前预防、齐抓共管：

（1）深入开展交通安全宣传教育活动，提高广大驾驶员的交通安全意识。

要充分利用新闻媒体，大力加强交通安全宣传教育工作，可以将因酒后驾车而导致的重特大交通事故案例，制成光盘、展板，在媒体或人口集中的广场、学校、集市进行播放和展览，让广大人民从中受到教育，从而增强交通安全意识。

（2）加大对酒后驾驶的查处力度，形成高压管控的态势。

公安交警在日常执法执勤中，要加大对驾驶员的检查力度。特别是在晚间，不定期突击检查，一旦发现酒后驾车，要按照有关规定从严处理，形成高压态势，让每个驾驶员都不敢碰酒驾这根“高压线”。

（3）做好监督、加强自控。

平时，家人及亲朋要经常性地做好监督和提醒。驾驶员自身也要加强自律，应该管好自己的嘴，坚决做到“开车不饮酒，饮酒不开车”。

二 重庆“10・1”公交坠桥特别重大道路交通事故

药物副作用不可忽视。一些感冒药、抗过敏、镇静类药物中含有氯苯那敏或苯海拉明等成分，驾驶员服用后，会出现困倦、嗜睡等现象，反应能力、动作协调能力显著降低，易“手脚不听使唤”，无法正常控制加速踏板、制动踏板、挂挡、操作转向盘而引发事故。出车前如果服药，一定要仔细阅读药品说明书，或者向医生问清楚药物的副作用。

1 案例描述

2006年10月1日国庆节，一辆满载50人的大型客车，由江北区阳光城载客前往沙坪坝区三角碑，当客车驶出嘉陵江石门大桥主桥进入南引桥右转弯时，由于雨天路面湿滑，未按规定降低行驶速度，车辆后轮向左发生侧滑。因驾驶员身患感冒，身体和精神状态不良，输液吃药后，感知力、判断力和操控车辆能力下降，在车右前角即将撞上右侧人行道路沿石时，向左急打方向并踏加速踏板试图控制车辆，但因踩踏过重，车速加快，大型客车冲过引桥左侧护栏，坠落至引桥下方花台中，造成驾驶员在内的30人死亡、20人受伤（其中10人重伤）、车辆严重损坏，直接经济损失高达739万元的特别重大道路交通事故（图9-4）。

图 9-4　事故现场

② 案例分析

1 主要原因

驾驶员因身患感冒，输液吃药后继续驾驶车辆，身体和精神状态不良，感知力、判断力和操控车辆能力下降，在限速40km/h的雨天路面湿滑路段，驾驶大型客车没有按照规定降低行驶速度，且在车辆后轮出现向左侧滑时，临危反应迟缓，出现操作错误，导致了事故的发生。

2 其他原因

客车所在公司安全管理混乱，安全规章制度不落实，“以包代管”，对驾驶员管理失控。客车所在公司主管控股集团，对下属公司管理不力，未履行安全生产管理职责，没有对安全生产工作进行监督检查。客车所在公司的车辆承包人、安全科负责人、公司总经理、公司董事长，对事故的发生负有主要责任。

③ 案例警示

药物的副作用千万不能忽视。很多重特大道路交通事故，都是由于驾驶员服用了有副作用的药物而导致的，每一位驾驶员都应引以为戒。本案例中驾驶员服用了药物后驾驶机动车，其行为违反了《中华人民共和国道路交通安全法》第二十二条第二款“饮酒、服用国家管制的精神药品或者麻醉药品，或者患有妨碍安全驾驶机动车的疾病，或者过度疲劳影响安全驾驶的，不得驾驶机动车”和第四十二条“机动车上道路行驶，不得超过限速标志标明的最高时速。在没有限速标志的路段，应当保持安全车速。夜间行驶或者在容易发生危险的路段行驶，以及遇有沙尘、冰雹、雨、雪、雾、结冰等气象条件时，应当降低行驶速度”的规定。客车驾驶员对这起事故负有直接责任，鉴于其已在事故中死亡，不再追究责任。

④ 预防措施

驾驶员生病服药是理所当然的。但是服用影响驾驶安全的药物时都应慎用或少用。一般应注意以下几点：

1 按医嘱服药

驾驶员生病就医，必须向医生交代驾驶职业特点。在可能情况下，若能找到等效的、不影响驾驶技能的药物时，应尽量首选这类药物；其次，选副作用较小的药物。若根据病情非服某些药物不可时，则晚上服催眠剂或镇静剂不要过晚，白天服兴奋剂不要过量。必要时应暂停驾车，并在停药休息48~72h体力恢复后再驾车。

2 注意药物的分量

驾驶员服药，必须按医嘱要求剂量服用，不能擅自增加分量，更不能将副作用较小的药物混合服用或服药期间同时饮酒，以防副作用进一步加剧，导致驾驶技能迅速衰退，威胁驾驶安全。

3 用药禁忌

禁止服用副作用大的药物，如对神经系统有影响的药物、催眠药物、使人恶心和产变态反应的药物、兴奋剂、治疗癫痫的药物、治疗高血压的药物等。服用这些药物后会使驾驶员反应迟钝，降低注意集中的能力和驾驶能力，将会引发交通事故。

三 常合高速公路江苏省苏州市“4·22”重大道路交通事故

毒品是人类的大敌，世界的公害。一旦染上了毒品，小则家破人亡，大则祸国殃民。驾驶员特别是客运驾驶员，肩负着安全行车的重任，如果吸食毒品后驾驶机动车，将会给道路交通安全带来极大隐患，会对他人生命和财产安全造成巨大威胁，其后果极其严重。

1 案例描述

2012年4月22日，驾驶员王某在凌晨5时吸食冰毒，于8时驾驶大型客车到上海市某广场接旅游团前往常熟市。当车辆行驶至常合高速公路K1+180m处时，驾驶员王某因吸食冰毒产生幻觉，怀疑前有警车拦截，后有警车跟踪，突然向左变道“避让”，致使车辆与中央隔离带护栏发生碰撞，并越过护栏后向右侧翻，与对向车道刘某驾驶的中型厢式货车相撞，造成大型客车乘客14人死亡，20人受伤，直接经济损失约1800万元（图9-5）。

图 9-5　事故现场

2 案例分析

1 主要原因

根据事故调查报告，本案例中大型客车驾驶员王某于4月21日晚间0时去网吧玩游戏，22日凌晨5时吸食冰毒后离开网吧，3h后驾驶机动车执行运输任务，随后在行车中产生幻觉，操作失当，致使车辆撞击并越过中央隔离带护栏，与对向车道中型厢式货车发生碰撞。经调查认定，大型客车驾驶员吸食毒品是造成本起事故的主要原因。

2 事故暴露出的其他问题

除上述原因外，本起事故还暴露出大型客车所属道路运输企业安全管理等方面存在的问题：

1）安全管理存在漏洞

本起事故中，大型客车所属运输企业将车辆承包给个人经营，在车辆交通事故责任强制险已过期（处于脱保运行状态）的情况下，未采取强制措施停止该车辆运行，属于未实施有效监督管理。

2）驾驶员的管理不到位

大型客车所属道路运输企业未建立驾驶员管理档案，未对驾驶员进行上岗安全培训，属于未实施有效监督管理。

3 案例警示

严禁“毒驾”。驾驶员吸食毒品后，短时间内出现高度亢奋的状态，随后失去意识，此时极易出现嗜睡、幻觉、妄想等情形，表现为感知能力和判断能力下降，无法控制自己的行为，往往出现操作异常。且吸食毒品后脑神经对肌肉的支配能力及小脑的平衡能力下降，会引起反应迟钝、动作变慢、操作准确性下降。研究表明，驾驶员吸食毒品后驾驶机动车，反应时间比正常驾驶员慢21%，遇到突发情况时往往处置不及时。

《中华人民共和国道路交通安全法》第二十二规定：“机动车驾驶员应当遵守道路交通安全法律、法规的规定，按照操作规范安全驾驶、文明驾驶。饮酒、服用国家管制的精神药品或麻醉药品，或者患有妨碍安全驾驶机动车的疾病，或者过度疲劳影响安全驾驶的，不得驾驶机动车。”因此，驾驶员要杜绝“毒驾”，切实保障人民生命财产安全。

4 预防措施

从驾驶员个体角度来看，毒品危害个人身体健康，破坏家庭幸福，拒绝毒品，人人有责，从运输企业管理角度来看，毒驾危害公共安全，影响社会和谐，预防毒驾，企业有责。道路运输企业要加强防范毒品宣传教育，提高驾驶员的防毒意识，加强客货运输驾驶员的安全监管工作，配合道路运输安全相关管理部门的指导，共同创造“无毒”驾驶的环境。

1 道路运输企业要加强对客货运输驾驶员的源头监管

道路运输企业要加强对驾驶员的管理，可在报班审核中加入有关毒驾的检测程序，确保驾驶员“无毒”驾驶。

2 提高驾驶员的安全意识和社会责任感

加强对驾驶员防范毒品的安全培训教育，增强驾驶员防范毒品的安全意识；培养驾驶员的社会责任感，使驾驶员担负起维护公共安全的社会职责，从根本上拒绝“毒驾”。

3 加强防范毒品、预防毒驾的社会宣传

可通过视频、图片等多种呈现形式，再现毒驾导致人员伤亡、财产损失、家庭破裂的案例，向全社会广泛宣传毒品的危害、“毒驾”的危害，提高全社会防范毒品、预防

“毒驾”的安全意识。

4 加强机动车驾驶证的申领和审核管理

道路运输安全相关管理部门应进一步加强协作，密切配合，建立完善的信息共享机制，将吸毒人员数据和驾驶员员数据进行对比分析，对涉嫌吸毒的人员进行全面梳理、排查，对驾驶证的申领和审核从严把关。

第四节 疲劳驾驶、分心驾驶道路运输事故案例分析

一、陕西省安康市京昆高速公路“8·10”特别重大道路交通事故

驾驶疲劳，是指驾驶员在长时间连续行车后，产生生理机能和心理机能的失调，而在客观上出现驾驶技能下降的现象。驾驶员睡眠质量差或不足、长时间驾驶车辆都容易出现疲劳，导致行车过程中驾驶员驾驶机能下降，一旦遇到突发事件，不能及时采取正确的应急处置措施，易引发道路交通事故。从近几年发生的道路交通事故情况来看，部分驾驶员依然无视事故教训，存在疲劳驾驶行为，以致引发重大恶性交通事故。

1 案例描述

2017年8月10日14时01分，客运驾驶员冯某驾驶河南省洛阳某交通运输集团所属的一辆豫籍号牌的大型普通客车，从四川省成都市城北客运中心出发前往河南省洛阳市。出站时，车内共有41人（2名驾驶员、1名乘务员以及38名乘客）。行驶途中，先后在京昆高速公路成都市新都北收费站外停车上客2人，在德阳市金山收费站外停车上客4人，在绵阳市金家岭收费站外停车上客3人。20时28分，车辆从陕西省汉中市南郑出口下高速公路至客车服务站用餐，在此期间下客1人。21时01分，车辆更换驾驶员，由王某驾驶车辆从汉中南郑口驶入京昆高速公路，此时车上实载49人。23时30分，当该车行驶至陕西省安康市境内京昆高速公路秦岭1号隧道南口K1164+867m处时，正面冲撞隧道洞口端墙，导致车辆前部严重损毁变形、座椅脱落挤压，造成36人死亡、13人受伤（图9-6）。

图9-6 事故现场

2 案例分析

1 主要原因

经调查认定，事故直接原因是：事故车辆驾驶员王某行经事故地点时超速行驶、疲劳驾驶，致使车辆向道路右侧偏离，正面冲撞秦岭1号隧道洞口端墙，具体分析如下：

一是驾驶员王某疲劳驾驶。自7月3日至8月9日的38天时间里，王某只休息了一个趟次（2天），长期跟车出行导致休息不充分。自8月9日12时至事故发生时，王某没有落地休息，事发前已在夜间连续驾车达2h29min。发生碰撞前，驾驶员未采取转向、制动等任何安全措施，显示王某处于严重疲劳状态。

二是事故车辆行经事故地点时超速行驶。事发路段限速（大型车辆为60 km/h），经鉴定，事故发生前车速约为80~86 km/h，高于超过限定车速33%~43%。

另经技术鉴定，排除了驾驶员身体疾病、酒驾、毒驾、车辆故障以及其他车辆干扰等因素导致大型客车失控碰撞的嫌疑。

2 间接原因

一是事故现场路面视认效果不良。

二是车辆座椅受冲击脱落。

三是有关企业安全生产主体责任不落实。

四是地方交通运输、公安交管等部门安全监管不到位。

3 事故性质

调查认定，陕西安康京昆高速公路“8・10”特别重大道路交通事故是一起生产安全责任事故。

3 案例警示

严禁疲劳驾驶。《中华人民共和国道路交通安全法》第二十二条规定：“机动车驾驶员应当遵守道路交通安全法律、法规的规定，按照操作规范安全驾驶、文明驾驶。饮酒、服用国家管制的精神药品或者麻醉药品，或者患有妨碍安全驾驶机动车的疾病，或者过度疲劳影响安全驾驶的，不得驾驶机动车。”《国务院关于加强道路交通安全工作的意见》（国发〔2012〕30号）要求，运输企业要积极创造条件，严格落实长途客运驾驶员停车换人落地休息制度，确保客运驾驶员24h累计驾驶时间原则上不超过8h，日间连续驾驶不超过4h，夜间连续驾驶不超过2h，每次停车休息不少于20min。所以，客运驾驶员一定要合理安排休息，千万不能疲劳驾驶。

4 预防措施

有效预防和避免驾驶员的疲劳驾驶行为，对于保障行车安全至关重要：

1 严格控制驾驶时间

道路运输企业及驾驶员要合理安排运输任务和行车时段，在行车过程中，驾驶员要严格执行连续24h累计驾驶时间不超过8h，日间连续驾驶时间不超过4h，夜间连续驾驶时间不超过2h，每次停车休息时间不少于20min的规定。

2 养成良好的驾驶习惯

驾驶员要养成良好的驾驶习惯，不能疲劳驾驶。行车中，当驾驶员感到疲劳时，意味着驾驶员安全驾驶能力开始下降，此时应将车辆停靠在安全区域，进行调整和休息。

3 养成良好的生活习惯

驾驶员要养成良好的运动习惯，积极参加有益的强身健体活动，保持健康的身体；营造和谐的家庭氛围，保持愉悦的心情；保障充足的睡眠时间和良好的睡眠质量，建议每天睡眠时间为7~8h。

缓解疲劳驾驶的方法

当开始感到困倦时，切忌继续驾驶车辆，应迅速停车，采取有效措施，适时的减轻和改善疲劳程度，恢复清醒。减轻和改善疲劳，可采取以下方法：

（1）用清凉空气或冷水刺激面部；

（2）喝一杯热茶或热咖啡或吃、喝一些酸或辣的刺激食物；

（3）停车到驾驶室外活动肢体，呼吸新鲜空气，进行刺激，促使精神兴奋；

（4）收听轻音乐或将音响适当调大，促使精神兴奋；

（5）做弯腰动作，进行深呼吸，使大脑尽快得到氧气和血液补充，促使大脑兴奋；

（6）用双手以适当的力度拍打头部，疏通头部经络和血管，加快人体气血循环，促进新陈代谢和大脑兴奋。

当然，以上方法只能是暂时的缓解疲劳驾驶，不能从根本上解除疲劳，唯有睡眠才是缓解疲劳和恢复清醒最可靠、最有效的方法。

二 贵州省紫云县“8·20”重大道路运输事故

分心驾驶是指驾驶员驾驶车辆时注意力指向与正常驾驶不相关的活动，从而导致驾驶操作能力下降的一种现象。因驾驶员视线偏离或分心产生的注意力不集中是引发交通事故的常见且重要的原因。分心驾驶不仅是开车打、玩手机（图9-7），还有比如交谈，听音乐，思考问题，开情绪车，驾车时吃东西、抽烟、东张西望等。我们开车时不经意间的一个视线转移或短暂的思绪纷飞，很可能就是一次事故的原因。为了自己和他人的安全，请拒绝分心驾驶。

a)

b)

图 9-7 驾驶员在行车途中看手机

① 案例描述

2016年8月20日20时10分许，贵州省安顺市紫云县松山镇驾驶员袁某驾驶一辆贵籍号牌的中型客车，搭载40名群众（其中免票儿童5人）从安顺龙宫游玩返回紫云县途中，在209省道K222+300m处（小地名：枫香塘）时，连续下坡转弯，车辆右侧车身与道路左侧钢筋混凝土防护栏端头碰撞后翻坠入6.2m深的路沟中，事故造成 4名乘车人当场死亡，7人经抢救无效死亡，共11人死亡、28人受伤，直接经济损失861万元。

② 案例分析

1 主要原因

根据事故调查报告，事故路段为下坡连续右转弯路段，车辆受到离心力的影响，增加了驾驶员操控车辆的难度，加之驾驶员行驶中接听移动电话，注意力分散，从而未能及时观察到前方转弯半径的变化，进行相应安全调整，导致车辆拐弯时驶出路面。因此，驾驶员袁某违反道路交通安全法规，驾驶不符合安全技术条件的营运客车在行驶过程中连续接打手持电话、未集中精力谨慎驾驶、超速行驶，是导致此次事故的直接原因。

2 事故暴露出的其他问题

（1）安顺市某汽车运输有限公司紫云分公司安全管理混乱。

一是动态监控形同虚设，2名监控人员未经培训考核，不熟悉动态监控操作规程，未能发现事故车驾驶员超速行驶以及驾车过程中连续接打手持电话等违法行为和乘客不系安全带现象。

二是对承包经营车辆疏于管理，事故车辆系周某书、詹某勇等人承包经营，该分公司未对事故车辆的运行和维护保养等进行有效管理。未设立负责车辆技术管理的机构，未配备专业车辆技术管理人员，对事故车辆二级维护管理不到位。

三是未设置专门的安全生产管理机构，未足额配备专职安全管理人员，未按规定提取、设立安全生产专项资金，事故车辆承运人责任险过期未及时续保，安全管理制度不健全，未建立派车单制度，使用事故车辆开展包车客运业务未按规定向运管机构备案。

（2）安顺市某汽车运输有限公司未履行对分公司的安全管理职责。对分公司车辆长期违法开展包车业务问题未能及时发现并纠正；公司自身存在安全管理制度及机构不健全，专职安全管理人员配备不足等问题。

（3）紫云某汽车维修有限责任公司二级维护作业弄虚作假。事故车辆8月15日进场进行二级维护，该公司未进行维护便出具维护合格证，致使车辆存在的左前轮、右前轮、左后轮制动失效以及驻车制动工作不良等安全隐患未能得到及时发现和消除。

（4）紫云县交通运输管理、公安交管部门安全监管不力；安顺市交通运输管理机构、公安交警支队工作指导不力。

3 事故性质

经调查认定，紫云县“8·20”重大道路运输事故是一起生产安全责任事故。

3 案例警示

分心驾驶危害大。由于分心驾驶导致驾驶员对车辆速度控制、横向控制能力下降，反应时间延长，驾驶过程中发生偏离车道、紧急制动等危险驾驶行为发生的概率增大，降低了交通运行效率，增加了道路交通安全隐患。

《道路交通安全法实施条例》第六十二条第（三）项规定“驾驶机动车不得有下列行为：拨打接听手持电话、观看电视等妨碍安全驾驶的行为。”

对违反上述规定的驾驶员处20元以上200元以下罚款，并记2分。

在此警示所有驾驶员：驾驶过程中一定要集中注意力，避免分心驾驶。

知识链接

开车接打电话隐患重重，驾驶员在行车途中拨打和接听电话或发短信等行为会给行车安全带来极大风险：

1.注意力分散，信息加工能力降低

驾驶员开车时接听、拨打电话，处在一种谈话任务干扰驾驶任务的状态，从而会加重驾驶员的认知负荷，导致驾驶员无法对交通环境中的有效信息进行知觉，引起驾驶员注意力分散、信息加工能力降低。此外，还可能会影响驾驶员的情绪，增加发生交通事故的隐患。

2.平稳驾驶能力下降

驾驶员开车时接听、拨打电话，行驶速度会相应地降低，紧急制动和突然加速的情况显著增多，导致驾驶不平稳，易与后车发生追尾碰撞等事故。且拨打过程中有可能单手操控转向盘，安全驾驶水平降低。

3.反应速度下降

驾驶员开车时接听、拨打电话，因注意力不集中，无法及时发现交通状态的变化和潜在的交通危险，再加上认知负荷的增加，从而导致反应速度下降。驾驶员的制动反应时间延长，制动距离增大，导致事故的风险变大。

4 预防措施

1 强化驾驶员培训

在驾驶技能培训过程中，注重对驾驶员讲解如何做好行车前准备、如何保持行车过程中注意力高度集中等内容，正确认知分心驾驶的危害性。在驾驶员相关考试中设计如何避免产生分心驾驶的内容，提高驾驶员对避免分心驾驶能力的运用水平。

2 加强宣传教育

道路运输企业要加强驾驶员的安全意识教育，深入宣传分心驾驶的危害性和防治方法，使客运驾驶员能够了解驾驶行为对于他人、自身的安全影响，减少诱发分心驾驶的因素，克服驾驶过程中分心驾驶行为。

3 加强管理

加强对分心驾驶行为的监管与查处，结合视频识别技术，加强对使用手机等重点分心驾驶行为的取证工作。运用适时监控平台及时发现、提醒驾驶员的分心行为，并给予相应的处罚。

4 加强主动防御技术的研究

车辆制造企业应加强分心驾驶主动预防技术的研究应用，如车载语音控制系统、定速巡航等，以降低驾驶员分心驾驶的概率。加强分心驾驶被动矫正技术研究和应用，如疲劳检测、车道偏离预警等技术，确保分心驾驶行为发生后能够及时发现和矫正。同时，对重点车辆强化标准配置，如客货运车辆强制安装疲劳检测装置，提高重点车辆安全保障能力。

第五节 机械故障道路运输事故案例分析

1 案例描述

2015 年5 月15 日，4辆大型客车从仲山森林公园出发返回西安，当王某驾驶的陕籍大型客车行驶至淳卜路K002+450m下坡左转弯处时，车辆失控由道路右侧冲出路面，越过路外侧绿化台并向右侧翻滑下落差32m的山崖，车头右前侧撞击地面（头下尾上、右侧车身后部斜靠在崖壁上），事故共造成35 人死亡、11 人受伤，直接经济损失2300余万元（图9-8）。

2 案例分析

1 主要原因

据调查报告认定，事故的直接原因为陕籍号牌大型客车制动系统技术状况严重不良，行经下陡坡、连续急弯路段时，因制动力不足造成车速过快，在离心力作用下出现侧滑，失控冲出路面翻坠至崖下。

客车坠崖后车头猛烈撞击地面，冲击力造成乘客向前翻倒，由于客车座椅与车身连接强度不足，事故发生时70%的座椅发生脱落，砸压车内乘客，进一步加重了事故伤亡后果。

图 9-8　事故现场

2 间接原因

事故的间接原因为：事故大型客车车主长期利用无道路客运资质的车辆非法从事道路客运经营活动；西安依诺相伴生活馆无照经营，非法组织旅游活动；铜川某交通设施工程有限公司机动车安全技术性能检验工作管理混乱，导致严重不符合安全技术标准的事故大型客车获得检验合格证明；事发路段未按设计文件设置安全防护设施，造成道路安全防护设施缺失，安全防护能力不足；铜川市、咸阳市、西安市的质监、公安、交通、工商、旅游等部门履行监管职责不到位。

3 事故性质

经调查认定，陕西咸阳“5・15”特别重大道路交通事故是一起生产安全责任事故。

3 案例警示

必须保持良好的车辆技术状况。

《中华人民共和国道路交通安全法》第二十一条规定：“驾驶员驾驶机动车上道路行驶前，应当对机动车的安全技术性能进行认真检查；不得驾驶安全设施不全或者机件不符合技术标准等具有安全隐患的机动车。”

《道路旅客运输企业安全管理规范（试行）》第二十七条规定：“道路旅客运输企业应当加强车辆技术管理，确保营运车辆处于良好的技术状况。”

因此，道路运输企业及驾驶员，都应该按照法律法规的要求，加强对车辆的技术维护工作，使车辆保持良好的技术状况，确保行车安全。

4 预防措施

车辆故障是道路运输安全的潜在风险，加强车辆的安全检查，提高驾驶员的故障处置能力，对于提高道路运输安全水平具有重要意义。

（1）道路运输企业应严格落实车辆的安全检查制度，保障车辆技术状况良好。严防“重形式，走过场”的行为，杜绝安全检查不合格、维护不到位的运输车辆继续从事运输经营。

（2）道路运输企业应加强驾驶员的安全培训教育。通过驾驶员的安全培训，使驾驶员认识到车辆安全检查和车辆维护的重要意义，督促驾驶员做好车辆的日常安全检查工作。

（3）驾驶员应该认真做好车辆的日常维护工作。车辆日常维护是由驾驶员在每日出车前、行车中和收车后负责执行的车辆维护作业，主要作业内容有以下三个方面：

第一方面，对汽车外观、发动机外表进行清洁，保持车容整洁。

第二方面，对汽车各部润滑油（脂）、燃油、冷却液、制动液、各种工作介质、轮胎气压进行检视补给。

第三方面，对汽车制动、转向、传动、悬架、灯光、信号等安全部位和位置，以及发动机运转状态进行检视、校紧，确保行车安全。

第六节 不按规定停车道路运输事故案例分析

1 案例描述

2016年7月4日凌晨2时许，京昆高速公路西攀段（成都至西昌方向）发生一起交通故事，卢某驾驶沪籍牌号的载有17名乘客的全顺牌中型客车，停在高速路上的客货车道上下客，后方大型货车驾驶员张某因避让不及，导致追尾事故发生，该起交通事故造成2死16伤（图9-9）。

图9-9 事故现场

2 案例分析

大型货车驾驶员张某观察不仔细，未发现前方车道的中型客车，因措施不当未及时避让导致追尾事故发生。

涉事客车是一辆“黑车”，凌晨2时许仍然在高速公路上行驶，且前后曾两次违停上下客，是事故发生的重要原因。

3 案例警示

大型客车在高速公路上停车、上下客是极其危险的违法行为，极易引发交通事故。《中华人民共和国道路交通安全法》第六十七条规定：“行人、非机动车、拖拉机、轮式专用机械车、铰接式客车、全挂拖斗车以及其他设计最高时速低于70km的机动车，不得进入高速公路。”

《中华人民共和国道路交通安全法实施条例》第八十二条规定：“机动车在高速公

路上行驶，不得有下列行为：（一）倒车、逆行、穿越中央分隔带掉头或者在车道内停车。（四）非紧急情况时在应急车道行驶或者停车。”

因此，驾驶员必须遵守交通法规，不能心存侥幸，防止事故的发生。

4 预防措施

（1）机动车在一般道路上发生故障，需要停车排除故障时，驾驶员应立即开启危险报警闪光灯，将机动车移至不妨碍交通的地方停放；难以移动的，应当持续开启危险报警闪光灯，并在来车方向设置警告标志，必要时迅速报警。

小提醒

应急车道是供通行车辆遇到紧急情况临时停放、等待救援或者是在遇有交通事故等突发事件造成的交通中断等情况时，为抢救伤员、快速处置事故现场、保证及时恢复通车发挥着重要作用，是高速公路的“生命通道”（图9-10）。

a) 不当占用应急车道

b) 应急车道严禁占用提示

图 9-10　应急车道——“生命通道”

高速公路紧急停车带不得随意停车，只有当车辆出现机械故障等紧急情况时才允许停车，例如：爆胎、转向失控、制动失灵、行车发生火灾、爆炸等意外情况。

（2）机动车在高速公路上发生了故障，应当遵循更严格的操作步骤进行：

第一步是正确停车：立即开启危险报警闪光灯，将车驶入紧急停车带或右侧路肩停下；如果车辆已失去动力，要利用其惯性滑入紧急停车带；如果车辆已停止运转，可利用车辆起动产生的动力挪入或推入紧急停车带。

第二步是确保人员安全：车辆停放好后，驾驶员和乘车人从路外侧的车门尽快离开车辆，转移到右侧路肩上或者应急车道内，最好是波形防撞钢板的外侧，绝不能在高速公路上随意走动或拦截过往车辆求救。如需到车内或车下进行维修，也应由路外侧的车门出入。

第三步是警示其他车辆并报警：如果车辆坏在行车道上难以移动，除要立即开启危险报警闪光灯外，还要把故障车警告标志放置在来车方向150m处，并立即报警，如果是夜间，还必须开启示廓灯和后位灯。

第七节 闯红灯道路运输事故案例分析

1 案例描述

2010年12月5日上午，107国道与许昌市创业大道交叉口发生一起特大交通事故，当日10时41分，一辆信阳市某运输集团有限责任公司所属的豫籍牌号的宇通大型客车与一辆豫籍低速自卸货车（登记住所：禹州市无梁镇无梁村）相撞，大型客车侧翻，两车严重损坏。事故造成6人死亡，22人受伤（图9-11）。

图 9-11 事故现场

2 案例分析

许昌市警方调取了当时的监控录像。录像显示，大型客车驾驶员在道路交叉路口闯红灯行驶是造成本起事故的主要原因。

3 案例警示

严格遵守交通信号指示通行。遵守交通信号，是保证道路交通安全、有序的基本要求。《中华人民共和国道路交通安全法》第三十八条规定：“车辆、行人应当按照交通信号通行；遇有交通警察现场指挥时，应当按照交通警察的指挥通行；在没有交通信号的道路上，应当在确保安全、畅通的原则下通行。”

第四十四条规定：“机动车通过交叉路口，应当按照交通信号灯、交通标志、交通标线或者交通警察的指挥通过；通过没有交通信号灯、交通标志、交通标线或者交通警察指挥的交叉路口时，应当减速慢行，并让行人和优先通行的车辆先行。”

交叉路口本就是事故多发路段，驾驶员应当谨记， 遇交通信号是红灯时必须停车等候。即使是绿灯也要注意减速观察，确认安全后通过，防止其他车辆、行人的违法行为引发交通事故，以免给自己或他人造成伤害。

4 预防措施

在行车过程中如何避免闯红灯：

（1）有箭头指示灯时看箭头灯，否则看圆灯。

（2）红灯亮时，车头不得再越过停止线。

（3）黄灯亮时，车头不得再越过停止线。

（4）绿灯刚闪时，距离近且速度快时，应该通过，防止因车速快刹不住而越过停止线；距离远或速度慢或路口拥塞时，应该停止。

第八节 应急处置不当道路运输事故案例分析

一、河南省商丘市“12·9”重大道路交通事故

驾驶员的应急处置能力是驾驶员自身素质和业务水平的重要体现，是影响车辆安全运行的重要因素。驾驶员应注重应急处置能力的培养和提升，在车辆遇到突发情况时采取有效措施化解事故损失，有效规避险情，最大限度地减少事故损失，保障乘客的生命和财产安全。

1 案例描述

2012年12月9日上午11时许，驾驶员于某驾驶一辆核载29人，实载34人的大型客车从河南省商丘市前往郑州市，行驶至310国道民权县南华大道K442处（行驶速度为86km/h），为避让同方向向左转弯行驶的一辆两轮电动自行车，于某在踩制动踏板的同时向左猛转向，致使大型客车与张某驾驶的电动自行车相撞并失控，大型客车坠入左前方池塘，造成客车内11名乘客死亡，电动自行车驾驶员张某抢救无效死亡，22人受伤（图9-12）。

图 9-12　事故现场

② 案例分析

1 主要原因

根据事故调查报告，本案例中大型客车驾驶员于某超速、超员行驶，在避让同向行驶的电动自行车时，措施不当，制动的同时猛转向，导致车辆失控。经调查认定，大型客车驾驶员应急处置不当是造成本起事故的重要原因。

2 事故暴露出的其他问题

除上述原因外，本起事故还暴露出大型客车所属道路运输企业安全管理等方面存在的问题：

（1）驾驶员安全意识淡薄。

本起事故中，大型客车行驶至交叉路口附近路段，驾驶员未能降低车速，且应急避险处置措施不当，造成严重的交通事故。

（2）大型客车所属道路运输企业安全管理责任不落实。

大型客车所属道路运输企业未按规定对从业人员进行安全教育培训，未能及时提醒和纠正大型客车超载（核载29人，实载34人）、超速（事发路段限速为70km/h，事故发生时实际车速86km/h）的违法行为。

③ 案例警示

1 严禁超速、超员行驶

驾驶员必须增强安全意识，严格遵守交通安全管理规定，杜绝超速、超载驾驶等违章行为，有效防控重特大道路交通安全事故的发生。

2 遇紧急情况需正确处置

道路运输驾驶员在行车过程中遇到各类紧急、突发情况时，要沉着冷静，机智应对，按照正确的应急处置原则，迅速判断险情，果断采取措施，将损失和危害降到最低。

④ 预防措施

驾驶员的应急处置能力对于保障行车安全具有重要作用。道路运输企业要加强驾驶员的安全培训教育，提高驾驶员的风险辨识能力和应急处置能力。

（1）道路运输企业要加强驾驶员的安全培训教育，提高驾驶员的应急处置能力。

道路运输企业要加强对驾驶员风险源的辨识和突发情况应急处置方法的培训和演练，提高驾驶员的风险防范意识和应急处置能力。

（2）加强对行车危险源及其危害的社会宣传。

道路运输安全相关管理部门应向社会广泛宣传常见的危险源和常见的危险情景，使人们认识常见危险源及其危害，提高全社会的安全意识，从根本上保障行车安全。

二 沪昆高速公路贵州省贵定县“1·4”重大道路交通事故

道路环境不良往往是造成道路交通事故的诱因。道路运输企业应根据道路环境、天气状况合理安排运输任务，加强对驾驶员的安全培训，提高驾驶员的风险防范意识和恶劣天气下的安全驾驶技术。

① 案例描述

2012年1月4日下午18时30分，驾驶员杨某驾驶一辆大型客车由浙江省义乌市出发，经过杭金衢高速公路、沪昆高速公路前往四川省泸州市，行驶至沪昆高速公路贵州省贵定县境内K765+500m处（正值雨雪凝冻天气，路面结冰），因车速过快（行驶速度55km/h）而失控，在剐蹭中央隔离带后向右撞击右侧防护栏，再向左冲断中央隔离带和对向车道路侧防护栏，坠入路外垂直高度约8.8m深的水沟，事故共造成18人死亡、39人受伤。事故现场及过程如图9-13所示。

a) 事故现场

b) 事故过程

图 9-13　事故现场及事故模拟图

② 案例分析

1 事故原因

根据事故调查报告，本案例中，该地区在事故当天为小雨夹雪天气，道路有积雪和凝冻（路面结冰），事故发生前，大型客车驾驶员杨某以55km/h的车速在冰雪道路上行驶，且处置不当，造成大型客车失控。经调查认定，驾驶员冰雪路面上未按要求保持安全车速、处置不当是造成本起事故的重要原因。

2 事故暴露出的其他问题

除上述原因外，本起事故还暴露出大型客车所属旅游客运公司在安全管理等方面存在的问题：

1）责任人张某非法包车、伪造车票等相关证件

本事故中，张某在义乌市非法设揽客点组织客源，向乘客出售伪造车票，且向旅游客运公司提供伪造的“省际包车客运标志牌”、《旅游包车协议》等营运手续。

2）旅游客运公司非法跨省营运

旅游客运公司在自身未取得合法跨省客运包车资质的情况下，擅自安排车辆从事营运活动。

3）旅游客运公司安全生产管理混乱

旅游客运公司总经理、安全员对车辆调度情况不知晓，“道路运输车辆卫星定位系

统动态监控平台”无专人24h值守。

③ 案例警示

《中华人民共和国道路交通安全法》第四十二条规定：“夜间行驶或者在容易发生危险的路段行驶，以及遇有沙尘、冰雹、雨、雪、雾、结冰等气象条件时，应当降低行驶速度。”

《中华人民共和国道路交通安全法实施条例》第四十六条规定：“机动车在冰雪、泥泞的道路上行驶时，最高行驶速度不得超过30km/h。”

④ 预防措施

1 出车前检查车辆技术状况

出车前对车辆的检查应更加细致，如检查刮水器是否正常，轮胎是否良好等，这些方面将直接影响车辆在冰雪道路行驶时的稳定性和安全性。除此之外，车辆还需配备防滑链等行车途中可能需要的装备。

2 保证平稳起步

冰雪道路车辆起步时，为使车辆更加平稳，可挂入比平时起步时高一级的挡位，缓慢松开离合器踏板，采用半离合的方式调整传动力的大小，然后再缓慢加油，待车辆有足够的动力后，开始正常行驶。

3 保持匀速行驶

冰雪道路行驶时，应尽量保持匀速行驶。若想减速停车，应先采用减挡的方式，通过发动机制动实现车辆减速，待车速降低到20km/h左右时，再逐渐增加制动力度，不能猛踩制动踏板。在加减速过程中，要密切注意车辆的行驶状况，避免车辆侧滑。

4 保持安全车距

低速行驶并与前车保持合理的安全行车距离是冰雪道路行车的关键。《中华人民共和国道路交通安全法实施条例》第四十六条规定：“冰雪天气车辆的最高行驶速度不得超过30km/h。”当道路通行条件不良时，应保持较低行驶车速，与前车保持安全车距（建议大于30m）。

5 严禁急转转向盘

在冰雪路面行驶过程中需要转弯时，驾驶员需提前降低车速，稳住转向盘，慢转慢回，在道路条件允许的情况下，尽量加大转弯半径，以减小转弯时的离心力，避免车辆产生侧滑。另外，应避免在转向的同时急踩制动踏板，以免引起车辆甩尾。

6 避免坡道停车

驾驶员要尽量避免在坡道停车，因为冰雪道路路面附着系数较小，在坡道上停车会增加起步的难度，不得以在此路段停车时，应在车轮后部放置三角木，以防止车辆溜车。当跟随其他车辆上坡时，为安全起见，应在前车行驶至坡顶后再开始上坡。

第九节 其他道路运输事故案例分析

一 沈海高速公路福建省宁德市“6·20”重大道路交通事故

1 案例描述

2012年6月20日凌晨1时许，驾驶员王某驾驶大型客车从江苏省无锡市开往福建省厦门市，行驶至福建省宁德市沈海高速公路K1908+300m处一高架桥下坡转弯路段时，在车辆左前远光灯不能照明、夜间光线不良的情况下，碰撞右侧护栏后坠落桥下，造成17人死亡、28人受伤，事故现场及事故过程示意图如图9-14所示。

a) 事故现场

b) 事故过程

图 9-14　事故现场及事故模拟图

2 案例分析

1 主要原因

根据事故调查报告，本案例中，大型客车灯光照明系统存在故障，左前远光灯不能照明，驾驶员在夜间光线不良的情况下，在湿滑的下坡左转弯路段，未能根据交通环境控制安全行车速度，致使车辆失控，与护栏发生碰撞，造成车辆坠桥。经调查认定，客运驾驶员在夜间大雨情况下行经湿滑下坡转弯路段未能保持安全车速是造成本起事故的主要原因。

2 事故暴露出的其他问题

本起事故还暴露出大型客车所属道路运输企业安全管理等方面也存在的问题：

（1）大型客车所属道路运输企业对驾驶员的安全管理存在漏洞。

本起事故中，大型客车所属运输企业在招聘驾驶员时，未核实驾驶员近三年内的道路交通违法记录，未落实驾驶员的安全学习、违章处罚制度。

（2）大型客车所属道路运输企业违规经营行为严重。

大型客车所属运输企业对驾驶员实施底薪加提成的工资制度，鼓励驾驶员违规站外揽客、载物，站外揽客每位提成4元，货物按运费的15%提成。

（3）大型客车所属道路运输企业对车辆的维护工作不够重视。

大型客车所属道路运输企业车辆技术档案不健全，未按规定定期对车辆进行维护。

（4）大型客车所属道路运输企业动态监控主体责任不落实。

大型客车所属道路运输企业“道路运输车辆卫星定位系统动态监控平台”在中午和工作忙时无人监管，对事故车辆超速行驶等违法行为未能及时提醒和纠正。

3 案例警示

夜间驾驶机动车必须注意行车安全。《中华人民共和国道路交通安全法》第四十二条规定：“夜间行驶或者在容易发生危险的路段行驶，以及遇有沙尘、冰雹、雨、雪、雾、结冰等气象条件时，应当降低行驶速度。”驾驶员夜间驾驶机动车时，观察道路状况及交通情况比白天更加耗费体力，在视觉上更容易疲倦，而且在感观上还会自觉地依照平时对路况的记忆驾车行驶，这些因素使得夜间驾驶机动车更加困难，也更容易引发事故，如果再遭遇不良天气等突发状况的时候，事故发生率会更高。

4 预防措施

夜间行车，严格控制车速是确保安全的根本措施，应注意以下五个方面：

（1）要注意观察路况，在路况不易辨清时，应减速慢行，必要时应停车查看，弄清情况后再行进。

（2）严格控制车速，保持中速行驶，注意增加跟车距离，准备随时停车，防止前后车发生碰撞事故。

（3）正确使用灯光，汽车灯光系统不仅能够照亮前方道路，同时也能给予对方警示。夜间临时停车或因故停车时，应始终打开示廓灯、牌照灯。

（4）尽量避免超车，必须超车时，应准确判明前方情况，提前预告前车避让，确认条件允许后方可超车，在超车中应适当加大车间距离。

（5）夜间行车视线不良、路界不清，驾驶员应降低行车速度，以增加观察、决策和做出反应的时间。

（6）夜间倒车或掉头时，必须下车摸清进退地形、上下及四周的安全界限，然后再倒车或掉头，在进、倒中多留余地，在看不清目标的情况下，可用手电或其他灯光照射。

二 京珠高速公路河南省信阳市“7·22”特别重大道路交通事故

危险货物运输，必须是由专用危险货物运输车辆装载且由拥有相应资质的企业和运输人员承运，否则，普通车辆特别是客车携带危险货物极易引发客车燃烧事故。

1 案例描述

2011年7月22日凌晨3时43分，驾驶员孙某、邹某驾驶大型卧铺客车从山东省威海市出发前往湖南省长沙市，行驶至京珠高速公路K938+115m处时，车内违规携带的危险品因长时间受挤压、摩擦以及发动机散热等综合因素作用，受热分解并发生爆燃，客车燃烧后继续前行145m，碰撞并冲破道路中央隔离护栏后停车，事故共造成41人死亡、6人受伤（图 9-15）。

a)

b)

图 9-15　事故现场

2 案例分析

1 主要原因

根据事故调查报告，本案例中，驾驶员违法使用大型卧铺客车携带15箱共300kg危险货物（偶氮二异庚腈），在车辆行驶过程中，该货物在乘客舱内受挤压、摩擦以及发动机散热等综合因素影响受热分解并发生爆燃。经调查认定，客车违法携带危险货物是造成本起事故的主要原因。

2 事故暴露出的其他问题

除上述原因外，本起事故还暴露出大型卧铺客车所属道路运输企业及危险货物生产企业安全管理方面存在的问题：

（1）大型卧铺客车所属企业安全管理责任不到位。

本起事故中，大型卧铺客车所属企业与事故车辆承包人签订的《营运客车承包经营合同》中含有“途中上客由乙方（承包人）自售自收”的条款，默许事故车辆长期违规站外经营。对于事故车辆长期不进站报班发车、不按规定班次线路行驶以及违规站外上客、人员超载、违规载货等安全隐患，大型卧铺客车所属企业也未进行排查治理。

（2）危险货物生产企业安全管理混乱。

引起本起车辆爆燃的危险货物生产企业未认真执行危险货物安全生产管理制度，多次违规运输危险货物。该企业销售的危险货物偶氮二异庚腈，没有化学品安全技术说明书，产品外包装也未按规定加贴或者拴挂化学品安全标签，不符合危险化学品包装标识的要求。

3 事故性质

经调查认定，京珠高速公路河南信阳“7·22”特别重大卧铺客车燃烧事故是一起责任事故。

3 案例警示

客车携带危险货物极易引起客车燃烧，由于客车燃烧发生后，应急处置难度大，往往造成群死群伤的恶性事故。

《中华人民共和国道路交通安全法》第四十八条规定："机动车载人不得超过核定的人数，客运机动车不得违反规定载货。"第六十六条规定："乘车人不得携带易燃易爆等危险物品，不得向车外抛洒物品，不得有影响驾驶员安全驾驶的行为。"

《中华人民共和国道路运输条例》第十七条规定："旅客应当持有效客票乘车，遵守乘车秩序，讲究文明卫生，不得携带国家规定的危险物品及其他禁止携带的物品乘车。"第三十四条规定："道路运输车辆运输旅客的，不得超过核定的人数，不得违反规定载货。"

道路运输企业应加强对乘客携带物品的安全检查，加强驾驶员的安全教育，杜绝携带危险货物上车。

4 预防措施

（1）道路运输企业要加强对乘客携带物品的安全检查。

道路运输企业应加强对运营车辆的安全检查，坚决杜绝易燃、易爆物品上车。不仅在站内要对乘客托运及携带的物品进行安全检查，在站外规定地点载客、载物时也要加强对物品的安全检查，防止危险物品上车，以免对乘客的生命财产造成威胁。

（2）道路运输企业要加强驾驶员的安全培训教育，提高驾驶员的安全意识。

道路运输企业要加强驾驶员的安全培训教育，尤其要注意常见危险货物辨别和处置的安全常识的学习，提高驾驶员的安全意识和对燃烧事故的防范能力与应急处置能力。

（3）加强客车运输安全的社会宣传。

道路运输安全相关管理部门要通过社会宣传，使全社会认识危险货物的特性及客车携带危险货物发生事故的严重后果，使旅客遵守相关规定，禁止携带危险货物乘车，危险货物运输企业也严格按照相关规定从事危险货物运输。

第二篇

应用能力篇

第十章 客运车辆日常维护及安全检视

项目一 客运车辆日常维护作业内容及要求

学习目标

（1）了解客运车辆日常维护作业的内容。
（2）掌握客运车辆日常维护作业的要求。
（3）掌握客运车辆日常维护作业的步骤。

情景导入

小王是某客运公司职业驾驶员，因接受公司任务指派，需要驾驶一辆大型客车完成35人的运输任务。为保障车辆安全、可靠的运行，驾乘人员的安全，依据公司及相关规定，小王要对驾驶车辆完成日常维护作业。

知识链接

一 客运车辆日常维护作业的内容

客运车辆日常维护是由驾驶员负责执行的车辆维护作业，以清洁、补给和安全检视为作业中心内容。

二 客运车辆日常维护作业的要求

经日常维护作业后，要求客运车辆的零部件均清洁、完整和有效。

三 客运车辆日常维护作业的步骤

为有序完成客运车辆日常维护作业，可分两个步骤完成。

1 清洗车辆

以水枪水压为600~800kPa绕车一周清理，使得车容整洁；尽量不要清洗底盘，更不能淋湿发动机和电器部分。

2 检视车辆

由车辆的左前部开始，逆时针绕车一周，检视车辆各零部件，使车辆各零部件达到清洁、完整和有效的要求。

项目实施

一 实训时间

建议采用理论、实践一体化教学2学时。

二 客实训材料准备（每组）

（1）教学用客车一辆。

（2）通风良好的教学场地及投影仪、磁板等教具。

（3）车辆清洗设备一套、抹布、三角枕木和三角警告标志等。

三 客教学活动步骤

（1）实训导师先讲解客运车辆清洗操作步骤及注意事项。

（2）实训导师指导学员训练车辆清洗。

（3）实训导师先示范讲解检视车辆操作步骤及要求。

（4）实训导师分发客运车辆日常维护训练工单（表10-1），要求学生对照教学用车完成工单填写。

（5）实训导师对学习活动进行讲评，并布置下个学习项目的预习任务。

（6）实训导师布置清理学习场地任务。

客运车辆日常维护训练工单 表10-1

姓名：__________ 学习小组：__________ 导师：__________ 测试结果：__________

部　位	客运车辆部位包含的零部件名称	测试记录
左前部	（1）左后视镜； （2）车窗玻璃； （3）左前轮胎； （4）左前胎螺栓； （5）左前制动鼓轮毂； （6）左前悬架； （7）左前横直拉杆及球头； （8）其他：根据不同车型的实际配置零部件有差别	

续上表

部　　位	客运车辆部位包含的零部件名称	测 试 记 录
左中后部	（1）行李舱门及门锁； （2）车窗玻璃； （3）车辆示廓灯； （4）侧边转向灯； （5）左后轮胎； （6）左后胎螺栓； （7）左后制动鼓轮毂； （8）左后悬架； （9）左后横直拉杆及球头； （10）其他：根据不同车型的实际配置零部件有差别	
车后部及发动机舱	（1）灯具（示廓灯、转向灯、制动灯、倒车灯和雾灯等）； （2）反光板； （3）牌照及牌照灯； （4）发动机舱盖及门锁； （5）各皮带（水泵传动皮带、发电机传动皮带、散热风扇传动皮带、空调压缩机传动皮带等）； （6）各液位（机油液位、冷却液液位和助力转向液液位等）； （7）各管路（燃油管路、助力转向管路和制动液管路等）； （8）各插件（各传感器和执行器插件）； （9）其他：根据不同车型的实际配置零部件有差别	
右中后部	（1）行李舱门及门锁； （2）车窗玻璃； （3）车辆示廓灯； （4）侧边转向灯； （5）右后轮胎； （6）右后胎螺栓； （7）右后制动鼓轮毂； （8）右后悬架； （9）右后横直拉杆及球头； （10）车门及车门锁控制； （11）其他：根据不同车型的实际配置零部件有差别	
右前部	（1）右后视镜； （2）车窗玻璃； （3）右前轮胎； （4）右前胎螺栓； （5）右前制动鼓轮毂； （6）右前悬架； （7）右前横直拉杆及球头； （8）车门及车门锁控制； （9）其他：根据不同车型的实际配置零部件有差别	

续上表

部　位	客运车辆部位包含的零部件名称	测试记录
车前部	（1）前风窗玻璃； （2）刮水器； （3）前照灯； （4）雾灯； （5）转向灯； （6）示廓灯； （7）牌照； （8）其他：根据不同车型的实际配置零部件有差别	
驾驶室	（1）遮阳装置； （2）各仪表（车速表、转速表、气压表、机油压力表、水温表、电压表、燃油液位表、尿素液位表）； （3）各报警装置（机油压力报警灯、水温等报警灯、低气压报警灯和报警蜂鸣器）； （4）各开关（防劫持报警按钮、转向开关、车门开关、空调开关和刮水器开关等）； （5）各安全装置（灭火器、安全锤、驾驶员安全带）； （6）六大操纵杆件（离合器踏板、加速踏板、制动踏板、转向盘、变速器操纵杆和驻车制动）； （7）卫星定位系统与行车记录仪； （8）随车证件； （9）其他：根据不同车型的实际配置零部件有差别	
车厢	（1）安全锤； （2）安全门； （3）安全天窗； （4）乘客安全带； （5）乘客区灭火器； （6）乘客应急呼叫按钮； （7）乘客座椅； （8）安全挡板； （9）乘客区照明装置； （10）玻璃遮阳帘； （11）其他：根据不同车型的实际配置零部件有差别	

项目二　客运车辆出车前安全检视

学习目标

（1）掌握客运车辆出车前安全检视各部位零部件的方法。

（2）掌握客运车辆出车前安全检视各部位零部件的要求。

情景导入

小王是某客运公司职业驾驶员，因接受公司任务指派，需要驾驶一辆大型客车完成35人的运输任务。为保障车辆安全、可靠的运行，驾乘人员的安全，依据公司及相关规定，小王要对驾驶车辆完成出车前的安全检视。

知识链接

一　客运车辆出车前安全检视的内容及要求

客运车辆安全检视的每个部位包含的零部件，各零部件要达到清洁、完整、工作有效的要求。

二　客运车辆出车前安全检视的顺序

客运车辆安全检视的步骤是，从车辆的左前部开始，逆时针绕车一周。

项目实施

一　实训时间

建议采用理论、实践一体化教学6学时。

二　实训材料准备（每组）

（1）教学用客车一辆。

（2）通风良好的教学场地。

（3）车辆三角枕木、抹布、三角警告标志等。

三　教学活动步骤

（1）实训导师先讲解客运车辆从左前侧开始逆时针绕车一周出车前安全检视内容、要求及方法。

（2）实训导师示范讲解客运车辆出车前安全检视作业。

（3）实训导师分发客运车辆出车前安全检视训练工单（表10-2），要求学生对照教学用车一边操作一边完成工单填写。

（4）实训导师对学习活动进行讲评，并布置下个学习项目的预习任务。

（5）实训导师布置清理学习场地任务。

客运车辆出车前安全检视训练工单　　表 10-2

姓名：________　学习小组：________　导师：________　测试结果：________

车辆部位	安全检视内容及要求	安全检视记录
左前部	（1）左后视镜：镜面洁净、无破损、调整得当； （2）车窗玻璃：玻璃无破损、胶体无脱落迹象； （3）左前轮胎：气压正常、花纹无夹石，深度不低于 3.2mm、胎侧无裂纹、途中检查温度正常； （4）左前胎螺栓：轮胎螺栓螺母紧固到位，无松动，无生锈痕迹； （5）左前制动鼓轮毂：温度是否正常； （6）左前悬架：悬挂高度符合汽车厂家标定要求，气囊悬架无漏气，悬架定位、稳定杆机构螺栓紧固正常，胶套无破损； （7）左前横直拉杆及球头：球头连接无松动、横直拉杆无弯曲； （8）其他：根据不同车型的实际配置调整相应部位的项目和内容	
左中后部	（1）行李舱门及门锁：行李舱门及门锁机构能自如打开和锁止； （2）车窗玻璃：玻璃不破损、胶体无脱落迹象； （3）车辆示廓灯：安装牢固、工作正常； （4）侧边转向灯：安装牢固、工作正常； （5）左后轮胎：气压正常、花纹无夹石，深度不低于 3.2mm、胎侧无裂纹、途中检查温度正常； （6）左后胎螺栓：轮胎螺栓螺母紧固到位，无松动，无生锈痕迹； （7）左后制动鼓轮毂：温度是否正常； （8）左后悬架：悬挂高度符合汽车厂家标定要求，气囊悬架无漏气，悬架定位、稳定杆机构螺栓紧固正常，胶套无破损； （9）左后横直拉杆及球头：球头连接无松动、横直拉杆无弯曲； （10）其他：根据不同车型的实际配置调整相应部位的项目和内容	
车后部及发动机舱	（1）灯具：各灯具安装牢固，工作正常； （2）反光板：反光板表面清洁、无破损； （3）牌照及牌照灯：牌照安装稳固、字迹清晰可辨，牌照灯工作正常； （4）发动机舱盖及门锁：发动机舱盖及门锁机构能自如打开和锁止； （5）各皮带：各皮带无毛边、老化、预紧度正常； （6）各液位：各液位在正常范围内； （7）各管路：各管路无老化、无泄漏； （8）各插件：各插件连接可靠、无松脱； （9）其他：根据不同车型的实际配置零部件有差别	
右中后部	（1）行李舱门及门锁：行李舱门及门锁机构能自如打开和锁止； （2）车窗玻璃：玻璃不破损、胶体无脱落迹象； （3）车辆示廓灯：安装牢固、工作正常； （4）侧边转向灯：安装牢固、工作正常； （5）右后轮胎：气压正常、花纹无夹石，深度不低于 3.2mm、胎侧无裂纹、途中检查温度正常； （6）右后胎螺栓：轮胎螺栓螺母紧固到位，无松动，无生锈痕迹； （7）右后制动鼓轮毂：温度是否正常； （8）右后悬架：悬挂高度符合汽车厂家标定要求，气囊悬架无漏气，悬架定位、稳定杆机构螺栓紧固正常，胶套无破损； （9）右后横直拉杆及球头：球头连接无松动、横直拉杆无弯曲； （10）车门及车门锁控制：车门及车门锁控制机构能自如打开和锁止； （11）其他：根据不同车型的实际配置调整相应部位的项目和内容	

续上表

车辆部位	安全检视内容及要求	安全检视记录
右前部	（1）右后视镜：镜面洁净、无破损、调整得当； （2）车窗玻璃：玻璃无破损、胶体无脱落迹象； （3）右前轮胎：气压正常、花纹无夹石，深度不低于 3.2mm、胎侧无裂纹、途中检查温度正常； （4）右前胎螺栓：轮胎螺栓螺母紧固到位，无松动，无生锈痕迹； （5）右前制动鼓轮毂：温度是否正常； （6）右前悬架：悬挂高度符合汽车厂家标定要求，气囊悬架无漏气，悬架定位、稳定杆机构螺栓紧固正常，胶套无破损； （7）右前横直拉杆及球头：球头连接无松动、横直拉杆无弯曲； （8）车门及车门锁控制：车门及车门锁控制机构能自如打开和锁止； （9）其他：根据不同车型的实际配置调整相应部位的项目和内容	
车前部	（1）前风窗玻璃：表面清晰、无破损； （2）刮水器：位置正确、工作有效； （3）前照灯：安装牢固，工作正常； （4）雾灯：安装牢固，工作正常； （5）转向灯：安装牢固，工作正常； （6）示廓灯：安装牢固，工作正常； （7）牌照：牌照安装稳固、字迹清晰可辨； （8）其他：根据不同车型的实际配置调整相应部位的项目和内容	
驾驶室	（1）遮阳装置：安装可靠、无损坏、调整自如； （2）各仪表：无破损、工作正常； （3）各报警装置：无破损、工作正常； （4）各开关：无破损、工作正常； （5）各安全装置：齐全有效； （6）六大操纵件：各操纵件自由灵活、工作正常、自由行程符合要求； （7）卫星定位系统与行车记录仪：安装牢固、工作可靠； （8）随车证件：证件齐全； （9）其他：根据不同车型的实际配置调整相应部位的项目和内容	
车厢	（1）安全锤：摆放位置正确、牢靠； （2）安全门：关闭严密、打开简单、报警可靠； （3）安全天窗：关闭严密、打开简单； （4）乘客安全带：安全带无毛边、锁止正常、打开自如； （5）乘客区灭火器：灭火器安装可靠、压力正常、无泄漏； （6）乘客应急呼叫按钮：无损坏、能正常工作； （7）乘客座椅：固定可靠、能自由调整； （8）安全挡板：固定可靠、无破损； （9）乘客区照明装置：安装可靠、照明光度正常； （10）玻璃遮阳帘：安装可靠、无损坏、能自由调整； （11）其他：根据不同车型的实际配置调整相应部位的项目和内容	

项目三 客运车辆行驶中安全检视

学习目标

（1）了解客运车辆行驶中安全检视的重要性。
（2）掌握客运车辆行驶中安全检视方法及注意事项。
（3）掌握客运车辆中途停车时安全检视方法及注意事项。

情景导入

小王是某客运公司职业驾驶员，因接受公司任务指派，需要驾驶一辆大型客车完成35人的运输任务。为保障车辆安全、可靠的运行，驾乘人员的安全，依据公司及相关规定，小王在客运车辆正常运行时与中途停驶时完成客运车辆行驶中安全检视工作。

知识链接

客运车辆在运行过程中，因运行时间、行驶速度、道路状况、承受荷载、燃料及润滑材料的品质、驾驶技术、环境和气温等多种因素的影响，客运车辆存有安全隐患，需安全检视。驾驶员需在客运车辆运行时与中途停车时完成客运车辆安全检视工作。

项目实施

一 实训时间

建议采用理论、实践一体化教学2学时。

二 实训材料准备（每组）

（1）教学用客车一辆。
（2）教学场地及投影仪、磁板等教具。

三 教学活动步骤

（1）实训导师先示范讲解客运车辆行驶中安全检视内容及方法。
（2）实训导师分发客运车辆行驶中安全检视训练工单（表10-3），要求学生完成工单填写。

客运车辆行驶中安全检视训练工单　　　　表 10-3

姓名：________　学习小组：________　导师：________　测试结果：________

检视内容	检查方法	注意事项	安全检视记录
离合器工作性能的检查	缓慢行驶一段距离，进行换挡操作；快踩慢抬离合器踏板，感受离合器是否分离彻底结合平稳	依据交通规则要求，选择宽直、平坦、车流量较少的路段进行检查，保持安全车距	
制动工作性能检查	选择中、高速，利用“点刹”的方法进行制动效能的检查	依据交通规则要求，选择宽直、平坦、车流量较少的路段进行检查，保持安全车距，不可急制动	
发动机、底盘异响、异味检查	选择慢车道，放慢车速（怠速滑行，手动变速器可放空挡）耳听有无异响、鼻闻有无异味	如发觉车身跳动或颤抖、机件有异响或焦臭味时，则按交通规则要求，选择安全区域停车检车和排除	
涉水后，制动性能检查	涉水后踩踏制动踏板进行制动效能检查。	依据交通规则要求，选择宽直、平坦、车流量较少的路段进行检查，保持安全车距，不可急制动	
转向机构工作性能检查	利用驶过弯道的机会进行检查	不可猛打转向盘	

（3）实训导师先示范讲解客运车辆中途停车时安全检视内容及方法。

（4）实训导师分发客运车辆中途停车时安全检视训练工单（表10-4），要求学生完成工单填写。

客运车辆中途停车时安全检视训练工单　　　　表 10-4

姓名：________　学习小组：________　导师：________　测试结果：________

检视内容	检查方法	注意事项	安全检视记录
“四漏”检查	利用在高速公路生活区停车休息、加油停车、靠边停车或车辆驶入停车场停放等机会，通过“看、听、试、摸”等手段进行漏水、漏油、漏气、漏电现象检查	当发动机因缺水而“开锅”时，切不可立即打开水箱加水，否则易被烫伤和炸裂水箱或发动机水套	
轮胎检查	利用在高速公路生活区停车休息、加油停车、靠边停车或车辆驶入停车场停放等机会，进行轮胎磨损、温度和胎面清理	当车辆因轮胎气压、夹带杂物导致车辆左右摇摆、上下颠覆难以操纵时，不可随意停车，更不能紧急制动，需要依据交通规则在安全区域停放车辆后，再进行检查、清理工作	

续上表

检视内容	检查方法	注意事项	安全检视记录
转向、制动装置和传动轴、轮胎、悬架各连接部位检查	利用在高速公路生活区停车休息、加油停车、靠边停车或车辆驶入停车场停放等机会，检视、手晃各连接部位看有无松动，试打转向盘，反复踩踏、放松加速踏板、离合器踏板以及行车制动器踏板，看有无卡滞等现象	需要依据交通规则在安全区域停放车辆后，再进行检查和排除工作	
制动器、驻车制动器检查	利用靠边停车的机会，查看制动印痕，检查有无拖滞、发咬和跑偏等故障；手摸制动毂，感知温度是否发烫	检查驻车制动器的作用时，最好找一个稍有坡度的地方，以便检查其性能	
灯光检查	利用变更车道、超车或转弯的机会，进行灯光照明、转向信号的检查，或利用停车机会检查	按交通规则使用各类灯光装置，不可乱打转向灯和随意变换远近光灯	

（5）实训导师对学习活动进行讲评，并布置下个学习项目的预习任务。

（6）实训导师布置清理学习场地任务。

项目四 客运车辆收车后安全检视

学习目标

（1）掌握客运车辆收车后安全检视各部位应检视的零部件。

（2）掌握客运车辆收车后安全检视各部位零部件的要求。

情景导入

小王是某客运公司职业驾驶员，因运输任务完成，车辆需停放公司规定地点。为保障车辆安全、可靠的运行，驾乘人员的安全及下次运输任务，依据公司及相关规定，小王要对客运车辆完成客运车辆收车后安全检视工作。

知识链接

客运车辆收车后的安全检视的内容和方法和出车前的安全检视大体一致，遵循左前部开始逆时针绕车一周的顺序完成车辆的收车后的安全检视工作。客运驾驶员应于每日收车后，向车队调度员汇报汽车的技术状况和行驶中发现的故障，提出报修项目，为下次出车做好准备。

一、实训时间

建议采用理论、实践一体化教学2学时。

二、实训材料准备（每组）

（1）教学用客车一辆。

（2）通风良好的教学场地及投影仪、磁板等教具。

（3）车辆清洗设备一套、抹布、三角警告标志和三角枕木等。

三、教学活动步骤

（1）实训导师先示范讲解客运车辆从左前侧开始逆时针绕车一周收车后安全检视内容、要求及方法。

（2）实训导师分发客运车辆收车后安全检视训练工单（表10-5），要求学生对照教学用车完成工单填写。

（3）实训导师对学习活动进行讲评，并布置下个学习项目的预习任务。

（4）实训导师布置清理学习场地任务。

客运车辆收车后安全检视训练工单　　表 10-5

姓名：＿＿＿＿＿　学习小组：＿＿＿＿＿　导师：＿＿＿＿＿　测试结果：＿＿＿＿＿

车辆部位	安全检视内容及要求	报修项目	测试记录
左前部	（1）左后视镜：镜面洁净、无破损、调整得当； （2）车窗玻璃：玻璃无破损、胶体无脱落迹象； （3）左前轮胎：气压正常、花纹无夹石，深度不低于3.2mm、胎侧无裂纹、途中检查温度正常； （4）左前轮胎螺栓：轮胎螺栓螺母紧固到位，无松动，无生锈痕迹； （5）左前制动鼓轮毂：温度是否正常； （6）左前悬架：悬挂高度符合汽车厂家标定要求，气囊悬架无漏气，悬架定位、稳定杆机构螺栓紧固正常，胶套无破损； （7）左前横直拉杆及球头：球头连接无松动、横直拉杆无弯曲； （8）其他：根据不同车型的实际配置调整相应部位的项目和内容		

续上表

车辆部位	安全检视内容及要求	报修项目	测试记录
左中后部	（1）行李舱门及门锁：行李舱门及门锁机构能自如打开和锁止； （2）车窗玻璃：玻璃不破损、胶体无脱落迹象； （3）车辆示廓灯：安装牢固、工作正常； （4）侧边转向灯：安装牢固、工作正常； （5）左后轮胎：气压正常、花纹无夹石，深度不低于3.2mm、胎侧无裂纹、途中检查温度正常； （6）左后轮胎螺栓：轮胎螺栓螺母紧固到位，无松动，无生锈痕迹； （7）左后制动鼓轮毂：温度是否正常； （8）左后悬架：悬挂高度符合汽车厂家标定要求，气囊悬架无漏气，悬架定位、稳定杆机构螺栓紧固正常，胶套无破损； （9）左后横直拉杆及球头：球头连接无松动、横直拉杆无弯曲； （10）其他：根据不同车型的实际配置调整相应部位的项目和内容		
车后部及发动机舱	（1）灯具：各灯具安装牢固，工作正常； （2）反光板：反光板表面清洁、无破损； （3）牌照及牌照灯：牌照安装稳固、字迹清晰可辨，牌照灯工作正常； （4）发动机舱盖及门锁：发动机舱盖及门锁机构能自如打开和锁止； （5）各皮带：各皮带无毛边、老化、预紧度正常； （6）各液位：各液位在正常范围内； （7）各管路：各管路无老化、无泄漏； （8）各插件：各插件连接可靠、无松脱； （9）其他：根据不同车型的实际配置零部件有差别		
右中后部	（1）行李舱门及门锁：行李舱门及门锁机构能自如打开和锁止； （2）车窗玻璃：玻璃不破损、胶体无脱落迹象； （3）车辆示廓灯：安装牢固、工作正常； （4）侧边转向灯：安装牢固、工作正常； （5）右后轮胎：气压正常、花纹无夹石，深度不低于3.2mm、胎侧无裂纹、途中检查温度正常； （6）右后轮胎螺栓：轮胎螺栓螺母紧固到位，无松动，无生锈痕迹； （7）右后制动鼓轮毂：温度是否正常； （8）右后悬架：悬挂高度符合汽车厂家标定要求，气囊悬架无漏气，悬架定位、稳定杆机构螺栓紧固正常，胶套无破损； （9）右后横直拉杆及球头：球头连接无松动、横直拉杆无弯曲； （10）车门及车门锁控制：车门及车门锁控制机构能自如打开和锁止； （11）其他：根据不同车型的实际配置调整相应部位的项目和内容		

续上表

车辆部位	安全检视内容及要求	报修项目	测试记录
右前部	（1）右后视镜：镜面洁净、无破损、调整得当； （2）车窗玻璃：玻璃无破损、胶体无脱落迹象； （3）右前轮胎：气压正常、花纹无夹石，深度不低于3.2mm、胎侧无裂纹、途中检查温度正常； （4）右前轮胎螺栓：轮胎螺栓螺母紧固到位，无松动，无生锈痕迹； （5）右前制动鼓轮毂：温度是否正常； （6）右前悬架：悬挂高度符合汽车厂家标定要求，气囊悬架无漏气，悬架定位、稳定杆机构螺栓紧固正常，胶套无破损； （7）右前横直拉杆及球头：球头连接无松动、横直拉杆无弯曲； （8）车门及车门锁控制：车门及车门锁控制机构能自如打开和锁止； （9）其他：根据不同车型的实际配置调整相应部位的项目和内容		
车前部	（1）前风窗玻璃：表面清晰、无破损； （2）刮水器：位置正确、工作有效； （3）前照灯：安装牢固，工作正常； （4）雾灯：安装牢固，工作正常； （5）转向灯：安装牢固，工作正常； （6）示廓灯：安装牢固，工作正常； （7）牌照：牌照安装稳固、字迹清晰可辨； （8）其他：根据不同车型的实际配置调整相应部位的项目和内容		
驾驶室	（1）遮阳装置：安装可靠、无损坏、调整自如； （2）各仪表：无破损、工作正常； （3）各报警装置：无破损、工作正常； （4）各开关：无破损、工作正常； （5）各安全装置：齐全有效； （6）六大操纵件：各操纵件自由灵活、工作正常、自由行程符合要求； （7）卫星定位系统与行车记录仪：安装牢固、工作可靠 （8）随车证件：证件齐全； （9）其他：根据不同车型的实际配置调整相应部位的项目和内容		
车厢	（1）安全锤：摆放位置正确、牢靠； （2）安全门：关闭严密、打开简单、报警可靠； （3）安全天窗：关闭严密、打开简单； （4）乘客安全带：安全带无毛边、锁止正常、打开自如； （5）乘客区灭火器：灭火器安装可靠、压力正常、无泄漏； （6）乘客应急呼叫按钮：无损坏、能正常工作； （7）乘客座椅：固定可靠、能自由调整； （8）安全挡板：固定可靠、无破损； （9）乘客区照明装置：安装可靠、照明光度正常； （10）玻璃遮阳帘：安装可靠、无损坏、能自由调整； （11）其他：根据不同车型的实际配置调整相应部位的项目和内容		

项目五 客运车辆动态监控要求和使用

学习目标

（1）了解客运车辆动态监控系统。
（2）掌握客运车辆动态监控系统的要求。
（3）掌握客运车辆动态监控系统的使用。

情景导入

小王是某客运公司职业驾驶员，因接受公司任务指派，需要驾驶一辆大型客车完成35人的运输任务。依据相关法律法规及公司相关规定，小王要对驾驶车辆动态监控系统进行检查和使用。

知识链接

一 客运车辆动态监控系统

客运车辆动态监控系统具有行驶记录功能的卫星定位装置是符合《道路运输车辆卫星定位系统车辆终端技术要求》（JT/T 794—2011）的技术要求，安装在车辆上，具有记录车辆行驶速度、时间、里程以及有关车辆行驶的其他状态信息等功能，通过导航卫星定位车辆的实时位置并向监控中心上传各类动态和静态信息的车载电子设备。

二 客运车辆动态监控系统的要求

根据《关于加强道路运输车辆动态监管工作的通知》（交运发〔2011〕80号）、《道路运输车辆动态监督管理办法》（交通运输部　公安部　国家安全生产监督管理总局令2014年第5号），旅游客车、包车客车、三类以上班线客车和危险货物运输车辆在出厂前应当安装符合标准的卫星定位装置，重型载货汽车和半挂牵引车在出厂前应当安装符合标准的卫星定位装置，并接入全国道路货运车辆公共监管与服务平台。

三 客运车辆动态监控系统的使用

1 检查

出车前、行驶中、收车后，要对客运车辆卫星定位系统工作状态进行检查，保障设备运行正常。发现故障或工作状态不正常，应及时报修。

2 客运车辆过程中的使用

客运车辆行驶时，驾驶员应注意收听车辆卫星定位系统语音提示信息；严禁用车载电话聊天等。如需使用车载电话，应有副驾驶员接打，或者选择安全区域停车后接打。

项目实施

一 实训时间

建议采用理论、实践一体化教学2学时。

二 实训材料准备（每组）

（1）教学用客运车辆一辆（配置卫星定位系统车载终端）。

（2）通风良好的教学场地及投影仪、磁板等教具。

（3）卫星定位系统车载终端使用说明书。

三 教学活动步骤

（1）实训导师先讲解、示范卫星定位系统车载终端的使用方法及注意事项。

（2）分发安全检视训练工单（表10-6）并填写完成。

客运车辆卫星定位车载终端使用训练工单　　表 10-6

姓名：__________　学习小组：__________　导师：__________　测试结果：__________

项　目	使用方法及注意事项	测试记录
保护车载终端	按照有关说明和规程正确使用、维护和保养卫星定位系统车载终端，不得擅自拆卸或破坏，不得私自取出 SIM 卡，不得擅自断电、屏蔽和修改车载终端程序，不得用水直接清洗设备	
及时报修	在使用过程中，若发现车载终端不能正常工作，及时报告本企业监控平台并联系运营商维修	
出车前检查	出车前应对车载设备是否良好进行检查，以保证在车辆行驶过程中车载系统正常运行	
阅读和直行指令、提示	运输过程中逐条阅读车载系统中的未读信息，以便及时获取相关指令和提示。在收到车载终端或监控平台的警示信息后应立即纠正违章行为，确保车辆安全运行	
如实发送信息	不得向监控管理平台发送与车辆行驶无关的信息和虚假报警信息	
及时报告紧急情况	车辆在运行途中遭遇恶劣天气、道路堵塞、交通事故、车辆抛锚或抢劫等紧急情况，应立即向监控平台发送信息进行报告	
安全事项	为保证行车安全，在车辆停止运行时方能使用车载终端阅读相关信息或接听、拨打电话（或由副驾驶员接打）；车辆驶入加油站时，禁止接听、拨打车载电话或操作车载终端设备	

（3）实训导师对学习活动进行讲评，并布置下个学习项目的预习任务。

（4）实训导师布置清理学习场地任务。

项目六 客运车辆安全备品、工具和消防器材的使用

学习目标

（1）了解道路客运车辆安全备品、工具和消防器材。

（2）掌握道路客运车辆安全备品、工具和消防器材的使用方法。

小王是某客运公司职业驾驶员，在运输途中遇到紧急情况或突发事件。此时小王需要使用随车安全备品、工具和消防器材降低事件损失。

知识链接

一 三角警告标志

客运车辆在正常行驶当中出现故障需要检修或者发生交通事故时，在车后方正确放置三角警告标志很重要，这对避免追尾相撞等二次事故具有重要的作用。

二 三角枕木

车辆停放检修或在坡道停车时，车辆下垫放三角枕木可以有效地防止“溜车”现象，避免因车辆自行移动导致的事故。

三 安全锤

在车辆起火、被淹或车辆发生事故导致车内人员被困时，安全锤可以帮助车内人员尽快逃生。

四 消防器材

车载灭火器是车辆发生火灾时，消灭初期火灾的器材，是车辆应急救援的必备物品。

一 实训时间

建议采用理论、实践一体化教学2学时。

二 实训材料准备（每组）

（1）教学用客车一辆。

（2）通风良好的教学场地及投影仪、磁板等教具。

（3）三角警告标志、三角枕木、安全锤、车载灭火器、独立钢化玻璃车窗和无扩大危害火源等。

三 教学活动步骤

（1）实训导师先示范讲解客运车辆在一般道路上停车检修时三角警告标志、三角枕木操作步骤及注意事项。

（2）分发客运车辆停车检修训练工单（表10-7）并填写完成。

客运车辆停车检修训练工单 表 10-7

姓名：__________ 学习小组：__________ 导师：__________ 测试结果：__________

项　目	使用方法及注意事项	测试记录
靠边停车	打开右转向指示灯，选择安全区域停车（安全区域指的是一般道路的最右边道路，高速公路的应急车道）	
放置三角枕木	取出三角枕木并放置于车轮下（一般是取出2块三角枕木要求车辆两侧各有一块）	
放置三角警告牌	取出三角警告牌并展开，放置车后方合适距离（合适距离指的是：一般道路50m，高速公路150m）	

（3）实训导师先示范讲解安全锤操作步骤及要求。

（4）分发客运车辆安全锤使用训练工单（表10-8）并填写完成。

客运车辆安全锤使用训练工单 表 10-8

姓名：__________ 学习小组：__________ 导师：__________ 测试结果：__________

项　目	内　容	测试记录
放置位置及配置数量	安全锤一般放置在车内容易拿到的地方，如窗边，在发生紧急情况时，方便车内人员敲碎玻璃，逃离车辆；空调长途卧铺客运车辆配置6把，空调客运车辆配置4把，其他客运车辆4把	
使用方法	钢化玻璃中间部分最牢固，四角和边缘最薄弱。因此，使用安全锤时，应使用安全锤尖的一头敲击玻璃的四个角或四条边的中间位置，不应敲击车窗的正中位置	

（5）实训导师先示范讲解车载灭火器操作步骤及要求。

（6）分发车载灭火器使用训练工单（表10-9）并填写完成。

车载灭火器使用训练工单　　表 10-9

姓名：__________　学习小组：__________　导师：__________　测试结果：__________

项　目	内　容	测试记录
放置位置及配置数量	车长不大于 10m 的座位客车配置 2 具车载灭火器，一具靠近驾驶员，一具位于乘客舱中后部；车长大于 10m 的单层座位客车、卧铺客车配置 3 具车载灭火器，一具靠近驾驶员，一具靠近客舱后部，一具靠近客舱中部；双层客车配置 4 具车载灭火器，一具靠近驾驶员，一具位于下层中后部，一具位于上层中前部，一具位于上层中后部	
使用方法	取出车载灭火器，拉出保险栓，出口对准火源的根部并按压开关扑灭火源	

（7）实训导师对学习活动进行讲评，并布置下个学习项目的预习任务。

（8）实训导师布置清理学习场地任务。

项目七　客运车辆常见故障识别与处置

学习目标

（1）掌握客运车辆常见故障的识别。

（2）掌握客运车辆在安全区域安全停放要求。

（3）掌握客运车辆的常见故障的处置方法。

情景导入

小王是某旅客运输公司职业驾驶员，现正驾驶一辆大型客车进行运输任务。突然车辆出现故障，小王该如何应对？

知识链接

在道路运输进行过程中，车辆不可避免地会出现一些异常现象或者故障。驾驶员在行车中一经发现异常现象或故障需要把握以下原则：

（1）判断出故障不会扩大车辆损失并不影响行车安全；可尽快把车辆开至最近的修理厂进行修理。

（2）判断出故障会扩大车辆损失或影响行车安全；则尽快选择安全区域安全停放车辆，拨打救援电话，等待专业人员进行处理。

目前我国的客运车辆使用最多的是柴油发动机，为此我们以柴油机发动机为对象，介绍常见的故障的识别与处置方法。

项目实施

一 实训时间

建议采用理论、实践一体化教学2学时。

二 实训材料准备（每组）

（1）教学用客车一辆（可设置故障）。
（2）通风良好的教学场地及投影仪、磁板等教具。
（3）三角枕木和三角警告标志等。

三 教学活动步骤

（1）实习导师先示范讲解客运车辆安全区域车辆安全停放的方法及注意事项。
（2）分发客运车辆安全区域车辆安全停放工单（表10-10）并填写完成。

客运车辆安全区域车辆安全停放工单　　表 10-10

姓名：________　学习小组：________　导师：________　测试结果：________

项　目	使用方法及注意事项	测试记录
打开右转指示灯	客运车辆正常运行时出现故障需要停车检查时，驾驶员先观察后侧和后方情况并打开右转方向指示灯，靠边停车	
选择安全区域停车	停车的区域要选择视野开阔、平坦的地方，方便来往车辆驾驶员观察到，避免交通事故，不能选择坡道前后、弯道前后灯位置	
打开危险报警闪光灯	危险报警闪光灯使用是告知来往车辆需要避让信号，夜间还需要开启后位、示廓灯	
使用驻车制动器	使用驻车制动器让客运车辆不能移动	
疏散乘客	让乘客有序下车，在客运车辆前方安全距离（一般道路 50m、高速公路 150m）道路边上	
放置三角警告牌	在客运车辆后方安全距离（一般道路 50m、高速公路 150m）道路上	
放置三角枕木	在客运车辆的两侧车轮下放置三角枕木，防止车辆移动	

（3）实训导师先示范讲解车辆常见故障的识别与处置。
（4）分发客运车辆故障识别与处置训练工单（表10-11）并填写完成。

客运车辆故障识别与处置训练工单　　表 10-11

姓名：________　学习小组：________　导师：________　测试结果：________

故障部位	故障名称	故障特征	故障处置方法	测试记录
发动机	发动机不能起动	起动时排气管不冒烟或冒白烟	冒白烟，说明发动机温度较低，此时应进行发动机预热（包括润滑油）；如故障仍不能排除则需请求救援	
	发动机动力不足	发动机运转均匀，无高速；发动机运转不均匀，排气管冒大量白烟；发动机运转不均匀，排气管冒黑烟，并有敲缸声；发动机运转有规律的忽快忽慢	出现此故障特征，一般都是发动机无法正常工作而导致的，继续让发动机较长时间工作会导致发动机损伤扩大。驾驶员需尽快开至修理厂修理，如距离较远需请求救援	
	发动机过热	冷却液充足发动机水温高；冷却液不足发动机水温高；发动机突然水温高	发动机过热即表现发动机水温高，应有水温报警灯点亮；驾驶员应立即选择安全区域可靠安全地停放车辆；待发动机温度下降后，用湿毛巾包住水箱盖，先拧松放气，此时要注意水箱沸腾的水、热气勿烫伤脸部；检查冷却液的液位是否正常、风扇皮带是否打滑；液位少则补充、皮带打滑则调整；如有其他原因引发发动机过热则需请求救援	
	发动机不能熄火	柴油机点火钥匙置于关闭位置时，发动机仍不能熄火	发动机不能熄火有可能是点火开关故障或其他原因造成；驾驶员应立即开至最近修理厂内，踩下离合器踏板，挂入高挡位，突抬离合器踏板使发动机熄火，求助专业人员	
	发动机故障灯亮	发动机运行正常，故障灯点亮；发动机运行不正常，故障灯点亮；发动机进入失效保护模式	发动机故障指示灯点亮且运行正常，可以尝试安全停放车辆后，断开蓄电池的负接线柱 30min 后再连接负接线柱；起动发动机故障灯继续点亮表示发动机存在故障；驾驶员请求救援，专业人员建议开动车辆才能开至修理厂	
底盘	转向沉重	单边沉重，双边沉重、快速打转向沉重	转向沉重、异响、有噪声和回位困难这会影响车辆的安全驾驶；需求助专业人员，确认是否可以继续行驶或请求救援	
	转向异响、有噪声	有“吱吱”异响		
	转向回位困难	转向回位时需转向时一样施力		
	方向摆动或跑偏	行驶方向跑偏	安全停放好车辆后检查车辆轮胎气压、磨损情况；如不是轮胎原因造成的故障，则求助于专业人员，确认是否可以继续行驶或请求救援	

续上表

故障部位	故障名称	故障特征	故障处置方法	测试记录
底盘	制动气管磨破漏气	制动不良	求助于专业人员，确认是否可以继续行驶或请求救援	
	驻车制动管路或气室损坏	驻车制动不良		
	行车制动管路或气室损坏	行车制动不良		
	真空助力器漏气或性能失效	行车制动力下降、制动缓慢		
	驱动桥后桥中央传动异响	齿轮磨损响声持续，且随车速升高，响声增大；正常行驶没有明显响声，而在减速时响声明显；正常直线行驶时没有明显噪声，在拐弯时明显产生不正常的声音	此故障的噪声一般都是齿轮的噪声，会导致车辆损失扩大，需求助专业人员救援	
电器	充电系故障	充电系故障指示灯点亮	充电系故障指示灯点亮，可安全停放好车辆检查发电机皮带；如不是皮带原因则求助专业人员救援	
	起动机故障	起动机不转或转动太慢，不能起动发动机	求助专业人员救援	
	照明与信号系统故障	照明或信号灯不亮	求助专业人员救援	
	仪表与指示系统故障	指针不动、指示异常或指示灯不亮	求助专业人员救援	
	电子控制系统故障	仪表盘上相应的警告灯亮起	求助专业人员救援	

（5）实训导师布置清理学习场地任务。

第十一章 客运车辆安全驾驶训练

项目一 防御空间概念

学习目标

（1）了解科学先进的安全驾驶理念。

（2）学会用防御空间概念的安全驾驶理念驾驶车辆。

（3）掌握防御性安全驾驶技术，形成良好的驾驶习惯。

情景导入

远观十五中看八，前车四秒后车二；凝视二秒危险到，五至八秒视镜查，远层空间像雷达，提前预测全靠它；近层空间危险多，尽早决策无惊吓。

知识链接

防御空间概念是将驾驶员在驾驶车辆时所能感知的环境分为三个同心的空间（图11-1）：这三层空间从里到外层分别称为远层的“防御空间”，近间层的“安全空间”，里层的“操作空间”。用这三层空间来研究安全驾驶车辆的技巧和行为习惯，形成一套简单科学的安全驾驶体系，帮助驾驶员全面地了解人类的“生理缺陷”，清晰地观察并了解驾驶环境，更准确地预测不确定的潜在的危险因素，提前采取防御措施，预防发生交通事故。

驾驶员掌握了防御空间概念，就能逐渐形成良好的驾驶习惯和安全理念，在复杂多变的驾驶环境中能有效、及时地观察、预测，并能采取有效的安全驾驶措施，保障交通安全。

一 客运驾驶员类型

客运驾驶员可分为攻击型、防御型（安全型）、平庸型（新手）三种。据统计，国外驾驶员类型分布是，攻击型10%、防御型80%、平庸型10%。从统计数据看防御型驾驶员较多，攻击性驾驶员较少，而中国驾驶员从统计数据类型看，攻击型60%、防御型10%、平庸型30%。攻击型驾驶员较多，攻击型驾驶员的特点是：车速快，横冲直撞，频繁变道抢道，制动次数多；防御型驾驶员的特点是：遵章守法，快慢适当；平庸型驾驶员的特点是：该走不走，该停停不住，行车无规律。因此，我国要加大对驾驶员防御性安全驾驶教育的力度，大幅提高防御型驾驶员的数量，降低攻击型驾驶员的比例，确保道路交通安全。

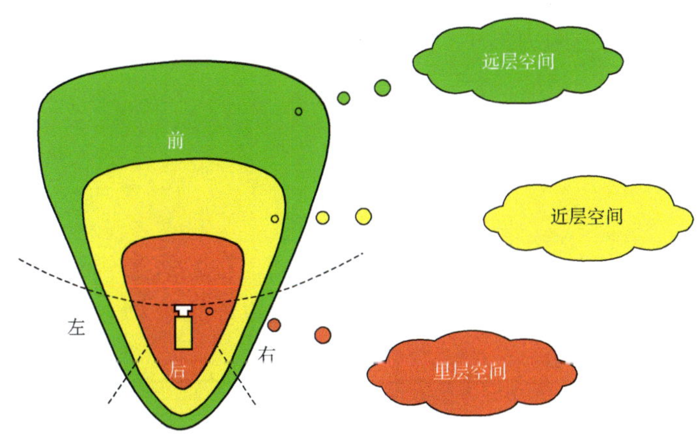

图 11-1　防御空间概念

二 远层空间

远层空间我们称为“防御空间”是驾驶员的预警空间，是指视觉引导时间中 8~15s驾驶时间段。我们通常把外层空间比喻为雷达，驾驶员提前预测交通情况全靠它来实现。驾驶员在驾驶车辆时所能看到的前方最远距离与当前的驾驶速度之比， 即车辆由当前位置以当前速度到达你看到物体的时间，我们称为视觉引导时间（图11-2）。一般而言交通安全要求驾驶员视觉引导时间不得少于15s，但一般中等水平的驾驶员的视觉引导时间为3~6s。要想获得15s的视觉引导时间，驾驶员必须加强训练。

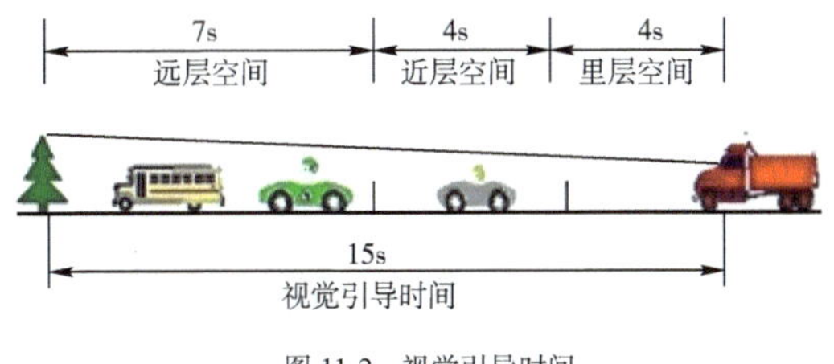

图 11-2　视觉引导时间

1 15s 视觉引导时间获得的方法

（1）眼向高处看，“坐得高”不等于“看得远”，看得高才能看得远。

（2）应用雷达的工作原理。

（3）对左右两侧的远层空间，应该使用边缘视觉。

（4）学会忽略较为次要或不重要的一侧。

（5）通过后视镜来观察后方的远层空间。

（6）2s转动一次眼睛，防止凝视造成盲视。

② 15s视觉引导时间和远层空间的作用

远层空间的主要作用是观察空间，可识别风险源，加大驾驶员处理各类交通情况的预警时间，识别各种风险源，提前从容的采取措施，防止措手不及发生交通事故。

（1）观察并区别道路上是否存在潜在的危险。

（2）注意前方2～3个信号灯的变化，调整车速，避免停车。

（3）观察并找出前方阻力最小车道。

①视野最好；

②危险最小；

③速度最快；

④符合法规。

（4）前方的悬挂物体，交通指示牌，隧道高度，桥梁承重等信息注意观察。

（5）夜间行驶时，目光应注意观察车灯光覆盖以外的地方。

（6）注意观察交通标志。

③ 无法达到15s视觉引导时间的处理方法

（1）降低车速，直到达到15s的视觉引导时间。

（2）如仍旧无法达到，小心前行，并重点关注近层空间。

三 近层空间

近间空间我们称为“安全空间”，是驾驶员作出是否采取安全措施的决策时间，一般为5~8s，因为在此时间段驾驶员不会过度紧张，而引起手忙脚乱，也不会出现判定错误， 即使发生某个决策错误，也有时间修正时间，而不至于造成危害。常言道，十次事故九次快，其实就是因为没有预见，大脑被迫仓促收集信息， 草率决策，导致事故的发生，近层空间危险多，尽早决策是驾驶员的最佳选择。驾驶员应根据当时的道路条件、交通状况，还有大脑的应变能力、视觉的感受能力等，选择一个合理的近层空间作出决策，这个近层空间最少需要4s，最佳时间8s。

① 近层空间决策的时间和频率

（1）驾驶员每行驶1km的路程，大约需要作出80个决定。

（2）当车速为60km/h，驾驶员每秒需要作出1.3个决定，也就是说0.75s驾驶员就要作出一个决定。

（3）当车速为90km/h，驾驶员每秒需要作出2个决定，也就是说0.5s驾驶员就要作出一个决定。

（4）当车速大于90km/h，驾驶员的决策时间就小于0.5s。由此可见，车速越快驾驶员决策的时间就越少。

2 近层空间范围定义的原则

（1）每秒做一个决定的频率会使驾驶员感觉轻松自如，也不会产生紧张和疲劳的感觉。

（2）作出决策以后需要一个确认时间，即确认其他部位（如左，右，后），均无危险后才可能采取措施，确认时间有1~2s的间隔较为适宜。

（3）因此驾驶员决策的最佳时段为4~8s之间，在这时间段驾驶员即不会过分紧张，也不会手忙脚乱，更不会判断错误。

（4）最佳时段即便驾驶员出现错误的决策，也有足够的时间去纠正它而不至于造成危害。

（5）防御空间的运用还要求驾驶员必须5~8s观察一次后视镜。了解车辆周围360°的信息源，正常情况下车后和两侧变化频率5~10s，而大脑需要连续的图像的信息留存时间为6s。

（6）为了保证决策的正确性，必须进行有效的沟通，驾驶员可以充分利用声、光、手势、眼神接触等进行沟通。让你前方的人或车、进入你左右和后方的人或车，知道你的存在，领会你的意图，通过沟通你也领会对方的意图，双方达成一致后采取措施。

3 近层空间观察及决策方法

（1）利用中心视觉对车辆前方外层空间进行观察时的余光（边缘视觉），初步预测出近层空间内状况；然后用中心视觉仔细观察近层空间，同时及时与对方沟通，以便做好正确决策。

（2）每隔5~8s驾驶员利用后视镜在车辆左右及后方进行扫视，重点扫视重要一侧，同时扫视另一侧和内视镜。

（3）通过前方路口时，驾驶员要利用中心视觉“左右左”观察后才能通过。在交叉路口通常情况下，危险来自左侧；因此，在通过交叉路口时要提前“左右左”观察，并减速，同时主动与两边车和人沟通，通过后方能提速。

（4）在通过交叉路口时，尽可能主动与对方进行眼神接触并领会对方意图；在眼神接触时凝视时间不能超过2s。

（5）驾驶车辆转弯时，应提前50m进入转弯车道，并开启转向灯，进入弯道前减挡（忌空挡或弯后减挡），转弯半径要合理。

（6）驾驶车辆尽量少变道，确需变道时，应先看后视镜，确认无危险，开转向灯（响3~5声），再看后视镜平缓变道进入，切忌紧急变道。

（7）车辆制动时，应先轻踩制动踏板，使制动灯亮起，警示后车减速，然后再根据情况需要逐渐加重制动力度，避免紧急制动。

4 近层空间的作用

近层空间是一个“共享的空间”，同时又是一个多危险源存在的空间，因此驾驶员要提前对所有处于近层空间的危险源制定对策，以防措施不到位，发生危险。处于近层空间要主动与对方沟通，让对方和自己早点领会双方意图，及时地采取正确的决策，避免增加紧张和疲劳的感觉。

四 里层空间

里层空间是驾驶员的操作空间，是安全禁区和逃生空间，在此空间要保证驾驶员有足够的空间和时间，以便采取行动，尽量防止危险源进入。里层空间是指视觉引导时间中0~4s 的驾驶时间，里层空间逃生路线要留下制动距离等影响因素，在驾驶过程中，一旦失去里层空间，要迅速重新建立。

1 里层空间“4s 规则”的理论基础

人的反应速度为：看到危险至信息传递到大脑需0.5s，大脑综合各类信息作出正确决策需要1s，决策传递至四肢，指挥动作需要0.5s，由于车辆行驶的惯性和制动性能等其他客观因素影响，一般需要1~1.5s才能成功避免危险，共计需要3.5s时间，留下0.5s的空间作为你的逃生空间，以备不测。

2 跟车距离太近的危害

（1）遇到前方车辆紧急制动，由于驾驶员缺少足够的空间和反应时间，经常造成追尾事故。

（2）由于跟车太近，驾驶员易担心前方车辆紧急制动，常常会更多关注前方车辆的制动灯，易造成凝视，从而忽略了左、右和后方的信息。

（3）车辆在跟车过程中，特别是跟在大型车辆的后面，驾驶员的视线易被挡，无法获取15s的视觉引导时间，因此会丧失自己的“预警空间”，容易出现危险情况，甚至交通事故的发生。

（4）驾驶员在跟车过程中，大脑必须加速运转，以获得足够的决策时间，因此极易出现疲劳。

（5）跟车太近交通事故概率会大大增加，因此要加大跟车距离，“安全到达”比“按时到达”更重要。

（6）跟车太近易给前方驾驶员造成心理压力甚至引起对方愤怒。

3 距前车距离过大的危害

（1）跟车距离过大，其他车辆会不时地插入，影响安全。

（2）插入车辆后，与前车的里层空间，就会小于4s。

（3）在市区行车时，如与前车保持过大的空间，就会受到其他驾驶员甚至是警察的指责。

4 里层空间驾驶车辆驾驶员应有的心态

（1）大多数驾驶员是遇到上述情况的心态都是不让别人占便宜，从而失去了驾驶的安全性，失去了驾驶的主动性。作为一名有修养和道德的驾驶员，应该对非职业驾驶员的不合理行为，做出一些让步。

（2）当别人塞车占据了你车逃生空间时，应适当放慢车速重新获得防御空间。

（3）牢记自己的使命，克服“从众心理”。

5 里层空间驾驶的操作方法

（1）驾驶员应控制前方空间，坚持做到15s视觉引导时间，4s或更长的跟车距离，有人加塞时不气恼，不愤怒，按驾驶员自己的意图营造驾驶空间。

（2）驾驶员应利用观察远层空间寻找到“阻力最小车道”，在适当的时间变道进入。

（3）驾驶员尽量远离最危险区域，如一般公路上的行人和非机动车群，尽量保持一侧的内层空间不被占用。

（4）礼让后面的有攻击性车辆车超越，防止发生追尾事故。

（5）尽量避免两车“并驾齐驱”，超车时或被超车时避免“三车一线”。

（6）十字路口临时停车时，若停在第一位，离停车线2~3m的距离，以看见停车线为宜。

（7）若停在其他车辆的后面，以驾驶员能看到前车的后轮接地点为宜，此时，起动时应比前车慢一拍起动（1~2s），会更有效地营造前方空间。

（8）开车尽量不要跟随多车行驶，避免陷入车阵中。

（9）驾驶车辆应在车道中间行驶，尽量不要靠车道线太近，严禁压线驾驶车辆。

6 防御空间习惯的建立

（1）当驾驶员的安全防御空间丢失时，应迅速建立安全防御空间。因为安全防御空间是逃生空间。

（2）用红色表示区域是“禁区”，应尽量避免其他危险源进入该区域。

（3）保证里层空间，驾驶车辆时尽可能保持充分宽阔的视野和足够的时间，以便采取行动，即便行动失败了，尚留一条逃生路线。

（4）主动与里层空间内的行人和其他驾驶员相互沟通，避免误解。

一 实训时间

建议理论、实践一体化教学5学时。

二 实训材料准备（每组）

（1）教学用大型客车一辆。

（2）适合大型客车驾驶员防御空间训练的教学场地。

（3）模拟驾驶仪及教学场地。

三 教学活动步骤

（1）实训导师先讲解防御空间操作步骤及注意事项。

（2）向学生分发防御空间概念训练工单（表11-1）。

防御空间概念训练工单　　表 11-1

姓名：__________　学习小组：__________　导师：__________　测试结果：__________

项　目	防御空间概念的内容及要求	训练测试记录
远层空间的观察与15s视觉引导时间获得的方法	（1）远层空间观察的方法有哪些？ （2）15s视觉引导时间获得的有哪些方法	
近层空间的观察与决策方法	（1）近层空间观察时的方法有哪些？ （2）近层空间有哪些安全决策方法？ （3）近层空间有哪些安全驾驶操作方法	
里层空间驾驶的操作方法	（1）里层空间观察时的方法有哪些？ （2）里层空间有哪些安全驾驶操作方法	
防御空间习惯的建立	（1）驾驶员应如何迅速建立安全防御空间？ （2）如何养成建立安全防御空间的习惯	

项目二　旅客安全告知制度

学习目标

（1）熟悉旅客安全告知制度的内容。

（2）学会运用旅客安全告知制度的告知方法。

（3）掌握客运安全告知语，并能向旅客宣传安全告知语，会填写客运安全告知相关表式。

情景导入

推行安全告知制度是充分发挥社会各界特别是广大乘客监督作用，切实加强道路安全生产管理的重要手段，是向公众普及安全应急处置知识的重要途径，是提升客运服务质量的重要载体。

安全告知制度是交通运输部自2011年8 月起面向全国各省市强制推行的一项客运安全管理制度，是为了充分发挥社会监督作用，进一步加强和改善道路客运安全管理，在道路客运行业推行的制度。推行安全告知制度是充分发挥社会各界特别是广大乘客监督作用，切实加强道路安全生产管理的重要手段，是向公众普及安全应急处置知识的重要途径，是提升客运服务质量的重要载体。

一 告知内容

（1）公布客车公司名称、车辆号牌、途经地、驾驶员姓名及乘务员姓名和监督举报电话（表11-2）。

道路客运安全告知书　　表 11-2

客运企业名称			客车号牌	
驾驶员姓名			乘务员姓名	
行驶线路			核定载客人	
停靠站点			票价	
中途休息站点			监督投诉电话	
客运车辆安全注意事项		①禁止旅客携带危险品进站、上车		
		②禁止客车超载、超速、疲劳驾驶，驾驶员连续驾驶时间不得超过 4h，否则必须停车休息，且休息时间不得少于 20min		
		③禁止在高速公路和未经批准的站点上下客		
		④禁止改变线路行驶		
		⑤禁止关闭 GPS		
		⑥禁止客车 22 时至凌晨 6 时途经三级以下山区公路达不到夜间安全通行条件的路段		
		⑦卧铺客车凌晨 2 时至 5 时必须停车休息		
使用方法	安全带	握紧安全带两端，插入并扣紧锁头		
	安全锤	用安全锤敲打玻璃的边缘和四角，尤其是上方边缘中间处		
	灭火器	拔掉保险销，手持喷管，压下压把，对准火源根部灭火		
逃生须知		①前后门：紧急情况下立即开启车门，无效时使用应急开关		
		②应急门：旋转手柄至开启位置，用力推开应急门		

（2）禁止超载、超速及疲劳驾驶。驾驶员连续驾驶时间不得超过4h，全天驾驶累计不得超过8h。

（3）不得改变线路行车。

（4）禁止在高速路上和未经批准的站点及停靠站上下旅客。

（5）禁止旅客携带或驾驶员自行装运易燃、易爆及危险品上车。

（6）禁止驾驶员故意损坏、遮挡或关闭GPS。

（7）禁止客运车辆22时至凌晨6时在三级以下山区公路和达不到夜间安全通行的路段行驶，卧铺客车凌晨2时至5时必须停车休息。

（8）严格按国家指导票价售票。

（9）车辆安全出口及应急逃生出口必须保持畅通，并指导旅客正确使用安全带和安全锤。

二 告知方法

（1）由乘务员或驾驶员在发车前向乘客口述告知（附件1），也可以制作成光盘在发车前利用车载视频向旅客播放或设置LED显示屏播放。

（2）在车内明显位置张贴标示客运车辆核定载客人数、经批准的停靠站点和投诉电话（附件2）。

（3）播放由交通运输主管部门统一制作的音像资料。

三 监督举报机制

（1）设置统一的监督举报电话，并建立每天24h值班制度。

（2）对监督举报信息调查核实的，严格按规定处理，并将处理结果向监督人告知。

（3）制作监督举报明示牌。

项目实施

一 实训时间

建议理论、实践一体化教学2学时。

二 实训材料准备（每组）

（1）教学用大型客车一辆。

（2）适合旅客安全告知制度训练的教学场地。

三 教学活动步骤

（1）实训导师先讲解旅客安全告知制度操作步骤及注意事项。

（2）向学生分发旅客安全告知制度训练工单（表11-3）。

旅客安全告知制度训练工单　　表 11-3

姓名：__________　学习小组：__________　导师：__________　测试结果：__________

项　目	旅客安全告知制度的内容及要求	训练测试记录
旅客安全告知制度的告知内容	（1）旅客安全告知制度的内容有哪些？ （2）为什么要实行安全告知制度	
旅客安全告知制度的告知方法	旅客安全告知制度有哪些告知方法	

附件1

客运安全告知语

（当班驾驶员发车前向在车旅客口头告知，发班车站服务员现场监督并记录）

各位旅客：

大家好！

欢迎您乘坐 ____________公司 ______号 _____至 _____客运班车。

本班车核定载客人数为_____人。今天_____时_____分从___________ 站发车，预计____天____时____分到达 ____站。

途经 ____批准的停靠站点。

为了您的旅途安全，请您上车切勿携带易燃、易爆、危险化学物品，禁止车上吸烟。车上所配备安全锤、灭火器、GPS探头等安全设备是为了安全应急和监控之需，非紧急情况，请不要随意扳动。

本班车由___________、___________、________位驾驶员和_______乘务员为您本次旅程提供全程服务。

在此，我们郑重向您承诺：

我们将严格按照安全驾驶操作规程驾驶车辆，途中不超载、不超速、连续开车不超过4h，不在高速公路和未经批准的站点上下客，不随意改变线路行驶，不关闭GPS监控设备。

途中您有什么困难，我们将尽全力帮助解决。

谢谢您的配合和支持！

附件2

车辆牌号	举报电话	驾驶员姓名	乘务员姓名	政府指导价	停靠站点	公司名称

项目三　进出站及站外停车的安全驾驶

学习目标

（1）了解进出站及站外停车的相关规定。
（2）掌握进出站及站外停车的安全驾驶技术。

情景导入

班线客车应当严格按照许可的或经备案的线路、班次、站点运行，在规定的停靠站点上下旅客，不得随意站外上客或揽客。

一　客运车辆进出站及站外停车的相关规定

1　国家相关文件

1　《中华人民共和国道路交通安全法实施条例》

（1）在设有禁停标志、标线的路段，在机动车道与非机动车道、人行道之间设有隔离设施的路段以及人行横道、施工地段，不得停车。

（2）交叉路口、铁路道口、急弯路、宽度不足4m的窄路、桥梁、陡坡、隧道以及距离上述地点50m以内的路段，不得停车。

（3）公共汽车站、急救站、加油站、消防栓或者消防队（站）门前以及距离上述地点30m以内的路段，除使用上述设施的以外，不得停车。

（4）车辆停稳前不得开车门和上下人员，开关车门不得妨碍其他车辆和行人通行。

（5）路边停车应当紧靠道路右侧，机动车驾驶员不得离车，上下人员或者装卸物品后，立即驶离。

（6）城市公共汽电车不得在站点以外的路段停车上下乘客。

2　《中华人民共和国道路交通安全法》

（1）机动车应当在规定地点停放。禁止在人行道上停放机动车；但是，依照本法第三十三条规定施划的停车泊位除外。

在道路上临时停车的，不得妨碍其他车辆和行人通行。

（2）对违反道路交通安全法律、法规关于机动车停放、临时停车规定的，可以指出违法行为，并予以口头警告、令其立即驶离。

机动车驾驶员不在现场或者虽在现场但拒绝立即驶离，妨碍其他车辆、行人通行的，处20元以上200元以下罚款，并可以将该机动车拖移至不妨碍交通的地点或者公安机关交通管理部门指定的地点停放。公安机关交通管理部门拖车不得向当事人收取费用，并应当及时告知当事人停放地点。

2 交通运输部相关文件

1 《汽车客运站安全生产规范》

汽车客运站经营者应当对进出汽车客运站的人员、车辆进行严格检查，确保“三不进站”和“六不出站”。“三不进站”：无关人员不进站；无关车辆不进站；危险品不进站。“六不出站”：客车超载不出站；安全例检不合格车辆不出站；驾驶员资格不符合要求不出站；客车证件不齐全不出站；出站登记表未经审核签字不出站；乘客、驾驶员未系安全带和驾驶员不系安全带不出站。

2 《道路旅客运输及站场管理规定》

客运班车应当按照许可的线路、班次、站点运行，在规定的途经站点进站上下旅客，无正当理由不得改变行驶线路，不得站外上客或者沿途揽客。

经许可机关同意，在农村客运班线上运营的班车可采取区域经营、循环运行、设置临时发车点等灵活的方式运营。

本规定所称农村客运班线，是指县内或者毗邻县间至少有一端在乡村的客运班线。

二 大型客车驾驶员进出站及站外停车的安全驾驶技术

1 大型客车驾驶员进出站安全驾驶技术

客运站出口一般与主干道连接，在出口处形成了交通流交汇点，加之人员混杂，进出乘客多，驾驶员视野盲区大，也是事故的多发地段。因此，在这种复杂路段驾驶员的安全驾驶技术就显得尤为重要。

（1）车辆进站前或通过出站口前，驾驶员应当注意观察进出口周边交通情况，在法规允许的情况下鸣号提醒、集中注意力，防止发生应急情况，做好应急处置准备，同时将车辆行驶速度控制在5km/h以内。

（2）通过车站出入口时，应按照车站规定有序通过。当遇有多辆车同时进出站时，如果只有一个出口通道，应当排队等候，依次通过出口；如果有多个出口时，左侧出口车辆应该让右侧出口车辆先行通过。如果进出口为同一个通道，出站车辆应当礼让进站车辆先行。

（3）车辆进站时，驾驶员应特别注意乘客下车的交通情况，因为此地点人流量大且混乱；出站时，驾驶员应加强观察，防止因周边的非机动车、行人、接送乘客人员以及在出站口兜售食品、饮料的小商贩。汇集在车辆周围。使客车驾驶员视野盲区的增加。

2 大型客车驾驶员客运站场内安全驾驶技术

1）大型客车驾驶员客运站内安全防御措施

（1）例行检查行李舱安全。主要检查舱内是否夹带存放易燃易爆物品。对查出的隐患问题当场立即整改。绝不姑息迁就，确保车辆运行安全。

（2）例行检查行李架的安全。主要是检查大型客车行李架上螺钉的紧固程度和旅客物品摆放是否均匀，是否超过行李架的设计承重，检查旅客物品摆放安全，彻底消除途中掉落砸伤乘客的安全隐患。

（3）清点乘客人数，检查实际乘客人数是否与客运单上乘坐人数相同，确保乘客坐稳，对需要帮助的乘客提供方便，进行安全告知宣传。

（4）提醒乘客系好安全带，并检查乘客是否使用安全带。

2）大型客车驾驶员客运站场内倒车安全驾驶技术

（1）大型客车在客运站场内倒车前、应观察客运站内的交通情况，选择路面宽阔、平整路基坚实的地方倒车，倒车时不影响客运站内进出车辆正常行驶。

（2）选择倒车路线要下车观察，特别要注意观察视线盲区内的行人和客运站内来往车辆，选好倒车参照物方可倒车。

（3）为了保证客运站场内行驶安全，最好在站内工作人员的指挥下倒车。

（4）倒车时，要注意客车的内轮差，把车速控制在5km/h以下。注意观察，防止其他无关人员进入倒车区域。

三 大型客车驾驶员客车沿途停靠的安全驾驶技术

1 大型客车驾驶员正常停靠的安全驾驶技术

（1）大型客车在沿途确需停靠时，应先观察车辆后方和右侧的交通情况，开启右转向灯，并注意路边的非机动车和行人，特别是视线盲区内的非机动车和行人。

（2）观察清楚，确认安全后，方可缓慢向右转动转向盘，按顺行方向靠右侧停车。不得逆向停车。

（3）夜间停车时，应当同时开启示廓灯和后位灯。

（4）停车操作时，制动应早踩长磨，缓慢减速，避免紧急制动。

（5）沿途确需停靠后，车辆起步前，驾驶员应当再次清点乘客人数，检查实际乘坐人数是否与客运单显示人数相同。

2 大型客车驾驶员驾驶车辆在道路上发生故障的临时停车安全驾驶技术

（1）大型客车在途中发生故障，确需要在路边停靠时，应尽量避免禁止停车路段，在不妨碍交通的路段停车，客车驾驶员停车后应立即开启危险报警闪光灯，在高速公路停车时，需在150m以外放置警告标志。

（2）夜间车辆在道路上发生故障时，车辆停靠路边后还同时开启示廓灯和后位灯，并在车后50~100m处设置警告标志，必要时迅速报警。

（3）夜间及雨雾、雪等天气或车辆发生故障需要临时停车时，应关闭前照灯，开启危险报警闪光灯、后位灯和示廓灯。

3 大型客车沿途临时停靠注意事项

（1）客车沿途临时停靠时，必须选择在道路交通安全法允许停车的地段停靠。

（2）严禁大型客车在交叉路口、铁路道口、急弯处宽度不足4m的窄路、桥梁，陡坡、隧道及距离上述地点50m以内的路段停车。

（3）因特殊原因在客车不得不在上述路段停车时，大型客车驾驶员应立即开启危险报警闪光灯，并在适当的位置放置警告标志，弯道需在车辆后部及弯道直线段放置两个警告标志，提示其他车辆驾驶员和行人注意安全。

项目实施

一 实训时间

建议理论、实践一体化教学2学时。

二 实训材料准备（每组）

（1）教学用大型客车一辆。

（2）适合进出站及站外停车的安全驾驶技术训练的教学场地。

（3）模拟驾驶仪及教学场地。

三 教学活动步骤

（1）实训导师先讲解进出站及站外停车的安全驾驶技术操作步骤及注意事项。

（2）向学生分发进出站及站外停车安全驾驶技术训练工单（表11-4）。

进出站及站外停车的安全驾驶技术训练工单 表 11-4

姓名：______ 学习小组：______ 导师：______ 测试结果：______

项　目	进出站及站外停车的安全驾驶技术的内容及要求	训练测试记录
国家和交通运输部相关文件	（1）《中华人民共和国道路交通安全法实施条例》有关临时停车的规定的内容； （2）《中华人民共和国道路交通安全法》有关临时停车的规定的内容； （3）《汽车客运站安全生产规范》规定的“三不进站六不出站”的要求； （4）《道路旅客运输及站场管理规定》中的有关上下客规定内容	
大型客车驾驶员进出站及站外停车的安全驾驶技术	（1）大型客车驾驶员应掌握哪些进出站安全驾驶技术？ （2）大型客车驾驶员在客运站内应掌握哪些安全防御措施？ （3）大型客车驾驶员客运站场内须掌握哪些倒车安全驾驶技术	
大型客车驾驶员驾驶车辆在道路上发生故障的临时停车和因事临时停靠安全驾驶技术	（1）大型客车沿途临时停靠时，有哪些安全驾驶要求？ （2）大型客车在道路上发生故障时，需要临时停车时应掌握哪些安全驾驶要求和安全驾驶技术	

项目四　普通公路和山区道路的安全驾驶

学习目标

（1）了解普通公路和山区道路的特点。
（2）掌握普通公路和山区道路的安全驾驶技术。

情景导入

我国大部分道路是普通公路和山区道路，这些道路都是根据自然地理条件而修建的，特别是山区公路都依山傍水，或盘山绕行，较为险峻。普通公路和山区道路都是人车混合道路，路面情况较复杂，为确保安全驾驶，驾驶员必须了解它们的特点，学习和掌握普通公路和山区道路的安全驾驶技术。机动车行驶速度快，突发性的“先兆”预示时间短，其动态驾驶中较难观察清楚，必须经过专门训练才能掌握其观察方法和动态特点。

一　普通公路安全驾驶技术

（1）驾驶员在普通公路行车中经常遇到错综复杂的交通情况，驾驶员必须能够预测情况的变化和发展，及时采取预见性的措施，掌握安全行车的主动权。

（2）驾驶员在普通公路采取安全措施时，切忌一个模式，必须有针对性，应根据路面情况的轻重缓急，针对不同的对象和不同的情况，采取不同的安全措施。

（3）驾驶员要注意连续性，行车中交通情况往往是连续不断的，前一情况处理了，后一种情况又会出现，驾驶员切不可因已避开险情而松懈。要不断地发现、判断新情况，及时采取相应的措施，以确保行车安全。

（4）驾驶员在普通道路驾驶中要通观全局，既要注意重点目标，又要兼顾一般情况，不要死盯住一点。要有一定的深度和广度，当快则快，当慢则慢，充分利用视觉、听觉和四肢的机能作用，做好安全驾驶。

（5）驾驶员在处理普通公路交通情况时要机动灵活，本着先近后远、先制动后方向、先动态后静态、先人后物的原则采取安全驾驶措施。

（6）普通公路的路面选择，驾驶员应遵循选宽不选窄、选平不选偏、选中不选侧、选缓不选急、选硬不选软、选水不选泥、选旧不选新、选直不选弯的选路原则。

（7）驾驶员在普通公路驾驶车辆时，驾驶速度应符合交通法规中所规定的限速要求，合理控制车速，以确保行车安全。

（8）通过交叉路口时应减速慢行或停车瞭望，观察左、右方交通情况，让右方道路的来车先行，并密切注意对向车辆动态，如遇强行抢道左转弯的车辆，及时避让。

（9）变更车道时不宜大过缓慢，长距离的压线行驶会影响其他正常行驶的车辆。

（10）交叉路口前变更车道时，要提前根据需要行驶的方向来选择车道，并在进入交叉路口前进入车道，变道前应控制好车速，防止侧面的车辆突然变道，而发生交通意外。

（11）车辆在转弯时会产生离心力，因此转弯时应提前降低车速，尽量避免在转弯的同时使用行车制动。

（12）车辆会车时，应遵守交通法规，本着礼让三先（先让、先慢、先停）的原则，合理的选择交会地点。

（13）车辆超车时，应提前加速，确认安全后方可超车，超车后在不影响被超越车辆行驶的情况下方可驶回原车道。

（14）车辆跟车时，应与前车保持合适的安全距离，并与前车速度保持一致，合理跟车。

（15）车辆确需临时停车时，应遵守交通法规的规定，停车后应做好安全措施。

二 山区道路的安全驾驶

我国国土面积的大部分都是山地丘陵，特别是西南地区，大部分是山区和半山区，山高谷深，道路险峻。山地和丘陵地带的公路，地形复杂。公路都是根据自然地理条件而修筑的，大多依山傍水，或盘山绕行，或临崖靠涧，或穿洞过桥。山区公路坡陡弯急，转弯半径小，视线盲区大，气候变化无常，极易发生交通事故。因此，了解山路行车的特点，学习和掌握山路驾驶的安全操作，是驾驶员学习的一项重要内容。

1 山路驾驶的准备

（1）要保证汽车有良好的技术状况，尤其是转向、制动、传动及车轮工作性能安全可靠。

（2）配备必需的随车物品，如三角枕木、铁锹、易损零件等。

（3）出车前应当事先了解山路气候与道路情况，确定最佳行驶路线。休息好，保持充沛的精力来保障山区驾驶的安全。

2 山路道路的安全驾驶技术

1 上坡驾驶

（1）汽车上坡起步时，应保持发动机拥有足够的动力，使车辆平稳地上坡；

（2）驾驶员应随时注意水温表工作情况，防止发动机温度过高，若冷却水沸腾时，应选择适当地点休息片刻，并添加冷却水、检查车辆，待温度降低后再继续行进。

（3）汽车上长而陡的坡道时，必须根据坡道情况选择适当的挡位高速冲坡，使发动机保持足够的动力。当动力不足时，应迅速减挡，切不可强撑，以至造成拖挡熄火。如错过换挡时机，可越级减挡。

（4）通过连续较短的坡道，在一个坡道完成下坡后，适当加速，合理的利用惯性冲上第二个坡道。

（5）车辆到即将达坡顶时，应放松加速踏板，让车辆以惯性通过坡顶，在心理上做好停车准备，以防到达坡顶出现意外情况。

（6）山区驾驶跟车时，应适当加大安全距离，一般纵向安全距离保持在30m以上，防止前车后溜发生危险。

（7）山区驾驶会车时应选较宽的路段交会，必要时停车交会。

（8）山区道路狭窄，视线不良，大型客车车体较大，驾驶员应尽量避免超车，必须超车时，应选择道路较宽有超车条件的路段超车，严禁在禁止超车或不具备超车条件的路段超车。

2 下坡驾驶

（1）下坡驾驶前，驾驶员要认真检查制动装置和转向装置，确保技术状况良好。下坡过长时，需安装有制动毂淋水冷却装置。

（2）下陡而长的坡道时，驾驶员应采用低挡匀速，间隙制动的安全驾驶方法，严禁脱挡滑行。长时间在下坡路段驾驶时，有制动毂淋水冷却装置的车辆应提前将淋水开关打开。有辅助制动器（电力或液力缓速器，发动机排气制动器）的汽车，应以此为主控制车速。

（3）下长坡中，驾驶员感到制动效能有异常变化时，应及时停车检查，排除故障后再继续行驶。

（4）下长坡过程中，如发生行车制动器突然失灵时，驾驶员应沉着冷静，可采取“抢挡”的措施，增加发动机的牵阻作用，同时要灵活准确地掌握好转向盘，并运用驻车制动器给以辅助制动停车等应急措施。

项目实施

一 实训时间

建议理论、实践一体化教学7学时。

二 实训材料准备（每组）

（1）教学用大型客车一辆。

（2）适合大型客车驾驶员普通公路和山区道路的安全驾驶训练的教学场地。

（3）模拟驾驶仪及教学场地。

三 教学活动步骤

（1）实训导师先讲解普通公路和山区道路的安全驾驶操作步骤及注意事项。

（2）向学生分发普通公路和山区道路的安全驾驶训练工单（表11-5）。

普通公路和山区道路的安全驾驶训练工单　　表 11-5

姓名：__________　学习小组：__________　导师：__________　测试结果：__________

项　目	普通公路和山区道路的安全驾驶的内容及要求	训练测试记录
普通公路安全驾驶技术	（1）普通公路安全驾驶的要求有哪些？ （2）普通公路有哪些安全驾驶技术	
山路驾驶的准备	（1）山路驾驶对车辆、道路和环境准备有哪些要求？ （2）山路驾驶必需的配备随车物品有哪些	
山区道路的安全驾驶技术	（1）山区道路安全驾驶的要求有哪些？ （2）山区道路有哪些安全驾驶技术	

项目五 高速公路安全驾驶

学习目标

（1）了解高速公路的特点。

（2）掌握高速公路安全驾驶技术。

情景导入

高速公路是一个国家交通现代化水平的重要标志之一，同时高速公路具有便捷、畅通的特点，已成为人们出行的首选公路。由于车速比普通公路上快，高速公路发生事故比普通公路造成的伤亡更加惨重。因此，大型客车驾驶员必须了解高速公路的行车特点、规律，掌握高速公路安全驾驶技术，确保行车安全。

知识链接

高速公路是指经国家公路主管部门验收认定，符合高速公路技术标准，并设置完善的交通安全设施、管理设施和服务设施，专供机动车高速行驶的公路。现阶段高速公路发展迅猛，我国的高速公路总里程已突破10万km，居世界第一。在高速公路上驾驶，完全不同于一般道路的驾驶，由于高速公路具有车速高、车道区分明确，车辆流向单一，而且流量大的特点。因此大型客车驾驶员必须掌握高速公路的安全驾驶技术，确保高速公路行车安全。

一 驶入高速公路

1 驶入收费站，领取通行卡

（1）车辆驶入收费处时，要严格遵守限速规定，密切注视指示牌和情报板上显示的道路及天气情况，确定是否能进入高速公路。

（2）确定可以进入高速公路后，选择通道上方亮绿灯信号且车辆较少的通行道口，依次排队通过，切勿争道抢行。

（3）在设有电子收费系统（ETC）的收费站，持有ETC的车辆可以在20km/h的车速直接通过ETC专用收费车道，驶入高速公路。

（4）驶入人工收费入口时，应尽量将车身和驾驶室门窗靠近收费窗口，便于交接通行卡。通行卡要妥善保管，以备高速出口时刷卡收费。

2 匝道、加速车道的行驶

（1）根据指示标志，确定行驶方向。

（2）匝道内严禁车辆超车、停车、掉头和倒车。

（3）从匝道进入加速车道后，车辆应迅速提高车速，使车辆速度接近行车道规定速度。

（4）在加速车道加速时，应注意观察前车的速度情况，注意保持距离，防止减速或停车。

3 汇入行车道

（1）车辆加速后，在进入合流三角地带之前打开左转向灯，在不影响行车道内车辆正常行驶有情况下驶入行车道。

（2）通过内外后视镜观察主车道上的车流动态，当观察到后方来车还相距较远时，应立即提速后汇入行车道。

（3）行车道内有连续多辆车（或车队）行进时，千万不能强行汇入行车道，应稍减速等待时机插入。

（4）汇入行车道前，再次观察主车道上车流动态，在确保安全的条件下平稳地汇入行车道行驶。

（5）汇入行车道后关闭转向灯。

（6）汇入行车道后保持与其他车辆相近的行驶车速，并留有与前车足够的安全车距。

二 高速公路安全驾驶技术

1 速度的选择

（1）严格遵守最高车速和最低车速规定。

（2）注意观察限速标志，严格按照标志要求限速行驶。

（3）驾驶员要经常通过车速表确认车速，因为长时间高速驾驶，会使驾驶员速度感觉变得迟钝。

2 分道行驶和各车道速度的选择

（1）严格遵守分道行驶、各行其道的原则，不得随意穿行越线，不准骑、压分界线。

（2）在高速公路上行车时，客车最高时速不得超过 100km/h，应严格按规定选择行驶车道，不得在紧急停车带或路肩上行车。

（3）在同向2车道的高速公路上行车，车速低于100km/h时应在右侧车道上行驶。

（4）在同向3车道高速公路上行车，最右侧车道的最低车速为60km/h，车速高于90km/h的车辆应在中间车前上行驶，车速高于110km/h的车辆应在最左侧车道上行驶。

（5）在同向 4车道的高速公路上行车，车速高于 90km/h的车辆应在中间两条车道上行驶；车速高于110km/h的车辆应在最左侧车道上行驶。

3 车速与车距的选择与控制

（1）高速公路上的纵向车距当车速为100km/h时，安全距离为100m。

（2）车速为100km/h时，横向车距为1.5m以上。

（3）车速为70km/h时，横向车距为1.2m以上。

（4）遇大风、雨、雪、雾天或者路面结冰时，在减速行驶的同时适当加大纵横向车距。

4 变更车道

（1）车辆在高速公路行驶，不能随意频繁变更车道。

（2）确需变更车道时，应提前开启转向灯提醒需变更车道内的车辆。

（3）确认不影响变更车道内车辆行驶，缓慢转向，驶入需要变更的车道。

（4）尽量避免一次性变更两条以上车道，防止发生碰撞事故。

5 超车

（1）超车前应先通过内外的后视镜观察后方有无车辆超越，同时看清前方道路和交通情况。

（2）确认安全后，打开转向灯，变更车道加速超越前车。

（3）发现行车道内有两辆以上大型货车前后距离比较近时，超车时要提防后面的大型车辆突然变道而发生危险。

（4）超越后继续行驶，直至与被超车的安全距离达到80m以上后，打开转向灯，进入行车道。

（5）正常情况下在高速公路超车时，横向车距（两车间平行瞬间的左右距离）为:车速为100km/h时，横向车距为1.5m 以上；车速为70km/h 时，横向车距为1.2m以上。

（6）夜间超车时，不应一直用远光灯，应在距离被超车150m以外变为近光灯，以便前车更好地判断两车间的距离，避免误判发生危险。

（7）超车时转向不可过急，更不能使用紧急制动，尽量一次完成超越。

（8）严禁从路肩或紧急停车带超车。

6 通过立交桥

（1）车辆在到达高速公路立交桥前，要注意观察指示标志，防止走错行驶路线。

（2）在临近转弯的立交桥前，要根据右侧指示标志确认出口位置、行驶车道和行驶路线。

（3）变换行驶路线时，应距立交桥500m左右降低车速，并根据指示标志变更车道，平顺地驶入预定车道。

（4）距车道出口50~100m处，打开右转向灯，根据指示标志的指示进入匝道，变换所需的行驶路线。

7 高速公路停车

（1）高速公路上严禁停车，车辆发生故障必须停车时，不能在行车道或采用紧急制动的方式停车，应把车停在紧急停车带内或右侧路肩上。

（2）车辆停稳后，应立即打开危险报警闪光灯，并在车后150m处设置警告标志，夜间还需同时打开示廓灯和后位灯。

（3）停车后车上人员应迅速转移到右侧路肩以外或者应急车道内，必要时打紧急电话求援或报警。

（4）车辆修复后，需返回行车道行驶时，应先在路肩或应急车道上将车速提高至60km/h以上，并开启左转向灯，注意观察行车道上车流的情况，确认安全后，方可驶入行车道。

三 驶离高速公路

1 驶离行车道

（1）高速公路的出口前，分别在2km、1km、500m及出口处都设有预告出口的标志，驾驶员应根据情况尽早逐渐的变更到最右侧行车道。

（2）当距高速公路出口500m时，打开右转向灯，应适当调整车速，逐渐平顺地从行车道驶入减速车道。

（3）如果因疏忽已驶过出口，只能继续向前，行驶至立交桥掉头，或下一出口驶离高速公路，千万不要在高速公路上紧急制动、停车、倒车及掉头、逆行、穿越供紧急使用的中心隔离带缺口，以免发生危险。

2 驶入减速车道

（1）驶入减速车道后，关闭转向灯，注意观察车速表，进入匝道之前，车速降到约40km/h。

（2）车辆从减速车道驶入匝道后，应根据匝道的弯度掌握好转向盘，并将车速控制在限定的时速以下。

3 驶离收费处

（1）驶入收费处时，要严格遵守限速规定，选择通道上方亮绿灯信号且车辆较少的通行道口，依次排队通过，切勿争道抢行。

（2）在设有ETC收费系统的收费站，持有ETC的车辆可以在30km/h的车速内不停车，直接通过ETC专用收费车道。

（3）驶入人工收费入口时，应尽量将车身和驾驶室门窗靠近收费窗口，便于收费。

（4）车辆驶离收费处时，由于驾驶员长时间高速行驶，对速度反应迟钝，要经过一段时间适应后，感觉才能逐渐适应普通道路速度，因此驾驶员只有通过观察速度表来控制车速，绝对不能单纯凭自己的感觉判断车速。

项目实施

一 实训时间

建议理论、实践一体化教学4学时。

二 实训材料准备（每组）

（1）教学用大型客车一辆。

（2）模拟高速公路的教学场地。

（3）模拟驾驶仪及教学场地。

三 教学活动步骤

（1）实训导师先讲解高速公路安全驾驶操作步骤及注意事项。

（2）向学生分发高速公路安全驾驶训练工单（表11-6）。

高速公路安全驾驶训练工单　　表 11-6

姓名：__________　学习小组：__________　导师：__________　测试结果：__________

项　目	高速公路安全驾驶的内容及要求	训练测试记录
驶入高速公路	驶入高速公路须掌握哪些安全驾驶技术	
高速公路安全驾驶技术	（1）高速公路速度应如何控制？ （2）高速公路应如何分道行驶，变更车道有哪些要求？ （3）高速公路超车的有哪些要求，应如何掌握超车安全驾驶技术？ （4）通过高速公路立交桥应掌握哪些安全驾驶技术？ （5）高速公路停车的安全注意事项有哪些	
驶离高速公路	（1）驶离高速公路应掌握哪些安全驾驶技术？ （2）驶入和驶离收费站应掌握哪些安全驾驶要求	

项目六　特殊路段安全驾驶

学习目标

（1）了解特殊路段潜在的危险和复杂性。
（2）学会用防御空间的安全驾驶理念驾驶车辆。
（3）掌握特殊路段安全驾驶技术。

情景导入

驾驶员在行车过程中，经常会遇到一些特殊的路段，如桥梁、隧道、涵洞、铁路道口及泥泞、翻浆、涉水道路等，如处理不当，很容易发生安全事故。因此，驾驶员必须要了解这些路段的危险和复杂性，正确掌握的安全驾驶技术，集中注意力，小心驾驶，确保安全顺利地通过特殊路段。

知识链接

一　通过桥梁、隧道、涵洞、铁路道口

1　通过桥梁

1　通过桥梁的通用安全驾驶技术

（1）驾驶员应根据桥梁的特点，采用相应的安全驾驶技术，以确保车辆安全顺利地

通过桥梁。

（2）驾车临近桥头时，要看清桥头附近的交通标志，严格遵守限载、限速的规定，慢速平稳通过，避免制动和冲击。

（3）在桥梁上跟车行驶时，应根据桥梁情况，加大与前车之间的距离，逐车通过。

（4）在确认安全情况下，不得停留，迅速通过，尽量避免在桥上变速、会车、超车，更不能在桥上停车，以免阻塞交通。

（5）如遇有情况或视线不清时，应提前减速，并鸣喇叭示警。

（6）驾驶员夜间驾车通过桥梁时，要格外小心。在过桥时当车灯偏向一侧或突然消失，应立即减速。

（7）桥梁上会车时，应关闭远光灯，若对方没有变换近光灯，产生炫目看不清桥面有多宽时，应立即减速，必要时应停车观察，看清之后再通过。

2 通过不同桥梁的安全驾驶技术

（1）公路大桥。汽车通过笔直宽阔的公路大桥时，其驾驶操作与一般平直道路相同。在通过跨江、跨海及山区大桥时，注意横风。

（2）窄桥。通过会车困难的窄桥时，应根据自己的车速和距桥的远近采取果断措施：

①如果自己的车辆速度快且距桥近，应加速通过后，再与来车交会；

②如果自己的车辆距桥远，应根据距离适当控制车速，让对方车辆先通过窄桥；

③如果自己的车辆距桥近，但速度慢，对方车辆距桥稍远一些，但车速快，估计对方车辆有先到桥的可能时，就应立即减速，待对方车辆通过桥后再行过桥。

（3）拱形桥，又称驼峰桥。河网地带，拱形桥较多，因其坡度变化较大，驾驶员视线受阻，易形成盲区。

①汽车接近桥头时，应降低车速、鸣喇叭，随时注意对面来车、行人和非机动车；

②汽车行至桥顶应减速，并做好制动准备，防止发生突发情况。切忌冒险高速冲过拱桥，以免发生碰撞；

③夜间变换远、近灯光，示意对方车辆、行人，同时注意避让对面来车和行人，靠道路右侧行驶。

（4）漫水桥，又称水中桥。因驾驶员看不到水中道路，加之雨季、汛期水深变化无常，是比较危险的地段。

①通过漫水桥之前，应观察好其他车辆的行进路线及两侧参照物；

②进入漫水桥后应远视对岸固定目标，按规定路线匀速行驶，尽量避免途中换挡和停车；

③雨季通过漫水桥应首先向当地人了解汛情、水深等，然后再通过；

④当漫水桥水深超过本车最大涉水深度时，不得冒险硬过。

（5）木桥、吊桥、浮桥、便桥等简易桥梁。

①通过木桥、吊桥、浮桥、便桥等简易桥梁时，应提前减速，换入低速挡，以缓慢

速度平稳通过；

②通过简易桥梁时，不得在中途制动、变速和停车，以免冲击桥梁；

③过桥前，若对简易桥梁牢固情况有怀疑，或对轮胎轨迹把握不准，应下车察看清楚，必要时，下客或卸货减载后通过。

（6）Z形道路桥。

①什么是Z形道路桥：通常把上桥之前一个急转弯，下桥之后又是一个急转弯的桥梁称为Z形道路桥。

② Z形道路桥的危险性：因为这种桥的两端都是直路，临近上桥时突然一个急转弯，使得一些驾驶员还没有从行驶的状态中调整过来就进入急转弯，往往造成减速不彻底，保留速度过快而撞坏桥栏或翻于桥下等（特别是夜间行车时）。因此Z形道路桥对安全行车威胁很大。

③Z形道路桥的安全驾驶技术：驾驶员在遇到Z形道路桥时，必须严防速度错觉，彻底减速方可通过。

2 通过隧道、涵洞的安全驾驶技术

（1）在隧道前面都有宽、高、速度等限制的交通标志，必须按警示标志行驶。

（2）行至隧道入口前约50m左右，打开前照灯、示廓灯、后位灯，及时察看车速表，根据隧道口标志上规定的速度行车。

（3）进入隧道后，将视线关注点移到隧道的远处，不要看两侧隧道壁，注意保持行车间距。

（4）严禁在隧道内变更车道、超车和随意停车。双向行驶的隧道内，禁止使用远光灯。

（5）驶出隧道前，通过车速表确认行车速度，不能凭直觉判断车速。

（6）刚驶出隧道时，驾驶员要握稳转向盘，以防隧道口处的横向风引起车辆偏离行驶路线。

（7）驶出隧道时，要注意观察隧道口处的交通情况，在出口处及时鸣喇叭，防止发生事故。

（8）驶出隧道后，在眼睛适应过程中切勿盲目加速，以免因视力瞬时下降不适应环境而造成危险。

（9）驾驶员在通过涵洞时要根据情况降低车速，同时注意车辆的高度是否在允许范围之内，必要时要停车核实，绝不可粗心大意或抱侥幸心理。

（10）一般涵洞路幅都不宽，车辆交会时应相互礼让，依次通过。

3 通过铁路道口的安全驾驶技术

（1）在停车线前停车。

（2）左右观察、悉听有无火车通过，前方车是否已驶离1个车长的距离。

（3）换入低速挡，稳速进入道口。

（4）通过途中保持平稳车速，通过后加速驶离道口。

（5）通过有人看守的道口，应提前降低车速，注意观察信号指示灯和道口栏杆，并听从指队员指挥，不要和行人、车辆争相抢道，使车辆堵在道口。为防止道口人员失职，应密切注意两边有无火车通过，确认安全时尽快通过。

（6）通过无人看守又没有设施控制的道口时，一定要眼观六路，耳听八方，做到"一慢、二看、三通过"，确认没有火车驶来时方可通过。

（7）车辆在铁路道口停车等待时，要拉紧手制动，以防车辆发生溜滑，与后面的车辆碰撞。

（8）注意凸出路面的道岔、枕木，以防损伤轮胎；并握紧转向盘，防止轮胎越过轨道时转向盘发生转动而击伤手臂。

（9）火车通过时，应立即做好发动汽车和起步的准备，一旦放行，应立即起步，以免阻塞交通。穿越铁路时，必须一气通过，不得在火车通过区变速、制动、停车。

（10）汽车一旦在铁轨上熄火，必须立即设法把车移离铁路。在火车即将来临的紧急情况下，可将变速挡挂入一挡或倒挡，抬起离合器踏板，启动点火开关，用起动机直接将车驶离铁路。

二 通过泥泞、翻浆、涉水、凹凸路面安全驾驶技术

1 泥泞与翻浆路的安全驾驶技术

（1）汽车行至泥泞或翻浆路段时，应先停车查看路况（深度、宽度和距离等）。摸清情况后，尽量选择平整径直的行驶路线，坚实或有车辙的路段行驶，两眼看着前方目标，尽量少打转向盘，以保持直线行驶。

（2）在泥泞路段上驾驶车辆时，应选用适当挡位（一般可用中低速挡），保持足够的动力，稳住加速踏板，匀速一次性通过。

（3）转弯时要提早减速换入低速挡，缓和地调整所需的转向角度，切不可猛打转向盘和利用滑行转弯，否则会引起严重的侧滑。

（4）当汽车后轮发生侧滑时，要立即抬起加速踏板，把转向盘向后轮侧滑的一方转动，使后轮摆动回路中，待车身正直后，再缓和地回正方向。

（5）车辆陷住后，不宜采取快进猛退的方法，以免损坏传动机件，加速轮胎的磨损，应清除车轮下泥浆，铺垫草帘、沙石等，将车驶出。车辆不能自救时，可请求其他车辆牵引拖出。

2 涉水与车辆过渡的安全驾驶技术

1 通过涉水路面的安全驾驶技术

（1）车辆经过涉水路面时要注意最高涉水位置，我们可以通过观察水面没过轮胎的

高度来决定涉水行车是否安全，只要水面高度不超过轮胎的2/3处，一般来说涉水行车是安全的。如果水位达到了保险杠位置，车辆过水时推起的水浪就可能通过进气口进入发动机，造成发动机熄火。此时切勿再点火，以免对发动机造成更大伤害。

（2）车辆涉水时要挂低挡轻踩加速踏板，使车辆以稳定而缓慢的速度通过积水路段。涉水行驶中切记轻踩着加速踏板不松脚，否则加速踏板一松会造成排气管回压将水倒吸进发动机给发动机造成严重损坏。

（3）要避免中途停车、换挡和急打方向。眼睛要看准固定目标，不可注视流水，以免扰乱视觉，使方向失误。

（4）多车涉水时，不要同时下水，待前车到达彼岸，后车才下水，防止前车因故停车，迫使后车也停在水中。

（5）车辆过水后，低速行驶一段路程，并轻踏几次制动踏板，让制动蹄片与制动鼓发生摩擦，使附着的水分受热蒸发，待制动效能恢复后，再转入正常行驶。

2 汽车过渡口的安全驾驶技术

（1）汽车上、下渡船和等待上、下渡船时，必须遵守有关规定，听从管理人员指挥，不抢行，不争先，才能确保安全。

（2）客车上渡船前，应在规定的地点下客；下渡船后，在规定的地点等候乘客上车。

（3）上、下渡船时，要低速慢行，不能猛冲。避免换挡、减速、停车。

（4）驶上渡船后要按位置平稳停车，然后拉紧驻车制动，熄灭发动机，并采取防止车辆移动的措施。

3 通过凹凸路面安全驾驶技术

1 通过凸路时的安全驾驶技术

（1）驾驶员上身稍贴后靠背坐稳，两手握紧转向盘，防止由于身体随车跳动而失去对汽车的控制。

（2）通过短而凸的道路，应降低车速，低挡慢行通过。

（3）通过连续小凸凹或“搓板”路时，要适当减速，保持匀速行驶。

（4）通过较大的凸形地段，应用低速挡缓慢通过，必要时，应在凸形地段前停车，重新起步通过。

（5）前轮将要上凸形地时加油，前轮到凸形地最高点时抬起加速踏板，使前轮溜下凸形地，然后，用前轮通过的方法使后轮通过。

2 通过凹路时的安全驾驶技术

（1）驾驶员上身稍贴后靠背坐稳，两手握紧转向盘，防止由于身体随车跌落而跳动失去控制汽车的能力。

（2）通过短浅而凹的坑道时，应在过凹坑前降低车速，换入适当的低速挡，当前轮过凹坑后，利用汽车怠速的牵引力前进，当后轮下凹坑时，少许加油，使后轮顺利通过凹坑。禁止空挡通过凹坑，防止发生卡车轮现象，使车辆陷入凹坑。

（3）通过连续的小凸凹或“搓板”路时，要适当减速，保持匀速行驶。

（4）通过较大的凹形地时，应抬起加速踏板，并使车速降到一定程度，利用汽车的惯性使前轮溜下凹坑沟底，再加油上沟，然后，待后轮到凹形沟边时，再抬起加油踏板，使后轮溜下底沟，再加油使后轮驶出凹形地。

项目实施

一 实训时间

建议理论、实践一体化教学5学时。

二 实训材料准备（每组）

（1）教学用大型客车一辆。

（2）适合大型客车驾驶员特殊路段安全驾驶训练的教学场地。

（3）模拟驾驶仪及教学场地。

三 教学活动步骤

（1）实训导师先讲解特殊路段安全驾驶操作步骤及注意事项。

（2）向学生分发特殊路段安全驾驶训练工单（表11-7）。

特殊路段安全驾驶训练工单 表 11-7

姓名：________ 学习小组：________ 导师：________ 测试结果：________

项 目	特殊路段安全驾驶的内容及要求	训练测试记录
通过桥梁的安全驾驶技术	（1）通过桥梁的相关交通法规有哪些？ （2）通过桥梁应掌握的安全驾驶技术有哪些	
通过隧道、涵洞的安全驾驶技术	（1）通过隧道、涵洞的相关交通法规有哪些？ （2）通过隧道、涵洞的应掌握的安全驾驶技术有哪些	
通过铁路道口的安全驾驶技术	（1）通过铁路道口的相关交通法规有哪些？ （2）通过铁路道口应掌握的安全驾驶技术有哪些	
通过泥泞与翻浆路面的安全驾驶技术	（1）通过泥泞与翻浆路面的相关交通法规有哪些？ （2）通过泥泞与翻浆路面应掌握的安全驾驶技术有哪些	
涉水路面安全驾驶技术	（1）通过涉水路面的相关交通法规有哪些？ （2）通过涉水路面应掌握的安全驾驶技术有哪些	
汽车过渡的安全驾驶技术	（1）汽车过渡的相关交通法规有哪些？ （2）汽车过渡应掌握的安全驾驶技术有哪些	
通过凸路时的安全驾驶技术	通过凸路时应掌握的安全驾驶技术有哪些	
通过凹路时的安全驾驶技术	通过凹路时应掌握的安全驾驶技术有哪些	

项目七 特殊气象条件安全驾驶

学习目标

（1）了解特殊气象条件对安全驾驶的影响。
（2）熟知特殊气象条件的交通特点。
（3）掌握特殊气象条件下安全驾驶技术。

情景导入

客运车辆在特殊气象条件下行驶中，由于路况条件变差、视线不清、车马行人动态复杂，使安全驾驶的难度增加，同时也提高了安全驾驶的要求。这种特殊气象要求驾驶员比平时更加谨慎驾驶，还要求能根据各种恶劣气候的特点，采取不同的安全驾驶技术，达到行车安全的目的。

知识链接

一 雨天的安全驾驶技术

（1）雨天驾驶车辆时要保持良好的视野，要及时打开刮水器，天气昏暗时还应开启近光灯和雾灯。

（2）雨天驾驶车辆要慢速行驶，车速应控制在40km/h左右为宜，遇到暴雨，严重影响驾驶员视线时，应立即选择宽阔路面停驶，并开启示廓灯、危险报警闪光灯。

（3）雨天驾驶车辆时，要预防侧滑，特别是在转弯处，驾驶员要更加小心谨防侧滑。雨天尽量不超车，会车时应拉大横向间距。

（4）遇有积水路面时，应沿着前车压下的轨迹缓慢通过，中途尽量不要换挡和停车。

（5）在山区行车遇洪水沿路面冲下时，应迅速将车开上附近的小山、山梁进行躲避，待洪水过后再行车。

（6）雨天驾驶车辆要谨慎使用制动，使用制动时尽量早踩长磨，避免使用紧急制动。

（7）在沿河堤的路上行驶，应尽量靠近公路里侧行驶。

（8）雨天行车注意休息，路遇行人或自行车，应提前减速，并鸣喇叭提示，尽量给他们留出便于骑行的道路。

二 雾（霾）天的安全驾驶技术

（1）雾（霾）天驾驶时，应按规定打开雾灯、近光灯、前后小灯和示廓灯。

（2）雾（霾）天夜间不要使用远光灯，改用近光灯和雾灯。

（3）雾（霾）天驾驶车辆一定要遵守交通法规，严格控制车速，保持比较低的车速，不可开快车。雾（霾）越大，可视距离越短，车速就必须越低。

（4）雾（霾）天驾驶车辆由于视线受阻，在行车中要合理的使用喇叭进行提示，平常驾驶时，常鸣号不仅扰民还很不礼貌，但在雾（霾）天鸣号则是很有必要的。通过鸣号与所有的交通参与者交流信息，促使其他车辆、行人引起足够的警觉，以减少事故的发生。

（5）由于雾（霾）天驾驶车辆视线条件下降，使得观察困难。在驾驶过程中要尽可能采取一切手段进行观察，可将头伸出车窗外，增加观察的透视性，或参照道路边缘或路边的树，确认汽车的行驶方向。

（6）雾（霾）天行车，切忌盲目超车，因看不清道路情况，尽量不要超车，跟随前车行驶。超越路边停放的车辆时，在确认该车没有起步意图后，而对面又无来车时，鸣号从左侧低速超越。

（7）雾（霾）天行车应与前车保持足够的安全距离，选择正确的行驶路线，要尽量选择路中间行驶，但不能压线行驶。

（8）雾（霾）天使用制动时，要做到早踩长磨，切忌猛踩制动踏板，防止发生追尾事故。

三 冰雪道路的安全驾驶技术

（1）车辆在冰雪道路起步时，驱动轮容易打滑，有条件的要安装防滑链，在未装防滑链起步时，加速踏板不宜过大，慢抬离合器踏板。如果起步困难，可以在驱动轮下铺垫干草、煤渣、砂土等，以提高附着力，实现车辆平稳起步。

（2）汽车在冰雪道路行驶时，要根据道路情况，选择适当的挡位，低速行驶。发现情况时，首先要松掉加速踏板，利用发动机的怠速牵阻作用降低车速。行车中要尽量保持车辆的整体平衡，发生侧滑时，应立即缓慢、适当地向后轮侧滑的一侧转动转向盘，可连续数次转转向盘，以便调整车身。

（3）车辆在积雪覆盖的道路行驶中，要注意道路的沟壑被积雪掩盖，道路轮廓难以辨别情况，最好察看清楚确认安全后再继续行驶，行车时应根据道路两边的树木、电杆等参照物判断行驶路线，控制车速，低速行驶。最好按前车的车辙行驶，转向盘不可急打急回，以防车辆侧滑偏出道路。

（4）车辆在冰雪道路行驶中要加大纵间距离，以防发生相撞事故。

（5）车辆在冰雪道路会车时要提前避让，选择路面较宽的地点会车，同时两车要尽量保持较大的横向距离，但也不要靠路边行驶，必要时可停车，让对方车辆通过后再行驶。

（6）车辆在冰雪道路上尽量不要超车，若必须超车，应选择较宽的路面，在得到前方车辆同意并让出车道后，方可超越。

四 炎热、严寒、风沙天气的安全驾驶技术

1 炎热天气的安全驾驶技术

（1）炎热天气要根据出行需要，携带水桶、饮用水、毛巾、遮阳镜及防暑药品等以供途中使用。

（2）炎热天气驾驶要注意防止发动机过热。如果温度过高超过95℃，要选择在阴凉处停车降温。要保持防冻液数量，注意防止防冻液管爆裂。

（3）炎热天气车辆行驶中，发现胎温、胎压过高或制动产生“热衰退”时，应选择阴凉处停息，让其自然恢复正常。不可采取放气或泼冷水的方法降温、降压，若要泼水，也必须在车胎降温后进行。

（4）炎热天气驾驶员要注意充分休息，保证有充沛的精力和体力驾驶车辆。

（5）遇柏油路面软化时，要特别注意控制车速，以防发生事故。

（6）早晚行车经过街道、村庄，要减速鸣笛，注意观察行人、乘凉人的动态，谨慎通过；烈日下还要提防行人、自行车为找阴凉而无视交通规则的现象。

2 严寒天气安全驾驶技术

（1）上车前清霜雪，保持良好视线。

（2）严寒天气起动发动机前要预热，每次起动发动机间隔10s以上，起动后松开离合器踏板，继续怠速热车1~2min，待发动机温度高于50℃以上时方可起步。

（3）严寒天气起步应挂低速挡，缓抬离合器踏板，轻踏加速踏板起步后，低速行驶1~2km或更长距离，待机件润滑正常、轮胎等温度正常后再加速。

（4）严寒天气行车中要注意选择平坦路面并保持中速行驶，避免紧急制动，以防机件因剧烈振动导致损坏。

（5）遇到冰雪道路时，应按冰雪道路的驾驶方法操作。

3 大风天气安全驾驶技术

（1）汽车在大风天气行驶时，要坚持中、低速度行驶，严密注视行人和自行车的动态，随时准备制动停车。

（2）大风天气行车，风速和风向往往不断地发生变化，顺风应减速行驶，逆风应稍重踩加速踏板，如果遇到狂风袭来，感觉汽车产生横向偏移时，一定要双手稳握转向盘并减速。

（3）行车中如突遇沙尘暴，造成尘土飞扬，空气浑浊，能见度降低时，应及时打开

示廓灯、雾灯和后位灯，行车应适当放慢车速，正确地辨认风向，握稳转向盘，防止行驶路线因风力而偏移，同时，注意车辆的横向稳定性，尽量减少超车，鸣喇叭时应适当延长时间。

（4）途中突遇暴风，应立即停车躲避，车头应背向风沙，防止细微沙粒被发动机吸入汽缸而加速机件磨损。车辆应尽量停在背风处，停车时最好远离楼房、枯树或广告牌，防止车辆被吹翻或被沙石打坏及高空坠物砸伤。

项目实施

一 实训时间

建议理论、实践一体化教学5学时。

二 实训材料准备（每组）

（1）教学用大型客车一辆。

（2）适合大型客车驾驶员特殊气象条件安全驾驶训练的教学场地。

（3）模拟驾驶仪及教学场地。

三 教学活动步骤

（1）实训导师先讲解特殊气象条件安全驾驶操作步骤及注意事项。

（2）向学生分发特殊气象条件安全驾驶训练工单（表11-8）。

特殊气象条件安全驾驶训练工单 表 11-8

姓名：________ 学习小组：________ 导师：________ 测试结果：________

项　目	特殊气象条件安全驾驶的内容及要求	训练测试记录
雨天的安全驾驶技术	（1）雨天驾驶的相关交通法规有哪些？ （2）雨天驾驶应掌握的安全驾驶技术有哪些	
雾（霾）天的安全驾驶技术	（1）雾（霾）天驾驶的相关交通法规有哪些？ （2）雾（霾）天驾驶应掌握的安全驾驶技术有哪些	
冰雪道路安全驾驶技术	（1）冰雪道路驾驶的相关交通法规有哪些？ （2）冰雪道路驾驶应掌握的安全驾驶技术有哪些	
炎热天气驾驶安全技术	（1）炎热天气驾驶的相关交通法规有哪些？ （2）炎热天气驾驶应掌握的安全驾驶技术有哪些	
严寒天气安全驾驶技术	（1）严寒天气驾驶的相关交通法规有哪些？ （2）严寒天气驾驶应掌握的安全驾驶技术有哪些	
大风天气安全驾驶技术	（1）大风天气驾驶的相关交通法规有哪些？ （2）大风天气驾驶应掌握的安全驾驶技术有哪些	

第十二章
客运车辆营运任务专项训练

项目一 班车道路旅客运输服务规范与服务流程

学习目标

（1）了解班车道路旅客运输的特点。

（2）掌握班车道路旅客运输的服务规范。

（3）掌握班车道路旅客运输的服务流程。

情景导入

2012年3月13日12时28分，驾驶员王某驾驶大型客车从成都驶往马尔康市，该车核载35人，实载21人，行至马尔康市境内317国道K295+138m一连续下坡且转弯处，翻坠于垂高65m的山沟下，造成15人死亡，6人受伤。

《中华人民共和国道路交通安全法》规定，机动车驾驶员应当遵守道路交通安全法律、法规的规定，按照操作规范安全驾驶、文明驾驶。此次事故中，驾驶员王某置道路交通安全法律、法规于不顾，每月交通违法行为千余次，平均每天超过50次。交通运输部、公安部、国家安全监督管理总局联合下发的《关于印发道路旅客运输企业安全管理规范（试行）的通知》中明确要求“道路旅客运输企业应当规范卫星定位装置及监控平台的安装、管理、使用工作，履行监控主体责任”“道路旅客运输企业应当配备或聘请专职人员负责实时监控车辆行驶动态，记录分析处理动态信息，及时提醒、提示违规行为”。而道路旅客运输企业不履行源头管理责任，任由王某肆意违法超速行驶为此次事故埋下了祸根。

经调查，事发当日，该大型客车未被安排发班，发车未进站报班，属私自运营。事发路段设有40km/h的限速标志。据该车车载GPS显示，事发时车速为83km/h，超速100%。该大型客车所属公司对严重交通违法行为查处不力，管理松懈，对超速达到50%以上的，才视为“恶意超速”予以停班和罚款处罚，对大多数的超速不足50%的一律不处罚。该车及其日常停靠的客运站设有GPS监控系统或平台，但对该车超速、超员等交通违法行为等问题未起到应有的动态监控作用。2012年1月份达1674次，2月份达1930次，但该站监控平台均未发出任何警示予以纠正。

知识链接

一 班车客运及其特点

（1）班车客运是指营运客车在城乡道路上按照固定的线路、时间、站点、班次运行的一种客运方式，包括直达班车客运和普通班车客运。

加班车客运是班车客运的一种补充形式，在客运班车不能满足需要或者无法正常运营时，临时增加或者调配客车按客运班车的线路、站点运行的方式。

（2）道路班车客运按运行区域可分为五类：

①县内班车客运：指运行区域在县级行政区域内的班车客运。

②县际班车客运：指运行区域在设区的市辖县与县之间的班车客运。

③市际班车客运：指运行区域在本省行政区域内设区的市之间的班车客运。

④省际班车客运：指运行区域在我国省与省之间的班车客运。

⑤出入境班车客运：指国与国之间的班车客运。

（3）班车客运的线路根据经营区域和营运线路长度分为以下四种类型：

①一类客运班线：地区所在地与地区所在地之间的客运班线或者营运线路长度在800km以上的客运班线。

②二类客运班线：地区所在地与县之间的客运班线。

③三类客运班线：非毗邻县之间的客运班线。

④四类客运班线：毗邻县之间的客运班线或者县境内的客运班线。

（4）班车客运（包括定线旅游客运）经营者应当按照批准的客运站点停靠，按规定的线路、班次行驶，不得站外揽客。

（5）班车客运具有固定线路、固定班次（时间）、固定客运站点和停靠站点等特点。

项目实施

一 实训时间

建议理论、实践一体化教学8学时。

二 实训材料准备

（1）教学用大型客车一辆。

（2）机动车驾驶证、车辆行驶证、从业资格证、道路运输证等相关证件（模拟证件，报班用）。

（3）安全例检合格通知单、派车单、车辆营运牌证、客运标志牌、出站检查确认单、行车日志（模拟）。

三 教学活动步骤

（1）驾驶员提前确认次日运输任务，了解行驶路线的道路状况、天气状况等信息，确认自己处于安全状态，情绪稳定，无疲劳、饮酒等影响行车安全的因素。

（2）做好出车前的车辆技术状况检查，不得使用报废、拼装、擅自改装、检测不合格和其他不符合国家规定的车辆从事道路旅客运输经营。

（3）持机动车驾驶证、车辆行驶证、从业资格证、道路运输证等相关证件报班，领取派车单和车辆营运牌证，并将客运标志牌放置在前风窗玻璃内的右下方。

（4）驾驶员在站务人员指挥下，将车停入指定上客区。

（5）旅客上车时，要核对旅客的车次、乘车日期和到达站等信息。

（6）检查旅客随身行李是否安放正确，确保过道、应急出口位置无物品，并提醒旅客系好安全带。

（7）发车前，应口头或者通过播放宣传片对旅客进行安全告知，内容如下：

①客运公司名称、驾驶员姓名和监督举报电话。

②车辆核定载客人数、行驶线路、中途休息站点。

③车辆应急出口逃生方法以及安全带和安全锤的使用方法。

④法律法规规定事项。如禁止旅客携带或客运车辆装运危险品，禁止超载、超速、疲劳驾驶，连续驾驶时间不超过4h，禁止改变路线行驶，凌晨2时至5时停车休息等。

⑤向乘客进行“面对面”安全承诺，承诺在行驶过程中不超速、不超员、不疲劳驾驶、不接打手机等，并确保乘客系好安全带。

（8）出站前，驾驶员应主动接受出站检查，检查合格后，与出站检查人员共同签字确认后再出站。出站检查主要包括以下内容：

①检查出站客车报班手续是否完备，包括《安全例检合格通知单》、车辆行驶证、道路运输证和客运标志牌等单证齐全、合格。

②检查每一名当班驾驶员持有的从业资格证、机动车驾驶证，受检驾驶员与报班的驾驶员应一致。

③清点客车载客人数，客车不得超载出站。

④检查装有安全带的客车旅客安全带系扣情况，客车出站时所有旅客应系好安全带。

（9）中途停车休息，应通知旅客开车时间，提醒旅客保管好随身物品，确保旅客不漏乘、不错乘。

（10）进入客运站下客时，客运驾驶员应服从现场服务人员指挥，停靠到指定位置后再安排旅客下车。

（11）按照规定及时、准确、完整地填写行车日志，并及时交报。

项目二　旅游道路旅客运输服务规范与服务流程

学习目标

（1）了解旅游道路旅客运输的特点。
（2）掌握旅游道路旅客运输的服务规范。
（3）掌握旅游道路旅客运输的服务流程。

情景导入

2012年1月4日18时30分，驾驶员杨某驾驶大型普通客车（核载53人，实载57人，其中包括4名儿童），沿沪昆高速公路行至K1765+500m处，车辆越过中心隔离带及对向车道路侧防护栏，翻入路边垂直高度8.8m下水沟中，造成18人死亡，39人受伤。

此次事故中，该大型客车为旅游包车，不是公路客运车辆；车上省际包车标志牌标明起始地为安徽省六安市，终点为四川省泸州市，线路两端均不在车籍所在地安徽省黄山市；发证单位为六安市运管处，也不是车籍所在地运管部门。车上违法装载的是从浙江省义乌市返回四川、云南等地的农民工，不是旅游观光的旅客。该大型客车自1月3日14时由安徽省黄山市出发，当日23时在浙江省义乌市搭载乘客后驶往四川省泸州市，到1月4日18时30分发生事故时已行驶超过28h。期间，车上两名驾驶员一直未得到充分休息，疲劳驾驶，最终导致事故发生。

知识链接

旅游客运及其特点

（1）旅游客运是指以运送旅游观光的旅客为目的，在旅游景区内运营或者其线路至少有一端在旅游景区（点）的一种客运方式。

（2）旅游客运按照营运方式分为定线旅游客运和非定线旅游客运。定线旅游客运按照班车客运管理，非定线旅游客运按照包车客运管理。

（3）旅游客运和班车客运、包车客运相比具有以下特点：整车包租，途中不得上客；使用旅游包车票，不得使用普通零售客票；运送的旅客是旅游者；行驶线路的起讫地一方必须是旅游区；以观光为主，中途停靠点和时间服从旅游计划的安排，一般直达；大多数情况是往返包车，旅游客运的起点也是终点；车辆舒适性能较高，适宜旅游休闲；地域性、季节性强，客流均衡性较差。

一 实训时间

建议理论、实践一体化教学8学时。

二 实训材料准备

（1）大型客车一辆。

（2）机动车驾驶证、车辆行驶证、从业资格证、道路运输证等相关证件（模拟证件，教学用）。

（3）安全例检合格通知单、派车单、车辆营运牌证、客运标志牌、出站检查确认单、行车日志（模拟）。

三 教学活动步骤

（1）驾驶员提前确认次日运输任务，了解行驶路线的道路状况、天气状况等信息，确认自己处于安全状态，情绪稳定，无疲劳、饮酒等影响行车安全的因素。

（2）做好出车前的车辆技术状况检查，不得使用报废、拼装、擅自改装、检测不合格和其他不符合国家规定的车辆从事道路旅客运输经营。

（3）持机动车驾驶证、车辆行驶证、从业资格证、道路运输证等相关证件报班，领取派车单和车辆营运牌证，并将客运标志牌放置在前风窗玻璃内的右下方。

（4）驾驶员在站务人员指挥下，将车停入指定上客区。

（5）旅客上车时，要核对旅客的车次、乘车日期和到达站等信息。

（6）检查旅客随身行李是否安放正确，确保过道、应急出口位置无物品，并提醒旅客系好安全带。

（7）发车前，应口头或者通过播放宣传片对旅客进行安全告知，内容如下：

①客运公司名称、驾驶员姓名和监督举报电话。

②车辆核定载客人数、行驶线路、中途休息站点。

③车辆应急出口逃生方法以及安全带和安全锤的使用方法。

④法律法规规定事项。如禁止旅客携带或客运车辆装运危险品，禁止超载、超速、疲劳驾驶，连续驾驶时间不超过4h，禁止改变路线行驶，凌晨2时至5时停车休息等。

⑤向乘客进行“面对面”安全承诺，承诺在行驶过程中不超速、不超员、不疲劳驾

驶、不接打手机等，并确保乘客系好安全带。

（8）出站前，驾驶员应主动接受出站检查，检查合格后，与出站检查人员共同签字确认后再出站。出站检查主要包括以下内容：

①检查出站客车报班手续是否完备，包括《安全例检合格通知单》、车辆行驶证、道路运输证和客运标志牌等单证齐全、合格。

②检查每一名当班驾驶员持有的从业资格证、机动车驾驶证，受检驾驶员与报班的驾驶员应一致。

③清点客车载客人数，客车不得超载出站。

④检查装有安全带的客车旅客安全带系扣情况，客车出站时所有旅客应系好安全带。

（9）中途停车休息，应通知旅客开车时间，提醒旅客保管好随身物品，确保旅客不漏乘、不错乘。

（10）按照规定及时、准确、完整地填写行车日志，并及时交报。

项目三 包车道路旅客运输服务规范与服务流程

学习目标

（1）了解包车道路旅客运输的特点。

（2）掌握包车道路旅客运输的服务规范。

（3）掌握包车道路旅客运输的服务流程。

情景导入

一辆大型客车被正在巡查的交通监察大队执法队员依法要求停车检查。经查，这是一辆吉林省辽源市的省际包车，包车牌上载明的行驶路线为辽源市到青岛市，但其线路的起点和终点均不在车籍所在地。县交通运输局依法对该车作出罚款2000元的处罚。

《道路旅客运输及客运站管理规定》第八十六条第三项规定，客运经营者有下列情形之一的，由县级以上道路运输管理机构责令改正，处1000元以上3000元以下的罚款；情节严重的，由原许可机关吊销《道路运输经营许可证》或者吊销相应的经营范围：……（三）客运包车未持有效的包车客运标志牌进行经营的，不按照包车客运标志牌载明的事项运行的，线路两端均不在车籍所在地的，按班车模式定点定线运营的，招揽包车合同以外的旅客乘车的。

案例分析

包车客运的运输对象是包车者这一特定群体，出行需求较为特殊，只有按照约定的时间、起始地、目的地和线路运输，才能满足旅客乘坐包车的特殊需求。同时，为防止包车客运影响班车客运，维护道路运输市场秩序，包车客运经营者应当按照标志牌上载明的事项运行，不可随意变动。当前，正值旅游出行高峰期，部分旅行社只顾眼前利益，租用营运手续不合法甚至是无手续的车辆从事旅客运输，安全隐患极大。交通监察大队将加大执法力度，每周六周日对旅游客车较为集中的场所进行检查，确保群众出行安全。

知识链接

包车客运及其特点

（1）包车客运是指以运送团体旅客为目的，将客车包租给用户安排使用，提供驾驶劳务，按照约定的起始地、目的地和路线行驶，按行驶里程或者包用时间计费并统一支付费用的一种客运方式。

（2）包车客运按照其经营区域分为省际包车客运和省内包车客运，省内包车客运分为市际包车客运、县际包车客运和县内包车客运。

（3）包车客运（包括非定线旅游客运）经营者应当按照约定的起始地、目的地和线路行驶，不得沿途揽客。

（4）包车客运与其他客运方式相比具有以下特点：一是，由于包车客运的需求不确定，业务发生随机性强；二是，与班车客运相比，在接洽方式、开行线路、开车停车地点、开车停车时间、乘车对象、运费结算方式不同。包车客运不定时间、不定线路；三是，与出租汽车客运相比，在使用车型、要车方式、使用时间、行驶距离等方面不同。

项目实施

一　实训时间

建议理论、实践一体化教学8学时。

二　实训材料准备

（1）教学用大型客车一辆。

（2）机动车驾驶证、车辆行驶证、从业资格证、道路运输证等相关证件（模拟证件，教学用）。

（3）安全例检合格通知单、派车单、车辆营运牌证、客运标志牌、出站检查确认单、行车日志（模拟）。

三 教学活动步骤

（1）驾驶员提前确认次日运输任务，了解行驶路线的道路状况、天气状况等信息，确认自己处于安全状态，情绪稳定，无疲劳、饮酒等影响行车安全的因素。

（2）做好出车前的车辆技术状况检查，不得使用报废、拼装、擅自改装、检测不合格和其他不符合国家规定的车辆从事道路旅客运输经营。

（3）持机动车驾驶证、车辆行驶证、从业资格证、道路运输证等相关证件报班，领取派车单和车辆营运牌证，并将客运标志牌放置在前风窗玻璃内的右下方。

（4）驾驶员在站务人员指挥下，将车停入指定上客区。

（5）旅客上车时，要核对旅客的车次、乘车日期和到达站等信息。

（6）检查旅客随身行李是否安放正确，确保过道、应急出口位置无物品，并提醒旅客系好安全带。

（7）发车前，应口头或者通过播放宣传片对旅客进行安全告知，内容如下：

①客运公司名称、驾驶员姓名和监督举报电话。

②车辆核定载客人数、行驶线路、中途休息站点。

③车辆应急出口逃生方法以及安全带和安全锤的使用方法。

④法律法规规定事项。如禁止旅客携带或客运车辆装运危险品，禁止超载、超速、疲劳驾驶，连续驾驶时间不超过4h，禁止改变路线行驶，凌晨2时至5时停车休息等。

⑤向乘客进行“面对面”安全承诺，承诺在行驶过程中不超速、不超员、不疲劳驾驶、不接打手机等，并确保乘客系好安全带。

（8）出站前，驾驶员应主动接受出站检查，检查合格后，与出站检查人员共同签字确认后再出站。出站检查主要包括以下内容：

①检查出站客车报班手续是否完备，包括《安全例检合格通知单》、车辆行驶证、道路运输证和客运标志牌等单证齐全、合格。

②检查每一名当班驾驶员持有的从业资格证、机动车驾驶证，受检驾驶员与报班的驾驶员应一致。

③清点客车载客人数，客车不得超载出站。

④检查装有安全带的客车旅客安全带系扣情况，客车出站时所有旅客应系好安全带。

（9）中途停车休息，应通知旅客开车时间，提醒旅客保管好随身物品，确保旅客不漏乘、不错乘。

（10）按照规定及时、准确、完整地填写行车日志，并及时交报。

项目四　危险物品的检验

学习目标

（1）了解危险物品的种类与危害。
（2）熟练掌握危险物品的查验方法。
（3）掌握对查获的危险物品的处置流程。

情景导入

2011年7月22日3时43分，驾驶员邹某驾驶大型卧铺客车，乘载47人（核载35人），行驶至河南省信阳市境内京港澳高速公路K938+115m处，因车厢内违法装载的易燃危险化学品突然发生爆燃，客车起火燃烧，造成41人死亡、6人受伤。

危险化学品因其自身的物质特性和化学成分存在着极强的危险性，使得其储存、运输也要有特殊的方式，否则极易因危险化学品泄漏、爆炸、燃烧导致人民生命财产受到损失。对此，《危险化学品安全管理条例》第三十八条规定“通过公路运输危险化学品的，托运人只能委托有危险化学品运输资质的运输企业承运。”第四十一条规定“托运人托运危险化学品，应当向承运人说明运输的危险化学品的品名、数量、危害、应急措施等情况。”

此次事故中，货物托运人张某在明知偶氮二异庚腈属于易燃、易爆、有毒危险化学品情况下，隐瞒货物性质，通过公路营运客车托运没有危险品标识且运输条件不符合标准的偶氮二异庚腈，违反了《危险化学品安全管理条例》的有关规定。该卧铺客车在营运过程中，站外上客、上货，客厢内客货混装，违反了《中华人民共和国道路运输条例》中“道路运输车辆运输旅客的，不得超过核定的人数，不得违反规定载货”的规定，将危险品被装载客厢内部，并导致在运输过程中，偶氮二异庚腈在堆放挤压、摩擦、发动机放热等因素综合作用下导致受热分解，发生爆燃，最终导致事故发生。

知识链接

什么是危险物品？

《危险货物分类和品名编号》（GB 6944—2012）明确，危险物品（也称危险货物或危险品），是指具有爆炸、易燃、毒害、感染、腐蚀、放射性等危险特性，在运输、储存、生产、经营、使用和处置中，容易造成人身伤亡、财产损毁或环境污染而需要特别防护的物质和物品。按货物具有的危险性或最主要的危险性分为9个类别。

第一类：爆炸品。

炸药（Explosive material），能在极短时间内剧烈燃烧（即爆炸）的物质，是在一定的外界能量的作用下，由自身能量发生爆炸的物质。

第二类：气体。

第三类：易燃液体。

易燃液体指的是凡在常温下以液体状态存在，遇火容易引起燃烧，其燃点在45° C以下的物质叫易燃液体，扑救方法有切断火势蔓延的途径。

第四类：易燃固体、易于自燃的物质、遇水放出易燃气体的物质。

第五类：氧化性物质和有机过氧化物。

对皮肤、眼睛、黏膜有强烈的刺激性，是大气中的重要污染物。

第六类：毒性物质和感染性物质。

氰化物是毒性强烈、作用迅速的毒物。工业生产中常用的有氰化钠、氰化钾。杏仁、枇杷的核仁中含有氰甙，食用后在肠道内水解释放出CN^-，CN^-与细胞色素氧化酶中的Fe^{3+}起反应，形成氰化细胞色素氧化酶，失去了传递氧的作用。

第七类：放射性物质。

放射性物质是那些能自然的向外辐射能量，发出射线的物质。一般都是原子质量很高的金属，像钚、铀，等。放射性物质放出的射线有三种，它们分别是α射线、β射线和γ射线。

第八类：腐蚀性物质。

第九类：杂项危险物质和物品，包括危害环境的物质。

一 实训时间

建议理论、实践一体化教学6学时。

二 实训材料准备

（1）教学挂图及危险标识。

（2）对有关危险物品处置的器具。

（3）安全防护装置。

三 教学活动步骤

（1）认识各类危险物品，了解其危险特性。

（2）掌握各类危险物品的处置方法。

（3）驾驶员在运营过程中，发现乘客有携带危险品的，应当分别按照以下情形进行处置：

①耐心劝导。

遇到乘客携带危险品乘车时，驾驶员应当告知乘客，危险品不能携带乘车，可通过将危险品交由有相应运输资质的单位托运等方式自行处理，否则存在安全隐患，容易引发安全事故，不仅给自己带来安全风险，也可能影响到社会公共安全。特别是在节假日期间，乘客往往会携带烟花爆竹等危险品乘车，驾驶员应该耐心细致地向乘客做好解释工作，避免由此引发矛盾纠纷。

②拒绝提供运营服务。

如乘客既不同意将危险品自行处理，又执意要携带危险品上车，驾驶员有权拒绝提供运营服务。

③终止运营服务。

如驾驶员在运营过程中发现乘客携带危险品，应当首先将车辆停放在安全的位置，告知乘客随车携带危险品的危害性，由乘客将危险品及时进行处置；如乘客执意要携带危险品继续乘车，驾驶员有权终止运营服务。

④向有关部门报告。

对于发现乘客携带危险品可能造成社会危害的，驾驶员应当向所在地公安机关报告。驾驶员有权要求乘客将危险品带下车后再乘坐，如果还没有出站，可以要求交给汽车站处理。如果乘客不听，可以要求乘客下车，也可以打110报警由警察处理。

关于驾驶员应急处置流程和相关规定

为提高全体驾驶员安全防恐反恐意识和能力，以有力的安保措施应对各种暴力恐怖犯罪活动，维护社会稳定、保障乘客安全，促使驾驶员密切关注车上可疑乘客，及时采取有效应对措施，杜绝危险源（汽油、香蕉水、酒精等易燃易爆危险品）携带上车，驾驶员在营运时处置危险品和应对突发事件有关情况规定如下:

1.安保上岗，杜绝危险源上车

（1）按要求驾驶员右臂佩带“安保标识”。

（2）密切关注上车乘客的动态，发现乘客携带危险源（汽油、香蕉水、酒精等易燃易爆危险物品）上车时，应劝阻其上车。

（3）不听劝阻的，拨打110，配合警方处理。

2.发现有起火爆炸异常迹象处置步骤（包括易燃化学品味道、汽油味、焦烟味、车厢乘客骚动、车外异常举止等）立即靠边停车、迅速打开车门；关闭三通电源（应急开关）、有序疏散乘客；查看异常情况、冷静规范处理。

3.发现车辆自燃处置步骤

立即靠边停车、迅速打开车门；关闭三通电源（应急开关）、有序疏散乘客；组织救火报警、现场等待救援。

4.发生恐怖袭击车辆爆燃或爆炸处置步骤

立即紧急停车、迅速开门破窗；关闭三通电源（应急开关）、快速疏散乘客；全力营救报警，组织撤离现场。

5.LNG车运营中突发漏气事件

立即靠边停车、迅速打开车门；关闭三通电源（应急开关）、有序疏散乘客；关闭气瓶总阀、防止明火靠近；上报公司处置、原地等待处理。

6.在车上查获的危险品由驾驶员妥善保管，如有乘务员，必须予以协助。但鞭炮、发令纸、摔炮、拉炮等应立即浸湿处理。

第十三章

突发事件应急处置训练

项目一　紧急避险原则

学习目标

（1）了解紧急紧急情况临危处置重要意义。

（2）学会运用紧急避险的安全驾驶方法。

（3）掌握道路旅客运输紧急情况临危处置原则。

情景导入

客运驾驶员在行车过程中，会经常遇到各种突发的紧急情况，这些情况往往令驾驶员措手不及，如果处置不当就会导致事故的发生。此时，能否有效地规避危险和逃生的临危处置能力就显得非常重要，这就要求驾驶员应急措施得当，具有处理突发紧急情况的知识和有效的应变处理能力，只有这样才能避免事故的发生和减轻事故的危害。

知识链接

一　紧急情况临危处置的重要意义

交通事故的危害表现在对人民的生命财产和国家经济社会发展造成严重影响和损失，以及给肇事者本身以及受害者及其家庭造成无法弥补的损失，给社会和谐稳定造成严重损害。在车辆驾驶过程中，由于道路、车辆等客观条件的突然变化，会发生各种各样意想不到的突发情况。在涉及行车安全的诸多因素中，人的因素起决定性作用。如果驾驶员能临危不乱，处理得当，就能有效地规避危险，避免事故的发生。因此驾驶员处置应急情况的能力，就显得尤为重要。驾驶员在各种突发紧急情况下应急处理措施，在遇到危情时的沉着冷静的心态和行之有效的超强处置能力，能够降低车辆行驶过程中遇到紧急事态时的事故发生率，减少交通事故给人们带来的伤亡和财产损失。总之掌握紧急情况临危处置方法，是有效预防行车事故，保证行车安全的有效措施，对保障交通安全具有重要意义。

二 紧急情况临危处置原则

1 保持冷静沉着心态

（1）遇有紧急事态时，驾驶员应保持良好的心态，沉着冷静，利用极短的时间，准确迅速的判断，这是采取正确避险措施的先决条件。

（2）驾驶员只有冷静沉着，才能及时做出准确的判断，使操作及时准确，并迅速果断地采取正确的避险措施，使危险引发的损失降到最低。驾驶员千万不可惊慌失措或存有侥幸心理，以免酿成更加严重的后果。

2 及时减速，控制行驶方向

（1）遇有紧急情况，最有效的措施是减速、停车，只有当减速后仍然不可避免发生事故，才采取打方向避让的措施。

（2）车辆车速较低时出现紧急情况，驾驶员可先判断能否利用转向避开前方障碍物。若转向避开障碍物比停车更有效时，在道路交通条件允许的前提下，尽可能优先采取转向规避，同时配合采取必要的减速措施。

（3）车辆车速较高时出现紧急情况，驾驶员不要轻易急转方向避让，而应先采取制动减速，使车辆在碰撞前处于停车或低速行进状态，防止车辆紧急转向发生倾翻或侧滑。

3 先人后物，就轻处理

（1）在危急情况下，驾驶员要遵循“生命至上、避重就轻”的原则，优先考虑保护人生命的安全，先人后物，尽可能消除威胁人身安全的危险源。在紧急情况下，驾驶车辆可能向远离人的一方避让，或向情况简单或人员较少的一侧避让，宁可财产遭受损失，也要确保人员生命的安全。

（2）驾驶员在遇紧急事态时。应遵循避重就轻原则，在紧急避险时，应将车辆向损失较轻或危害较小的一方避让，尽量避开损失较重或危害较大的一方。

4 先人后己，保护乘客安全

（1）遇到紧急情况危及人员生命时，驾驶员要有牺牲自己生命维护他人安全的奉献精神，在关键时刻和危急关头，要果断地把方便和安全让给乘客，把困难和危险留给自己，显示出良好的职业道德和高尚的风范。

（2）驾驶客运车辆发生事故后，驾驶员应组织乘客迅速脱离危险区域，帮助旅客自救，互救。决不能只顾自己逃生，而弃乘客生命不顾。

三 车辆出现突发故障时的应急处置方法

1 发动机熄火的应急处置方法

（1）发现发动机熄火，应连续踩踏2～3次加速踏板，转动点火开关，尝试再次起动；若起动成功，应先将车驶向路边停车检查，并迅速将乘客疏散到路基外安全地带。

（2）若重新起动不成功，驾驶员应立即开启右转向灯，利用惯性将车缓慢滑行到路边停车，检查熄火原因并排除。注意停车后及时打开危险报警闪光灯，并在离车后至少100m的地方摆放三角危险警告牌，如在高速公路上停车时，距离则至少应是150m，夜间还需开启示廓灯等。

（3）当车辆通过铁路道口时突然熄火，且发动不着时，为防止汽车与火车发生相撞事故，驾驶员应迅速挂入一挡或倒挡，借助起动机的动力，将车辆驶离道口。或根据车辆的大小及其他客观条件，采用人力推动的方法，使车辆尽快脱离危险区。

（4）如在隧道中抛锚，要立即将车拖离隧道，必要时寻求支援。

（5）尽量避免将车辆停留在危险或阻塞交通的位置上。

2 转向失控的应急处置方法

（1）发现转向失控，应迅速松抬加速踏板，利用发动机制动降速，将挡位抢入低速挡；配有缓速器的车辆，使用缓速器辅助制动。

（2）驾驶员发现转向失控，应迅速打开危险报警闪光灯、交替变光、鸣喇叭或打手势等，对道路上其他通行的车辆及行人发出警示信号。

（3）驾驶员应大声告知旅客不要惊慌，迅速抓住车内的固定物，做好自我保护措施。

（4）当车速明显降低时，再轻踩制动踏板，使车辆缓慢平稳地停下。

（5）转向失控后，若车辆偏离直线行驶方向，应果断地连续踩踏、放松制动踏板，使车辆尽快减速停车。

（6）当车辆转向失控，行驶方向偏离，事故已经无法避免时，应尽快减速，竭力缩短停车间隔，减轻撞车力度，减小事故损失。

（7）装有动力转向的车辆，驾驶员忽然发现转向艰难，操作费力，应尽快减速，选择平安地点停车，查明缘由。

（8）转向忽然失控后，若车辆和前方道路状况允许坚持直线行驶时，不可运用紧急制动。

3 制动失效的应急处置方法

（1）制动失效后驾驶员应沉着冷静，稳住转向盘，立即松抬加速踏板，利用发动机阻力制动，配合使用缓速器。

（2）驾驶员发现制动失效后，应立刻打开危险报警闪光灯，并鸣喇叭提醒周围车辆的驾驶员和行人注意车辆的动向。

（3）利用“抢挡”设法减速停车；若是液压制动车辆，可连续多次踏制动踏板。

（4）当车速得到有效控制后，应尽快选择紧急停车道、港湾及其他较为平坦、宽阔的地段停车，停车后，应打开驻车制动器，防止溜车或发生二次事故。

（5）处于下坡路段，应该充分利用紧急避险车道、紧急停车带、坡道或天然障碍物等帮助减速停车。在迫不得已的情况下，只好采用“极端”方式，应果断地利用车身靠向路旁的岩石或树林碰擦，甚至用前保险杠斜向撞击山体，迫使车辆停住，以求减小损失。驾驶员操作前应提醒乘客向另一侧或车辆中间靠拢，同时要求乘客抓住固定物稳住身体，防止冲撞造成伤害。

4 爆胎的应急处置方法

（1）发现轮胎漏气时，驾驶员应紧握转向盘，渐渐制动减速，竭力控制行驶方向，尽快驶离行车道。驶离主车道时，不可采用紧急制动，以免形成交通事故。

（2）后轮胎爆裂时，危险性较小。驾驶员应坚持镇定，双手紧握转向盘，竭力控制车辆坚持直线行驶，减速停车。

（3）前轮胎爆裂时，较后胎爆裂危险性大。车辆会向爆胎车轮的一侧跑偏，直接影响驾驶员对转向盘的控制。驾驶员应双手紧握转向盘，松抬加速踏板，竭力控制车辆直线行驶。前轮爆裂已呈现转向时，驾驶员不要过度矫正，应在控制住方向的状况下，轻踏制动踏板，使车辆迟缓减速。

（4）行车中发作爆胎时，驾驶员尽量采用“抢挡”的办法，应用发起机制动使车辆迟缓减速，切忌慌乱中急踏制动踏板，以防止车辆横甩发作更大的险情。

（5）行车中轮胎忽然爆裂时的正确做法是坚持镇静，缓抬加速踏板，紧握转向盘，控制车辆直线行驶，待车速降低后，再轻踏制动踏板。

四 车辆遇紧急情况时的应急处置方法

1 车辆侧滑的应急处置方法

（1）当车辆出现侧滑时，首先要握稳转向盘，视情况松抬加速踏板，迅速判明侧滑的性质和原因。切忌慌乱，仅凭直觉盲目转动方向。

（2）因路况不良引起车辆侧滑，应稍松加速踏板，适当减速，握稳转向盘，注意不可急转转向盘，也不可使用脚制动，应向侧滑的一侧转动转向盘适量修正，低速驶出不良路段，侧滑即可消失。

（3）因制动引起车辆侧滑，应立刻解除制动；车辆向哪边侧滑就向哪边转动转向盘，反之亦然，但动作不能太大，否则又会向相反方向侧滑。

（4）因转向不当引起车辆侧滑，与驾驶员转向动作猛、车速较快有关，危险性较大。处置方法为握稳转向盘，逐渐松抬加速踏板，此时不可制动或变换挡位，应立刻向车轮侧滑的方向转动方向，制止车辆继续滑向路边，并视情况再打转向盘调整，逐步消除车辆的侧滑，恢复正常行驶。

2 车辆侧翻和坠车的应急处置方法

（1）车辆侧翻时，驾驶员要双手握紧转向盘，双脚勾住踏板，背部紧靠座椅靠背，尽力稳住身体，随车体一起翻滚，避免在翻滚时受伤。

（2）车辆侧翻有可能跳车逃生时，应向翻车相反方向跳车。

（3）车辆侧翻在车辆翻滚中，驾驶员感到可能被抛出车外时，应在被抛出的瞬时，猛蹬双腿，增加向外抛出的力气，借势跳出车外。跳出车外落地后，应力争双手抱头顺势向惯性力的方向多滚动一段间隔，以躲开车体，增大分开风险区的间隔。

（4）车辆侧翻时，驾驶员应通知车内乘客抓紧前方靠背，双脚勾住座椅脚架，背部紧靠椅背，固定身体，随车一起侧翻。

（5）车辆侧翻稳定后，驾驶员应在第一时间将发动机熄火，防止车辆发生自燃和爆炸，迅速解开安全带，指挥乘客从车门或破碎的车窗逃出。

3 车辆落水的应急处置方法

（1）在车辆落水的瞬间，不要急于解开安全带，防止落水时的冲击力造成人员受伤，由于外部水的压力较大很难开启车门时，应当在车落稳后，开启车窗或敲碎侧窗玻璃游出。

（2）当车辆不慎落水后，若水较深，大型客车驾驶员应迅速解开安全带，保持冷静，并告知乘客不要慌张，做好深呼吸，车门无法打开时，使用安全锤等尖锐器械砸开车辆的侧窗，或待水快浸满车厢时，车内外的水压相对平衡时，再迅速推开车门组织逃生。

（3）车辆落水后的临危处置口诀为：“车辆落水勿惊慌，沉着冷静深呼吸；水满开门碎车窗，猛蹬车体漂上方。”

4 车辆碰撞的应急处置方法

（1）行车中与其他车辆有迎面碰撞可能时，应先向右侧稍转方向，随即适量回转，并疾速踩踏制动踏板，防止正面碰撞。

（2）行车中与其他车辆已不可防止地发生正面碰撞时，应紧急制动，以减少正面碰撞力。在迎面相撞发生的霎时，疾速放开转向盘，并抬起双腿身体侧卧于右侧座上，防止身体被转向盘抵住。

（3）如果撞击的方位不在驾驶员一侧或撞击力量较小时，驾驶员应用手臂用力支撑转向盘，两腿向前蹬直，身体向后倾斜，头向后仰，防止撞击时身体向前撞击转向盘，头部撞到挡风玻璃上受伤，扩大事故的危害程度。

（4）车辆在会车、超车或避让障碍物时，车辆之间或与其他物体容易发作刮碰现象，所以应加大车辆间的横向间距。

（5）车辆行驶中，将要发生侧面相撞时，应立即顺车转向，努力争取使侧面相撞变成碰擦，以减小损伤程度。

（6）预计到要发生追尾事故时，应在未撞前的一刹那稳定好身体，在安全带拉紧的情况下，曲体双臂抱着大腿，以防止车辆前部因撞击变形而受挤压。

（7）被后方驶来的车辆碰撞时，驾驶员应紧靠椅背，双手迅速置于脑后合并护住头后部，双腿伸直，这样在撞击时可减轻脊椎和颈部的创伤。

（8）车辆碰撞的应急处置口诀为："调整行驶方向，避免正面碰撞；缩小刮擦角度，降低人财损伤。"

5 车辆火灾的应急处置方法

（1）客车发生火灾时，驾驶员应立即将车辆靠道路右侧停车熄火，并迅速打开车门，组织乘客紧急疏散下车，同时使用灭火器扑救，压制火势，如果车门无法打开，要及时打开安全门、或砸碎玻璃窗，组织乘客尽快逃生。

（2）发动机着火时，应迅速停熄发动机，起动发动机舱自动灭火装置灭火或覆盖法灭火。不得开启发动机罩后灭火，防止因大量空气进入而加大火势。

（3）车辆燃油着火时，应当使用灭火器或路边砂土、棉衣等覆盖法灭火，不能使用水灭火。

（4）车辆发生火灾时，应迅速将车辆驶离加油站、服务区或停车场，并设法将车辆停在远离高压线、城镇、建筑物、树木、车辆及易燃物的空阔地带，及时把事故状况和地点通报给救援机构。

（5）灭火时，不要穿着化纤面料的衣服接近火源；应脱去化纤的服装，留意暴露在外面的皮肤，不要张嘴呼吸或高声呼叫。使用灭火器灭火时人要站在上风处，尽量远离火源。

（6）含酒精的防冻液着火时，可立刻用水浇泼着火部位，以冲淡酒精防冻液的浓度。

（7）车辆发生火灾时，应立即关闭点火开关，并设法关闭电源总开头和百叶窗，油箱开关。

（8）车载灭火器的正确使用。

①车载灭火器超过使用保质期应及时更换。出厂满5年的，即使未开启使用过也必须送专业维修单位检修，以确保灭火器安全可靠，以后每隔2年检修一次，从出厂日期起满10年的灭火器应强制报废 。

②驾驶员要定期查看灭火器保险销是否完好，筒体是否变形锈蚀，喷嘴是否有油垢堵塞；应经常擦除灰尘、疏通喷嘴，使之保持通畅。驾驶员还要经常查看灭火器压力指示器的指针是否在绿色区域内，指针在绿区表示正常，红区表示压力不足。

③使用灭火器时，先除掉压把上的铅封，拔掉压把保险销。左手握着喷管，右手提着压把，在距离火焰2m的上风向，右手用力压下压把，左手拿着喷管对准火焰底部左右摆动，喷射覆盖整个燃烧区，直至火焰扑灭（图13-1）。

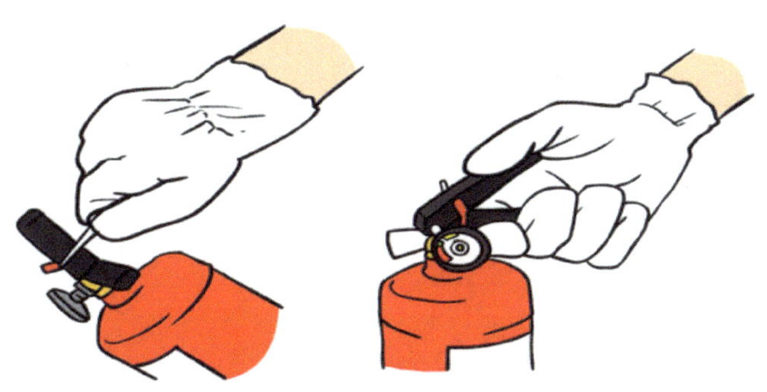

图 13-1　操作灭火器

6 旅客疏散和安全逃生方法

1 疏散旅客

车辆发生意外事故停车后，驾驶员应立即开启车门或敲破应急车窗，组织旅客疏散。

（1）旅客疏散时，要保持冷静，就近选择正确的疏散方法和路线，保持疏散秩序，抓紧时间逃离险境，切勿惊慌失措。挤压踩踏、盲目乱窜和盲目跳车都会影响疏散和增加受伤概率。

（2）车内浓烟使得视线不清，可抓住前方乘客的衣角跟随逃离，同时要用衣物或毛巾（湿毛巾效果更好）捂住口鼻，不要盲目呼喊，防止烟雾和有毒气体进入呼吸道，造成呼吸道损伤或窒息。

（3）当火焰逼近、无法躲避时，可用身体猛压火焰，冲出一条生路。冲出时，应及早脱去化纤类衣物，注意保护裸露的皮肤，不要张嘴呼吸或高声呼喊。

（4）逃离着火车辆前，应关闭点火开关、电源总开关、百叶窗和油箱开关。

2 旅客逃生方法

1）从应急门逃生

应急门的通道较大，乘客逃生时相对较容易。应急门的开启与关闭，通常由驾驶员操纵仪表盘附近的按钮来实现。当驾驶员无法紧急开启车门时，可通过门上设置的操纵应急阀手动开启应急门。使用方法：

（1）打开护罩；

（2）将手柄顺时针旋转90°，门泵气缸泄压；

（3）按照车门开启方向推开车门；

（4）使用完后将手柄复位，否则影响正常操作。

2）从应急窗逃生

目前，营运客车的车窗多为封闭式的，其中标有“安全出口”或者“EXIT”标志的车窗为应急窗，须借助安全锤等工具才能敲开，安全锤通常固定在应急窗的一侧。

应急窗的钢化玻璃上有引导性敲击标志，按其指示部位敲击即可。如没有标志，则需先用力敲击玻璃的边缘和四角，再猛力敲击其中部，即可破窗而出。如果一时找不到安全锤，也可用灭火器或高跟鞋敲击车窗玻璃边缘或四角。

3）从安全顶窗逃生

当车辆发生事故，将安全顶窗上的扳手旋转90°，用力向外推出天窗，即可打开逃生通道。

项目实施

一 实训时间

建议理论、实践一体化教学6学时。

二 实训材料准备（每组）

（1）教学用大型客车一辆。

（2）适合大型客车驾驶员突发事件应急处置训练的教学场地。

（3）模拟驾驶仪及教学场地。

三 教学活动步骤

（1）实训导师先讲解突发事件应急处置训练操作步骤及注意事项。

（2）向学生分发突发事件应急处置训练工单（表13-1）。

突发事件应急处置训练工单 表 13-1

姓名：__________ 学习小组：__________ 导师：__________ 测试结果：__________

项　目	突发事件应急处置训练的内容及要求	训练测试记录
紧急情况临危处置的重要意义与紧急情况临危处置原则	（1）紧急情况临危处置的重要意义有哪些？ （2）紧急情况临危处置大型客车驾驶员应掌握的方法有哪些？ （3）紧急情况临危处置大型客车驾驶员应掌握的原则有哪些	
发动机熄火的应急处置方法	（1）发动机熄火的应急处置方法有哪些？ （2）发动机熄火的应急处置应掌握哪些安全驾驶技术	
转向失控的应急处置方法	（1）转向失控的应急处置方法有哪些？ （2）转向失控的应急处置应掌握哪些安全驾驶技术	
制动失效的应急处置方法	（1）制动失控的应急处置方法有哪些？ （2）制动失控的应急处置应掌握哪些安全驾驶技术	
爆胎的应急处置方法	（1）爆胎的应急处置方法有哪些？ （2）爆胎的应急处置应掌握哪些安全驾驶技术	
车辆侧滑的应急处置方法	（1）车辆侧滑的应急处置方法有哪些？ （2）车辆侧滑的应急处置应掌握哪些安全驾驶技术	

续上表

项　　目	突发事件应急处置训练的内容及要求	训练测试记录
车辆侧翻和坠车的应急处置方法	（1）车辆侧翻和坠车的应急处置方法有哪些？ （2）车辆侧翻和坠车的应急处置应掌握哪些安全驾驶技术	
车辆碰撞的应急处置方法	（1）车辆碰撞的应急处置方法有哪些？ （2）车辆碰撞的应急处置应掌握哪些安全驾驶技术	
车辆落水的应急处置方法	（1）车辆落水的应急处置方法有哪些？ （2）车辆落水的应急处置应掌握哪些安全驾驶技术	
车辆火灾的应急处置方法	（1）车辆火灾的应急处置方法有哪些？ （2）车辆火灾的应急处置应掌握哪些安全驾驶技术	
旅客疏散和安全逃生方法	（1）旅客疏散和安全逃生的应急处置方法有哪些？ （2）旅客疏散和安全逃生的应急处置应注意的安全事项有哪些	

项目二　应急预案与演练

学习目标

（1）了解应急预案与演练基本知识。

（2）掌握应急预案与演练要求。

（3）熟悉应急预案与演练的内容。

应急预案与演练是指在遇到各种突发的事件情况下，人们事先制定了应急预案，对处置这些应急事件的方法、管理、指挥、救援计划等内容进行了制定，并在平时进行演练，在遇有突发情况后具有处理突发应急情况的知识和有效的应变处理能力，防止突发事件引发事故或减轻突发事故危害的能力。

一　应急预案基本知识

1　应急预案的定义和作用

1　定义

应急预案是针对可能的重大事故或灾害，为保证迅速、有序、有效地开展应急救援行动、尽可能地降低事故导致的人员伤亡财产损失和环境破坏，在事故后果和应急能力分析的基础上，预先制定的有关计划或方案，包括在应急准备、应急行动和现场恢复等方面所做的具体安排。

2 应急预案的不同称呼

如应急预案，应急处理预案，应急处置预案，应急救援预案等。

3 事故应急预案的重要作用

（1）明确了应急救援的范围和体系，使应急准备和应急管理不再是无据可依、无章可循，尤其是培训和演习工作的开展。

（2）有利于做出及时的应急响应，降低事故后果。

（3）是各类突发重大事故的应急基础。

（4）应急预案建立了与上级单位和部门应急救援体系的衔接。

（5）有利于提高风险防范意识。

2 应急预案的分类和分级

1 应急预案的分类

应急预案从不同角度，根据不同标准，有多种分类方法：

1）按突发公共事件类型分类

（1）自然灾害类。

（2）事故灾难类。

（3）公共卫生类。

（4）社会安全事件类应急预案。

2）按预案责任主体的性质分类

（1）政府预案。

（2）企业预案。

3）按功能与目标分类

（1）综合预案。

综合预案相当于总体预案，从总体上阐述预案的应急方针、政策，应急组织结构及相应的职责，应急行动的总体思路等。可以作为应急救援工作的基础和“底线”，对没有预料的也能起到一般的应急指导作用。

（2）专项预案。

专项预案是针对某种具体的、特定类型的紧急情况，如煤矿瓦斯爆炸等制定的计划或方案，是综合应急预案的组成部分，应按照综合应急预案的程序和要求组织制定，并作为综合应急预案的附件。

专项应急预案应制定明确的救援程序和具体的应急救援措施。

（3）现场处置方案。

在专项预案的基础上，根据具体情况需要而编制。它是针对具体装置、场所、岗位所制定的应急处置措施。

现场处置方案的特点是针对某一具体场所的该类特殊危险及周边环境情况，作出具体、周密而细致的安排，具有更强的针对性和对现场具体救援活动的指导性。

现场处置方案的另一特殊形式为单项预案。单项预案可以是针对大型公众聚集活动（如经济、文化等活动）或高风险的建设施工或维修活动（如人口高密度区建筑物的定向爆破等活动）而制定的临时性应急行动方案。

2 应急预案的分级

（1）国家级。

（2）区域级。

（3）省自治区、直辖市级。

（4）市/地区级。

（5）县、市/地区级。

（6）企业级。

3 事故应急预案编制的基本要求

（1）编制应急预案必须以客观的态度，在全面调查的基础上，以各相关方共同参与的方式，开展科学分析和论证，按照科学的编制程序，扎实开展应急预案编制工作，使应急预案中的内容符合客观情况，为应急预案的落实和有效应用奠定基础。

（2）《生产安全事故应急预案管理办法》第五条规定，应急预案的编制应当符合下列基本要求：

①符合有关法律、法规、规章和标准的规定。

②结合本地区、本部门、本单位的安全生产实际情况。

③结合本地区、本部门、本单位的危险性分析情况。

④应急组织和人员的职责分工明确，并有具体的落实措施。

⑤有明确、具体的事故预防措施和应急程序，并与其应急能力相适应。

⑥有明确的应急保障措施，并能满足本地区、本部门、本单位的应急工作要求。

⑦预案基本要素齐全、完整，预案附件提供的信息准确。

⑧预案内容与相关应急预案相互衔接。

二 应急预案的演练

应急演练是应急管理的重要环节，在应急管理工作中有着十分重要的作用。演习是检验、评价和保持应急能力的一个重要手段。

1 应急演练的定义、目的与原则

1 定义

组织相关应急人员，针对待定的突发事件假想情景，按照应急预案所规定的职责和程序，在特定的时间和地域，执行应急响应任务的训练活动。

2 目的

（1）检验预案。查找、完善预案存在的问题，提高实用性、可操作性。

（2）完善准备。发现应急队伍、物资、装备、技术方面的不足，及时调整补充。

（3）锻炼队伍。增强应急人员预案熟悉程度，提高处置能力。

3 原则

（1）结合实际、合理定位。

（2）着眼实战、讲求实效。

（3）精心组织、确保安全。

（4）统筹规划、厉行节约。

2 应急演练的类型

1 桌面演练

桌面演练是一种圆桌讨论或演习活动。

（1）使参演人员在较轻松的环境下，熟悉职责和程序，提高协调配合及解决问题能力。

（2）情景和问题是以口头或书面叙述的方式呈现，也可使用地图作为辅助手段。

2 功能演练

（1）功能演练是指针对某项应急响应功能或其中某些应急响应行动举行的演练活动，主要目的是针对应急响应功能，检验应急人员以及应急体系的策划和响应能力。

（2）功能演练比桌面演练规模要大，需动员更多的应急人员和机构，因而协调工作的难度也随着更多组织的参与而加大。

（3）演练完成后，除采取口头评论形式外，还应向地方提交有关演练活动的书面汇报，提出改进建议。

3 全面演练

（1）全面演练指针对应急预案中全部或大部分应急响应功能，检验、评价应急组织应急运行能力的演练活动。

（2）全面演练一般要求持续几个小时，采取交互方式进行，演练过程要求尽量真实，调用更多的应急人员和资源，并开展人员、设备及其他资源的实战性演练，以检验相互协调的应急响应能力。

（3）全面演练与功能演练类似，演练完成后，除采取口头评论、书面汇报外，还应提交正式的书面报告。

3 应急演练的组织与实施

一次完整的应急演练活动要包括计划、准备、实施、评估总结和改进五个阶段。

1 演练五个阶段的主要任务

（1）计划阶段：明确演练需求，提出演练的基本构想和初步安排。

（2）准备阶段：完成演练策划，编制演练总体方案及其附件，进行必要的培训和预演，做好各项保障工作安排。

（3）实施阶段：按照演练总体方案完成各项演练活动，为演练评估总结收集信息。

（4）评估阶段：评估总结演练参与单位在应急准备方面的问题和不足，明确改进的重点，提出改进计划。

（5）改进阶段：按照改进计划，由相关单位实施落实，并对改进效果进行监督检查。

计划编制完成后，可口头呈报上级部门，按计划开展具体演练准备工作。

2 各演练阶段的具体任务

各演练阶段的具体任务见表8-1。

项目实施

一 实训时间

建议理论、实践一体化教学2学时。

二 实训材料准备（每组）

（1）教学用大型客车一辆。

（2）适合应急预案与演练训练的教学场地。

三 教学活动步骤

（1）实训导师先讲解应急预案与演练训练操作步骤及注意事项。

（2）向学生分发应急预案与演练训练工单（表13-2）。

应急预案与演练训练工单　　表13-2

姓名：__________　学习小组：__________　导师：__________　测试结果：__________

项　目	应急预案与演练的内容及要求	训练测试记录
应急预案基本知识	（1）什么是应急预案的定义和作用？ （2）应急预案的应如何分类和分级？ （3）应急预案的编制有哪些基本要求？如何编制应急预案	
应急预案的演练	（1）什么是应急演练的定义、目的与原则？ （2）应急演练的类型有哪些？ （3）学会组织和实施应急预案的演练； （4）能够对应急预案的演练进行评估总结，并提出改进意见	

项目三 事故现场安全保护训练

学习目标

（1）了解事故现场安全保护的内容。
（2）学会事故现场安全保护的方法。

情景导入

发生道路交通事故，大型客车驾驶员在保护乘客安全的前提下增强自我保护意识，保持高度警惕，并及时抢救伤员，抢救伤员需移动事故现场时，应准确记录现场数据、采集相关证据，迅速抢救伤员，确保现场人员的人身安全。只有这样才能避免次生事故的发生和减轻事故的危害。

知识链接

一 道路交通事故现场安全保护的内容

1 相关规定

（1）发生交通事故后，大型客车驾驶员应首先抢救伤者，保护乘客安全，根据道路交通管理的有关法律、法规维护道路交通事故现场秩序。

（2）协助公安机关处理交通事故现场的办案人员、维护现场秩序的执勤民警以及参与抢救的人员保护现场。

（3）大型客车驾驶员必须增强自我保护意识，保持高度警惕，在保证及时抢救伤员，协助公安机关进行交通事故调查采集证据的前提下，应当注意自身的人身安全。

（4）大型客车驾驶员应当在事故现场设置交通警示标志或反光隔离器材，并开启闪光灯警示，确保安全。

（5）发生道路交通事故，适用简易程序处理的，大型客车驾驶员应当将事故现场拍照上传相关部门后，主动撤除事故现场，疏通交通。

（6）车辆发生交通事故后，不能移动或不适用简易程序处理的，大型客车驾驶员应当立即将旅客和无关人员撤至道路以外，并按照有关规定在现场前、后设置警示标志，组织抢救伤员，维护现场秩序。

（7）载有危险物品（易燃、易爆、剧毒、剧腐蚀、放射性物品）的车辆发生事故后，事故发生地的公安机关应当立即报告当地政府，通知有关部门，并在距中心现场前后 1000 m外设置警示标志和隔离设施，双向封闭道路，严禁无关人员、车辆进入。因专业施救需要移动车辆或物品时，现场勘查人员应当告知其做好标记，待险情消除后再勘查现场。严禁在险情未消除前进入现场。

2 封闭事故现场，抢救伤员，设置警示标志的相关要求

（1）中心现场应当使用警戒带或发光、反光锥筒设置隔离区域，禁止无关人员进入。三级以下公路或城市街道的现场，白天应当在距中心现场前、后50m外，夜间在80 m外设置发光或反光锥筒；二级以上公路和城市主干路的现场，白天应当在距中心现场前、后80m外，夜间在100m外设置移动警示标志和发光或反光锥筒，同时设专人负责外围警戒，提示过往车辆减速或停车；高速公路和设有中心隔离道路的现场，应当在白天距中心现场来车方向100m外，夜间150~200m外连续设置不少于 2 处的移动警示标志或发光、反光锥筒，移动警示标志或锥筒间隔不少于 15m，同时设专人负责外围警戒，在道路边或中心隔离区提示过往车辆减速或停车。禁止警戒人员在路中拦截提示过往车辆。

（2）遇有雨、雾、沙尘等低能见度气象条件，现场设置移动警示标志、发光或反光锥筒和警戒人员的距离和密度，应比正常气象条件时增加一倍；设有可变信息板的路段应当及时发布事故信息，提醒驾驶员减速或绕行通过现场。必要时封闭现场路段或道路。

（3）勘查、救护等车辆到达现场后，应当依次停放在来车方向距现场30m外的道路右侧，开启警示灯；夜间还应当开启近光灯和示廓灯，驾驶员等人员应当在车外路边安全地带等候。

（4）抢救出的伤员应当及时移至路边安全地带，搭车转运或等待转运。参与抢救、清障的人员应当尽量减少在现场路面的停留时间。

（5）弯道、陡坡、拱坡等视距受限、视线不良路段的事故现场，除按上述规定设置移动警示标志、发光或反光锥筒和警戒人员外，中心现场的隔离区还应当设专人负责警戒，提示现场人员注意躲避意外驶入现场的车辆，保护现场人员安全。

（6）二级以上公路、城市主干路和高速公路的事故现场有通车条件的，应当及时开辟通道，指挥疏导车辆缓速通过现场或绕行分流。

二 事故现场安全保护的方法

1 交通事故现场安全保护的要求

（1）发生交通事故后，大型客车驾驶员应在车后放置警示标志，并注意现场观察，提示现场人员和过往车辆注意安全。

（2）夜间、雨雪、雾霾天气等能见度不良天气条件下，应使用主动发光式警示标志。

（3）警示标志发光面、反光面应面向上游方向。

（4）在交通事故现场有通行条件的，应设置临时通行车道。在临时通行车道起始端应设置限速标志。

（5）载有危险物品（易燃、易爆、剧毒、剧腐蚀、放射性物品）的车辆发生事故后，应当立即报告公安机关，并视情在距中心现场周围1000m外设置警示标志和隔离设施，双向封闭道路，严禁无关人员、车辆进入。因专业施救需要移动车辆或物品时，现场勘查人员应当告知其做好标记，待险情消除后再勘查现场。严禁在险情未消除前进入现场。

2 交通事故现场安全保护警示标志的设置

1 直线路段

直线路段警示标志的设置示意图如图13-2所示。

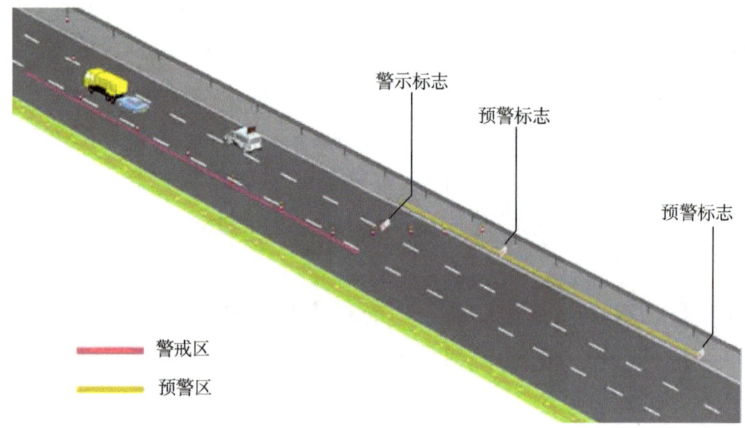

图 13-2　直线路段警示标志的设置示意图

2 弯道路段

（1）弯道路段警示标志的设置示意图如图13-3所示。

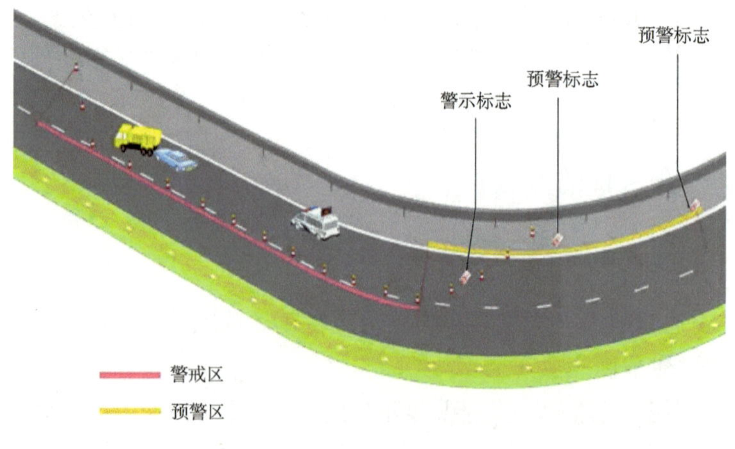

图 13-3　弯道路段警示标志的设置示意图

（2）当事故地点距弯道距离小于500m，且弯道区域视线不良时，警示标志应设置在弯道前方。

（3）当事故地点距弯道距离大于500m小于1000m，且弯道区域视线不良时，警示标志应设置在弯道前方。

3 隧道路段

（1）隧道路段警示标志的设置示意图如图13-4所示。

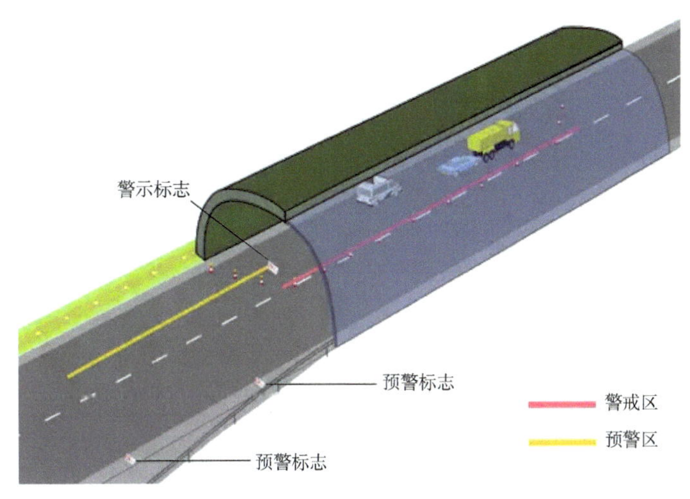

图 13-4 隧道路段警示标志的设置示意图

（2）隧道路段发生交通事故，原则上应在隧道进口处立即封闭道路，避免更大事故发生。

（3）隧道路段发生交通事故，有条件开放通行车道时，应在隧道入口醒目安全位置设置警示标志。

4 匝道路段

（1）匝道路段警示标志的设置示意图如图13-5所示。

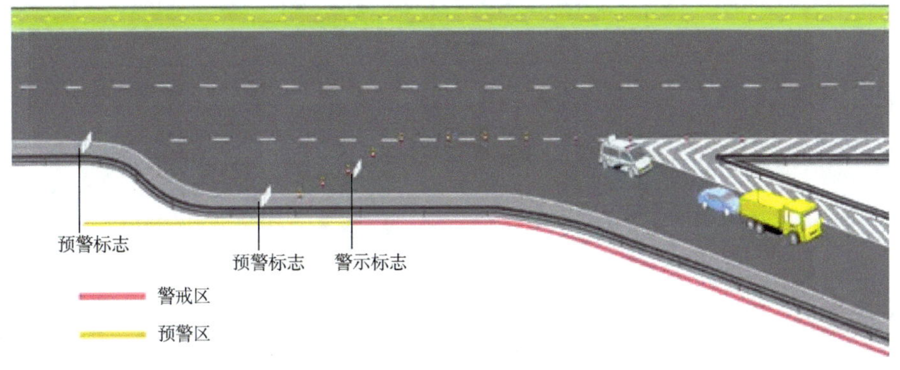

图 13-5 匝道路段警示标志的设置示意图

（2）入口匝道路段发生交通事故需要封闭匝道时，应在匝道入口设置警示标志，并在进入收费站前设置警示标志，提前告知。

（3）入口匝道路段发生交通事故，有条件开放通行车道时，应在进入收费站前设置警示标志提前告知并按相关要求限速通行。

5 坡道下坡路段

（1）坡道路段警戒区、预警区设置示意图如图13-6所示。

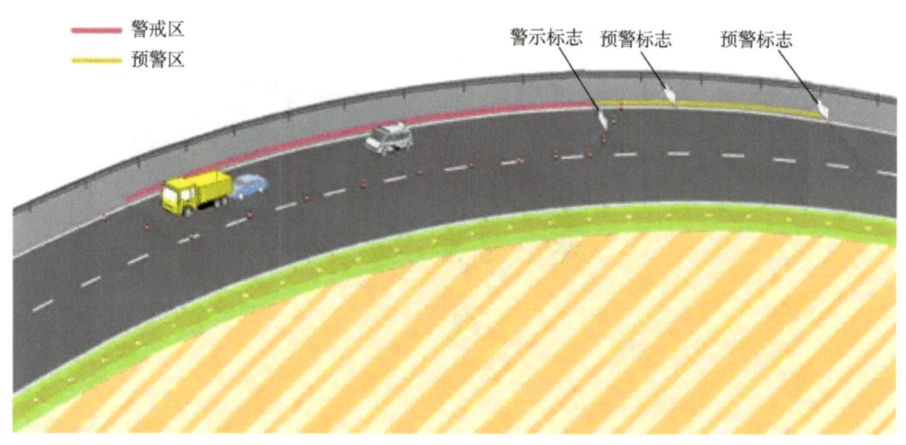

图 13-6　坡道路段警示标志的设置示意图

（2）当事故地点距坡顶距离小于500m，应在坡顶前来车方向设置警示标志。

（3）当事故地点距坡顶距离大于500m小于1000m，应在坡顶前来车方向设置警示标志。

6 收费站路段

（1）收费站路段警戒区、预警区设置示意图如图13-7所示。

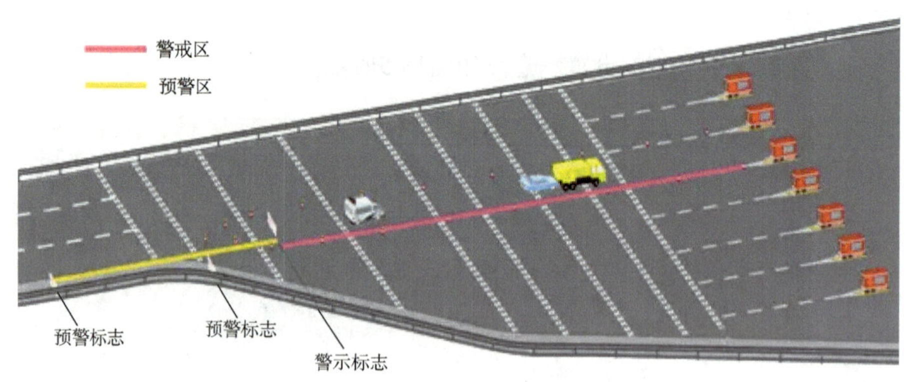

图 13-7　收费站路段警示标志的设置示意图

（2）当事故地点发生在驶出收费站分流过渡路段，应封闭相应及相邻收费口并在收费口前设置警示标志，在相应收费口至高速公路入口范围内设立警戒区。

项目实施

一 实训时间

建议理论、实践一体化教学6学时。

二 实训材料准备（每组）

（1）教学用大型客车一辆。

（2）适合大型客车驾驶员事故现场安全保护训练的教学场地。

三 教学活动步骤

（1）实训导师先讲解事故现场安全保护训练操作步骤及注意事项。

（2）向学生分发事故现场安全保护训练工单（表13-3）。

事故现场安全保护训练工单　　表 13-3

姓名：________　学习小组：________　导师：________　测试结果：________

项　目	事故现场安全保护训练的内容及要求	训练测试记录
道路交通事故现场安全保护的内容	（1）熟悉道路交通事故现场安全保护的相关规定； （2）熟知封闭事故现场，抢救伤员，设置警示标志的相关要求	
事故现场安全保护的方法	（1）熟悉交通事故现场安全保护的要求； （2）学会交通事故现场安全保护警示标志在各种路段设置的要求和方法	

项目四　事故报告程序、内容和事故现场的处理步骤、方法训练

学习目标

（1）了解事故现场处理步骤。

（2）掌握交通事故发生后报告程序、内容和处理方法。

情景导入

随着车辆的日益剧增，道路交通事故发生频率也在逐年上升，事故发生后，能否及

时、正确地进行现场处置和抢救伤员，确保现场人员的人身安全，对挽救生命减少损失和交通事故的正确处理都具有非常重要的意义。

一 交通事故现场处理步骤

1 现场处置步骤

1 立即停车，避免危险

事故发生后，应立即停车，拉紧驻车制动器操纵杆，将车辆熄火，在车辆前后（或事故地点）道路的适当位置（普通公路在车前后各约50m处，高速公路应在车后100m处）设置危险警告标志，并打开闪光警告信号灯，如果是晚上还要开启示廓灯和后位灯。避免二次事故发生，危机到自己和他人的生命安全。

发生事故后，驾驶员必须立即停车，并下车查看，以确认是否发生事故。肇事后为逃脱罪责而逃逸，甚至置伤亡人员或国家财产于不顾的，属于严重违法行为。同时，也是违反社会公德的恶劣行径。

2 保护现场

大型客车驾驶员肇事后应按相关规定保护事故现场。

3 立即抢救伤员和物资

大型客车驾驶员发生交通事故后，应立即停车检查有无伤亡人员，如确认已当场死亡者，应原地不动，用草席、塑料布或篷布等物覆盖。如有受伤人员，应拦截过往车辆，送至就近医院进行抢救。如一时无过往车辆，可立即使用肇事车将伤员送往医院，并留人员看护现场。

若无人员伤亡，应迅速抢救物资和车辆，对继续滞留现场会造成更大损失或危险的贵重物资或危险物品，应尽快组织抢救转移，并标出被移动物品位置。特别要防止易燃、易爆、有毒物品、危险品泄露、散失等。

4 查看现场，拍照取证

发生事故后，大型客车驾驶员应查看事故现场，如果双方只是轻微的碰擦，没有造成严重的后果。双方可以将事故现场进行拍照保留证据，自行协商解决进入快速理赔流程。

在拍照的过程中尽量从不同的角度（前、后、左、右）进行拍摄，不能只拍摄自己财产受损的位置，确保照片能直观地反映出车辆的位置、标志标线、周围建筑物。

5 及时报案（告）

驾驶员在抢救伤员和保护现场的同时，应采取各种办法，尽快向当地公安交通管理部门或军交运输管理部门及本单位领导报告情况。报告内容包括：发生事故的时间、地点、车辆和人员伤亡情况，报告人姓名、住址和财产损失等情况。

如果事故较为严重，自己无法处理的，如：有人员的伤亡，事故起因复杂，责任确定双方有争议的，或者其他情形认为有必要交警处理的，应尽快拨打122交通报警电话，同时向保险公司进行报案。如果事故存在人员伤亡的，应立即拨打120急救电话，确保伤员人员得到及时的救治。

6 撤离现场，确保安全

发生交通事故后，为了确保道路交通的安全，确保车辆的正常通行，事故车辆可以安全移动的情况下，当事人可以在报警后，并且对现场拍照或者标划停车位置保留相关证据后，将车辆移动到不妨碍交通的地点等候处理。

2 交通事故处理程序

1 自行协商，达成协议

事故中，机动车一方与机动车、非机动车或者行人之间只有财产损失，双方当事人对事故的基本事实和成因没有争议的，或者其他双方当事人达成一致的情形的，双方当事人可以就事故产生的财产损失进行协商，并达成协议的，可以填写道路交通事故损害赔偿协议书。

（1）交通事故损害赔偿协议书的效力。

双方就损害赔偿自行协商所达成的协议，与一般的民事合同的效力是一样的，在不违背合同法的强制性规定的情况下，对当事人都具有约束力。

（2）交通事故赔偿协议书的内容：

①事故发生的时间、地点、天气；

②当事人姓名；

③机动车驾驶证号、联系方式、机动车种类和号牌、保险凭证号；

④事故形态、碰撞部位；

⑤ 赔偿责任。

2 事故轻微，简易程序

仅造成人员轻微伤或者没有争议的财产性损失的交通事故，可以由一名交警适用简易程序进行处理，但是有交通肇事犯罪嫌疑的除外。

（1）交警固定现场证据，当事人撤离现场；

（2）交警根据现场证据和当事人、证人的叙述，记录事故状况；

（3）确定当事人的责任，制作交通事故认定书，当事人签名；

（4）当事人请求调解的，交警应当场进行调解，并记录在调解结果中，当事人签名调解书生效。

3 事故严重，一般程序

如果事故较为严重，有人员的伤亡，事故起因复杂，责任确定双方有争议的，简易程序无法解决或者双方不愿以简易程序解决的，当事人需要通过一般程序来解决交通事故。

① 交警部门对事故进行责任认定。

② 受害人进行伤残鉴定。

③ 双方对事故达成和解。

④ 交警部门对事故进行调解。

⑤ 受害人向人民法院起诉。

二 事故报告程序

1 向公安机关交通管理部门的报告程序

向公安机关交通管理部门报告的程序如图13-8所示。

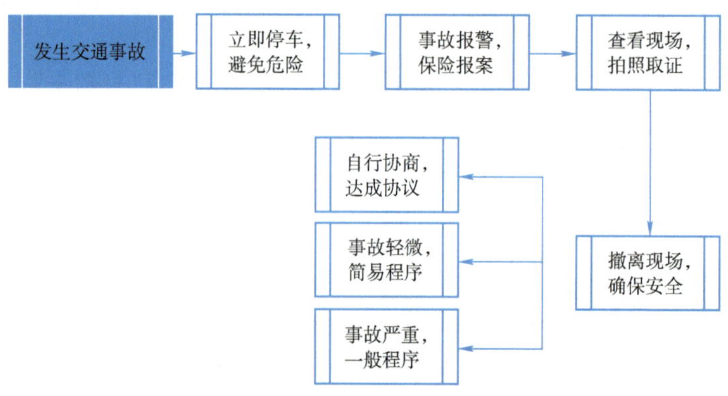

图 13-8 交通事故上报、处理流程图

2 向单位报告的程序

向单位报告的程序如图13-9所示。

三 交通事故处理相关法律依据

1 《交通事故处理程序规定》相关规定

（1）第八条 道路交通事故有下列情形之一的，当事人应当保护现场并立即报警：

①造成人员死亡、受伤的；

②发生财产损失事故，当事人对事实或者成因有争议的，以及虽然对事实或者成因无争议，但协商损害赔偿未达成协议的；

③机动车无号牌、无检验合格标志、无保险标志的；

④载运爆炸物品、易燃易爆化学物品以及毒害性、放射性、腐蚀性、传染病病原体等危险物品车辆的；

⑤碰撞建筑物、公共设施或者其他设施的；

⑥驾驶员无有效机动车驾驶证的；

⑦驾驶员有饮酒、服用国家管制的精神药品或者麻醉药品嫌疑的；
⑧当事人不能自行移动车辆的。

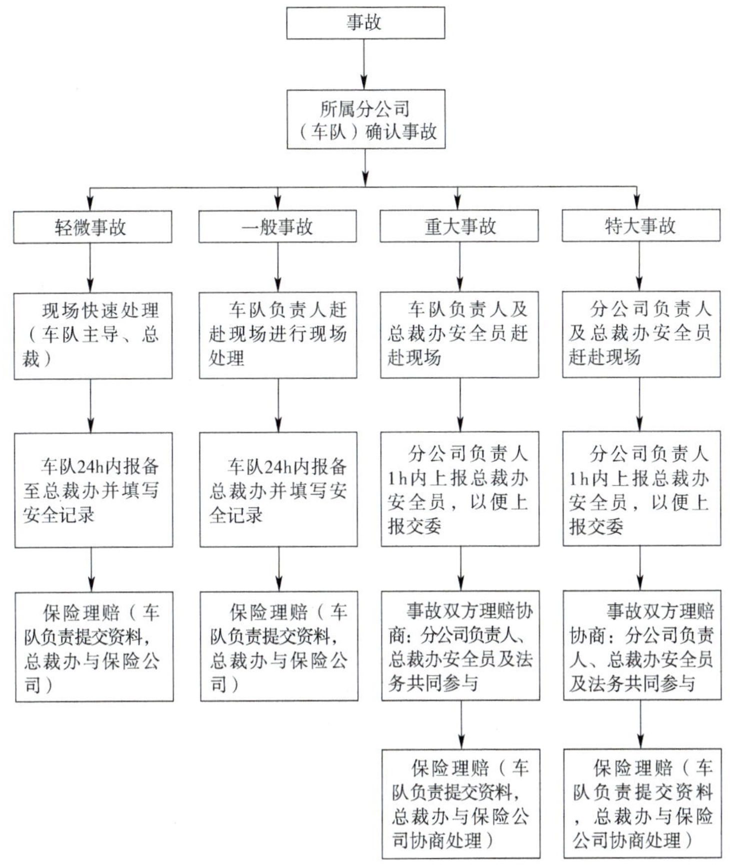

图 13-9　交通事故向单位上报、处理流程图

发生财产损失事故，并具有前款第二项至第五项情形之一，车辆可以移动的，当事人可以在报警后，在确保安全的原则下对现场拍照或者标划停车位置，将车辆移至不妨碍交通的地点等候处理。

（2）第九条　公路上发生道路交通事故的，驾驶员必须在确保安全的原则下，立即组织车上人员疏散到路外安全地点，避免发生次生事故。驾驶员已因道路交通事故死亡或者受伤无法行动的，车上其他人员应当自行组织疏散。

（3）第十条　机动车与机动车、机动车与非机动车发生财产损失事故，当事人对事实及成因无争议的，可以自行协商处理损害赔偿事宜。车辆可以移动的，当事人应当在确保安全的原则下对现场拍照或者标画事故车辆现场位置后，立即撤离现场，将车辆移至不妨碍交通的地点，再进行协商。

对应当自行撤离现场而未撤离的，交通警察应当责令当事人撤离现场；造成交通堵塞的，对驾驶员处以200元罚款；驾驶员有其他道路交通安全违法行为的，依法一并处罚。

（4）第十四条　具有本规定第十三条规定情形，当事人自行协商达成协议的，填写道路交通事故损害赔偿协议书，并共同签名。损害赔偿协议书内容包括事故发生的时间、地点、天气、当事人姓名、机动车驾驶证号、联系方式、机动车种类和号牌、保险凭证号、事故形态、碰撞部位、赔偿责任等内容。

（5）第十五条　对仅造成人员轻微伤或者具有本规定第八条第一款第二项至第八项规定情形之一的财产损失事故，公安机关交通管理部门可以适用简易程序处理，但是有交通肇事犯罪嫌疑的除外。

适用简易程序的，可以由一名交通警察处理。

2《中华人民共和国道路交通安全法》相关规定

《中华人民共和国道路交通安全法》第七十条规定，在道路上发生交通事故，车辆驾驶员应当立即停车，保护现场；造成人身伤亡的，车辆驾驶员应当立即抢救受伤人员，并迅速报告执勤的交通警察或者公安机关交通管理部门。因抢救受伤人员变动现场的，应当标明位置。乘车人、过往车辆驾驶员、过往行人应当予以协助。

在道路上发生交通事故，未造成人身伤亡，当事人对事实及成因无争议的，可以即行撤离现场，恢复交通，自行协商处理损害赔偿事宜；不即行撤离现场的，应当迅速报告执勤的交通警察或者公安机关交通管理部门。

在道路上发生交通事故，仅造成轻微财产损失，并且基本事实清楚的，当事人应当先撤离现场再进行协商处理。

项目实施

一 实训时间

建议理论、实践一体化教学6学时。

二 实训材料准备（每组）

（1）教学用大型客车一辆。

（2）适合大型客车驾驶员事故报告程序、内容和事故现场的处理步骤、方法训练的教学场地。

三 教学活动步骤

（1）实训导师先讲解事故报告程序、内容和事故现场的处理步骤、方法训练的操作步骤及注意事项。

（2）向学生分发事故报告程序、内容和事故现场的处理步骤、方法训练工单（表13-4）。

事故报告程序、内容和事故现场的处理步骤、方法训练工单　　表 13-4

姓名：__________　学习小组：__________　导师：__________　测试结果：__________

事故报告程序、内容和事故现场的处理步骤、方法训练项目	事故报告程序、内容和事故现场的处理步骤、方法训练的内容及要求	训练测试记录
交通事故现场处理步骤	（1）熟悉道路交通事故现场处置步骤； （2）熟知交通事故处理程序	
事故报告程序	（1）熟悉交通事故向公安交通管理部门的报告程序； （2）了解交通事故向单位报告的程序	

项目五　客车反恐防暴训练

学习目标

（1）了解客车反恐防暴的原则和措施。

（2）掌握客车反恐防暴应急演练的要求。

（3）熟悉客车反恐防暴的处置流程。

情景导入

近年来，恐怖分子针对道路运输车辆和乘客进行的恐怖活动时有发生，包括劫持乘客作为人质提出非法要求、劫持车辆进行犯罪活动等。为维护公共客运的稳定和安全，保护人民生命和国家、公民的财产安全，最大限度地减少恐怖暴力犯罪事件造成的危害，客车驾驶员应掌握一定的反恐知识，这样才有利于维护公共客运的安全。

知识链接

一　常见的恐怖袭击手段

常见的恐怖袭击手段有枪击、爆炸、劫持、纵火破坏和化学武器袭击等。

二　客车预防恐怖劫持的原则和措施

1　提高反恐意识

驾驶员要提高自身反恐意识，发现乘车人员神色、表情等异常及道路通行车辆行驶轨迹或意图异常时，应提高警惕，做好防范。

1 如何识别恐怖嫌疑人

（1）神情恐慌、言行异常者。

（2）着装、携带物品与其身份明显不符，或与季节不协调者。

（3）冒称熟人、假献殷勤者。

（4）在检查过程中，催促检查或态度蛮横、不愿接受检查者。

（5）反复在客运站、服务区警戒区附近出现。

（6）疑似公安部门通报的嫌疑人员。

2 如何识别可疑车辆

（1）状态异常。

车辆接合部位及边角外部的车漆颜色与车辆颜色是否一致、确定车辆是否改色；车的门锁、行李箱锁、车窗玻璃是否有撬压破损痕迹；如车灯是否破损或异物填塞，车体表面是否附有异常导线或细绳。

（2）车辆停留异常。

违反规定停留在水、电、气等重要设施附近或人员密集场所。

（3）车内人员异常。

如在检查进程中，神色惊慌、催促检查或态度蛮横、不愿接受检查；发现警察后起动车辆躲避的。

3 如何识别可疑爆炸物

（1）看：由表及里、由近及远、由上到下无遗漏地观察，识别、判断可疑物品或可疑部位有无暗藏的爆炸装置。

（2）听：在寂静的环境中用耳倾听是否有异常声响。

（3）嗅：如黑火药含有硫黄，会放出臭鸡蛋（硫化氢）味：自制硝铵炸药的硝酸铵会分解出明显的氨水味等。

4 爆炸物可能放置在客车什么地方

车辆底盘、车厢内、行李、包裹、食品、手提包及各种日用品之中等。

5 发现可疑爆炸物怎么办

（1）不要触动。

（2）及时报警。

（3）迅速组织乘客撤离。疏散时，有序撤离，不要互相拥挤，以免发生踩踏造成伤亡。

（4）协助警方的调查。目击者应尽量记住可疑物发现的时间、大小、位置、外观，有无人动过等情况，如有可能，用手中的照相机进行照相或录像，为警方提供有价值的线索。

6 遇有匿名威胁爆炸或扬言爆炸的应急措施

（1）信：要“宁可信其有，不可信其无”，不能心存侥幸心理。

（2）快：尽快从“现场”撤离。

（3）细：细致观察周围的可疑人、事、物。

（4）报：迅速报警、让警方了解情况。

（5）记：用照相机或者摄像机等将“现场”记录下来。

2 落实安保制度

严格落实道路运输企业制定的安全保卫制度，保证车载监控系统有效，在运输过程中及时向企业汇报车辆安全运营情况。

3 积极参与反恐预案的应急演练

为了提高应对、处置恐怖袭击突发事件的能力，企业应制定反恐应急的预案，并定期组织预案的演习。驾驶员要积极参与反恐演练，增强反恐意识，做好反恐准备。

4 沿途停车多注意

在停车时，应选择安全地点停车，尽量把车辆停在视线可及的范围内，停车后一定要锁好车门和车窗并保管好车钥匙。

5 时刻检查车辆

在每一个停靠点都要对上车的乘客及行李进行检查，终点站时对遗留在车上的可疑物品及时排查并妥善处理。

三 客车应对恐怖劫持的原则和措施

1 客车应对恐怖劫持的原则

1 保持冷静，安全第一

为了确保生命安全尽量按照恐怖分子的要求去做，不要与罪犯进行正面对抗。

2 小心谨慎，仔细观察

仔细观察并记下恐怖分子的显著外部特征（如衣服的颜色，身高、胖瘦及面部特征等）。

3 忍辱负重，见机行事

不要与恐怖分子发生正面冲突，但要时刻做好防范准备，寻找机会向外界发出求援信息。

4 做好记录，保护现场

当恐怖分子逃离现场后，要记录下恐怖分子的逃离方向和方式；不要破坏任何留有恐怖分子指纹和印记的物体，有条件的情况拍下歹徒照片和车牌等，便于警方抓捕犯罪分子。

2 客车应对恐怖劫持的措施

1 车辆恐怖袭击发生爆炸应急措施

（1）迅速按下客车车载报警按钮。

（2）依靠车内的消防器材进行灭火。

（3）车辆在运行期间，不要有拉门、砸窗、跳车等危险行为。

（4）及时停车、疏散乘客，听从指挥，沉着冷静、紧张有序地通过车门、应急出口、车窗等疏散门撤离。

（5）不要因贪恋财物浪费逃生时间。

（6）实施必要的自救和救助他人。

（7）拨打报警电话，客观详细地描述事件发生、发展经过。

2 客车上遇到纵火恐怖袭击的应急措施

（1）沉着冷静。当发动机着火后，应迅速开启车门，从车门下车，用随车灭火器扑灭火。

（2）如果着火部位在中间，从两头车门有秩序地下车。在扑火时，重点保护驾驶室和油箱部位。

（3）如果火焰小，但封住了车门，用衣服蒙住头部，从车门冲下。

（4）如果车门线路烧坏，开启不了，应砸开就近车窗翻身下车。

（5）如果衣服着火，来得及脱下，迅速脱下衣服，用脚将火踩灭；或者请他人协助用厚重的衣物压灭火苗，如果他人衣服着火时，脱下自己的衣服或其他布物，将他人身上的火捂灭。

3 被恐怖分子劫持后的应急措施

（1）保持冷静，不要反抗，相信政府。

（2）不对视，不对话，趴在地上，动作要缓慢。

（3）尽可能保留和隐藏自己的通信工具，及时把手机改为静音，适时用短信等方式向警方（110）求救，短信主要内容：自己所在位置，人质人数，恐怖分子人数等。

（4）注意观察恐怖分子人数，头领，便于事后提供证言。

（5）在警方发起突击的瞬间，尽可能趴在地上，在警方掩护下脱离现场。

4 在客车上遇到枪击的应急措施

（1）快速掩蔽。

在客车上遇到枪击时，迅速低头隐蔽于前排座椅后或蹲下、趴下，不要站立。

（2）及时报警。

拨打110报警：车辆行驶至什么位置，受到哪个方向的枪击，来自车外还是来自车内?是否有人受伤等。

（3）择机下车。

在情况不明时，不要下车；确定枪击方向后，下车沿着枪击相反方向，利用车体做掩护快速撤离。

（4）自救互救。

到达安全区后，及时检查是否受伤，发现受伤，及时实施自救互救。

（5）事后协助。

积极向警方提供现场信息，协助警方控制局面。

5 在报警时的注意事项

（1）保持镇静，不能因为恐慌影响了正常的判断；

（2）判明自己目前是否面临危险，如有危险，做好个人防护，迅速离开危险区域或就地掩蔽；

（3）首先报告最重要的内容，包括地点、时间、发生什么事件、后果等。如发生恐怖袭击时车辆行至的位置、嫌疑人物、体貌特征、衣着打扮、伤亡人数，附近有无危险物等。

项目实施

一 实训时间

建议理论、实践一体化教学6学时。

二 实训材料准备（每组）

（1）教学用大型客车一辆。

（2）适合大型客车驾驶员客车反恐防暴训练的教学场地。

（3）模拟驾驶仪及教学场地。

三 教学活动步骤

（1）实训导师先讲解突发事件应急处置训练操作步骤及注意事项。

（2）向学生分发客车反恐防暴训练工单（表13-5）。

客车反恐防暴训练工单　　表 13-5

姓名：________　学习小组：________　导师：________　测试结果：________

客车反恐防暴训练项目	客车反恐防暴训练的内容及要求	训练测试记录
如何识别恐怖嫌疑人和可疑车辆	（1）如何识别恐怖嫌疑人？ （2）如何识别恐怖车辆	
如何识别可疑爆炸物与放置位置以及处置方法	（1）如何识别可疑爆炸物？ （2）如何识别可疑爆炸物放置的位置？ （3）可疑爆炸物如何处置	

续上表

客车反恐防暴训练项目	客车反恐防暴训练的内容及要求	训练测试记录
遇有匿名威胁爆炸或扬言爆炸的应急措施	遇有匿名威胁爆炸或扬言爆炸的应急措施有哪些	
客车上遇到纵火恐怖袭击的应急措施	客车上遇到纵火恐怖袭击应急措施有哪些	
被恐怖分子劫持后的应急措施	被恐怖分子劫持后应如何处置	
在客车上遇到枪击的应急措施	在客车上遇到枪击应如何处置	
报警时的注意事项	遭遇恐怖行为时报警应注意哪些事项	

第十四章 乘客突发疾病及伤员急救训练

项目一 乘客突发疾病的应急处置流程与急救方法

学习目标

（1）了解乘客乘车途中常见突发疾病的类别。

（2）掌握突发疾病的应急处置流程。

（3）熟练掌握常见突发疾病的急救方法。

情景导入

2017年12月26日上午9时30分，驾驶员林某和魏某驾驶着载有9名乘客的客车，由林某开前半程、魏某开后半程。10时40分左右，车上突然传来乘客呼救：“晕了……有人晕了！”车上有位60多岁的男性乘客心脏病突发晕倒，驾驶员林某马上靠边停车，开启双闪灯，而驾驶员魏某立刻过去，当时发现乘客眼已泛白，已失去知觉。驾驶员魏某临危不乱，在驾驶员安全培训学到的应急措施中，给患病乘客做了心脏复苏术，经过2min的急救，乘客慢慢恢复了知觉。驾驶员魏某急救的同时，车上的乘客纷纷也拨打120急救电话，和乘客携手展开救助。

小知识

急救是对受伤或急症的人采取有效的治疗，使伤病者脱离危险，并在治疗过程中不会对伤病者造成二次伤害。

急救行动中，在接触伤员前确保自己处于安全状态，不能在危险情况下进行莽撞的救助。急救的要点包括：

（1）快速冷静评估现场情况；

（2）保护自己和伤员，不要把自己置于危险境地；

（3）尽可能防止自己和伤病员之间的交叉感染；

（4）任何时候保证伤病员的情绪稳定，消除恐惧、恢复信心，评估伤情，尽其所能判断伤病者的伤病情况；

（5）尽快给予治疗，首先处理最严重（危及生命）的伤病；

（6）安排合适的专业救助，拨打120寻求专业急救帮助。

一 乘客常见突发疾病

旅途中长时间的行车颠簸、车内较差的空气环境容易诱发乘客的潜在疾病，有些疾病如果得不到及时的救助，会加重病情，甚至会有生命危险。乘客常见的突发疾病和症状主要包括：心肌梗死、心绞痛、冠心病、房颤（心力衰竭），癫痫（精神失常、晕厥），哮喘以及晕车、中暑等。

二 常见突发疾病的应急处置流程

常见突发疾病的应急处置流程应以事故现场的应急处置步骤、方法为基础，根据不同的突发疾病类型，开展相应的应急处置。

1 常见突发疾病的应急处置流程

1 立即停车

当乘客出现突发疾病症状后，道路运输驾驶员必须立即正确停车，开启危险报警闪光灯，并在车辆后方按规定设置危险警告标志。在高速公路上停车时，驾驶员应将人员疏散到来车方向150m、高速公路护栏以外的安全区域，切不可向下游疏散人员或让人员滞留在高速公路行车道上。如在夜间停车时，还需要开启示廓灯和后位灯。

2 报警

若发现车上乘客突发疾病，驾驶员和乘务员要根据掌握的急救知识初步判断乘客病症，在车内积极寻找医务人员，应及时检查乘客是否随身携带急救药物，帮助其尽快服药。如乘客未携带药品，应及时拨打120急救电话求救，尽快将乘客送往医院，送医过程中，车上医务人员可采取初步的急救方法救治患者，以免延误救治时机。

如何正确拨打120急救电话？

120急救电话是紧急情况下求助的生命线，非紧急情况下不要随便拨打，以免影响他人使用。

（1）拨打120时，无论情况如何危急，一定要镇静清楚地说出病人所在的详细位置，最好提供比较醒目的标志性建筑物。

（2）伤病员的主要病情。

（3）群体受伤的原因、大致人数、伤势情况。

（4）报警后先让120挂断电话，并保持该电话的畅通。

（5）打好求助电话后，派人到路口或小区的大门口等候救护车。

（6）在120电话医学指导下进行现场急救。

3 正确判断病情

在出现突发疾病时，应先对病人的处境和症状进行全面检查和判断，比如，是否出现昏迷、呼吸中断等症状，是否出血、外伤，是否有食物、异物卡喉等。对于意识清醒的伤员，应询问哪里疼痛和不适，初步判断受伤部位，以便选择正确的急救方法。

4 采取正确的急救方法

对不同的突发疾病，应采取不同的急救方法。

2 常见突发疾病的急救方法

1 中风病人的急救

中风在医学上称为脑血管意外，是急性脑血管意外的总称。主要包括脑梗、脑出血等。发生中风时，病人可能表现出肢体麻木，瘫痪，说话含糊不清，嘴角歪斜，口角流涎，大小便失禁，甚至昏迷。严重者可迅速导致死亡。

发现中风病人，处理措施如下：

（1）应立即扶病人躺下呈平卧位，松解患者衣领，腰带，保持室内安静与空气流通。

（2）昏迷者应将其头部偏向一侧，随时清除口内异物及呕吐物。如有假牙应取出。

（3）尽可能少搬动病人，切不可使劲摇晃病人的头部。

（4）出现大小便失禁，清理时不要移动其上半身。

（5）如呼吸停止，应立即心肺复苏［胸外心脏按压和口对口（鼻）人工呼吸，胸外按压30次和人工呼吸2次交替进行］。

（6）禁止给病人喂水喂食，如果患者口干可用棉签蘸温开水给患者滋润嘴唇。

（7）一旦发现中风患者，立即求助120急救中心或请附近医生前来抢救，不可在现场拖延时间。

2 癫痫的急救

癫痫是一种阵发性的大脑功能紊乱。常见的癫痫为羊角风。癫痫发作的主要表现是全身抽搐、神志不清，多数病人在发作前有一些先兆症状，如上腹不适、心慌、头痛、头晕、麻木感以及身体局部抽动，头和眼向一侧转动等，接着突然神志不清，跌倒在地，全身肌肉僵直抽搐，同时牙关紧咬，口吐白沫，面色青紫，双目上视，小便失禁。如此约数分钟，神志逐渐清醒，醒后感头晕、头痛、乏力。也有少数病人呈连续发作。癫痫发作处理方法如下：

（1）最好能在病人倒地前，及时将其扶住，避免摔伤。

（2）扶患者就地躺下，呈平卧位，头偏一侧，使其呕吐物尽量流出口外，及时清除口内呕吐物，松解衣领和纽扣，放松腰带。

（3）患者抽搐时，不要刺激病人，不要用力按压其肢体，以免造成骨折或扭伤。

（4）癫痫发作后，病人常转入昏睡，有的患者在神志恢复的过程中可出现短暂精神恍惚，此时应注意安静，小心守护病人，防止其自伤或伤人。

（5）如果发作超过5min尚未停止或出现连续发作，应立即送医院治疗或求救120急救中心。

注意：有癫痫病史者间歇期应服用药物，防止复发，且不可从事高空作业或车船驾驶等工作。

3 哮喘急性发作

哮喘是一种气道慢性炎症性疾病，其发作多有季节性。患者表现为反复发作的喘息、胸闷和咳嗽，可同时伴有呼吸困难，呼气延长，咳嗽，面色苍白或发紫，心率增快。

（1）识别原因。询问病人有无哮喘的病史，判断是否过敏，立即远离过敏原。

（2）半卧位。病人取半卧位，严重时需要端坐，以减缓呼吸困难的症状。

（3）改善呼吸。松解衣领、皮带，女性病人如内衣太紧，也需松解。有条件者立即吸氧，同时保持室内通气和空气新鲜。

（4）安慰病人。救护人员要表现得沉着冷静，守护在病人身边，安慰病人。

（5）急救药物。立即用哮喘药物，如万托林、沙丁胺醇喷雾剂等，若气道痰液较浓稠影响呼吸，可取一杯热水让病人吸入温热的蒸气，以稀释痰液。

（6）及时送医。如无好转或加重，及时送医院或拨打120急救电话。

4 中暑的急救方法

夏季天气炎热，常有人会因为高温而发生中暑。

轻度中暑表现的症状为：脉搏快，出汗、心慌、注意力不集中、皮温可能超过38℃。

处理轻度中暑的措施：给患者降温。应尽快将患者移至清凉的地方。用凉的湿毛巾敷前额和躯干，用电风扇或空调使其降温。

严重中暑症状表现为：皮肤高热无汗；恶心、呕吐；瞳孔扩大；腹部或肢体痉挛；脉搏快；眩晕；头痛；意识丧失。

处理严重中暑的急救措施：

（1）将患者移至清凉处。

（2）让患者躺下或坐下，并抬高下肢。

（3）快速降温。用冰水敷，在颈项、腋下、腹股沟加冰袋冷敷，用冷水冲或者浸，以快速降体温，用电风扇或空调降低室温，以促其降温。

（4）让神志清楚且吞咽良好的患者喝清凉的饮料，也可喝淡冷盐水。

（5）保持呼吸道通畅。如果患者病情无好转，应送医院急救。

5 小儿高热抽搐的紧急处理方法

（1）保持呼吸道畅通。解开小儿领口，放松裤带，让小儿平卧，头侧向一侧，以防呕吐物吸入呼吸道而造成窒息。

（2）防止刺激小儿，以免抽搐持续发作。

当小儿因高热而抽搐时，还应当让孩子睡在凉快的地方，解开衣服，用冷水浸湿毛巾置于额部、腋窝及腹股沟等大血管处，以加速机体散热，促使体温下降。

除了高热外，低血钙、低血糖、癫痫、脑膜炎、脑炎及细菌性痢疾等，也会引起抽搐。

项目实施

一 实训时间

建议理论、实践一体化教学6学时。

二 实训材料准备（每组）

适合乘客突发疾病的应急处置流程与急救方法的教学场地。

三 教学活动步骤

（1）实训导师先讲解乘客乘车途中常见突发疾病的类别、突发疾病的应急处置流程、常见突发疾病的急救方法。

（2）向学生分发乘客突发疾病的应急处置流程与急救方法训练工单（表14-1）。

乘客突发疾病的应急处置流程与急救方法训练工单　　表 14-1

姓名：__________　学习小组：__________　导师：__________　测试结果：__________

项　目	乘客突发疾病的应急处置流程与急救方法的内容及要求	训练测试记录
乘客乘车途中常见突发疾病的类别	了解乘客乘车途中常见突发疾病的类别	
突发疾病的应急处置流程	掌握突发疾病的应急处置流程	
常见突发疾病的急救方法	熟练掌握常见突发疾病的急救方法	

项目二 发生人员伤亡事故的应急处置流程和急救方法

学习目标

（1）掌握发生人员伤亡事故的应急处置流程。
（2）熟练掌握心肺复苏抢救法（人工呼吸和胸外按压）。
（3）熟练掌握指压止血法、加压包扎止血法和加垫屈指止血法。
（4）熟练掌握绷带包扎法、三角巾包扎法。
（5）熟练掌握骨折固定法。

情景导入

2017年1月18日上午，通化市鹤大公路滴台岭路段处，由于出租汽车强行超车，与对面行驶的一辆白色SUV迎面相撞，SUV被撞得转了几圈后与同向轿车相撞。导致SUV车前部和右侧车门严重受损变形，气囊已弹出，副驾驶位女乘客被甩出车窗后无生命体征，恰好遇到路过的女护士，及时进行心肺复苏抢救，在女乘客被120救护车接走时已恢复生命体征。

一 事故现场的应急处置流程

1 立即停车

交通事故发生后，驾驶员必须立即停车，拉紧驻车制动器操纵杆，切断电源，开启危险报警闪光灯，并在车辆后方按规定设置危险警告标志。如在夜间发生交通事故，还需要开启示廓灯和后位灯。

2 及时报案

道路运输驾驶员在交通事故发生后，应及时将事故发生的时间、地点、人员伤亡情况等，通过拨打122报警电话或委托过往车辆、行人向附近的公安交通管理部门报案。涉嫌交通肇事逃逸的，还应当说明肇事车辆的车型、颜色、特征及其逃逸方向、逃逸驾驶员的体貌特征等有关情况。在报案的同时，可向附近的医疗单位、急救中心求援。如果现场发生火灾，还应向消防部门报告。

3 抢救伤员

在确认伤员的伤情后，能采取紧急抢救措施的，应尽最大努力对其实施抢救，救护方法包括止血、包扎、固定、搬运和心肺复苏等。

4 保护现场

为使公安机关交通管理部门准确勘查现场，为分析事故原因提供确切的资料，驾驶员应在不妨碍抢救伤员的情况下，尽力保护好事故现场。在条件允许的情况下，迅速用粉笔、砖、石块等将伤员倒卧的位置和姿势记下来。遇有雨、雾天和大风等天气时，为保护事故现场痕迹不被破坏，应用席子、塑料布、油布等盖上现场痕迹。对事故现场散落的物品，应妥善保护，注意防盗防抢。

5 做好防火防爆措施

在交通事故现场，道路运输驾驶员还应做好防火防爆措施。首先，应关闭发动机，消除一切可能引起火灾的隐患。如事故现场有扩大事故的因素，如油箱撞破，燃油外泄，应立即疏散乘客到安全地点，并隔离现场。载有危险物品的车辆发生交通事故时，要及时将危险物品的化学特性（是否有毒、是否易燃易爆、是否具有腐蚀性）以及装载量、泄漏量等情况通知相关部门，以便采取相应的防范措施。

二 伤员救护原则

交通事故中的伤员可能是多发伤、复合伤或群体伤，加之交通事故现场环境比较复杂、混乱，救护条件较差，现场救护需要分轻重缓急，坚持“先救命、后治伤，先救重伤员，再救轻伤员”的救护原则，尽量采取减轻伤员痛苦和减少死亡的措施。进行伤员救护要做到以下几点：

（1）对事故现场周边的环境要进行认真观察，确认无安全隐患，同时确保自身和伤员的安全后，开始采取救护措施，并要求操作迅速、平稳。

（2）认真查看伤员的伤情，判断伤员是否有意识、呼吸和心跳，对呼吸和心跳停止的伤员，应迅速采取心肺复苏措施。

（3）对脊柱损伤的伤员不能采取拖、拽、抱的方式；伤员大量出血时，首先应快速、有效地对其进行止血操作。

（4）对需要进行包扎处理的伤员，应先包扎其头部、胸部和腹部伤口，再包扎其四肢伤口；对需要进行固定处理的伤员，应先固定颈部，再固定四肢。

三 危重伤员的应急救护措施

1 头部损伤伤员的救护

如果伤员神志清醒，呼吸脉搏正常，损伤不严重时，可进行伤部止血，包扎处理后，扶伤员靠墙或树旁坐下，找一块垫子将头和肩垫好。若伤员出现昏迷，则要保持其呼吸道畅通，并密切注意其呼吸和脉搏的情况。在救护转移时，护送人员扶置伤员呈半侧卧状，头部用衣物垫好，略加固定后再转移。

2 失血伤员的救护

如果伤员失血过多，将会出现休克等症状，对生命造成很大威胁。对失血伤员，可通过外部压力使伤口流血止住，然后系上绷带。流血止住后，接着应采取一些防止休克的措施。

3 昏迷不醒伤员的救护

昏迷失去知觉的伤员，其症状是不会讲话，抢救前应先检查其呼吸情况，并使其保持侧卧位。

4 休克伤员的救护

受伤者失血过多会出现休克，其症状为面色苍白、四肢发凉、额部出汗、口吐白沫、显著焦躁不安，脉搏跳动变得越来越快和虚弱，最后脉搏几乎摸不出来。这些症状有时会部分出现，有时又会同时出现。休克时间过长，可能致伤员死亡，伤员出现休克时应及时采取下列急救措施：

（1）将伤员安置到安静的环境。

（2）抬起伤员腿部直到处于与地面垂直状态，使休克停止。

（3）采取保暖措施，防止热损耗。

（4）反复检查呼吸和脉搏情况。

（5）迅速呼救并送往医院。

5 呼吸中断伤员的救护

呼吸中断伤员的症状为无呼吸声音和无呼吸运动。伤员呼吸中断后，应立即进行抢救，否则会由于缺氧而危及生命。抢救时，抬起下颌部使呼吸道畅通，对恢复呼吸作用很大；如果伤员仍不能呼吸，要进行口对口的人工呼吸。如果人工呼吸不能起作用时，要检查嘴和咽喉中是否有异物，并设法排除，继续进行人工呼吸。

6 烧伤伤员的救护

烧伤伤员的症状为皮肤发红、起泡、感觉疼痛。内部组织受损的烧伤可引起呼吸困难、休克、烧伤性疾病等危险。对烧伤伤员应采取下列急救措施：

（1）迅速扑灭衣服上的火焰或脱掉烧着的衣服。

（2）全身燃烧时，可向身上喷冷水。

（3）用消过毒的绷带包扎伤口。

（4）防止热损耗，可饮适当浓度的盐水。

（5）伤口处不可使用粉剂、油剂、油膏或油等敷料。

（6）脸部烧伤时，不要用水冲洗，也不要覆盖。

（7）反复检查呼吸和脉搏，防止休克。

7 中毒伤员的救护

（1）迅速把中毒的伤员送到有新鲜空气的地方，以防止继续中毒。

（2）对昏迷不醒的伤员要使其保持侧卧位。

（3）反复检查呼吸和脉搏，如呼吸停止，应对其进行人工呼吸。

四 常用伤员救护方法

常用的伤员救护方法有心肺复苏抢救法、止血法、包扎法、骨折固定法等，驾驶员必须掌握这些基本救护方法。

1 心肺复苏抢救法

1 现场判断

轻拍伤员的面部或肩部并呼唤，判断伤员的意识是否丧失，如无反应要立即呼救，并使伤员处于仰卧位，头部后仰，保持其气道畅通。如果伤员有反应但不能说话、不能咳嗽，可能存在气道阻塞，必须立即检查并清除阻塞物。

（1）判断呼吸。将脸部贴近伤员的鼻孔处，若未能感觉有气流呼出，同时观察伤员的胸腹部，若无起伏，则表明伤员的呼吸可能已经停止，应立即对其进行人工呼吸，如图14-1所示。

（2）判断脉搏。用食指和中指触摸病人颈部两侧的颈动脉，感觉是否有搏动，如图14-2所示，如无搏动则应对其进行心脏按压。

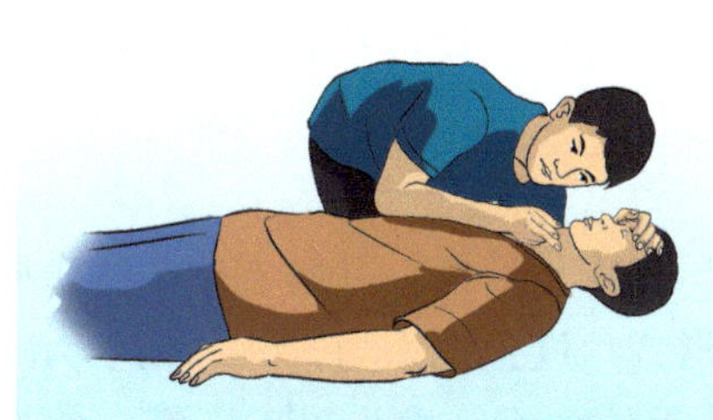

图 14-1　感觉气流

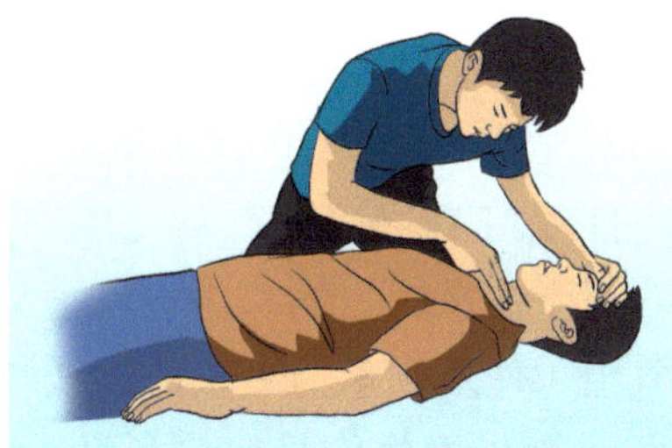

图 14-2　判断脉搏

注意：不要同时触摸两侧颈动脉，以防脑部的血液供应被阻断；触摸时间不可超过10s。

2 操作步骤

1）摆好体位

让伤员仰卧在地面或是坚实的平面上，头部与躯干应保持在同一水平面，不得高于胸部，如图14-3所示。若伤员处于俯卧位或侧卧位，则应一手扶伤员颈后部，一手置于伤员腋下，使伤员头颈部与躯干呈一个整体，同时翻动。

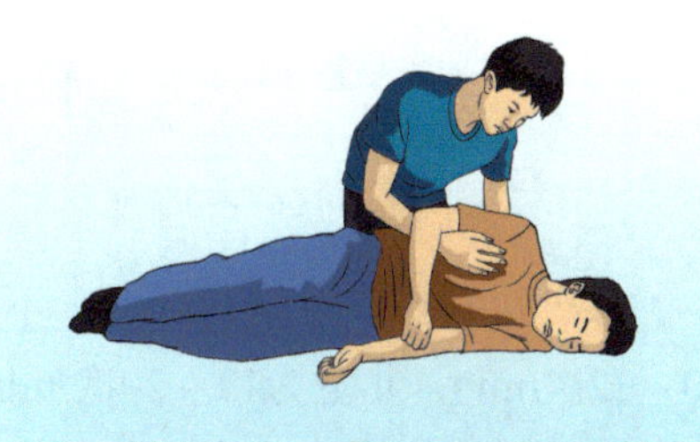

图 14-3　保持头部与躯干处于同一水平面

2）保持呼吸道畅通

先将伤员的头部转向一侧，将口内有可能存在的异物如呕吐物、痰液等清理干净，如图14-4所示，以防堵塞呼吸道。

3）胸外心脏按压

（1）按压部位。寻找按压部位的方法：先将中指定位于双侧肋弓汇合的凹陷处，并将食指与中指合并，将另一只手的手掌贴近第一只手的食指，横放于胸骨上。男性伤员的按压部位可选择双乳头连线中点位置，如图14-5所示。

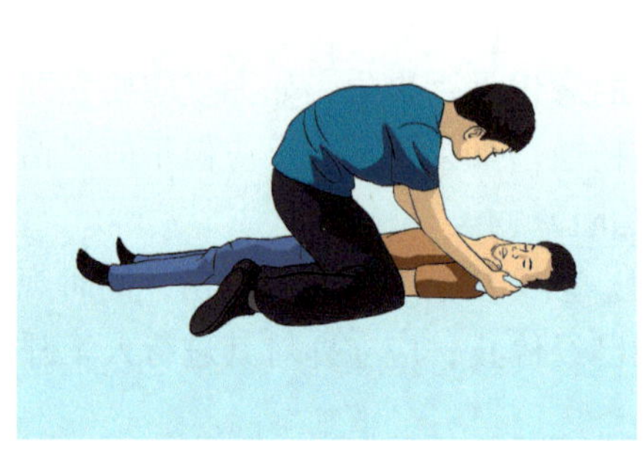

图 14-4 翻动伤员

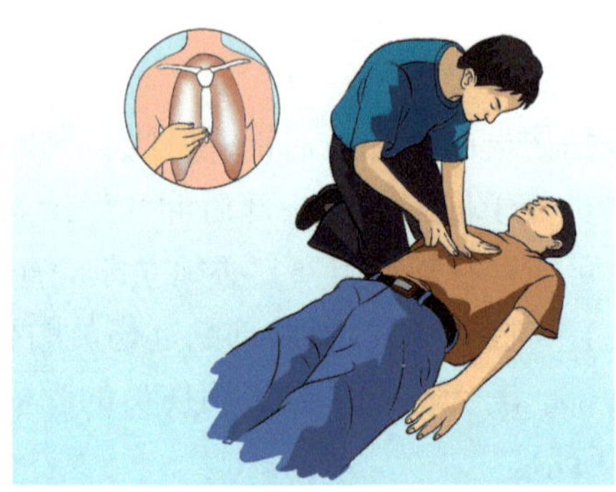

图 14-5 按压部位

（2）按压方法。救助者双手掌根重叠，十指相扣，掌心翘起，手指离开胸壁，上半身前倾，双臂伸直，垂直向下，用力、有节奏地按压30次，如图14-6所示。按压与放松的时间相等，手掌根不要抬起离开胸壁，以免改变正确的按压部位。按压深度为胸廓前后径的1/3～1/2，按压频率为100次/min。

4）口对口人工呼吸

救助者跪于伤员的一侧，用一只手掌边缘压住伤员前额，并向下按，使伤员头部后仰，打开气道（使下颌角与耳垂的连线与地面形成角度：成人为90°、儿童为60°）。同时用拇指、食指捏住伤员双侧鼻孔，另一只手的食指、中指置于下颌，并将其向上提。救助者深吸一口气，用口唇严密地包住伤员的口唇（注意不要漏气），然后平稳地将气体通过伤员的口腔吹入其肺部，如图14-7所示。

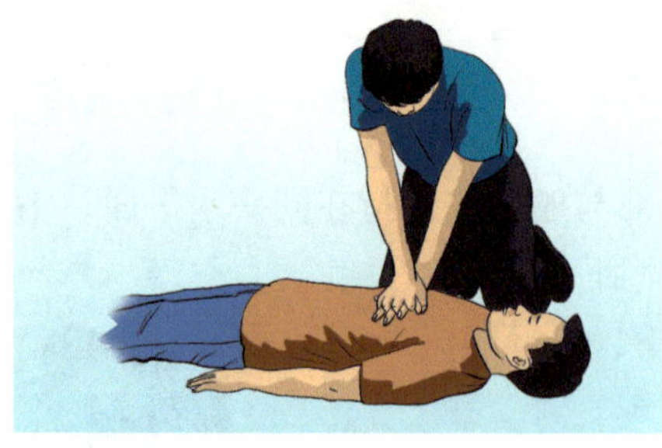

图 14-6 按压力度

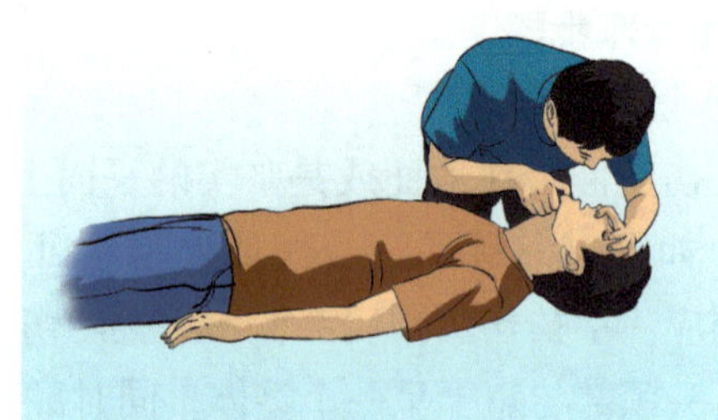

图 14-7 口对口人工呼吸

每次吹气要求持续1s以上，不超过2s。吹气量以胸廓隆起为宜，吹气频率：成人为10～12次/min，儿童为12～20次/min。

心肺复苏的胸外心脏按压次数和人工呼吸次数的比例为30：2，即进行30次胸外心脏按压后连续进行2次人工呼吸。

5）检查脉搏和呼吸

每进行5遍30：2的胸外心脏按压和人工呼吸后，对伤员的脉搏和呼吸应按照上述方法进行检查。

6）复原（侧卧）位

当心肺复苏成功，或伤员虽无意识但有呼吸和心跳时，应将其翻转为复原（侧卧）位，如图14-8所示。

图 14-8　复原（侧卧）位

② 指压止血法

用手指压迫伤口近心端的动脉，阻断动脉血运。指压止血法用于出血多的伤口。根据出血部位不同主要分为颞浅动脉止血、肱动脉止血、股动脉止血、桡、尺动脉止血等。

操作要点如下：

（1）指压动脉压迫点准确。

（2）压迫力度适中，以伤口不出血为准。

（3）压迫10 ~ 15min。

（4）保持伤处肢体抬高。

1 颞浅动脉止血

（1）压迫位置在同侧耳前，位于耳屏上方1.5cm处。

（2）用拇指压迫颞浅动脉止血，如图14-9所示。

2 肱动脉止血

（1）压迫点位于上臂中段内侧，位置较深。

（2）在上臂中段的内侧摸到肱动脉搏动后，用拇指按压止血，如图14-10所示。

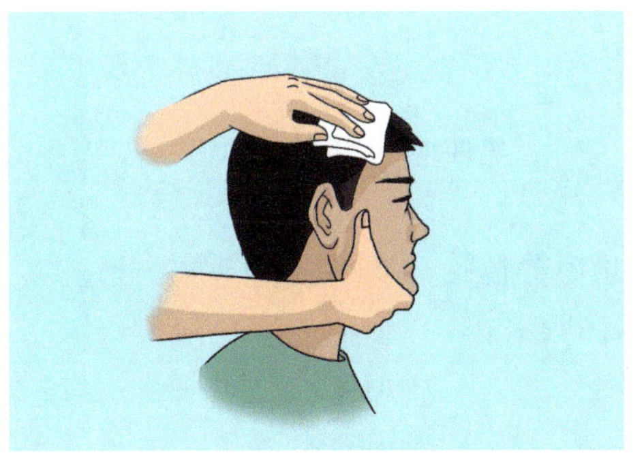

图 14-9　拇指压迫法

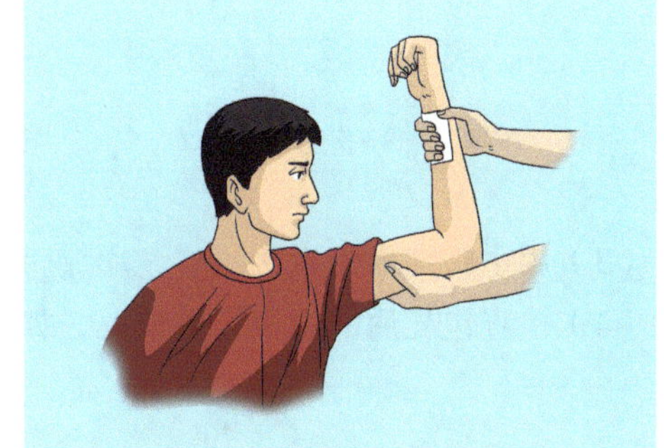

图 14-10　拇指按压止血

3 股动脉止血

（1）压迫点在腹沟韧带中点偏内侧下方，能摸到股动脉强大搏动。

（2）用拇指或掌根向外上压迫，用于下肢大出血时止血，如图14-11所示。

4 桡、尺动脉止血

（1）压迫点在腕部掌面两侧。

（2）同时按压桡、尺两条动脉止血，如图14-12所示。

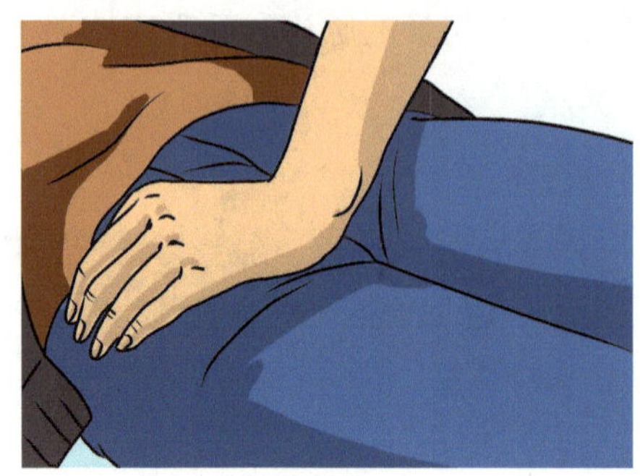

图 14-11　下肢大出血止血

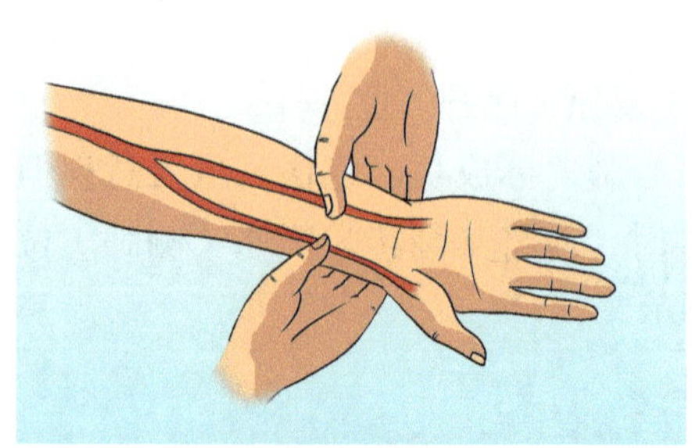

图 14-12　按压动脉止血

3 加压包扎止血法

用敷料或者其他洁净的毛巾、手绢、三角巾等覆盖伤口，通过加压包扎压迫出血部位进行止血。

操作要点如下：

（1）让伤员处于卧位，抬高上肢，检查伤口处有无异物，如图14-13所示。

（2）用敷料覆盖伤口，敷料要超过伤口至少3cm，如图14-14所示。

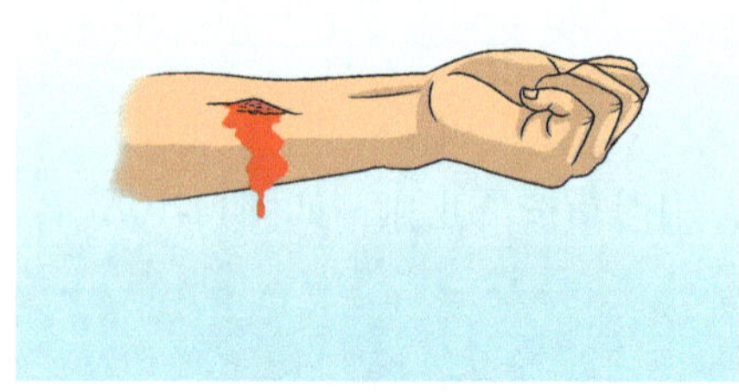

图 14-13　检查伤口处异物情况

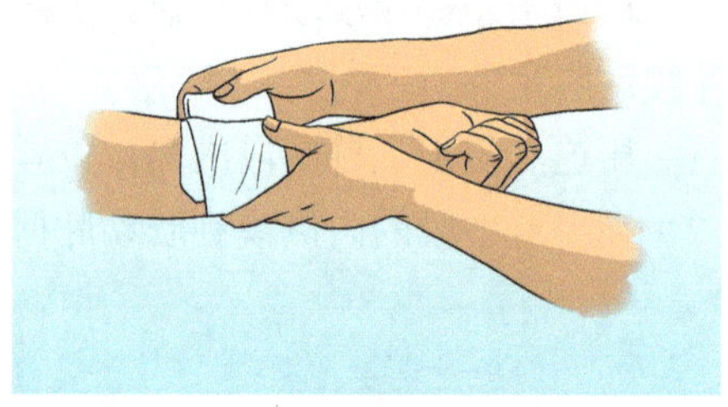

图 14-14　用敷料覆盖伤口

（3）用手施加压力直接压迫，用绷带、三角巾等包扎，如图14-15所示。

（4）检查包扎后的血液循环情况，如图14-16所示。

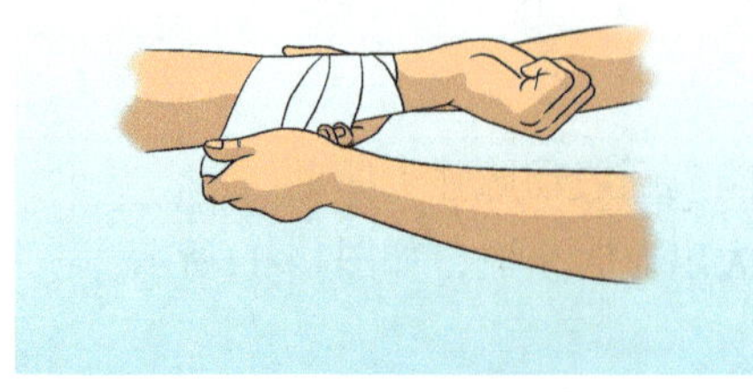

图 14-15　包扎

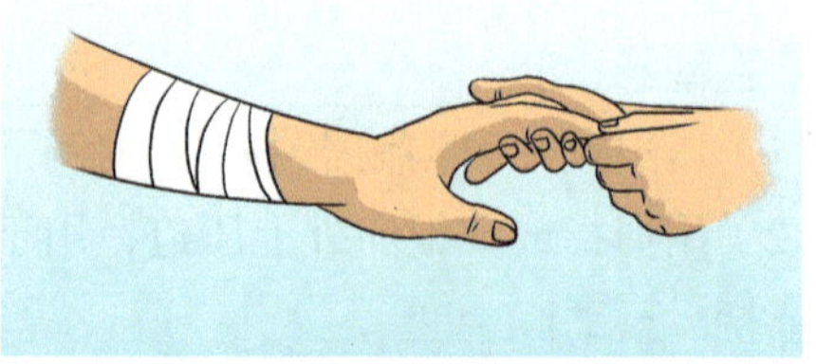

图 14-16　检查血液循环情况

④ 加垫屈肢止血法

1 上肢前臂加垫屈肢止血

（1）在肘窝处放置纱布或毛巾、衣物等物，如图14-17所示。

（2）肘关节屈曲，用绷带或三角巾屈肘固定，如图14-18所示。

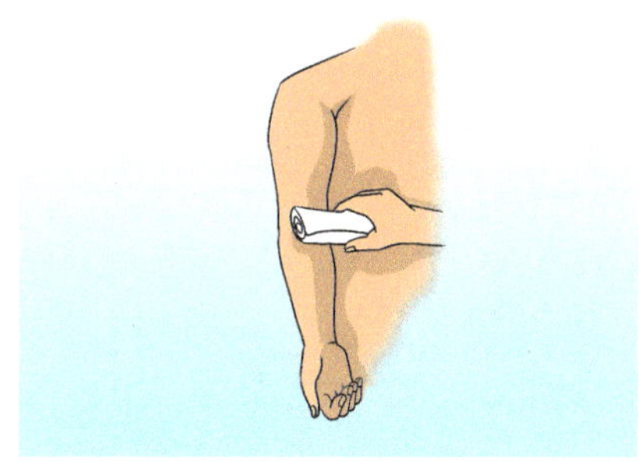

图 14-17　放置毛巾

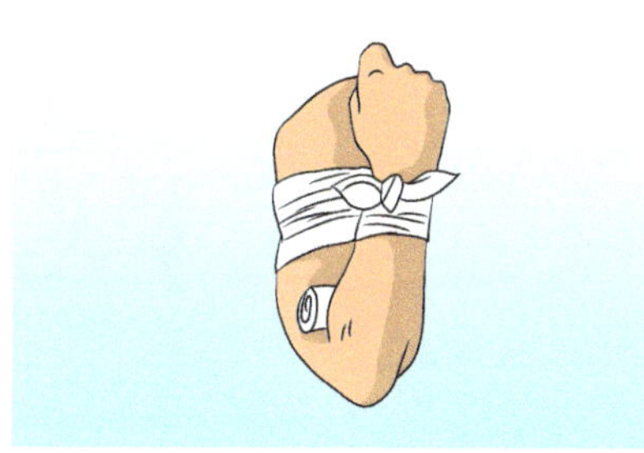

图 14-18　用三角巾屈肘固定

2 上肢上臂加垫屈肢止血

（1）上臂止血，在腋窝处加垫，如图14-19所示。

（2）将前臂屈曲于胸前，用绷带或三角巾将上臂固定在胸前，如图14-20所示。

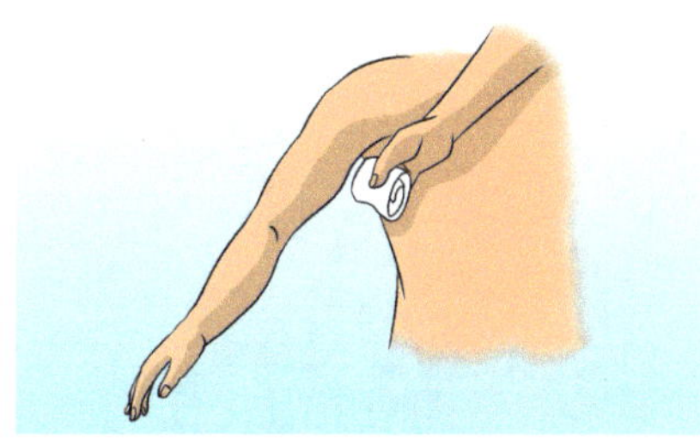

图 14-19　腋窝处加垫

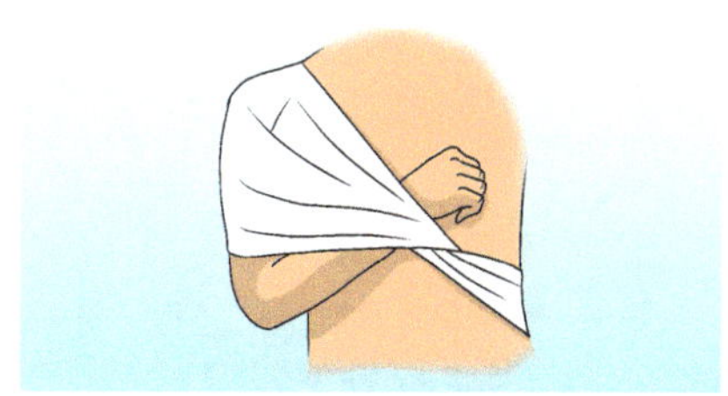

图 14-20　用三角巾固定上臂

3 下肢小腿加垫屈肢止血

（1）在腘窝处加垫。

（2）膝关节屈曲，用绷带屈膝固定，如图14-21所示。

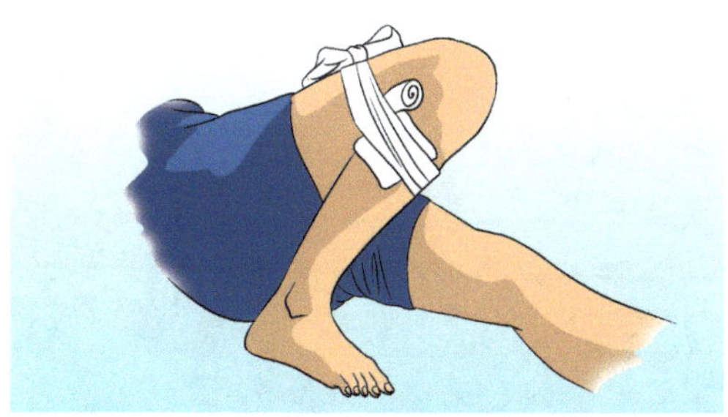

图 14-21　用绷带屈膝固定

5 绷带包扎法

1 环形法

（1）将伤口用无菌敷料覆盖，用左手将绷带固定在敷料上，右手持绷带卷绕肢体紧密缠绕，如图14-22所示。

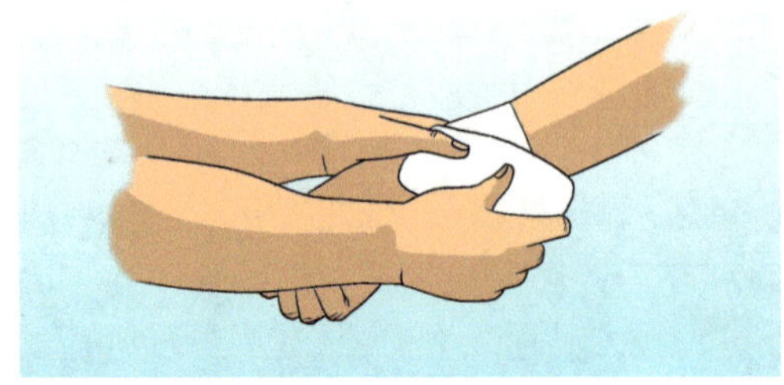

图 14-22　用无菌敷料覆盖伤口

（2）将绷带打开一端稍做斜状，环绕第一圈；将第一圈斜出一角，压入环行圈内，环绕第二圈；环形缠绕4~5层，每圈盖住前一圈，绷带缠绕范围要超出敷料边缘，如图14-23所示。

（3）最后用胶布粘贴固定，或将绷带尾从中间纵行剪开形成两个布条，两布条先打一结，然后两布条绕体打结固定，如图14-24所示。

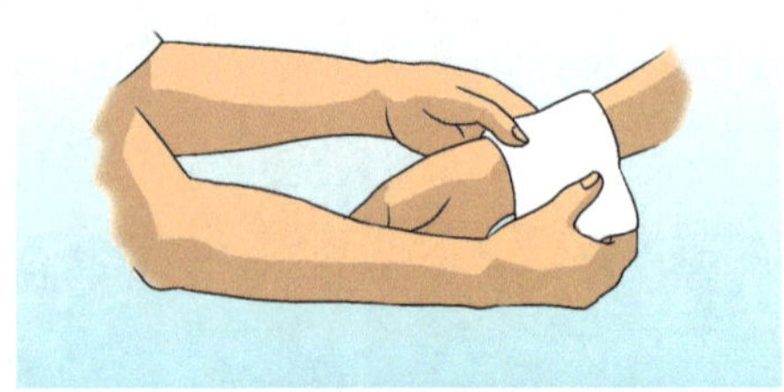

图 14-23　绷带环绕

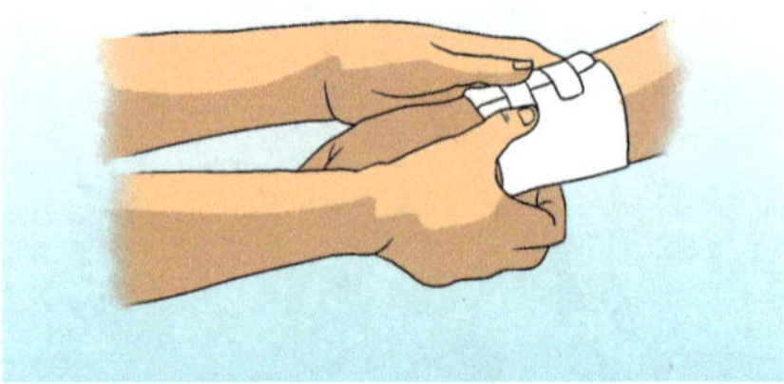

图 14-24　打结固定

2 手掌"8"字包扎

（1）用无菌敷料覆盖伤口，如图14-25所示。

（2）从手腕部开始包扎，先环形缠绕两圈，如图14-26所示。

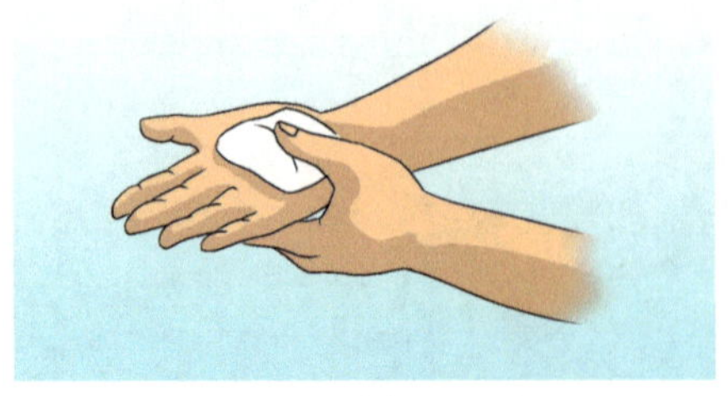

图 14-25　用无菌敷料覆盖伤口

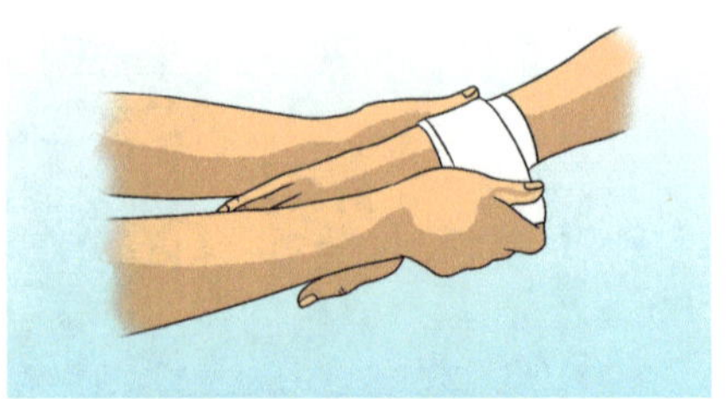

图 14-26　环形缠绕

（3）经手和腕进行“8”字形缠绕，如图14-27所示。

（4）将绷带尾端固定在腕部，如图14-28所示。

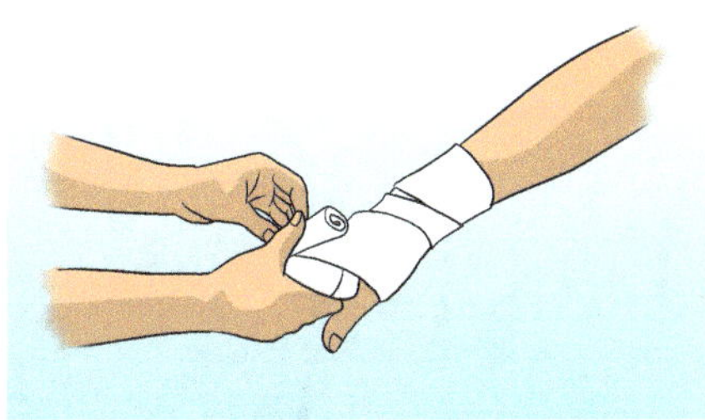

图 14-27　“8”字形缠绕

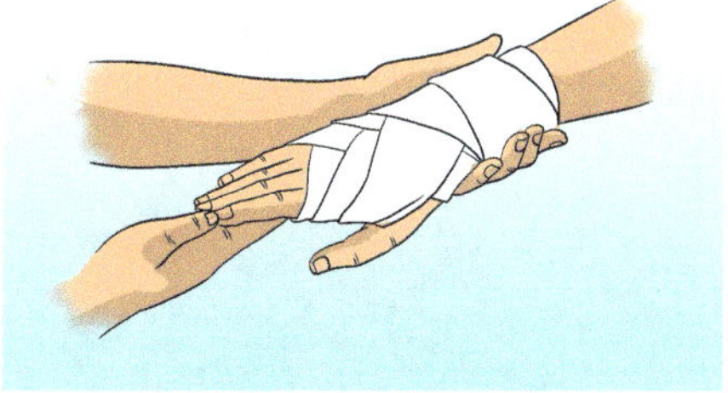

图 14-28　绷带尾端固定

3 螺旋包扎

（1）用无菌敷料覆盖伤口，如图14-29所示。

（2）先环形缠绕两圈，如图14-30所示。

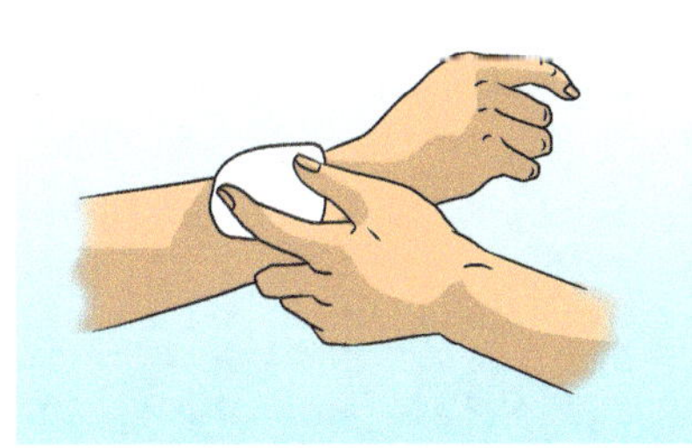

图 14-29　用无菌敷料覆盖伤口

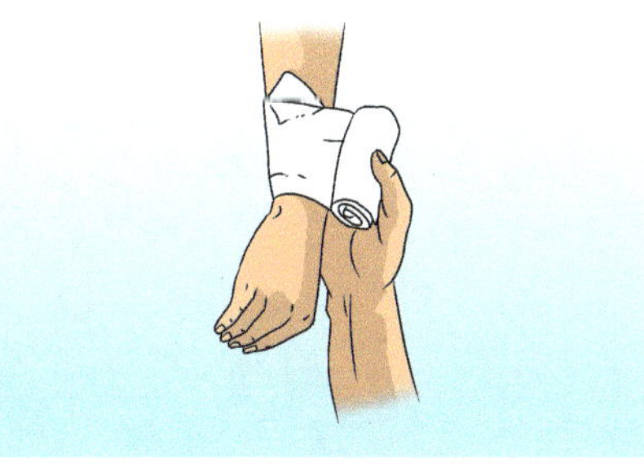

图 14-30　环形缠绕伤口

（3）从第三圈开始，环绕时压住上圈的1/2或1/3，如图14-31所示。

（4）用胶布粘贴固定，如图14-32所示。

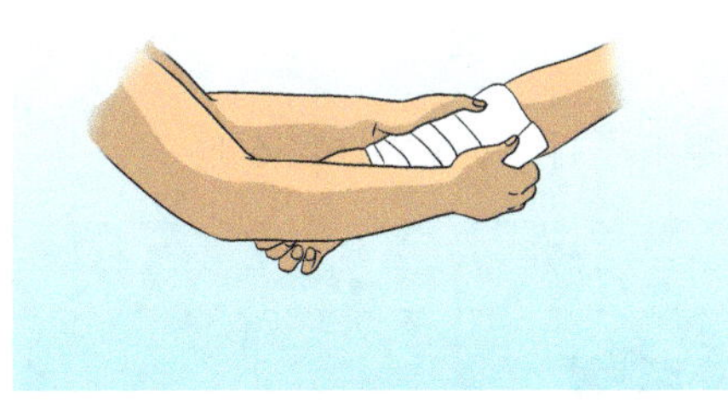

图 14-31　环绕范围

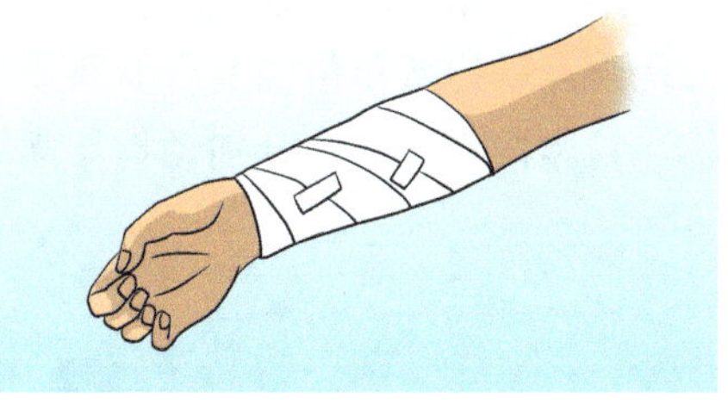

图 14-32　胶布粘贴固定

6 三角巾包扎法

1 头顶帽式包扎

（1）将三角巾的底边叠成约两横指宽，边缘置于伤员前额齐眉，顶角向后位于脑后，如图14-33所示。

（2）三角巾的两底角经两耳上方拉向头后部交叉并压住顶角，再绕回前额相遇打结，如图14-34所示。

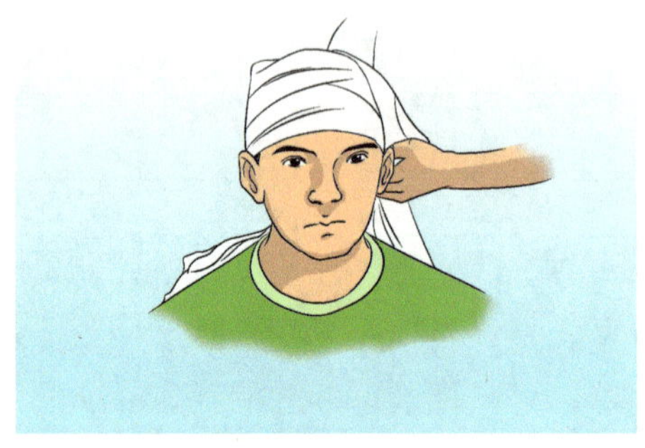

图 14-33　三角巾边缘放置位置

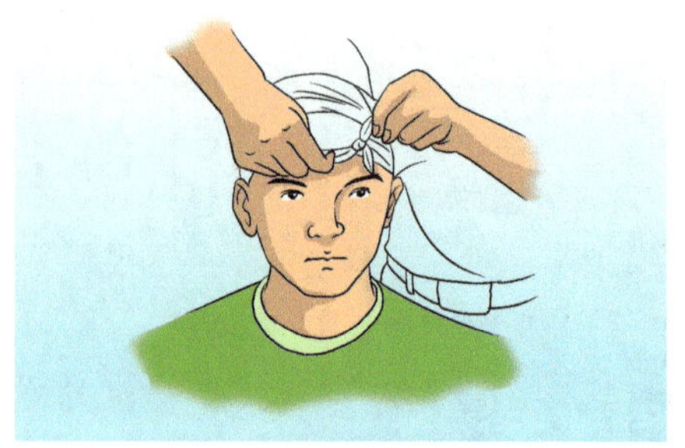

图 14-34　三角巾底角放置位置

（3）顶角拉近，掖入头后部交叉处内，如图14-35所示。

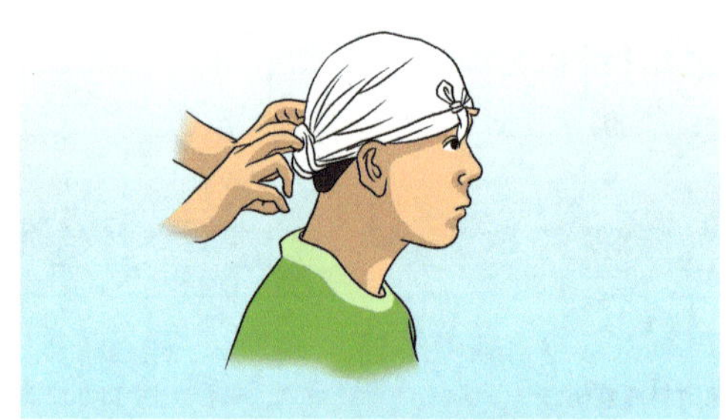

图 14-35　顶角掖入位置

2 肩部包扎

（1）三角巾折叠成燕尾式，燕尾夹角约90°，大片在后压小片，放于肩上。

（2）燕尾夹角对准侧颈部。

（3）燕尾底边两角包绕上肩上部并打结。

（4）拉紧两燕尾角，分别经胸、背部至对侧腋下打结，如图14-36所示。

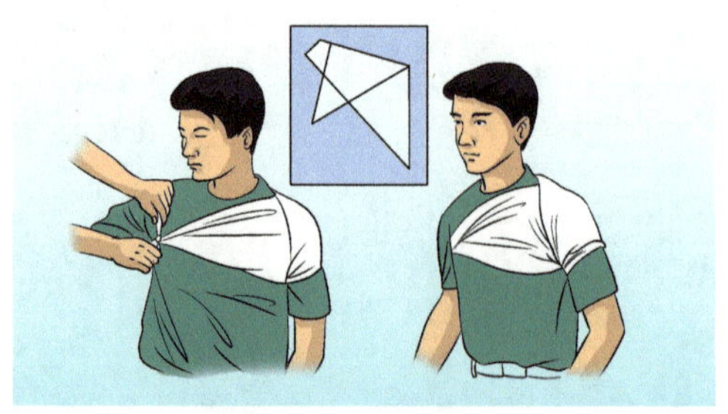

图 14-36　打结方式

3 胸部包扎

（1）三角巾折叠成燕尾式，燕尾夹角约100° ，置于胸前，夹角对准胸骨上凹。

（2）两燕尾角过肩于背后，将燕尾顶角系带，围胸在背后打结。

（3）将一燕尾角系带拉紧绕横带后上提，再与另一燕尾角打结。

（4）背部包扎时，把燕尾巾调到背部即可，如图14-37所示。

4 腹部包扎

（1）三角巾底边向上，顶角向下横放在腹部。

（2）两底角围绕到腰部后打结。

（3）顶角由两腿间拉向后面与两底角连接处打结，如图14-38所示。

图 14-37　背部包扎

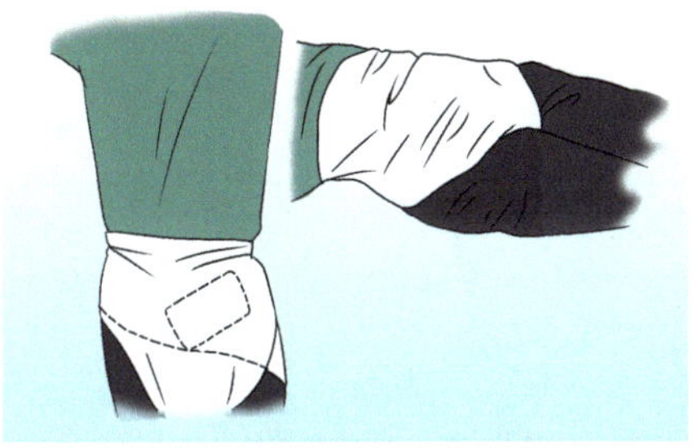

图 14-38　打结方式

7 骨折固定法

1 前部骨折固定

（1）将上肢轻放于功能位，如图14-39所示。

（2）置夹板超过肘腕关节，并在骨突出处加垫，如图14-40所示。

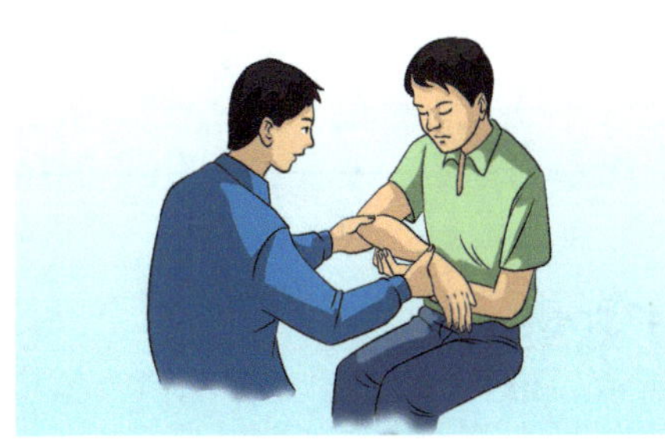

图 14-39　轻放上肢

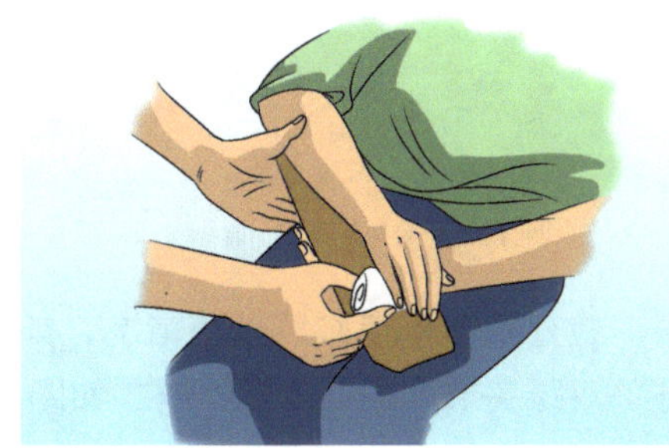

图 14-40　在骨突出处加垫

（3）先固定骨折部位上端，再固定骨折部位下端，如图14-41所示。

（4）检查末梢血液循环情况，如图14-42所示。

（5）用大悬臂带悬吊前臂，如图14-43所示。

2 下肢骨折固定

（1）轻轻抬起伤肢与健康肢并拢，如图14-44所示。

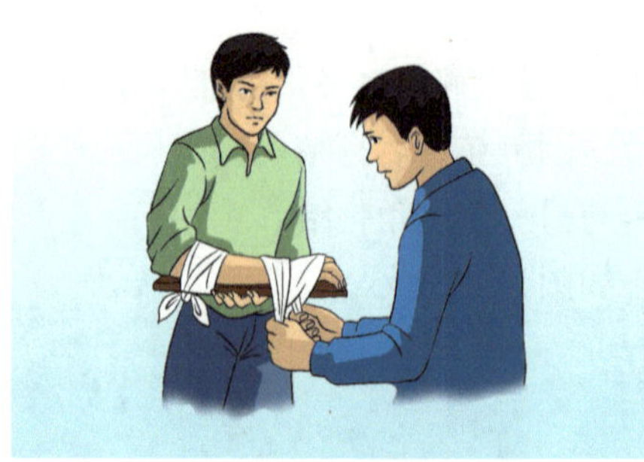
图 14-41 固定骨折部位

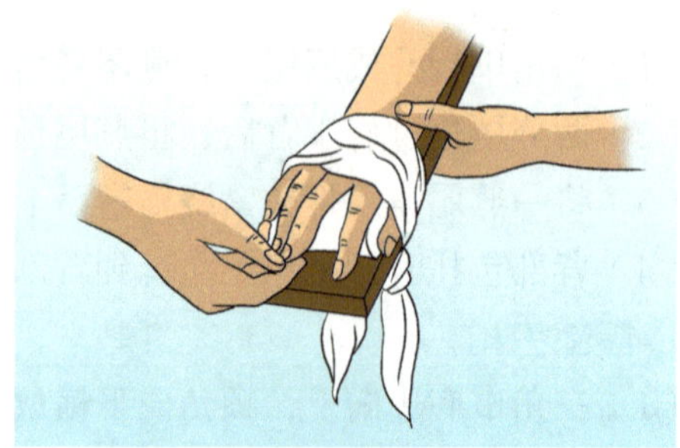
图 14-42 检查末梢血液循环情况

图 14-43 用大悬臂带悬吊前臂

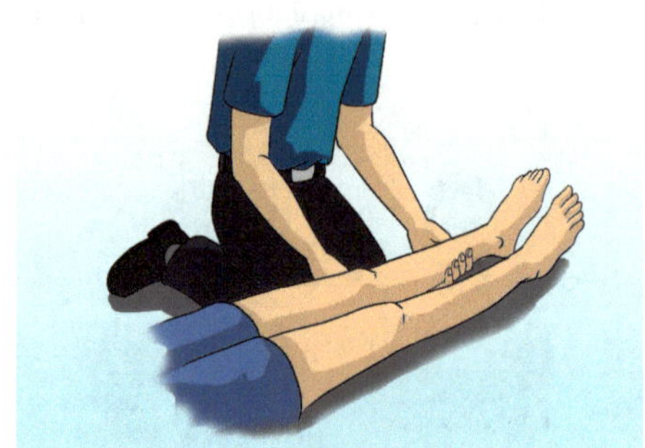
图 14-44 轻抬伤肢

（2）放好宽布带，双下肢中间加厚垫，如图14-45所示。

（3）自上而下打结固定，如图14-46所示。

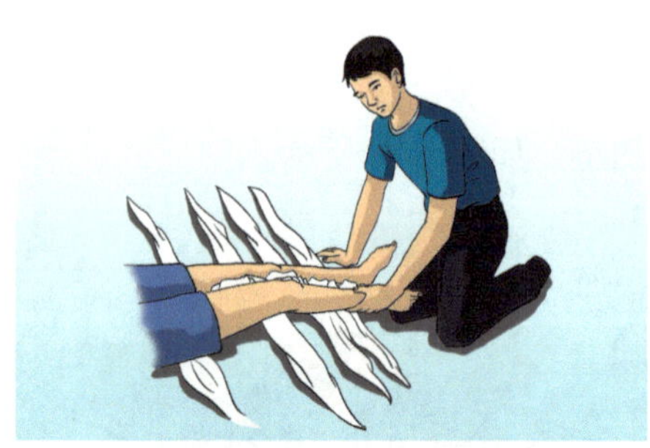
图 14-45 双下肢中间加厚垫

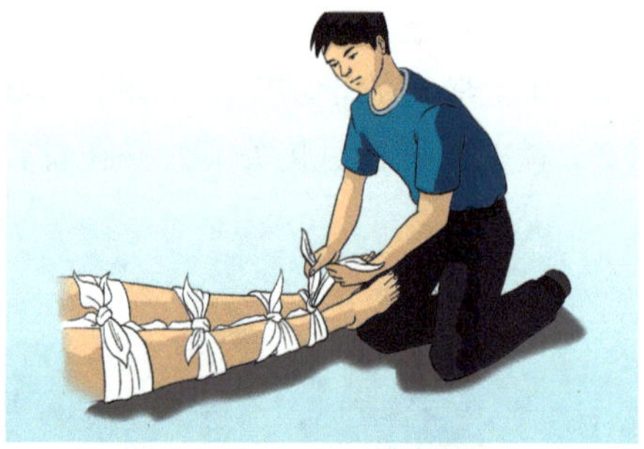
图 14-46 自上而下打结

（4）检查肢体末端血液循环情况，如图14-47所示。

（5）双踝关节“8”字形固定，如图14-48所示。

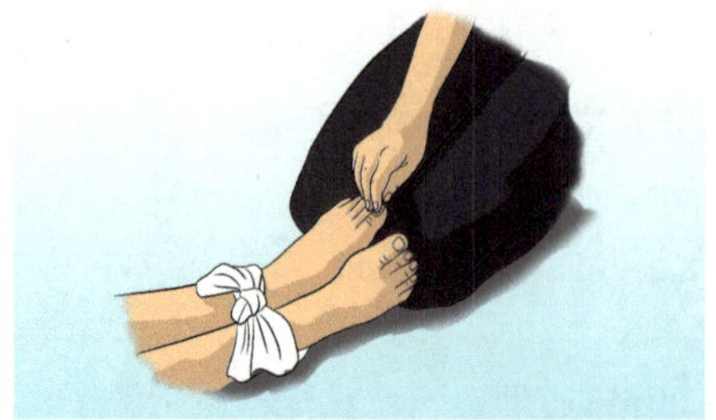
图 14-47 检查肢体末端血液循环情况

图 14-48 “8”字形固定

一 实训时间

建议理论、实践一体化教学19学时。

二 实训材料准备（每组）

（1）心肺复苏模拟人。

（2）医用纱布、绷带、三角巾、夹板、大悬臂带、宽布带等。

三 教学活动步骤

（1）实训导师先讲解发生人员伤亡事故的应急处置流程和急救方法。

（2）向学生分发发生人员伤亡事故的应急处置流程和急救方法训练工单（表14-2）。

发生人员伤亡事故的应急处置流程和急救方法训练工单　　表 14-2

姓名：__________　学习小组：__________　导师：______　测试结果：__________

项　目	内容和要求	训练测试记录
发生人员伤亡事故的应急处置流程	掌握发生人员伤亡事故的应急处置流程	
心肺复苏抢救法	（1）熟练掌握人工呼吸； （2）熟练掌握胸外按压	
指压止血法	熟练掌握指压止血法	
加压包扎止血法	熟练掌握加压包扎止血法	
加垫屈肢止血法	熟练掌握加垫屈肢止血法	
绷带包扎法	熟练掌握绷带包扎法	
三角巾包扎法	熟练掌握三角巾包扎法	
骨折固定法	熟练掌握骨折固定法